**CON
BOOK.**

Andreas Brendt

Boarderlines

Roman

9. Auflage
© Conbook Medien GmbH, Meerbusch, 2015, 2018
Alle Rechte vorbehalten.

www.conbook-verlag.de
www.boarderlines.info

Einbandgestaltung: MüllerValentini
Druck und Verarbeitung: CPI books GmbH, Leck

Printed in Germany

ISBN 978-3-943176-99-5

Die in diesem Buch dargestellten Zusammenhänge, Erlebnisse und Thesen entstammen den Erfahrungen und/oder der Fantasie des Autors und/oder geben seine Sicht der Ereignisse wieder. Etwaige Ähnlichkeiten mit lebenden Personen, Unternehmen oder Institutionen sowie deren Handlungen und Ansichten sind rein zufällig. Die genannten Fakten wurden mit größtmöglicher Sorgfalt recherchiert, eine Garantie für Richtigkeit und Vollständigkeit können aber weder der Verlag noch der Autor übernehmen. Lesermeinungen gerne an feedback@conbook.de.

Twenty years from now you will be more disappointed by the things you didn't do than by the ones you did.

So throw off the bowlines, sail away from the safe harbor. Catch the trade winds in your sails. Explore. Dream. Discover.

Mark Twain

Inhalt

Prolog: Freak Set, 2004 10

I. Köln, 1996 12
Aufbruch, verrückte Idee mit weltweiten Folgen

II. Bali, 1996 17
Insel der Götter und Dämonen

III. Australien, 1996. 32
Wildlife in Down Under

IV. Heimaturlaub, 1996. 67
Nicht mehr gegen das Ertrinken, aber den Ernst des Lebens kämpfen

V. Südafrika, 1996 70
Kriminelle und Armdrücken mit dem weißen Hai

VI. Semester-Halbzeit, Februar 1997 . . . . **100**
Neues Leben, alte Pflicht und der große Zwiespalt dazwischen

VII. Europa, 1997 . . . . **109**
Der Rubel muss rollen, sonst steht der Flieger still

VIII. Bali, 1998 . . . . **127**
Surfen für harte Männer: The Uluwatu Experience

IX. Köln, 1998 . . . . **155**
Die Ritterrüstung zerfällt zu Staub

X. Sri Lanka, 1998 . . . . **157**
Weise Worte, lachende Vögel und glänzende Edelsteine

XI. Köln, 1999 . . . . **181**
Das Ende vom Anfang oder der Anfang vom Ende

XII. Peru, 2000 . . . . **189**
Ohne Worte zur längsten Welle der Welt

XIII. Deutschland in drei Tagen, 2000 . . . . **234**
Drei Tage in Erklärungsnot

XIV. Frankreich, 2000 . . . . **237**
Heimatgefühle im Surfcamp

XV. E-Mail von den Malediven, 2000 . . . . **239**
Déjà-vu aus dem Aquarium

XVI. Bali, 2001 . . . . **245**
Eine schwere Hand, dreißig Jahre Knast und das erste rote Feuerwehrauto

XVII. Frankreich, 2001 265
Stumme Fragen

XVIII. Ecuador, 2002 267
Heiße Nächte, Salsa und die Liebe im Regenwald

XIX. Deutschland, 2003 299
Saubere Bettwäsche und fehlende Freunde

XX. Frankreich, 2003 323
Die Liebe meines Lebens und der Tod danach

XXI. Fuerteventura, 2003 328
Lebenstraum aus Einsamkeit

XXII. Deutschland, 2003 332
Flucht!

XXIII. Neuseeland, 2004 338
Neue Leichtigkeit, aber schweinische Highlander sterben nicht

XXIV. Fiji, 2004 352
Kawa und coop

XXV. Indonesien, 2004 359
Mit einem Klick hat man sein Leben verpfuscht

XXVI. Sumbawa, 2004 369
Kann man unter Wasser weinen?

XXVII. Europa, 2004 378
*Eine spanische Königin und die Nachricht vom deutschen
Staat*

XXVIII. Chile, 2004. . . . . **384**
Ein letzter Trip, der zurück zum Anfang führt

XXIX. Köln, 25. Januar 2005 . . . . **392**
Köln ist immer eine Reise wert

XXX. Köln, 1. Februar 2005 . . . . **395**
Vereidigung

Epilog **402**

Glossar **406**

Danksagung **412**

Prolog:
Freak Set, 2004

Zwölf junge Männer sitzen beisammen. Ein leises Rauschen weht durch die Luft. Keiner sagt etwas. Spannung und Nervosität liegen in den Gesichtern. Nein, Angst. Alle sind freiwillig hier, hoffen auf großartige Momente und fürchten gleichzeitig den Untergang. Sie haben viel gesehen in der Welt, sich Jahre vorbereitet, auf einen Moment wie diesen. Der Tag ist gekommen, für alle zusammen und jeden Einzelnen. Obwohl sie gemeinsam hier sind, bleibt jeder alleine, auf sich gestellt und ohne Hilfe von außen.

Die See ist spiegelglatt und das rettende Ufer ein paar hundert Meter entfernt. Das erste Dämmern verdrängt die Schatten der Nacht. Die Sonne beginnt zu glitzern. Verheißungsvoll nimmt der Tag Gestalt an, schickt ein paar Vögel an den Horizont und taucht das Tropenpanorama in zauberhaftes Licht. Palmen, türkisblaues Wasser und der Dschungel Indonesiens dahinter. Der nächste Ort, die Zivilisation, eine Tagesreise entfernt. Ich sitze mittendrin. Hocke auf dem Brett und meine Beine baumeln im Wasser. Die

Ruhe ist trügerisch, die Stille vielsagend. Mein Herz hämmert in der Brust.

Dann passiert es. Wie aus dem Nichts türmt sich ein ungeheures Monster auf und rast auf uns zu. Überrascht und mit blankem Entsetzen paddeln wir um unser Leben, flüchten zum rettenden Horizont und beten um Gnade. Panik blitzt auf. Wird Gewissheit, denn nur wenige schaffen es, rudern die riesige Wasserwand hinauf, steil nach oben und gerade noch hinüber. Der Rest wird verschlungen, wird in Stücke gerissen. Die gigantische Welle tobt und trampelt alles nieder. Gewaltige Turbulenzen schleudern die Überrollten umher und drücken sie in die Finsternis des Ozeans hinab. Arme Seelen, und eine davon bin ich.

Während die Dampfwalze meine Glieder durch die Gegend wirbelt, verpufft die Luft in meinen Adern wie Erinnerungen an längst vergangene Träume. Alles um mich herum ist schwarz. Der Sauerstoff wird knapp. Und knapper. Ich kann nichts mehr tun. Muss aushalten. Muss Ruhe bewahren. Der Druck in meinen Lungen wird unerträglich, der Wunsch nach Luft, nach Leben, nach Sonne auch. Und in jedem Moment die Frage: Wie lange noch? Dann Hoffnung. Die Turbulenzen lösen sich auf, der Sog wird weniger, lässt mich los. Und dann endlich der ersehnte Moment zum Auftauchen. Ich kämpfe mich nach oben und mit jedem Zug weicht die Dunkelheit dem Licht der rettenden Wasseroberfläche. Ich werde es schaffen. Auftauchen und endlich wieder atmen.

Das Meer rauscht, die Gischt dampft. Überall schwimmen zerbrochene Bretter zwischen den weit aufgerissenen Augen der vor Erschöpfung keuchenden Gesichter. Weitere Wellen schlagen ein, reißen uns fort und unter Wasser. Wir werden herumgeschleudert, durchgewaschen und schleppen uns, mit den Armen rudernd, wieder an die Oberfläche. Und zurück ans Ufer.

Endlich aus der Gefahrenzone, setzt die Erleichterung ein. Durchatmen. Der Kampf ist vorüber. Wir sind geschlagen, aber leben. Und ziehen uns zurück. Für diesen Tag.

I. Köln, 1996

1996 ist eine Weile her. Helmut Kohl ist Bundeskanzler. Schon wieder. Es gibt weder ein richtiges Ozonloch noch Klimawandel. Bezahlt wird mit Deutscher Mark. Wirtschaftskrisen existieren nur in verstaubten Geschichtsbüchern, genau wie China, das irgendwo im Osten liegt. Man reist nach Italien oder Frankreich. Im Winter in die Schweiz. Exoten fliegen auf die Kanarischen Inseln und wer verrückt ist, wagt sich über den großen Teich in die Vereinigten Staaten von Amerika.

3. März, 11:47 Uhr

Nach vier Stunden Prüfung verlasse ich den Hörsaal I der Universität zu Köln. Mein Hirn ist leer. Destruktive Statistik ade! Endlich die verhasste Klausur absolviert, laufe ich hinaus, um meinen Kumpel Alex in der Mitschriften-AG zu treffen. Der Laden liegt vorne an der Ecke, ist Treffpunkt, Epizentrum von Uni-Klatsch und -Tratsch sowie einer meiner Nebenjobs. Eine arbeitserleichternde Institution, die sich fest im Campusleben der größten Uni Deutschlands verankert hat, da wir uns der Vervielfältigung von aktuellen Vorlesungsinhalten widmen. Die Nachfrage ist groß, weil man nichts verpasst, auch wenn man mal verhindert ist.

Der schwarze Zeiger über der Ladentheke klettert auf zwölf Uhr, als unsere Schicht beginnt. Ich beschäftige mich mit den Kopierern, während Alex Daten in einen Rechner tippt.

»Hey Andi, lass doch mal verreisen!«

Ich hebe den Kopf. »Super. Bin dabei.« An die Alster in Hamburg oder zum Ballermann auf Mallorca, ganz egal. »Und wohin?«

»Hauptsache weit weg!«

Logisch. Ich rücke einen Stapel Papier zurecht. »Auto, Zug oder Flugzeug?«

»Australien klingt doch nett!«

Müsste Flugzeug sein, aber ich hake sicherheitshalber nach. »Gibt's da Palmen?«

Mit dem Drücken der Starttaste werden die Seiten der Vorlage in meinen Kopierer eingezogen.

Alex starrt den Bildschirm an. Ein paar Minuten Schweigen später lehnt er sich mit einem zufriedenen Ausdruck in den Augen zurück.

»Wir können auf dem Weg in Bali haltmachen. Und Surfen.«

Vor mir verschwindet leeres DIN-A4-Papier, um irgendwann als frisch bedruckte Seite voller Sinn und Inhalt wieder ausgespuckt zu werden. Mein Druckauftrag ist durch nichts in der Welt aufzuhalten. Zeit, der Sache auf den Grund zu gehen. »Bali? Surfen?«

»Ja. Indonesien. Wellenreiten.«

An der linken Seite meines Kopierers füllen sich die Fächer mit den Mitschriften zu einer Vorlesung über dynamische Makroökonomie. Wellenreiten? Irgendwie ist mein übertriebenes Informationsbedürfnis immer noch nicht gestillt. »Surfen? Im Wasser?«

Alex blickt auf. »Bravo, Watson! Wo denn sonst? Und ja, es gibt jede Menge Palmen, aber wenn wir noch lange rummachen, ist die Aktion vorbei. Bei Garuda gibt es vierzig Prozent Studentenrabatt in der ersten Märzwoche.«

Wir buchen den Flug um halb fünf, im Reisebüro an der Ecke. Das Ticket in die weite Welt. Nach Bali und Australien, zehn Tage zum Warmwerden und zwei Monate zum Durchstarten. Der Indische Ozean und die Wellen des Pazifiks. Mit Garuda Indonesia zum Bombenpreis – Unterschrift, Bankeinzug und fertig ist die Sause. Ersparnisse ade.

Wir treten hinaus und an die frische Luft, während hinter uns die Glastüren zufallen. Auf dem Weg zu unseren Fahrrädern treffen wir Meike und Thorsten, die zusammen für die Statistikklausur gelernt haben und wirklich immer Händchen halten müssen. Die haben sich echt gefunden, wobei man fragen kann, ob man nach so was suchen sollte. Naja, manche Dinge kommen ungefragt, andere passieren einfach. Schwer, da den Überblick zu behalten. Weil ich Meike so irre hübsch finde, erwähne ich ganz beiläufig unseren Trip, worauf sie fragt, was man in Australien macht. Keine Ahnung. Surfen. Außerdem wollen wir nicht alles so rundum planen, denn man muss auch mal Schicksal und Abenteuermut ans Ruder lassen. Genau. Das ist es, darum geht es ja.

Wir trennen uns und fahren nach Hause. Während ich durch die Straßen radele, liegt Aufbruchsstimmung über den Dächern von Köln und die ersten Vögel des Frühlings zwitschern dazu.

Ich öffne die Wohnungstüre und werfe meine Tasche neben das Bett. Das Statistikbuch wandert in die hinterste Ecke in meinem Bücherregal. Ich hoffe auf Nimmerwiedersehen. Etwas liegt vor mir. Etwas Fremdes. Eine Insel, ein Kontinent, der Indische Ozean und etwas, das ich mir nicht vorstellen kann. Aber wir stolpern mitten rein. Das steht fest, alles andere weniger.

Reisegefährten: Wahre Helden, echte Weise oder arbeitsscheue Studenten

Alex habe ich bei einem Treffen für Erstsemester kennengelernt, bei dem außer uns keiner erschienen ist. Vielleicht haben wir auch beide nicht den richtigen Treffpunkt, aber dafür eben uns gefunden.

Also ab in die nächste Kneipe, um Gemeinsamkeiten auszuloten. Pat und Patachon, weil er aus Hamburg stammt, fast zwei Meter misst, und ich im Rheinland groß geworden bin und an einen Meter achtzig heranreiche, wenn ich auf Zehenspitzen stehe. Ein Riese und ein Zwerg. Er studiert BWL, ich VWL. Wir haben uns auf Anhieb super verstanden, da wir in irgendwelche Managerfußstapfen treten wollen. In die Chefetage, Geld verdienen, Entscheidungen treffen. Verantwortung tragen oder besser noch: delegieren. Also folgen wir der Wirtschaftstheorie in den Vorlesungen wie die Jünger dem Propheten.

Ich studiere dazu noch Sportwissenschaft, weil ich Bewegung über alles liebe, aber für eine *richtige* Karriere muss man in Marktmodelle eintauchen und große Unternehmen kennenlernen. Alex ist da ein Vorbild für mich, weil er schon Praktika absolviert hat, während ich noch von den lustigen Ideen der Sportstudenten abgelenkt werde. Von denen lässt sich Alex gerne mitreißen, besonders wenn es um Partys und Sportstudentinnen geht. Eine Schnittmenge, die uns verbindet. Gute Noten und Feiern. Also Alkohol, auf Studentenpartys oder Freibierveranstaltungen. Bis zum Filmriss und der totalen Erschöpfung, weil der Sinn des Lebens irgendwo am Boden einer Bierdose zu finden sein muss.

Erscheint der Weg nach Hause dann zu weit, nächtigen wir unter einer Tischtennisplatte oder einfach im Dreck. Am nächsten Morgen den Kater niederkämpfen und frisch geduscht in die Bibliothek. Stundenlanges Lernen, um mit verkatertem Gewissen den Rausch zu legitimieren. Oder umgekehrt, mit saufroter Nase und Kopfschmerztabletten den Aufenthalt in der altehrwürdigen Lernanstalt schmücken. Feiern, nicht nur weil's Spaß macht, sondern auch für das Gefühl, das Richtige zu tun. Mit Ausbruch aus gesellschaftlicher Norm und Spießigkeit ein bisschen gegen das System kämpfen und zeitgleich pflichtbewusst Auszeichnungen für die Bewerbungsmappe sammeln.

Und natürlich auch, um der Welt zu beweisen, dass die Saufköpfe klüger sind als die Streber.

Drei Tage vor Abflug hocke ich in meinem Zimmer. Vor mir steht die Reisetasche.

Handtuch, Zahnbürste, Sonnencreme. Unterhosen, Reisepass und Travellerschecks. Ist das alles?

Fragen schwirren durch den Raum. Wo wohnen? Was essen? Wen treffen? Gibt es Gefahren? Gibt es Straßen? Gibt es Krankenhäuser? Gibt es Geschäfte, einen Arzt und eine Touristeninformation? Ist das Wasser wirklich warm, und vor allem: Wie funktioniert das mit dem Wellenreiten?

II. Bali, 1996

Auf dem Rollfeld von Denpasar machen wir unseren ersten Schritt ins Freie und rein in den Backofen. Zunächst fasziniert von der brutalen Hitze, nimmt meine Begeisterung rapide ab, weil das weder Witz noch Heißluft der Turbinen ist, sondern Dauerzustand. Für einen Moment sehne ich mich zurück. In die engen Sitzreihen, zu den Plastikbechern, den zuvorkommenden Stewardessen, zurück in den Mutterleib aus Stahl und Flügeln mit seiner klimatisierten Fruchtblase. Doch dieser Traum ist geplatzt, als die Anschnallzeichen erloschen sind. Jetzt werden wir die Fluggasttreppe hinunter geschoben. Wie Gestrandete, die an Land gespült werden, wie Strafgefangene, die nach langer Haft endlich frei, endlich zurück in die Welt, endlich ins Leben entlassen werden. Noch zwei Stufen, dann ist es so weit. Touchdown. Ein kleiner Schritt für meine Turnschuhe, ein großer für uns.

Während wir das Rollfeld entlanglaufen, ist es nicht nur drückend heiß, sondern auch furchtbar hell. Die ersten Schweißtropfen laufen an mir herab, und es werden nicht die letzten sein. Vor uns öffnet sich eine Glastür. Erschöpft erreichen wir Rettung von kurzer Dauer im klimatisierten Flughafengebäude. Die kühlen gefliesten Gänge führen, den stummen Hinweisschildern folgend, zur »Immigration«. Erster Empfang ist eine endlose Schlange vor den Glaskästen, in denen die Offiziellen sitzen. Regungslose Männer in dunkler Uniform. Streng, genau und autoritär prüfen sie die Daten und Pässe der Neuankömmlinge. Wem wird Einlass gewährt? Wem nicht?

Irgendwann sind wir an der Reihe. Konzentriert und demütig treten wir heran, um vorzusprechen. Und werden überrascht. Der Mann in Uniform ist nett. Wir plaudern ein paar Sätze, erhalten die besten Wünsche, Glück und frohe Fügung sowie den ersehnten Stempel, den unumstößlichen Beweis für unsere Mission.

Wir laufen weiter, nehmen unser Gepäck vom Band, schreiten zum Ausgang. Vor dem Gebäude: Chaos in Reinform. Kofferträger, Reiseagenten, Familienwiedersehen, Putzkolonnen, Marktschreier. Menschen hetzen hin und her, rufen durch die Gegend, und wir stehen mittendrin. Auf der Stelle werden wir von einem kleinen, hektischen Mann abgegriffen, vorangeschoben und in ein Taxi verfrachtet. Wir leisten keine Gegenwehr.

Unser Fahrer ist eine Frohnatur mit schwarzem Haar. Seine Augen leuchten. Spielerisch sondiert er unsere Gesichtsfarbe (weißer als weiß) und Herkunft. Er lacht dabei, weil er sich freut, dass zwei deutsche Jungs den weiten Weg in seine Heimat geschafft haben. Ich hänge erschlagen hinten drin und versuche den flinken, merkwürdigen Satzbruchstücken zu folgen. Ein kindliches Englisch, ein Kauderwelsch mit komischen Wörtern, die verschiedene Bedeutungen haben könnten oder frei erfunden sind. Der Sinn ist irgendwie herauszuhören, wobei man mehr eine Ahnung bekommt, was er meinen könnte, als tatsächlich zu verstehen, was er sagt. Es geht um eine günstige Unterkunft, Restaurants, Einkaufstipps und Geschichten über Land und Leute. Wir lauschen interessiert und antworten höflich.

Als der Redefluss abebbt, lehne ich mich auf der Rückbank zurück. Mit einer lang gezogenen Linkskurve verschwindet der

Flughafen aus den Rückspiegeln. Hinter den Scheiben rauscht die Welt vorbei. Und wir mitten rein. Staubige Straßen, überdimensionale Werbeplakate mit fremdem Aufdruck, Obststände und natürlich: Palmen! Alles ist anders. Alles ist neu, fremd, himmelblau und so voller Exotik, sodass wir auf jeden Bayer auf Rügen pfeifen, da nun zwei Kölner Studentenköpfe die Insel der Götter erobern. Vielleicht so unerfahren wie ein Fisch in der Wüste, sind wir echte Pioniere. Goldgräber und Abenteurer, fernab von Hamburg und Mallorca, von Pauschalreisen und den Heerscharen des Massentourismus. Bali, wir kommen!

Nach dreißig Minuten halten wir in einer Seitenstraße an einem Schild mit der Aufschrift »Kutakuta«. Die Unterkunft liegt im Herzen von Kuta. Mitten im Hexenkessel und umringt von Shops, Bars und rastlosem Treiben. Es gibt kaum Formalitäten beim Check-In, und nach hektischem Umrechnen der Wechselkurse, einigen wir uns – auf drei D-Mark die Nacht. Ein paar Schritte über einen Steinweg durch den kleinen Garten erreichen wir unser Heim. Die Hütte erstreckt sich über drei mal vier Meter. Kahle Wände und ausgestattet mit zwei Betten, Standventilator, schmuddeligem Bad und einer Veranda mit Bambus-Sesseln und einem Tisch davor. Wir sind da!

Die erste Stunde im Paradies verbringen wir im Bett. Abgedunkelt vegetieren wir vor uns hin und warten auf das Ende der großen Hitze. Zwischen uns spendet der Ventilator, von links nach rechts schwenkend, in regelmäßigen Abständen einen Hauch von Leben. Ein wunderbares Gefühl. Aber zu kurz, da es im Handumdrehen wieder der furchtbaren Hitze weicht und sich in die andere Richtung aufmacht. Dort erklingt wenig später ein erleichtertes Seufzen aus dem Nachbarbett. Auch Alex lebt. Noch, denke ich, während ich in meiner Ecke endgültig verrecke. Dann werde ich endlich wieder mit Leben benetzt und spüre die angenehme Kühle des Ventilators auf meiner Haut: Satte vier Sekunden lang.

Da sich keine Linderung einstellt, brechen wir auf zum Strand. Auf dem Weg gesellen sich zu den Temperaturen die Gerüche. Alle paar Meter ein anderer, ein neuer. Unbekannte Düfte, vergammelter Müll, furchtbarer Gestank, verpestete Luft. Nebeneinander, untereinander, durcheinander und ohne Platz für Sauerstoff – quasi das Gegenteil von frischer Bergluft. Kann man diese madige Schwüle ohne Gesundheitsrisiko inhalieren? Alex schweigt atemlos. Meine Lungen schreien nach einer frischen Brise, nach dem erlösenden Strand. Wir müssen weiter, um die nächste Ecke, wo irgendwo hinter der großen Hauptstraße das sandige Ziel der Ziele auf uns wartet. Dann kommt der Verkehr.

Wir bleiben stehen und starren ungläubig geradeaus.

Von überall stürmen laute Motorräder, knatternde Tuk-Tuks, brüllende Lastwagen und den deutschen TÜV verspottende Autos an uns vorbei. Alle hupen. Alle drängeln. Ab und an kommen Elefanten und Eselskarren dazu. Der Sicherheitsabstand liegt gemäß einer stummen Vereinbarung aller Teilnehmer bei genau einem Zentimeter. Das totale Chaos. Eines, in dem Unfallstatistiken sowie potenzielle Konsequenzen ebenso tabu sind wie eine Millisekunde Geistesabwesenheit. Wie um alles in der Welt lässt sich die andere Straßenseite erreichen? Wir setzen an, greifen uns am Arm – vielleicht jetzt – und springen schockiert zurück. Unmöglich.

Die Überquerung gelingt im vierten Anlauf. Wir blicken uns mit großen Augen an und lachen.

Also gut. Weiter geht's. Nur in Badeshorts und ohne Sandalen, hüpfenderweise von Schatten zu Schatten. Der Weg zum Strand auf den zarten Füßen der Zivilisation brennt. Unmenschlich! Niemand, der je auf glühenden Kohlen gelaufen ist, kann mich jetzt noch beeindrucken. Balis Straßen stellen jeden Hochofen in den Schatten. Ich blicke konzentriert zu Boden, auf der Suche nach einer schmerzfreien Möglichkeit, den nächsten Schritt zu platzieren.

»Eeeeh, Mistar. Mistar, mei frent.«

Ich schaue nach links in eine Bretterbude. Ein kleiner Mann grinst mich an. Dann eine Millisekunde Augenkontakt ... und er springt auf.

»Miiistar, oh Miiistar. I have veri gud, vääheri guud! Yu buy! Yu buy for guud luck, mei frrent!«

Dann hektisch von rechts: »Hello Sör, hello Sör. Yu like, yu like! Dhis is väri cheap, onli for you my frent.«

Daneben völlig aus dem Häuschen: »Oh Sör, oh Sör. Mistar, yu like. I give väri speschal frrentship-price!«

»Yu come läta, I give yu!«

»I bring yu!«

Von hinten nähert sich: »Massasch, massasch! Exdra gud, my frrent. Full bodhi, onli five rupi.« Und in geheimnisvollem Flüsterton: »Äänd I mäke yu banana väri äppy my frrent!«

Äh ...? Ich drehe ich mich um und bin bereits umzingelt. Eine Horde wild grinsender Balinesen hat mich umstellt. In gebrochenem Englisch und diesem einzigartigem Akzent erzählt Madé von seinen handgefertigten Ketten. Ketut bietet selbst geschnitzte Holzkisten und Madé (der zweite) zieht an meinem Arm, weil er über leuchtende Plastikfiguren verfügt. Den Rest verstehe ich nicht genau: *T-Schörd, Sarong, Massasch, Budda, Mashrum, Ällefent, cool Dring*, immer *only for you my frrent* und *for gud luck* ...

Alex schüttelt Hände. Ich stehe auf einem Bein, weil jemand hartnäckig versucht, mir eine Sandale anzuziehen. Lustige Gesellen, die nicht locker lassen. Alle lachen, alle verkaufen, alle werden wir wiedersehen.

Irgendwann schütteln wir Sandalen, Halsketten und die aufgebrachte Menge ab und schlagen uns durch zum Strand. Kuta Beach und der Indische Ozean. Wasser so weit das Auge reicht. Dazu Wellen, die sich majestätisch auftürmen und in der Sonne glitzern, bevor sie wuchtig zusammenbrechen.

Nach ein paar Metern treffen wir einheimische Surfer, die Boards vermieten. Ohne im Traum daran zu denken, zu verhandeln, zahlen wir glücklich den Wochenpreis für zwei Stunden Brettmiete. Wir stürmen los, denn die Herausforderung wartet direkt vor unserer Nase. Alex war schon surfen, an der Nordküste von Spanien, eine ganze Woche lang. Er soll mein Lehrmeister sein, wird mir alles beibringen, was nötig ist, wird das Geheimnis lüften, wie man übers Wasser läuft. Es ist so weit. Wissbegierig höre ich die weisesten Worte meines Lebens:

»Du musst einfach da rauspaddeln und wie die anderen die Wellen surfen!«

Große Pädagogik. Wahnsinn, da ganzheitliches Lernen hier so nützlich ist wie Starkstrom im Kinderzimmer. Überfordert werfe ich einen Blick auf die überdimensionale Planke in meinen Händen. Dann schaue ich herum, sehe das Meer und die Surfer. Lockere Jungs in weiten Shorts, die wie selbstverständlich in den Wellen spielen. Zwanzig Meter entfernt trägt einer Wachs auf, befestigt die Fangleine an seinem Fuß, springt ins kühle Nass und legt sich auf sein Board, um mit ruhigen Armzügen aufs Meer hinaus zu paddeln. Auf seinem Weg steuert er geschickt um die Brandung herum. Er erreicht eine speziell ausgesuchte Stelle hinter der Brechungszone, wo das Meer spiegelglatt ist. Als wenn er es geahnt hätte, taucht dann genau dort ein kleiner Wasserhügel auf, der sich bereits ein paar Meter weiter draußen erhebt. Der Surfer dreht sich Richtung Strand und paddelt mit der herannahenden, noch flachen Welle los. Dann wird er angeschoben – die beiden verschmelzen nahezu – und behutsam von ihr mitgenommen. Kurz bevor sie bricht, hüpft er auf seine Füße und fährt stehend in sie hinein. Er lenkt sein Board zu einer Seite und weiter die offene hellblaue Wand entlang. Dabei vollzieht er ein paar Kurven, bevor er zum Schluss über den Kamm steuert, sich auf sein Brett legt und zurück zum Ausgangspunkt paddelt, um auf die nächste Welle der Glückseligkeit zu warten. All das strahlt eine faszinierende Eleganz und Leichtigkeit aus. Ein akrobatisches Schauspiel, so intensiv, so überragend, so mühelos, dass es magisch anzieht.

Eine verloren geglaubte Harmonie zwischen Mensch und Natur, zwischen Kraft und Anmut. Im Hier und Jetzt. Und *jetzt* bin ich an der Reihe.

Ich wate ins Wasser und lege mich bäuchlings auf die Planke. Zu weit vorne, denn anstatt elegant loszupaddeln, taucht die Brettspitze ins Wasser ein. Das bremst abrupt, katapultiert den hinteren Teil des Bretts in die Höhe und wirft mich vornüber. Ich robbe zurück aufs Board und lege mich diesmal weiter nach hinten. So ragt der vordere Teil weit aus dem Wasser heraus. Das ist zwar wenig effizient für das Vorankommen, aber es gelingt mir immerhin, mich auf der verdammt wackeligen Angelegenheit zu halten – zumindest im Liegen und bis die ersten Wellen kommen.

Was ein Kampf, was ein Spaß! Ich ringe mit Brett und Brechern und tauche unter und wieder auf. Die Wassermassen reißen mir das Board aus den Händen und wirbeln mich durch die Gegend. Von Harmonie und Leichtigkeit fehlt jede Spur. Und trotzdem, nach endlosem Kampf mit über hundert Wellen, die alle immer und genau über mir zusammenbrechen, schaffe ich es tatsächlich hinter die Brechungslinie. Ich bin fix und fertig, aber draußen.

Zeit zum Verschnaufen, denn hinter der mörderischen Impact Zone, dem Bereich, wo die Wellen einschlagen, breitet sich eine Oase der Ruhe aus. Das Wasser schaukelt auf und ab, um weiter vorne seine Energie zu entladen. Der Strand liegt etwa 60 Meter entfernt. Dahinter das tief grüne Tropenpanorama aus Palmen und Mangroven. Vögel zieren den Horizont und runden meine Postkartenaussicht ab.

Ich sehe andere Surfer auf schulterhohen Wellen reiten und brenne darauf, dasselbe zu tun, als plötzlich ein kleiner Wasserhügel genau auf mich zukommt. Hektisch drehe ich mein Brett und schlage auf das Wasser ein, um mit der Welle loszugleiten. Nichts geschieht. Kein Verschmelzen, kein Einswerden. Die Welle wandert gelassen unter mir hindurch, ohne dass mein Brett angeschoben wird. Während ich mich frage, warum ich nicht mit-

genommen wurde, drehe ich den Kopf, um gerade noch mitzu-
krie... *Wums!* Ein heftiger Ruck reißt mich weg und katapultiert
mich kopfüber in eine Waschmaschine. Schleudergang. Als ich
auftauche, bin ich wieder ganz vorne am Strand. Alles umsonst.
Ich sammle das Brett über die Gummileine an meinem Knöchel
ein und wate keuchend zurück ins brusttiefe Wasser. Die ganze
Tortur noch mal von vorne.

Eine nicht nur lustige, unendlich kräftezehrende Ewigkeit
später darf ich auf einen neuen Versuch hoffen. Diesmal ist die
Welle steiler und nimmt mich mit, sodass ich erstmals an der
hellblauen Wand kurz vor der Brechung heruntersehe. Geile Op-
tik, schwungvolle Angelegenheit, aber jetzt bin ich fest entschlos-
sen, aufzuspring... *Wums!* Der Koloss aus Wasser überschlägt
sich, ohne zu fackeln, und rammt mich ungespitzt ins Wellental.
Nächster Waschgang. Nächste Salzwasserspülung bis zum Strand.

Zwei Stunden später, alles in allem: weltbewegende Erfolgserleb-
nisse. Nach unbändigem Kampf von unendlicher Dauer gelingt es
mir, hinter die Wellen zu paddeln, um dann beim Versuch, eine
zu erwischen, weniger mit der Welle, dafür umso mehr mit der
Brechung eins zu werden. Die Brandung zieht mich hoch, spuckt
mich aus und schleudert mich zurück zum Strand. Irgendetwas
stimmt hier nicht. Es ist unmöglich, in eine ruhige Gleitfahrt zu
kommen, die mir genug Zeit bietet, auf die Füße zu springen.
Aber egal, weil witzig. Ich probiere weiter, schlucke literweise
Salzwasser und lerne die unterschiedlichsten Spülgänge kennen.
Kurz und lustig, schnell und heftig, schwindelerregend oder alles
durcheinander.

Alex schlendert den Strand entlang und lacht. Unsere Erfahrungen sind ähnlich ausgefallen. Irgendwo zwischen durchwach-
sen und durchgewaschen. Wasser tropft aus meiner Nase. Nein,
aus dem ganzen Kopf. Vom großen Stirnlappen durch alle Ne-
benhöhlen bis zum Hypothalamus. Gut, Rom wurde auch nicht

an einem Tag erbaut, und das Meer und die Wellen zu verstehen, gar auf ihnen zu reiten, braucht seine Zeit. Hier lässt sich nichts erzwingen oder schnell erreichen, und der Kampf mit den Wellen macht uns zu Gladiatoren, egal ob aufrecht stehend oder ständig stürzend.

Wir hocken uns in den Sand, während sich der große helle Ball am Himmel langsam dem Horizont, den ewigen Weiten des Indischen Ozeans nähert und auf der Bühne davor die vielen kleinen Surfer mit den Wellen spielen. Als die Sonne untergeht, wird Bali in ein leuchtendes Farbenspiel aus zartem Gold und blutrotem Lila verzaubert. Ich trage, nicht ohne Stolz, mein Board zurück zu den bis über beide Ohren grinsenden einheimischen Jungs. Wild gestikulierend erklären sie mir, dass ich für eine Menge Unterhaltung am Strand gesorgt habe. Keine Überheblichkeit spricht aus ihren Augen, sondern das Wissen um die besondere Herausforderung beim Surfen, gepaart mit der Tatsache, dass ich irre lustig anzusehende Dinge in den Wellen fabriziert habe.

Wir albern herum und machen jede Menge Witze. Ich bekomme die entscheidenden Tipps und Tricks für den nächsten Tag. Madé (schon wieder einer) weiß: »Du musst am Süd-Peak surfen, dich in der Pocket positionieren, früher aufstehen, die Beine aufs Brett legen, weiter vorne liegen, um die Impact Zone herum paddeln ...«

Ich nicke und verstehe kein Wort. Weil mein Hirn nur noch aus Salzwasser besteht. Aber morgen geht's weiter mit der nächsten Lektion Poseidons. Keine Frage: Ich will surfen!

Wir schleppen uns durch die länger werdenden Schatten zurück zu unserer Hütte. Duschen. Salz, Hitze und Erschöpfung des zurückliegenden Tags abwaschen, um ein in Vergessenheit geratenes Bedürfnis zu befriedigen: die Nahrungsaufnahme. Erschlagen und ausgehungert latschen wir durch die belebten Straßen, hören das unnachahmliche Kauderwelsch, werden mit *einzigartigen*

Angeboten überhäuft und kehren in eines der unzähligen Restaurants ein. Auf der Karte Gaumenschmaus mit lustigen Namen: Nasi Goreng, Gado Gado, Saté und Smothee. Wir verschlingen Berge und bestellen nach. Beim Essen sehen wir den Surfern auf dem Bildschirm in der Ecke zu. Wie sie große Wellen in der Röhre surfen. Dann kommt die Rechnung: 13.500 Rupien. Ungläubig zücke ich den Spickzettel und rechne um: 8 Mark und 82 Pfennig.

Wir laufen durch die Gassen, mitten im Geschehen, aber wie in Trance, zu erschöpft, zu überwältigt von allem. Also zurück in die Hütte. Zähneputzen, Licht aus und ab in die Kiste. Wo bin ich hier gelandet? Wo führt das hin? Die vergangenen Stunden geistern durch den Raum, mir fällt dieses ein, Alex jenes. Wir quatschen herum, kichern noch ein letztes Mal, bis später in der Nacht die Schläfrigkeit das Ruder übernimmt und Ruhe einkehrt. Was bleibt, ist die Vorfreude – auf Morgen.

Der zweite Tag erwacht mit Freiheit. Wir können alles tun, und auch noch, was wir wollen. Die Luft ist klar und kühl und durchdrungen von den Düften der Blumen und Räucherstäbchen am frühen Morgen. Wir sind Teil der Exotik, gehören dazu und überlegen, was wir anstellen können. Durch die Läden von Kuta streunen, die Insel der Götter mit ihren Tempeln erkunden oder zurück zum Strand und in die Fluten springen. Erst mal frühstücken. Wir lassen den wässrigen Instantkaffee genussvoll hochleben, schmecken zum ersten Mal im Leben richtige Früchte und spüren, wie die warme Sonne durch die Palmen auf uns herab scheint. Frisch gestärkt geht's zum Strand, um unsere Mission fortzuführen. Wir treffen die einheimischen Surferjungs: High-Five und los!

Schon gelingt der Umgang mit der großen Planke etwas besser, aber ich bekomme weiter eine Menge Gelegenheit, über mich selbst zu lachen. Zumindest solange die Luft dazu reicht.

Wenn ich es ins Line Up schaffe, den Bereich hinter den Wellen, fühle ich mich wie ein echter Surfer.

Ich unterhalte mich mit den anderen. Mit denen, die in den Wogen spielen, alles unter Kontrolle haben und elegant die Brandung reiten. Neue Tipps, die ich nicht umsetzen kann, und wieder neue Wasserwände, die mich unvorbereitet treffen. Die anderen wissen immer schon viel früher, wo sich die Ozeanhügel auftürmen und brechen. Sie können sich in Position bringen oder rechtzeitig in Sicherheit. Ein wahres Mysterium. Diese Wellenreiter haben magische Fähigkeiten, keine Frage. Aber egal wie blind ich bin oder wie blöd ich mich anstelle, jeder kann diese Zauberkunst lernen. Auch ich. Und das Beste daran ist der Spaß dabei. Alles andere ist Nebensache.

Also, ab jetzt geht's jeden Tag zum Strand. Von früh bis spät, bis die untergehende Sonne meinen müden Knochen Erlösung schenkt. Vor dem Einschlafen kann ich an nichts anderes mehr denken als an Wellen. Und damit wache ich auf. Eine Verliebtheit der anderen Art, mit Schmetterlingen im Bauch und einer drängenden Mission im Kopf. Ohne Plan, wo es hingeht, aber mit einer Gewissheit, die vorantreibt. Unaufhaltsam. Wie das Rad der Geschichte, das sich dreht, auch wenn keiner weiß warum.

Bali, wenn es dunkel wird

Das Nachtleben von Kuta schläft nicht. Nie. Aufgedreht, abgefahren, durchgeknallt. Egal wie müde man gerade noch war, egal was die Wellen des Tages mit dir angestellt haben, egal in welcher Stimmung du steckst, es geht ab. Zwischen schmuddeligen Bars, gleichgesinnten Backpackern, gigantisch beleibten Rockern, verrückten Aussteigern und aufgetakelten Prostituierten. Alles ist billig, alles ist möglich, alles ist frei.

Wir hocken mit ein paar Balinesen am Rinnstein. Abhängen, beobachten und mit den Einheimischen quatschen, deren Gesichter so viel Leichtigkeit ausstrahlen. Jeder Teil gehört dazu, die dunklen Augen, die sonnengebräunte Haut, das fröhliche Lachen mit den leuchtenden Zähnen und ihre Geschichten. Später am Tattoo-Shop teilen wir uns mit den Jungs eine Plastikflasche selbstgebrannten Arak, der mir in die Rübe schießt wie Apollo 13 auf dem Weg zum Mars. In der Cocktailbar kippen wir einen gewaltigen Tequila Sunrise mit drei tätowierten Bikern aus Australien hinterher und tauschen später die Tageserlebnisse mit zwei kanadischen Backpackern aus. Small Talk mit den Huren und atemberaubende Storys von einem englischen Pärchen, das hierher gezogen ist. Mit jeder Stunde werden die Begegnungen spannender, die Typen ungewöhnlicher.

Die Leute, die wir treffen, kennen die Welt, folgen völlig anderen Lebenskonzepten und scheinen alles zu wissen. Ich sauge ihre Geschichten auf und lebe plötzlich auf einem Planeten der unbegrenzten Möglichkeiten. Diese Aufsässigen besetzen die leuchtende Seite des Lebens. Mit Mut und Freiheit. Granatenstark. Manche sind lange unterwegs, ohne Zuhause, ohne Heimat, ohne Bindung. Ein bunter Haufen, jeder einzelne voller Stolz, den eigenen Weg zu gehen. Paul und Matt aus Neuseeland, Giorgio mit den roten Locken aus Italien, die beiden schrägen Iren, Jane und Silvia (wow!) aus den Staaten, der stille Alexandro aus Chile sowie Mike aus Südafrika. Wir stoßen an und trinken darauf. Worauf? Keine Ahnung. Auf uns!

Ich beneide das unglaubliche Maß an Selbstbestimmung und bin begeistert von dem unbändigen Vertrauen in sich und die Welt. Sie verdienen den größten Respekt und all meine Anerkennung. Dabei kann ich nur staunen, während die anderen erzählen. Wieder packt einer eine Story aus. Diesmal aus Kolumbien. Matt war in den 80ern dort. Zwischen Drogen und Maschinengewehren, und die Reise ist der Grund für die lachende Träne in den Augen der dunkelhaarigen Frau auf seinem Unterarm. Eine Tätowierung mit Herz, die atmet, die niemals sterben wird. Genau wie die Momente. Unfassbar. Ich habe bisher nichts erlebt und nichts gesehen. Nur Hörsäle und Kölschkneipen. Die Zeit meines Lebens verschwendet, mich nicht aus der Dunkelkammer getraut, darf ich nun zum ersten Mal durch einen Spalt hindurch linsen. Auf eine neue Sicht der Dinge, auf alternative Möglichkeiten der Lebensgestaltung, auf eine verrückte Welt, die uns zu Füßen liegt. Die Backpacker und Aussteiger, die hier vor mir stehen, sind mir Lichtjahre voraus, weil sie auf einem Spielplatz mit weltweitem Ausmaß leben. Ein ganzer Planet im Dienste ihrer Träume, Ideen oder Flausen. Sie stapfen durch das wahre Leben, auf welches ich nur von einer Tribüne aus schauen darf. Aber immerhin bin ich jetzt hier, Teil davon und für ein paar Tage mit dabei.

»Every second of life is like a wave, you can either take it or miss it«, sagt Giorgio.

Paul verschluckt sich vor Lachen und hustet: »Yeah, right, and you guys from Italy are a funny bunch of bastards.«

»The journey is the destination ...«, ergänzt Mike mit dem tiefsinnigen Grinsen eines erleuchteten Esels.

Alle lachen. Jeder hier ist, was er erlebt hat. Zuhause sind wir Söhne und Töchter, Nachbarn oder Angestellte, aber unterwegs verliert all das seine Bedeutung. Wir sind Reisende, auf dem Weg ins Leben, irgendeine Route entlang und irgendwohin.

Scott steht auf Surffilme. »In *Pointbreak* Bodhi told us everything: You have to lose yourself, to find yourself.«

Milchmädchenphilosphie vom Feinsten und jetzt haut jeder einen raus. Silvia surft nicht, mag weder Sand noch Salzwasser, und ich habe keine Ahnung, was sie hier macht. Aber auf dem Klo hat sie etwas entdeckt: »It was somethin' like: Life's like a wave, you can't stop it, but you can learn to surf.«

Paul schmeißt sich vom Stuhl, kniet betend nieder und zieht sich an Silvias Beinen wieder hoch.

»Oohmmmm«, stimmen die beiden Iren ein. Ich trinke aus und latsche zur Theke. Heineken. Dann kehre ich in die heitere Runde zurück, in der ich ewig bleiben könnte, um zuzuhören, und in deren Fußstapfen ich treten sollte, um mich irgendwann selbst zu finden. Was immer das bedeuten mag. Ich schaue mir jeden Einzelnen an und proste Alex dabei zu. Scott fährt sich durch die schulterlangen Haare und blickt verborgen durch den Raum. Als wenn er etwas sucht, als wenn ihm etwas fehlt. Manchmal huscht da auch ein Schatten über die Gesichter. Wie eine dunkle Seite hinter den Masken dieser Lebenskünstler, die ich so bewundere. Ich weiß nicht, was es ist. Vielleicht Einsamkeit, womöglich ein aberwitziger Wunsch nach Heimat, Routine oder Spießigkeit. Unvorstellbar, da ich ja genau dem gerade erst entkommen bin. Die Jungs hier sind voll auf Achse, unterwegs und auf und davon. Ungebunden oder einsam. Helden der Freiheit, die nichts mehr haben, außer der Frage, ob das reicht. Eine schwacher Augenblick nur, denn dann bestimmt wieder das fröhliche Lachen unsere vergnügte Runde, und das Geschenk des Lebens, alles tun und lassen zu können.

Mike bestellt ein Tablett Schnaps, weil wir jetzt hier sind und später weiterziehen müssen. Wir heben das Glas. »Auf die Zukunft. Eine segensreiche Zukunft«, schlägt Giorgio vor.

»Eine unvorhersehbare«, ergänzt Paul.

»Auf die Überraschungen«, findet Matt, »weil die in jedem Fall noch kommen werden.« Also auf ein Leben zum Lernen, mit Höhen und Tiefen, mit Liebe und Schmerz und allem, was dazu gehört. Na dann: Prost!

Nach neun Tagen sitzen wir wieder im Taxi. Am Steuer sitzt Madé. Natürlich. Er erklärt uns, was hier jeder weiß und für uns das letzte Geheimnis dieser Insel bedeutet: »Madé« heißt Zweitgeborener und ist eben deshalb so häufig Bestandteil der balinesischen Namen.

Wir fahren den Weg zurück zum Flughafen, lehnen uns in die Kunstledersitze auf der Rückbank und schauen aus dem Fenster. Bali rast vorbei. Dankbar erhalten wir Fahrtwind in der beginnenden Mittagshitze und kommen voran, durch den hektischen Verkehr, vorbei an grünen Palmen und über die staubigen Straßen. Die alte Strecke als neuer Mensch. Wir kennen Bali wie die Taschen unserer noch feuchten Boardshorts und sind gewappnet für den nächsten Kontinent. Unser Flug von Denpasar nach Brisbane ist ein Katzensprung, ein Steinwurf in das nächste Abenteuer, der Anfang von einem noch völlig offenen Ende mit weltweiten Folgen.

III. Australien, 1996

In Brisbane angekommen, fahren wir zu Jodie, die ich vor ein paar Monaten in Deutschland kennengelernt habe. Als wir abends eintreffen, sind schnell die ersten Biere getrunken. Wir bestaunen das gemütliche Holzhaus, die Bewohner und die minütig lauter werdende Musik, zu der sich Krach von nebenan mischt. Ein lachender Krieg der Musikanlagen ist ausgebrochen, der enthusiastisch auf beiden Seiten des Gartenzauns vorangetrieben wird. Dank des Erfindungsreichtums der beiden Herrschaftsgebiete bleibt das Leben der Straße davon nicht unberührt. Verbündete kreuzen auf, die neue Ideen für den Wettbewerb mitbringen, um mit dem lustigsten Fest, dem dekadentesten Gelage Ruhm und Ehre zu gewinnen. Füße werden im Planschbecken gekühlt, Autositze ausgebaut, um fehlende Liegestühle auszugleichen, ein Lagerfeuer im Vorgarten entfacht, der Gartenschlauch zur Druckbetankung mit Hochprozentigem umfunktioniert, das Barbecue brutzelt, und wenn alles gut läuft, müsste in einer Stunde die Karaokeanlage eintreffen.

Es erscheinen mehr und mehr Leute. Und mehr und mehr Bier. Partybattle an unserem ersten Abend am anderen Ende der Welt. An einem Wochentag!

Wir sitzen in der viel zu engen Küche um einen Tisch, der sich irgendwo unter den leeren Bierflaschen und Dosen befinden muss. Ein paar Leute quetschen sich auf der Couch zusammen, um die Diskussionen am Küchentisch mit qualifizierten Kommentaren aus der zweiten Reihe zu versorgen. Im Epizentrum unser Reiseplan: »Wir wollen die Küste entlang und surfen.«

Roadtrip ist angesagt. Die Jungs und Mädels stehen hilfreich zur Seite. Mit unnützem Wissen, Lokalpatriotismus, geheimen Insider-Ortskenntnissen und Gerüchten über Flora und Fauna. Im Nu haben wir eine Liste der dringlichsten Must-do's für die kommenden Wochen zusammen. Ich schaue mir unseren Beraterstab an. Haut- und Haarfarbe könnte direkt aus Deutschland stammen. Kein bisschen exotisch eigentlich. Trotzdem anders. Wie sie quatschen, finde ich cool. Alleine das Englisch klingt international, und mit den ausgefallenen Redewendungen sollte man im Fernsehen auftreten. Sommersprossen, wildes Haar und echte Typen. Alle lässig, alle gut drauf. Selbstbewusster als meine VWL-Kommilitonen zu Hause. Jungs, die wissen, was sie wollen oder, falls nicht, abwarten, bis es passiert. Entspannt, gesellig, sorgenfrei. Und gastfreundlich, obwohl das Zuzwinkern in dieser Runde unverkennbar ist, dieses ständige Grinsen Bände spricht. Sie ahnen etwas oder wissen es genau. Auf jeden Fall witzeln sie schon jetzt in weiser Voraussicht des Einheimischen über mögliche Schlamassel, Debakel und Schwierigkeiten, die Alex und mir bevorstehen – ohne damit rauszurücken. Diese Australier sind fürsorglich-hilfsbereit und heimtückisch-schadenfroh zugleich. Aber was soll's, ich kippe den letzten Schluck Bier aus meiner Dose hinunter. Dann schnappe ich mir Zettel und Stift, um sicherheitshalber ein paar Notizen anzufertigen.

Unser Roadtrip soll von Brisbane zunächst Richtung Norden verlaufen, um den südlichsten Teil des Great Barrier Reefs anzusteuern. Fraser Island ist die größte Sandinsel der Welt und ebenso unbewohnt wie ursprünglich. Ein Stück unberührte Natur, echte Abgeschiedenheit, türkisfarbenes Wasser und keine Menschenseele weit und breit. Genau richtig. Von dort nach Süden, um die schönsten Strände entlang der Sunshine Coast zu surfen. Danach steht die Gold Coast auf dem Programm. Und das Beste daran: Das Abenteuer wartet direkt vor dieser Haustür. Alles, was wir brauchen, ist ein Auto, zwei Surfbretter und eine Taschenlampe für das Überleben in der Wildnis.

Am nächsten Tag stehen wir für meine Kopfschmerzen zu früh auf, um zu einem empfohlenen *privaten* Gebrauchtwagenhändler zu fahren. Er ist der Einzige, der ein unserem Budget entsprechendes Fahrzeug zur Verfügung stellen kann. Ein Traum in mattem Rost-Gelb. Ohne viel Papierkram besteigen wir das Gefährt der Freiheit. Der Wagen riecht muffig, was ihn aber irgendwie gemütlich macht. Wir bemerken Lenkrad und Kupplung auf der falschen Seite und begutachten die Schalter und Knöpfe aus längst vergangenen Tagen. Ich drehe den Zündschlüssel. Der Motor stottert, ächzt und springt schließlich an. Er hustet, sodass ich etwas Gas gebe, um ihn freizupusten. Die Gänge gehen rein, aber die Karre kommt kaum aus dem Quark. Ich trete das Pedal durch, worauf sich der Motor plötzlich lautstark mit Umdrehungen zum Dienst meldet. Vorsichtig lasse ich die Kupplung kommen, er bewegt sich und rollt tatsächlich voran. Wir tuckern vom Hof ...

... und rein in den Linksverkehr einer australischen Großstadt. Anders als in Indonesien läuft die Sache zwar nach klaren Regeln ab, aber wenn man nicht nur zu Fuß die andere Straßenseite erreichen muss, sondern mittendrin steckt, steht die Welt auf einmal voll auf Kollisionskurs. Alle Autos kommen ständig und ausnahmslos aus der falschen Richtung. Ich kann nur raten, wer wann und als nächstes fährt, und erst recht, wer Vorfahrt hat. Der Restalkohol ist keine große Hilfe dabei. Alex, nicht weniger engagiert (oder voller Todesangst), achtet auf Überraschungsmomente aller Art. Als professioneller Beifahrer verdeutlicht er den anderen Verkehrsteilnehmern mittels Zeichensprache unser Vorhaben oder, weitaus öfter, entschuldigt dasselbige. An der dritten Kreuzung fabrizieren wir ein heilloses Durcheinander, weil irgendwann keiner mehr weiß, was er machen soll, während wir in der Mitte stehen und ich den Wagen abwürge. Ich drehe den Zündschlüssel, nichts passiert. Zweiter Versuch ... Gott sei Dank! Manche lachen, andere hupen, bis wir durch eine unschuldige Lücke einen weniger befahrenen Ausweg finden.

Irgendwie meistern wir den Rückweg, mit vereinten Kräften und Dank der australischen Nachsicht mit zwei Verrückten im Straßenverkehr, ohne Unfall. Eigentlich war's gar nicht so schlimm, fast souverän und beinahe unauffällig.

Zurück im Haus packen wir zusammen, bedanken uns für die Gastfreundschaft und fahren los. Als wir am Nachmittag schließlich die Tore Brisbanes hinter uns lassen, gewinnen wir mit jedem Meter die Sicherheit, die wir brauchen, für die Unsicherheit, die vor uns liegt. Die Straße führt die Küste hinauf nach Norden und in ländliches Gebiet. Während wir herumalbern, können wir gar nicht schnell genug aus dem Fenster schauen. Fremde Bäume, massive Klippen, und endlich hüpft das erste von über hundert Millionen Kängurus an uns vorbei. Alles ist neu, alles ist anders und Teil des Landes, durch das wir treiben. Keine Vorgaben schränken uns ein. Eine grobe Richtung, mit der Bereitschaft, überall und nirgends anzuhalten, lenkt uns über den Asphalt. Nach einer kleinen, zeitlosen Weile landen wir in einem verträumten Ort am Meer. Wir halten, als wir finden, was wir gesucht haben. Ein großer Moment steht bevor.

Oh, wie ich darauf gewartet habe!

Die Türglocke kündigt unseren Besuch an. Mike – leidenschaftlicher Surfer seit über zwanzig Jahren – freut sich fremde Gesichter in seinem Surfshop zu sehen und lauscht unserem Anliegen. Ihm wird die Ehre zuteil, uns unser erstes eigenes Brett mit auf den

Weg zu geben. Während wir die verschiedenen Boards bewundern, weist er uns in die Geheimnisse der unbekannten Formen ein. Mike erklärt die Vorzüge von größeren Brettern, die leichter ins Gleiten kommen und mit denen man viele Wellen erpaddeln kann. Kleine Bretter mit weniger Volumen haben nicht so viel Auftrieb, sind somit schwieriger zu paddeln, aber leichter durch die Wellen zu tauchen und wendiger beim Ritt an der Wasserwand entlang.

Die Führung durch den Laden wandert von Brett zu Brett, streift die Geschichte längst vergangener Tage, hält inne bei den Gesetzen der Hydrodynamik, um zu guter Letzt von Männern zu berichten, die magische Fertigkeiten besitzen. Wir lauschen, während Mike erzählt, die Biegung streichelt und immer wieder das ein oder andere ausgewählte Exemplar hervorzieht. Dann hält er Exkalibur hoch, wiegt es in seinen Armen, fährt die Kanten entlang und übergibt es mir. Ehrfürchtig halte ich das Wunderwerk der Brettbaukunst in Händen und sehe mich damit den Strand entlanglaufen. Diese Bretter fühlen sich so unsagbar gut an, so glatt und gleichmäßig, leicht und formvollendet, dass der Heilige Gral dagegen zu einem labbrigen Pappbecher verkommt.

Nach einer knappen Stunde blicke ich auf ein gebrauchtes sechs Fuß und vier Inch langes Shortboard mit gutem Volumen in den Kanten. Der Beginn einer wundervollen Freundschaft. Denn vom ersten Moment an entwickelt sich eine besondere, eine innige Beziehung zu diesem etwa zwei Meter langen Stück in Polyesterharz laminierten Schaum und seiner schnittigen Form. Nur über eine Gummileine (die Leash) verbunden, werden wir durch dick und dünn gehen, gemeinsam zum König der Welt werden und die gewaltigsten Wellen reiten. Oder untergehen. Ein treuer Gefährte, der mich begleiten wird, in guten wie in schlechten Zeiten, und den ich zu den wundervollsten Stränden von ganz Australien führen werde.

Wir verlassen den Laden, stürzen zum Auto und eilen zum Strand, um dort weiterzumachen, wo wir in Bali aufgehört haben.

Nur jetzt nicht mehr allein, sondern mit dem eigenen Brett. Wie echte Surfer! Den Wellen scheint das egal zu sein, und das Meer fährt einen weiteren Punktsieg ein.

Wir mampfen Toastbrot, während wir zusammenpacken. Ein Blick durch das Chaos unserer Karre beweist, dass wir ausgestattet sind für den bevorstehenden, ultimativen Trip an der Ostküste von Australien. Ein Haufen Klamotten, ein Campingkocher samt Topf, ein Zelt und die Surfbretter füllen unser Auto und eröffnen alle Möglichkeiten, die Down Under zu bieten hat. Symbole der Freiheit und Werkzeuge für das Leben in der Wildnis am anderen Ende der Welt. Ein paar Kanister Wasser, zwanzig Dosen Baked Beans und Unmengen Toastbrot, für das leibliche Wohl. Alles bunt verstreut auf der Rückbank und im Kofferraum.

Nur eins fehlt noch: Die Quelle der Weisheit. Denn zu einem Roadtrip durch Australien gehört Marihuana wie dreckiges Geschirr in die standesgemäß versiffte Zivi-Bude. Der Turbo für die Welt – oder der Kinderwagen, weil man langsamer wird und banal genug, um die Momente endlich von der Logik, endlich vom Denken zu befreien. Zen und Bewusstseinserweiterung. Für die unvergesslichen Augenblicke, für das Unfassbare, für die Ewigkeit und vor allem für unseren Trip durch Australien. Und außerdem: Lachen ist gesund.

Nach reichlicher Überlegung fahren wir zu Mike in den Laden zurück und stellen schüchtern die verbotene Frage. Die pure Verlegenheit ins Gesicht geschrieben, grinst er, geht in eines der hinteren Zimmer und überreicht uns ein Beutelchen mit den göttlichen Kräutern. Er sieht uns gewappnet für den Trip, als ob er voraussieht, was geschehen wird. Die beiden deutschen Grünschnäbel wissen weniger als nichts und werden mehr als alles richtig machen. Bevor wir den Laden verlassen, gibt er uns noch das allgegenwärtige australische Lebensdogma mit auf den Weg. Die magischen drei Worte, die vermuten lassen, dass Buddha persönlich einen Abstecher nach Australien unternommen hat, um seine tiefste Weisheit in die Alltagssprache zu infiltrieren. Die meist genutzten Worte in Down Under. Worte, die uns an allen Ecken und Enden begegnen werden, spricht uns Mike jetzt weise wie gelassen hinterher: »… and no worries, mates!«

Wir finden eine schöne Ecke zum Parken, vor der eine große, seichte Lagune in der Dunkelheit ruht. Unter einer funkelnden Kuppel aus tausend Sternen stopfen wir köstliches Toastbrot mit kalten Baked Beans in uns hinein. Die Wocheneinkäufe werden locker bis morgen reichen. Ich sitze auf dem Fahrersitz und Alex kaut daneben. Die Konservendose zwischen den Beinen und das Brot auf der Handbremse, wandert Löffel für Löffel und Scheibe für Scheibe in meinen Rachen. Mikes Beutelchen wartet auf dem Armaturenbrett. Zeit, den ersten Tag auf Achse gebührend zu beenden.

Bei der technischen Umsetzung unseres Rauschvorhabens ist Kreativität gefragt, weil wir weder Zigaretten noch Joints drehen können. Also basteln wir ein Rauchwerkzeug aus einer leeren Plastikflasche und einem Wasserkanister. Im Fachjargon: Eimerrauchen. Ein einziger Atemzug, der die ungeübte Lunge zerfetzt und uns eine mächtige Dosis Marihuana direkt ins Hirn jagt. Keine Ahnung, was dort genau geschieht. Die überforderten Synapsen spielen verrückt und entfachen ein verwirrendes Feuerwerk der Sinne. Kreativität und Naivität nehmen zu, während Problembewusstsein und Tatendrang abnehmen. Die Gedanken wandern freier umher und treffen unter Umständen auf neue Weltsichten und phänomenale Erkenntnisse – zumindest bis die Wirkung nachlässt. Die Augen spielen gerne Streiche und die Logik verliert ihre Monopolstellung bei der Analyse der urkomischen Welt. So sitzen wir in den sicheren vier Wänden unseres Autos, reden irgendeinen Quatsch und lachen uns an einem Streifen schlapp.

Dann hält Alex inne. Er sieht nachdenklich aus und seine Miene verfinstert sich. Langsam, noch zweifelnd, aber plötzlich sehr deutlich. Dann sehe ich es auch. Wir starren beide auf seinen rechten Handrücken, auf dem sich zwei kleine, etwa zwei Zentimeter voneinander entfernte, blutige Male abzeichnen.

Totenstille.

Das kann doch nicht sein. Verdammt. Ist das echt ein ...? Ja. Ein Schlangenbiss! Wie ist das möglich und warum hat Alex nichts bemerkt? Viel wichtiger als alles wie und warum ist die Frage: Was nun? UND: Wo ist das Viech jetzt?! Ich rutsche im Fahrerfahrersitz hin und her, und suche die Ecken und Nischen der ahnungslosen Karre ab. Die Kopfhörerkabel von meinem Walkman auf der Rückbank jagen mir für eine Sekunde einen Infarkt ins Herz. In Australien gibt es mehr giftige Schlangen als irgendwo sonst auf der Welt, und eine davon befindet sich in diesem Auto. Schlimmer, sie hat bereits zugeschlagen. Gibt es ein Antiserum? Wo ist das nächste Krankenhaus und wie sollen wir in unserem verrauchten, verblödeten Zustand dorthin gelangen? Undenkbar, jetzt das Auto zu bewegen. Tod durch Unfall oder Dahinsiechen durch Gift.

Bloß keine Panik kriegen und den Verstand benutzen. Logisch denken, obwohl über tausend Dinge durch meinen Kopf wirbeln. Das ist voll krass, aber wir müssen unbedingt den Kreislauf unter Kontrolle bringen. Damit sich das Gift nur langsam ausbreiten kann. Wir brauchen Informationen über die Schlange, die Wirkung, die richtigen Maßnahmen. Und viel Wasser trinken ist immer gut. Vielleicht Fenster runter und frische Luft. Alles verrückte Verwirrung in meinem Hundehirn. Alex sieht keinen Deut besser aus. Müssten nicht längst die ersten Symptome auftreten, sich das nahende Ende in irgendeiner furchtbaren Form ankündigen? Wir müssen reden. Ich setze an und wähle gemütlichen, möglichst harmlosen Plauderton: »Sag mal, merkst du schon was? Ist irgendwas anders?«

Alex antwortet mit stummem Starren auf seine Hand. Und Kopfschütteln.

Gibt es eigentlich ungiftige Schlangen in Australien?, halte ich gerade noch zurück und sage stattdessen: »Wenn du jetzt noch nichts hast, passiert auch nichts mehr!«

Stummes Starren und Kopfschütteln.

»Jetzt sag doch mal was.«

Stummes Starren, Kopfschütteln.

»Geht's dir irgendwie schlecht?«

Stummes Starren, Kopfschütteln. Dann ein tiefes Schnaufen: »Weiß nicht genau.«

Immerhin. Mit ein bisschen gutem Willen ein erfreuliches Zeichen. Wieso habe ich die Drehscheibe aus Pappe nicht eingepackt? Eine Mitbewohnerin von Jodie hatte sie mir vorgestellt, erklärt und angeboten. Ich habe lachend abgewunken. *Das* Hilfsmittel für Australien. Mit Abbildungen der giftigsten Schlangen und den Erste-Hilfe-Maßnahmen im Bissfall.

* Todesotter – Zwei Stunden Zeit, um das nächste Krankenhaus zu finden,
* Kupferkopfschlange – Abbinden, dann Blut und Gift mit dem Mund absaugen und ausspucken,
* Taipan – Das Körperteil in kochendes Wasser halten (oder abwarten, bis die Atemlähmung einsetzt).

So was in der Art.

Ich entscheide, Alex nicht in meine Gedanken einzuweihen, geschweige denn darüber zu diskutieren. Das führt zu nichts. Lieber Kapitulation, denn Alex ist zwar versteinert, aber atmet. Die Zeit steht still. Also warten. Warten auf einen Ausweg, auf ein Ende dieser Nacht und auf ein Ende, das nicht *das* Ende ist ...

Ein paar grelle Sonnenstrahlen scheinen durch die verschmutzte Scheibe direkt ins Auto. Der kleine Kopfschmerz, der hinter meiner Stirn sein Unwesen treibt, lässt mich blinzeln. In meinem Mund klebt pelziger Geschmack und es riecht muffig. Neben mir: ein zusammengekrümmter Alex.

Der Schlangenbiss!

Er räkelt sich und öffnet die Augen. Keiner sagt etwas, denn es ist wahr. Wir sind mächtig verpeilt, steif und verspannt zwar, doch bei bester Gesundheit. Wir haben überlebt. Die rötlichen Male zieren weiterhin Alex' Hand, sehen aber eigentlich eher wie zwei gewöhnliche Kratzer als wie der Biss einer todbringenden Schlange aus. Etwas dämmert. Bloß gewöhnliche Kratzer. Sahen die kleinen Wunden gestern Abend irgendwie anders aus oder haben wir ein wenig überreagiert? Sind wir den göttlichen Kräutern nicht gewachsen? Grünschnäbel. Bewusstseinserweiterung im Kindergarten. Aber eigentlich witzig. Also jetzt. Ich schmeiße den Wagen an und wir fahren zum Strand.

Die Landstraße führt die Küste hinauf. Nach ein paar Stunden erreichen wir die südlichste Spitze des Great Barrier Reefs, welches sich über 2.500 Kilometer entlang der Ostküste Australiens erstreckt. Ein Schild am Straßenrand verheißt über 9.000 Inseln, die von Korallen umgeben sind und ein schillerndes Ökosystem voller Leben bilden. Naturliebhaber der ganzen Welt sind herzlich willkommen, um nicht mehr und nicht weniger als die artenreichste Region der Erde zu erforschen.

In dem kleinen Städtchen Town of Seventeen Seventy laufen wir in einen älteren Mann. Bill, ein Kerl wie ein Baum. Nein, eher wie ein Baumstamm. Kurz und kompakt, aber mit bestechender Aura. Er hat einen Riesenkopf mit grauem Haar und grauem Bart. Dafür fehlt der Hals. Er fährt seit über vierzig Jahren zur See, oder besser gesagt, zu den Riffen. Jeden Tag, also auch heute, und in zwei Stunden geht es los. Einladender können Augen nicht lachen. Erfahrung und Begeisterung sprechen daraus und eine tiefe Liebe zu dem achten Weltwunder direkt vor seiner Haustür. Eine Stunde später sind wir Teil einer kleinen Gruppe und schießen über die in der Sonne schimmernde See. Der Fahrtwind bläst uns ins Gesicht, während Bill in der Mitte steht und in aller Seelenruhe seine Geschichten erzählt. Seemannsgarn aus der guten alten Zeit und die neuesten Erkenntnisse über den Zustand der Riffe.

Irgendwann erreichen wir die Trauminsel. Gerade so groß wie ein paar Fußballfelder, wird sie von einem riesigen Korallenring umgeben. Als wir durch eine Passage in seichtes Gewässer vordringen, verwandelt sich das Tiefblau der See in strahlendes Türkis. Vorfreudig und zu gespannt für Schnorchel-Theorie, bleibt die Einweisung kurz und knackig. »Die kleinen Riffhaie sind ungefährlich. Und wer mal etwas tiefer tauchen möchte, nicht vergessen, zwischendurch wieder nach oben zu kommen, um Luft zu holen.«

Einer nach dem anderen plumpst ins Wasser. Eins hat mir Bill noch an Land zu verstehen gegeben: Man muss sich auf das Tauchen einlassen. Nicht den anderen Beckenrand erreichen wollen, sondern da sein, sich ergreifen lassen. Dann erlebt man eine Menge.

Ich rücke die Brille zurecht und tauche unter. Meine Gehörgänge laufen voll, füllen sich mit schwerem Wasser, wodurch sich eine tiefgehende Ruhe in meinem ganzen Körper ausbreitet. Es gluckst und blubbert in mir, so als würde ich Teil des Meeres werden. Die physikalischen Gesetze verlieren ihre Gültigkeit. Alles schwebt. Endlich, denn die harmonische Stille und Langsamkeit ermöglichen innere Einkehr. Worauf ich nun treffe, hätte ich nicht zu träumen gewagt: Die Farben sind so fantastisch, dass jeder Vergleich verblassen muss. Die hügelige Landschaft des Riffs leuchtet in einem bunten Glanz, der mich glatt vom Hocker haut. Algen, Krebse und eine wundersame Felsformation nach der nächsten. Jede einzigartig und unendlich schön. Voller Frieden und Gelassenheit. Jetzt gesellen sich die Fische hinzu. Mir wird klar, warum Fische nicht sprechen können. Sie müssen sprachlos sein – bei all der Pracht. Manche behandeln mich wie Luft, schwimmen ruhig vorbei. Andere halten inne, mustern mich oder staunen einfach. Jeder wird zu einem glanzvollen Wunderwerk aus Fühlern, Kiemen, Flossen und allerlei kuriosem Fischdetail. Ihre Farben sind saftig grün, leuchtend lila, blutrot, sonnig gelb, tiefblau, und betrachtet man sie genau, erkennt man die Gesichtsausdrücke. Fische, die schmunzeln oder sich naiv verwundern. Putzig. Manch einer begriffsstutzig, andere allwissend. Ich sehe ein Exemplar, das ein Kicherfisch sein muss, weil der kleine Geselle so irre dusselig durch die Gegend grinst.

Es gibt ein Gerücht, ein Märchen. Nämlich, dass Fische kein Gedächtnis haben. Unfähig sich zu sorgen und ständig nur im Moment leben. Gute Fische, weise Fische, wundersam erleuchtete Fische! Das muss ich Alex unbedingt erzählen. Gleich oben auf dem Boot. Oder im Auto. Und Bill fragen, ob das stimmt. Wie gleich? Wann? Okay, Fokus verloren. Unachtsamkeit, voller Gedanken, also Zeit zum Auftauchen, denn ich bin zu abgelenkt, um mehr zu erleben.

Als mein Kopf durch die Oberfläche bricht, kehre ich zurück in die Welt unter der Sonne. Uninteressant. Also tauche ich wieder unter und ein und werde belohnt. Und wie! Eine Schildkrötenfamilie, Mutter mit fünf Kleinen im Schlepptau, schwimmt wie auf eine Schnur gezogen vorüber. Putzige Seepferdchen schwirren umher. Ein gewaltiger Rochen gleitet über Seesterne und Korallen. Noch atemberaubendere Riffformationen ragen am Horizont der Unterwasserwelt empor. Überhänge, Krater, Höhlen. Bewohnt von unzähligen kleinen und großen Lebewesen. Krebse, Muscheln, Algen, Seeigel, Würmer und ein Tintenfisch. Wieder grün, lila, orange und jegliche Couleur dazwischen. Alles scheint eins. Ein herrlicher Kosmos, der alles vergessen lässt. Und alles vergessen hat. Keiner hier schert sich um die Sorgen der Welt. Ein zeitloses Aquarium und eine unbezahlbare Gelegenheit. Nichts zu tun, als zu beobachten und den Denkapparat endlich mal zur Ruhe zu bringen. Die einfach schwierigste Aufgabe der Welt, das Lebenswerk von Mönchen oder die spirituelle Übung der Yoga-Großmeister auf ihren Gummimatten, gelingt uns hier kraft Zen und der Kunst des Schnorchelns.

Auf dem Weg zurück zum Festland wechseln sich in unserer Gruppe sprachlose Begeisterung mit gemeinsamer Freude ab. Das holländische Taucherpaar referiert über Flow, Leben total, intensive Momente, über Versenkung frei vom Denken, über Bewusstseinserweiterung, über Zen und die Wirkung auf Körper und Geist. Bill bringt's auf den Punkt: »You guys are stoked!«, grinst er.

An Land gehen wir auseinander und sind doch für immer verbunden, durch nichts Geringeres als eine tiefe, meditative Erfahrung oder einfacher: einen Riesenspaß.

Wir schlafen an einem nahegelegenen Strand im Auto und springen in der Dämmerung des Morgens in die Fluten. Im selben Element ein gänzlich anderes Erlebnis. Wieder ist höchste Aufmerksamkeit gefordert, aber diesmal, aufgrund der einschlagenden Wellen, notwendiger. Zen und die Kunst der Waschmaschine. Das Meer hat viele Gesichter, eins über und eins unter Wasser. Zurück an Land stellt sich derselbe euphorische Effekt ein: Wir sind stoked.

Ein Info-Flyer informiert, und ich referiere im Auto: Fraser Island, ehemals bekannt als Great Sandy Island, ist die größte Sandinsel der Erde. Über 750.000 Jahre hat sich Sand auf dem darunter liegenden vulkanischen Felsgestein angehäuft und eine Insel von 120 Kilometern Länge und 25 Kilometern Breite entstehen lassen. Ein riesiger Sandkasten, der darüber hinaus ein paar Flachmoore und Heideland beherbergt. Davon abgesehen ist die Insel menschenleer.

Bis an die Zähne bewaffnet mit Campingequipment und Überlebenswerkzeug, setzen wir am frühen Vormittag mit der Fähre hinüber und wandern die endlosen Sandstrände entlang. Es ist warm und sonnig. Und einsam. Unser Ziel ist das Ende der Welt und kein Deut weniger. Nach einer guten Stunde fordert das

Gewicht der Ausrüstung eine Lagerstelle. Wir haben keinen Bock mehr zu schleppen, lassen alles stehen und liegen und springen ins Meer.

Als wir uns abtrocknen, weiht mich Alex in das weitere Vorgehen ein. Den unumstößlichen Plan: »Wir werden die Insel rauchen, um mit ihr eins zu werden!«

Klingt vielversprechend. Wir finden ein Wasserloch am Strand, in das Alex die geladene Plastikflasche hineinführt, worauf wir uns mit einem Atemzug aus dem Universum schießen.

Wir bleiben in Rückenlage liegen. Wie hilflose Käfer. Langsam verschwindet die Wirklichkeit, verlieren Gesellschaft, Australien, Häuser oder Straßen ihre Existenz. Was bleibt, sind wir und die verlorene Insel. Die letzten beiden Exemplare der Spezies Mensch an einem vergessenen Hort der Natur. In diesem Moment zaubert Alex einen kleinen Kassettenrecorder hervor und drückt auf die Play-Taste. Miles Davis erklingt, spielt Jazz und seichte Aufzugmusik. Könnte nicht besser passen, weil die sanften Trompetenklänge jetzt den endlosen Strand in ihre Arme schließen. Und uns mit. Unendlich beruhigend. Toller Swing, spezieller Moment. Alex grinst. Vor Wochen hatte er die Idee mit der Musik an einem entlegenen Strand, seit Wochen hat er auf diesen bekifften Augenblick gewartet, den Recorder vor mir versteckt. Beste Vorbereitung, denn der Plan geht auf und schafft *seine* Atmosphäre.

Nach einer tiefenentspannten Stunde schlendern wir zurück und halten ein paar Meter vor unserem Zeug an. Irgendetwas stimmt hier nicht. Meine Wahrnehmung kommt näher, unsicher, aber plötzlich ist es gewiss. Die Realität wacht auf, Miles Davis verstummt, denn fünf spielzeugautogroße Insekten sitzen vor uns auf unseren Sachen. Spielzeugautogroße Insekten. Konfuse Gedanken wandern um die Situation, die Belagerung und die Frage nach der Gesinnung der unerwarteten Besucher. Dann Einspruch durch tiefes Brummen. Die fünf Artgenossen erheben sich, können also fliegen. Eigentlich unmöglich, weil ihr Rumpf viel zu schwer, der Panzer viel zu dick dafür ist. Sie steigen auf, stehen in der Luft, drehen synchron in unsere Richtung und schießen urplötzlich cartoongleich auf uns zu. Im Bruchteil einer Sekunde beamt mich die heranstürmende Bedrohung der unbekannten Lebensform in die australische Wildnis der giftigen Gefahren zurück. Von Todesangst ergriffen, mit Vollgas den Strand entlang. Bloß weiterlaufen, denn: Stehenbleiben gleich Tod. Irgendwann sind sie abgehängt und wir können verschnaufen. Das kam überraschend, aber wir haben gut reagiert!

Wir gehen zurück. Dummerweise lauern dort die verdammten, unidentifizierten Flugobjekte an ihrem angestammten Platz auf *unseren* Sachen. Das fiese, dunkle Brummen ertönt, ich weiß, was passiert, glaub's nicht, aber muss es mit ansehen. Die Dinger erheben sich erneut, Runde zwei des blanken Horrors beginnt. Mit Geschrei. Während ich panisch schneller laufe, als ich je gelaufen bin, sehe ich eines der Mist-Viecher genau zehn Zentimeter hinter Alex herfliegen. Bereit, sein Rückenmark zu durchbohren. Nacktes Entsetzen treibt mich an, und ich renne schneller. Irgendwann haben wir sie abgehängt und ringen nach Luft.

Situationsanalyse überfällig. »Was sind das für Dinger?«

»Keine Ahnung, verdammt!«

Wir werfen alle naturverbundenen Vorhaben über den Haufen, pirschen uns an, um wiederum gejagt zu werden, diesmal aber kreisförmig zu fliehen, zurückzustürmen, unser Zeug zu packen und aus der Gefahrenzone zu sprinten. Bloß weg. Wir erwischen die Fähre am Nachmittag und verlassen die Insel des Grauens schneller als wir gekommen sind.

Nicht gerade Chuck-Norris- oder McGyver-verdächtig, die Aktion, aber den Punkt auf der To-do-Liste haben wir erledigt. Fraser Island gesehen, Fraser Island abgehakt. Also, immerhin betreten. Wenn auch in die Flucht geschlagen von den Herrschern der Einsamkeit, ohne jemals zu erfahren, ob die komischen Dinger giftig oder gefährlich und blutrünstig oder aber harmlos und geselliger Natur gewesen sind. Aber man muss auch nicht alles herausfinden in dieser Welt.

Nachdem wir ein paar Tage an verschiedenen Stränden gezeltet haben und von morgens bis abends gesurft sind, fahren wir nach Noosa, dem scheinbaren Gegensatz der wüsten Wildnis, aus der wir kommen. Die traumhaften Strände und hervorragenden Restaurants haben der Region zu Ruhm und einer Menge Geld verholfen. Alles scheint sauber, hergerichtet, irgendwie künstlich, aber deshalb nicht weniger einladend. Eine andere, eine aufgeräumte Kulisse mit ordentlicher Strandpromenade und beruhigenden Rentnern. Und ein bisschen Zivilisation hat noch keinem geschadet.

Wir sitzen auf einer Bank unter den Sternen. Ich habe mal gehört, dass es mehr Sterne im Weltall als Sandkörner an allen Stränden auf der Erde gibt. Muss man sich mal vorstellen. Ein bezaubernder Abend. Alex probiert einen Joint zu drehen und zündet das krumme Ergebnis an. Unter all den glitzernden Punkten suchen wir uns unser eigenes Sternbild. Ein persönlicher Begleiter und ständiger Beschützer für all die Reisen, die noch vor uns liegen. Ich wähle die Sterne des Orion, ohne zu ahnen, dass es sich um das auffälligste Sternbild des Winterhimmels handelt. Es steht für unzählige Mythen und Geschichten. Eine Formation, die ich von diesem Tage an, wann immer ich unterwegs bin, versuche aufzuspüren. Und es bleibt *mein* Sternzeichen. Meine Erfindung, mein großer Bruder und meine Hoffnung, wenn mich das Schicksal in die Enge treiben will. Die symmetrisch leuchtende Anordnung soll mir Geborgenheit in allen Höhen und Tiefen des Lebens schenken. Auch Jahre später noch, als ich erfahre, dass schon andere vor mir genau von diesen Sternen inspiriert wurden. Einige, um Pyramiden zu platzieren, andere, um König Uruk, Gottheit Thor oder ein Kriegsboot darin zu erkennen. Und wieder andere, von denen die Welt nichts weiß.

Wir trödeln durch den Ort. Der Joint wirkt nach, lässt die Lust auf Süßes erwachen und wir betreten eine Eisdiele. Ein paar Tische, Gäste, zwei nette Mädels hinter dem Tresen, allerlei Sorten Eis. Einfache Geschichte. Vanille, Zitrone, Erdbeere, Nuss und Co. Nichts Besonderes. Auf geht's mit der Bestellung. Ohne Vorwarnung setzt hier mein englisches Sprachzentrum aus. Vollständig. Alex muss einspringen, mit beiden Bedienungen zeitgleich kommunizieren und meine wechselnden Wünsche von der Seite integrieren. Die Qual der Wahl auf Alzheimer und verrückt nach Zucker, wie Alice im Wunderland. Dazu an zwei Fronten arbeiten, das auserkorene Bällchen auf die richtige Waffel steuern, um dann im allerletzten, verwirrten Moment doch noch umzudisponieren. Ich muss kichern und versuche dabei nicht aufzufallen. Das steckt meine Bedienung an. Erst grinsen, dann lachen wir uns schlapp. Alex, mitten in der Bestellung, glotzt rüber und prustet los. Die zweite Bedienung beschaut die drei albern gackernden Personen um sich herum und beginnt auch zu lachen, als einer der Tische auf die »heitere« Runde am Tresen aufmerksam wird.

Drei kurze Momente später ist die beschauliche Eisdiele komplett aus dem Häuschen. Angesteckt, mitgerissen, durchgeknallt. Völlig jeck. Plötzlich besteht der Laden aus dem größten Gelächter, das die Welt je gesehen hat. Die Leute an den Tischen halten sich den Bauch und aneinander fest. Eine grauhaarige Oma spuckt ihr Eis zurück auf den Teller. Ihr Mann kriegt die Hälfte ab, springt zurück und grölt los. Ein junges Mädchen an der Fensterseite quietscht auf, versucht sich zu beherrschen, aber kann nicht anders, was endlos lustig klingt. Ihre Eltern schmunzeln, noch beherrscht, um sich dann zu überschlagen. Wundervoll.

Ich ringe nach Luft, stabilisiere meine Atmung, höre wieder ein komisches Grunzen und fange von vorne an. Das ist wie Ertrinken jetzt. Wegen der Luftnot, und weil der Blödsinn in Wellen über uns herfällt. Kurze Hoffnung auf ein sanftes Ende – Fehlanzeige. Stattdessen schlimmster Neuanfall, gnadenloser Lachkrampf und alle wiehern mit. Tut weh, aber macht Spaß (doch anders als Ertrinken). Das Beste: Keiner weiß, warum und worüber wir eigentlich lachen! Zwischendurch auf jeden Fall über die quietschenden Geräusche in allen Ecken der Eisdiele. Und das Grunzen! Oscarverdächtig. Und dann darüber, dass es einfach keinen Grund gibt. Nur Lachen, endlich losgelassen. Das reicht, und wir werden von der nächsten Woge überrollt.

Kichern, Quietschen, Grölen. Ein Perpetuum mobile aus menschlichem Entengeschnatter. Eis isst hier keiner mehr. Herrlich, solange keiner erstickt, solange keiner den Löffel abgibt. Tränen laufen an meinen Wangen hinunter. Die Sirene am Fenster heult auch. Alex' Kopf sieht nach Platzen aus und die Mädels hinter dem Tresen krümmen sich. Super Anblick. Die Gesichter verzerrt und wunderschön. Nee, eher entstellt. Entstellt von sinnlosem Glück. Die Taschentücher, das Hissen der weißen Flagge, Flehen um Gnade und der Versuch, Rotz und Tränen Herr zu werden. Irgendjemand versucht, etwas zu sagen, will kommentieren, aber kommt nicht dazu, weil schon die nächste Lachattacke über die Eisdiele braust. Jeder hat seinen Lachpartner, irgendeinen frohen Irren. Oder man kriegt die vollständige Kulisse, kriegt die ganze Ladung ab. Ein Schlachtfeld der nach Luft ringenden Ritter, im verzweifelten Kampf mit dem eigenen Zwerchfell. Wir haben angefangen, angestiftet, uns bleibt das Unbehagen der Schuldigen, doch der Spaß überwiegt. Trotzdem, wir müssen hier weg und flüchten hinaus. Verfolgt von Blicken und diesen unbeschreiblichen Lauten, fallen die Türen hinter uns zu.

Endlich Ruhe, ganz vorsichtig wieder gleichmäßig atmen. Wir wandern, in regelmäßigen Abständen doch wieder kichernd, zurück zu unserer Bank und zu unseren Sternen. Ich blicke hinauf, der Orion schmunzelt. So was passiert nur unterwegs. Der schönste, nein, lustigste Besuch einer Eisdiele, den ich je erlebt habe. Begleitet von *meinem* Sternbild, das ich niemals vergessen werde.

Die Tage füllen sich mit Urlaubsroutine. Fröstelnd kriechen wir kurz vor der Dämmerung aus dem Zelt, reiben uns den Schmand aus den Augen und springen in die Fluten. Jeder Sonnenauf- wie -untergang ist glühendes Schauspiel der Natur. Bild für die totale Vergänglichkeit und letzte Schönheit zugleich, weil man nichts hat, außer dem flüchtigen Moment purer Faszination. Genau wie in den Wellen. Da erst recht, denn die Welle baut sich in Ufernähe auf, um zu brechen und damit gleichzeitig für immer zu verschwinden. Es gibt nur diesen kurzen Augenblick, und man muss genau zur rechten Zeit am rechten Ort sein. Wir verbuchen großartige kleine Erfolge, frühstücken und stellen uns der Herausforderung von Neuem. Immer häufiger gelingt es mir, im richtigen Moment aufzuspringen und die Welle im Stehen hinunterzusausen. Manchmal sogar ein paar Meter an der Wasserwand entlang zu fahren. Das Gefühl ist überwältigend.

An jedem Strand treffen wir auf andere Surfer, die alles wissen und bereit sind, ein Stück ihres unendlichen Fundus flüssiger Weisheit weiterzugeben. Wellen entstehen tausende von Kilometern entfernt in wilden Stürmen und marschieren tagelang durch die Ozeane. Auf diesem Weg ordnen sie sich zu Swells, den flachen Ozeanwellen, deren Energie sich weit unter der Wasseroberfläche abspielt und sich erst an den Küsten auftürmt. Steigt der Untergrund langsam an, gewinnt die Welle behutsam an Größe und bricht sanft, fast fürsorglich. Stellt sich der Welle ein steil ansteigender Untergrund in den Weg, wie ein Felsen- oder Korallenriff, erfolgt die Energieentladung abrupt, ohne Rücksicht auf Verluste und voller Gewalt. In eine solche Welle zu paddeln, ist um ein vielfaches schwieriger, aber auch unglaublich intensiv. Das gilt für den Ritt, wie für den Waschgang. Das mit dem Waschgang habe ich auch schon mitbekommen.

Außerdem sind Wellen soziale Gefüge. Sie wandern in Gruppen, den sogenannten Sets, durch die Ozeane. Ein Phänomen, welches sich jeden Tag beobachten lässt, aber für die Wissenschaft bis heute völlig unerklärlich ist. Diese Sets übertreffen die mehr oder weniger dauernd an den Strand rollenden Wellen um ein Vielfaches in ihrer Größe. So treffen alle zehn bis fünfzehn Minuten plötzlich größere Wellen auf die Surfer, und diese Wellen brechen in tieferem Wasser, also weiter draußen. Langsam wird mir klar, warum ich so viel auf die Mütze kriege. Zumindest theoretisch. Das Spiel mit den Wellen gleicht einer Belagerung und von Zeit zu Zeit einem Bombenangriff. Einige Surfer warten weiter draußen, hinter den Wellen, geduldig und in Sicherheit. Andere wagen sich weiter vor, in das kritische Gebiet, um sich auch die kleineren Wellen zwischendurch zu angeln. Naht ein Set, fehlt jede Alarmsirene. Plötzlich gerät der Horizont in Bewegung und die herannahende Wasserwand baut sich auf, um alles wegzufegen, was im Weg steht. Von Panik ergriffen, gilt es dann den sicheren Horizont zu erreichen, noch über die Wellen zu gelangen, um nicht zurück zum Strand geschleudert zu werden. In diesen Momenten sitzen wir alle in einem Boot, auf der Flucht aus der Impact Zone, heraus und in die rettende Welt hinter der Wellenbrechung. Nicht nur Mut und Kraft, sondern auch Geschick und Glück spielen eine Rolle. Denn im Auf und Ab der Wellen kann jederzeit alles passieren. Wie im Leben. Von alledem will ich mehr. Meer sehen, Meer verstehen, Meer erleben.

An einem frühen Morgen sitze ich mit einem älteren Typen, der eine riesige Planke surft, alleine im Wasser.

»Why did you come to Australia?«

Keine Ahnung. »Surfing. And it's beautiful!«, sage ich.

»That's not all«, grinst er, »that's not all ...«, und paddelt los.

Ich schnappe mir die nächste Welle und erwische sie.

An Land passieren zwischendurch die komischsten Dinge. Auf dem Parkplatz von Rainbow Beach überfahre ich stoned unser Campingequipment mit dem Auto, während Alex direkt daneben im Gespräch mit einem Polizisten Nüchternheit mimen muss.

Einen Strand weiter südlich verschwindet eine Brücke einfach so, wie vom Erdboden verschluckt, und mit ihr der Weg zurück zu unserem Auto. Dann bekommen wir Besuch von einem Floh – oder einer Floh-Großfamilie, denn das Hundsvieh beißt mich über zwanzig Mal. Alex einundvierzig Mal, in die rechte Hand. Sieht aus wie Streuselkuchen, aber ist langsam echt nicht mehr witzig. Irgendwann, nach einer juckenden Überdosis Verzweiflung, schütteln wir die Plage ab.

Am Folgetag genießen wir einen Sonnenuntergang neben unserem Zelt auf einer Düne im lauwarmen Sand. Plötzlich sehen wir in der Ferne einen Polizisten mit einer Schrotflinte über der Schulter in unsere Richtung marschieren. Hektisch springe ich auf und schmeiße das Beweisstück A, unseren rauchenden Wasserkanister, ohne Rücksicht auf Verluste ins Zelt. Unsere Klamotten werden geflutet, zur Sicherheit und im Auftrag der Unschuldsmiene. Der Cop kommt näher. Die strammen Schritte werden zu einem lahmen Schlurfen und der Polizeihut verwandelt sich in eine Wollmütze. Wir sitzen auf der Stelle und blicken so verträumt wie möglich Richtung Horizont, um einer nahenden Gefängnisstrafe zu entgehen. Kurz darauf, aus nächster Nähe, verändert sich die merkwürdige Gestalt der australischen Ordnungsmacht in einen alten Fischer, der seine *Angel* lässig mit sich trägt und weder uns noch das überflutete Zelt eines Blickes würdigt.

Dann kommt Byron Bay. Der legendäre Hippie-Ort ist umgeben von großartigen Wellen. Im Wasser jagt plötzlich eine Rückenflosse auf mich zu. Im Nullkommanichts schießt mein Puls von null auf zweihundert... tausend! Erst als sich keiner rührt und der verspielte Artgenosse aus dem Wasser springt, setzt meine Atmung wieder ein. Mein erster Delfin! Eine hübsche Blondine grinst zu mir herüber, ich zucke mit den Schultern. Sie lacht und erklärt mir, dass die Rückenflosse von einem Delfin auf und ab schwimmt, während der Hai horizontal durch das Wasser schneidet, wie im Film mit dem weißen Hai eben. Verstehe, und ich mag nicht weiter darüber nachdenken.

»Kein Problem«, sagt sie, »solange Delfine in der Nähe sind, halten sich die Haie von den Stränden fern.«

Na dann! Mein erster Delfin, und hoffentlich nicht mein letzter!

Am selben Abend hat Alex einen bahnbrechenden Vorschlag: Herzrasen. Um den Rausch zu intensivieren – als ob das nötig wäre – müssen wir vor dem Atemzug, der die Welt verändert, unseren Herzschlag in die Höhe treiben. »Auf diese Weise«, so referiert er in tiefstem Ernst und wie im Auftrag der Wissenschaft, »wird das Blut schneller an unseren Bronchien vorbeifließen. Das versetzt den Organismus in die Lage, eine signifikant größere Menge THC, den Wirkstoff des Marihuanas, aufzunehmen und in unser Hirn zu befördern. Alles weitere werden wir sehen ...«

Logisch, einfallsreich und somit für einen Testlauf legitimiert. Die Umsetzung geschieht auf einer kleinen, einsamen Düne. Wir bringen unsere selbstgebaute Rauchmaschine in Position. Nun muss jeder zunächst die Düne hinablaufen, den Strand entlang bis zur Wasserkante sprinten und wieder zurück. Oben angekommen hat der Herzschlag die notwendigen 180 Schläge pro Minute erreicht. Dann tief inhalieren.

Das Ergebnis ist phänomenal. Wir sacken völlig verstört an einer – glücklicherweise – einsamen Bank zusammen. Geistige Klarheit und Urteilsvermögen verabschieden sich, brechen auf. Jeder ist irgendwo bei sich und die Welt da draußen ein paar Millionen Kilometer weit entfernt ...

»Hey guys, I don't wear underwear!«

Hä? Was soll ich darauf sagen? Oder tun? Und wie bin ich eigentlich hierhin gekommen?

Irgendwann geschah etwas im Hintergrund. Es blieb strikt im latenten Bereich meiner Wahrnehmung. Aber es könnte eine dritte Person sein. Interessanterweise, und so viel kann ich mit Sicherheit sagen, handelt es sich um ein Mädchen auf Rollschuhen, die beginnt, unseren Tisch zu umrunden. Wir sitzen auf der Bank. Still, angewurzelt, nachdenklich. Ohne irgendwelche Gedanken aufzugreifen oder ernst zu nehmen. Trance in Space. Jetzt legt sich die junge Frau mit den Rollschuhen neben uns auf den Boden, stellt die Beine an und zieht ihren Rock hoch. Ich blicke auf und versuche zu verstehen. Versuche zu verstehen, versuche zu verstehen, versuche ...

Australien ... Rollschuhe ... Mädchen ... Rückenlage ... Unterschenkel ... Oberschenkel ... Nackt ...

Stopp. Veto. Unmöglich!

Ich stecke in einer gedanklichen Zwickmühle. Gesunder, nun ja, beeinträchtigt gesunder Menschenverstand oder wahrhaft nackte Tatsachen? Mein Verstand verlangt eine sofortige Entscheidung: Bin ich Zeuge eines wirklich unglaublichen Wunders oder einer wirklich täuschend echten Halluzination?

Liegt hier draußen am frühen Abend eines ... Welcher Tag ist heute? Egal. Liegt hier nun wirklich eine junge Frau mit entblößter Scham vor mir und bittet um Sex? Neben dieser Bank?

So was passiert doch nicht. Oder doch? Natürlich nicht! Aber wenn schon, dann nur nach Alex' genialem Vorschlag mit dem Herzrasen.

Gleich darauf wundere ich mich, dass die Halluzination zu sprechen beginnt. Irgendwie eine knifflige Situation zwischen Wahrheit und Traum. Zum Glück kommt mir die rettende Idee. Die Lösung der unlösbaren Frage. Es gibt schließlich, nur einen Meter entfernt, einen Zeugen. Alex muss entweder nichts dergleichen wahrnehmen und damit die Halluzination bestätigen. Oder irgendwie reagieren.

Ich blicke rüber: Stummes Starren, Kopfschütteln! Völlig aus der Bahn geworfen blickt er zu Boden und zwischen die Beine der jungen Frau. Mitten rein. Als wenn dort die Antwort zu finden ist.

Dann spricht sie wieder. Ihre Stimme klingt jetzt bestimmter. Herausfordernd und sehr real. »Hey guys, I don't wear Underwear! And for a reason!«

Was soll ich darauf sagen? Oder tun? Ich glaub das nicht!

Sie lächelt. »Come on, guys!«

Wir nicken zustimmend und verharren regungslos. Momente ziehen ins Land. Sie erkennt, dass hier nichts zu holen ist, rappelt sich auf, zieht den Rock zurecht und rollt ihres Weges. Sie ist guter Dinge und verschwindet, wir sind fassungslos und schweigen. Aber irgendwann reicht's!

»Hast du DAS gesehen?«

»Ja!«

»Gibt's so was?«

»Nein!«

Nach zwanzig Minuten haben wir den Schock verdaut und wandern durch die Gegend. Wir sehen unsere Rollschuhläuferin unter einer Laterne in Rückenlage. Während ein zweiter daneben sitzt und auf seinen Einsatz wartet, ist ein Typ über ihr zu Gange. Romantisch. Wir latschen weiter. Uns kann jetzt gar nichts mehr erschrecken, aber ich frage mich trotzdem, ob wir eigentlich an deren Stelle sein sollten.

Als wir uns Richtung Ort bewegen, gewinnen wir die nötige Sicherheit für Byron Bay zurück. Das hält etwa neun Minuten lang. Plötzlich springen sieben halbnackte, völlig besoffene und bis an die Zähne mit Kriegsbemalung ausgestattete Aborigines aus dem Gebüsch. Schreiend und aufeinander einprügelnd. Mit aufgerissenen Augen blicken wir auf das letzte Gefecht eines über sich selbst herfallenden Eingeborenenstamms – direkt vor unserer Nase. Besoffenes Geschrei, halbnackte Wilde und fliegende Fäuste. Die hauen sich wirklich in die Fresse. Geschockt stehen wir wie zwei überflüssige Statisten am Straßenrand, warten, bis der schlagende Haufen weiterzieht. Wir sehen uns an, entscheiden einstimmig, dass dieses Byron Bay für unseren Zustand zu viel des Guten ist, machen kehrt und verlassen den fröhlichen Hippie-Ort in der selben Stunde weiter Richtung Süden.

Vorbei an unzähligen Stränden, kommen wir eines schönen Tages nach Port Macquarie. An einer Tanke erzählen uns ein paar Surfer von guten Beachbreaks an der Landzunge einer Halbinsel und dem herannahenden, soliden Swell. Wir bedanken uns für Tipp und Wegbeschreibung und brechen auf. Einer der Jungs ruft uns hinter her: »And watch the sets, guys!«

»No worries, mate!«, nicke ich. Und frage mich: Was waren noch mal Sets?

Wir finden die Fähre, setzen hinüber und fahren, der Beschreibung folgend, eine einsame, endlose Straße entlang. Nur ein paar Büsche am Rand weisen den Weg. Ich freue mich wie immer auf die Wellen, die irgendwo am Horizont warten.

Am Ende der Landzunge von Port Macquarie sehen sie schon auf den ersten Blick richtig gut aus. Kräftig, kopfhoch vielleicht größer? Mir fällt ein älterer Surfer ein, der mir vor zwei Wochen erklärt hat, wie wichtig es ist, die Wellen lange zu beobachten, bevor man ins Wasser geht. Besonders, wenn sie größer sind. Wegen – genau –, wegen der Sets. Dann nämlich wachsen die Setwellen, die zwar selten, aber in regelmäßigen Abständen auftauchen, zu gigantischer Größe und manchmal zu einer echten Bedrohung heran. Also immer zehn bis fünfzehn Minuten warten. Nicht nur die normalen Wellen checken, sondern vor allen Dingen auch die Sets einkalkulieren. Vorher weiß man nicht, was eigentlich Sache ist da draußen.

Stimmt, aber ich bin nicht zum Warten hier. Let's go surfing!

Wir schnappen uns die Boards, laufen den endlosen Strand entlang, machen eine Stelle mit vorteilhafter Strömung aus, waten ins Wasser und treten den weiten Weg nach draußen an.

Aus der Nähe erscheinen die Wellen riesig, aber ich versuche mit einer neu gelernten Technik, dem Duckdive, durch die gewaltigsten Brecher zu tauchen und weiter hinaus zu gelangen. Hier muss man zuerst durch die Hölle, wenn man in den Himmel will. Ein heftiger Tag. Geil, denn obwohl die Wasserberge geradezu mörderisch vor mir einschlagen, komme ich Stück für Stück voran, schaffe ich es immer weiter raus.

Dann kommt das erste Set!

Die gigantische Welle türmt sich weit draußen auf, wird größer, kommt näher und wird noch größer. Alles vor und über mir besteht plötzlich aus einer haushohen Wasserwand, die direkt auf mich hernieder brechen wird. Schockiert schmeiße ich mein Brett weg und tauche unter. So tief ich kann. Dann spüre ich eine Detonation, spüre, wie die heftigen Turbulenzen der Bestie mich in ihren Sog reißen, in ihren Schlund zerren und zerstören wollen. Mit panischen Armzügen ziehe ich mich weiter hinunter, hinab in die Tiefe des Ozeans. Hier unten bin ich kleiner als jede Ameise auf dem Mount Everest. Alles ist dunkel, dann wird es still. Die Welle ist über mich hinweg gerollt, sodass ich mit dem letzten bisschen Luft in den Lungen den Weg nach oben antreten kann. Ich breche durch die Oberfläche und sauge mit aller Macht köstliche Luft in meine Lungen. So viel ich kann. Über Wasser ist die Welt frisch und präsent. Lebendig, rauschend, voller Licht.

Dann erstarre ich ... Eine zweite gigantische Welle hat sich aufgetürmt und wird im nächsten Moment auf mir einschlagen. So schnell ich kann und mit nicht weniger Panik im Nacken, tauche ich unter. Senkrecht, immer tiefer, hinein in eine bodenlose einsame Dunkelheit. Bloß weg von dem erschütternden Anblick weiter oben. Mein Herz hämmert und das katastrophale Bild der zerstörerischen Brandung brennt sich in meinen Hinterkopf, aber ich schaffe es zurück an die Oberfläche. Gerade noch rechtzeitig. Ich keuche, suche nach Orientierung und hechele krampfhaft nach Luft. Dann ... *Oh Gott!* Das nächste sechs oder sieben Meter große Monster wuchtet auf mich herab, und mir wird klar, dass ich mitten in einem Kampf auf Leben und Tod stecke ...

Luftnot und Panik schießen durch meine Glieder. Mit voller Wucht. Und das Gefühl wird rasend schnell immer schlimmer: Nichts verbraucht mehr Sauerstoff als Todesangst!

Der Druck in meinen Lungen wird unerträglich, der Horror in meinem Kopf auch. Mein Brustkorb droht zu platzen, schreit nach Erlösung. Ich kann nicht mehr, nicht mehr dagegen halten, nicht mehr weiter, und lasse los, atme aus. Ein Bruchteil Erleichterung, dann Schock und Höllenangst, denn jetzt kommt das Verlangen aus der anderen Richtung. Ein furchtbarer Sog durchzieht meinen Leib. Alles ist Unterdruck. Ein schwarzes Loch, dass alles in meine Lungen treiben will, egal, ob Leben spendender Sauerstoff oder den Untergang bedeutendes Salzwasser. Ich presse die Lippen zusammen, spüre ein taubes Zusammenquetschen von Rachen und Kehlkopf, während ich mit hektischen Bewegungen panisch an die Oberfläche rudere. Immer noch liegen ein paar Kubikmeter Wassermassen über mir. Noch zwei Züge, dann der letzte. Ein ruckartiger Beinschlag hievt meinen Kopf aus dem Wasser und ich lasse den Sog frei. Mit einem stummen Schrei werden meine Lungen, mein ganzer Körper mit krankhaftem Übereifer voll mit Luft gepumpt. Ich strampele, um mich über Wasser zu halten. *Atmen, atmen, atmen!* Wildes Keuchen rast meine verzweifelten Bronchien auf und ab, während ich meinen Kopf zur Seite drehe.

Ich starre mit weit aufgerissenen Augen auf eine erschütternde Tatsache. Das nächste Hochhaus aus Wasser donnert herab. Es gibt keine Alternativen mehr. Keinen Ausweg. Nur die Tiefe unter Wasser. Ich tauche hinab. So schnell ich kann, so weit es geht. Diesmal Luftnot vom ersten Moment. Blankes Entsetzen rast durch meine Zellen. Düstere Ahnung möglicher Konsequenzen wird zum totalen Horror. Noch mehr Panik, Verzweiflung dazwischen, Angst überall. Die Welle tobt sich aus. Mein Schädel schmerzt, aber ich darf um Himmels Willen noch nicht ausatmen! Das bisschen Sauerstoff ist alles, was ich habe, was mir bleibt. Nicht ausatmen! Noch nicht, denn das wäre das Ende.

Dann tue ich es. Die Luftblasen steigen auf, ich bleibe zurück. Das war's. Ich werde sterben. Ersticken. Hier unten, in den Tiefen des Meeres. Ohne Sauerstoff in den Adern. Von der Bildfläche verschwinden. Und dann?

Um mich herum auf einmal gespenstige Stille. Weiter oben: Krieg. Nein, ich muss aushalten. Endlose Sekundenbruchteile im luftleeren Raum verabschieden die letzten Augenblicke. Lässt mich das Meer zurück ins Licht? Nein! Ich gebe nicht auf. Nicht jetzt. Nicht hier. Nicht in der stummen Finsternis des verdammten Ozeans verrecken. Das wäre verrückt! Plötzlich panische Wut statt Verzweiflung, grauenvolle Intensität, schreckliche Angst aber auch letzte Reserven. Ich strampele an die Oberfläche zurück, tauche auf, atme zweimal, mit weit aufgerissenen Augen so tief ich kann, bevor es weitergeht.

Es folgen zwei weitere, brutal folternde Wellen. Der gesamte Überlebenskampf erstreckt sich über knapp zwei Minuten Unendlichkeit. Dann wird es still. Das Set ist vorüber, der Horizont friedlich. Ich ziehe mich auf mein Brett, was wie durch ein Wunder noch an der Leash hängt, und paddele voran. Meine Lunge brennt, dröhnende Schmerzen pochen in meinem Kopf. Säuerliches Würgen steckt in meiner Kehle und ein flaues Gefühl im Magen. Mein Speichel schmeckt nach Blut. Mein Körper erschlafft, wird schwer wie ein Sack voll Erde und eine immense Erschöpfung breitet sich aus. Ich will nur noch schlafen. Aufhören. Mit allem. Wie auf Autopilot schleppe ich mich weiter nach draußen und in Sicherheit. Die vermeintliche Ruhe bleibt umzingelt von schrecklicher Furcht vor weiteren Wellen. Mir läuft ein Schauer über den Rücken. Und durch alle Glieder. Das Meer ist still. Geradezu friedvoll. Die Angst bleibt, zittert, beherrscht die Situation, tut mir in der Seele weh. Ich setze mich auf mein Brett, als ein fremdes Gefühl an die Oberfläche dringt. Es breitet sich unter dem Himmel und in meinen Gedanken aus: Das unerwartete Geschenk zu leben. Es ist wahr. Die Sonne scheint und meine Augen füllen sich mit Tränen.

Dann realisiere ich, dass Alex fehlt. Eine der gewaltigen Wellenwalzen muss ihn in ihren Schlund gezogen haben. Für immer vernichtet oder wieder ausgespuckt und zum Strand geschmissen.

Nach ein paar Minuten sehe ich ihn am Ufer. Gott sei Dank! Er sucht nach mir und ich winke.

In diesem Moment wird mir bewusst, wie weit draußen auf dem Meer ich sitze. Alex scheint kaum stecknadelkopfgroß und die rettende Küste kilometerweit entfernt. Unerreichbar. Ich ersehne nichts mehr, als sicheren Grund und Boden unter den Füßen. Hier draußen bin ich so einsam und allein wie nie zuvor. Ich will an Land. Aber der einzige Weg zurück führt genau durch die Hölle, der ich gerade entkommen bin. Ich schaue hin und her. Weiter vorne brechen Wellen. Der Blick zum Horizont lässt keine weiteren Sets vermuten. So weit draußen im tiefen Wasser regiert eine gutmütige Ruhe und versöhnliche Stille – die trügerischer nicht sein könnte.

Ich entscheide ohne nachzudenken, denn jederzeit kann die nächste tödliche Dampfwalze heranrollen, um alles niederzumähen, was sich ihr in den Weg stellt. Ich paddele los. So schnell ich kann, mit allem, was in mir steckt. Nur zum Strand. Mit schrecklicher Angst, böser Vorahnung und dem Mut der Verzweiflung im Rücken. Ich bete um Aufschub, bete um Gnade. Nur ein paar Minuten. Trotz größter Anstrengung komme ich nur langsam voran. Als wenn mich eine unsichtbare Macht nicht loslassen will. Mit jedem Zug ziehe ich mich weiter durch das trübe, undurchsichtige Wasser Richtung Ufer. Mittlerweile müsste ich an der Stelle sein, an der ich eben um mein Leben gekämpft habe. Panisch schaue ich zurück über die Schulter. Lass jetzt bloß keine Welle kommen! Der Horizont schlummert vor sich hin. Noch. Mein Brett schleicht durch die Gefahrenzone. Schwerfällig. Viel zu lahm. Meter für Meter. Der Strand noch unendlich fern.

Dann geschieht etwas. Ich spüre es sofort und sehe nach hinten. Der Himmel erhebt sich und kündigt den Horror an. Ich paddele wie von der Tarantel gestochen weiter. Es gibt keinen Weg zurück. Nur die Hoffnung auf Land. Die erste Welle des Sets türmt sich gigantisch auf, um etwa zwanzig Meter hinter mir einzuschlagen. Eine gewaltige Wand aus weißem Wasser rast auf mich zu. Statt unterzutauchen, umklammere ich mein Brett mit Armen und Beinen. Eine Sekunde lang passiert nichts. Aber dann. Etwas erfasst mich, reißt mich in Stücke, schleudert mich mit der Wucht eines vorbeidonnernden Güterzuges unter Wasser und durch die Gegend. Mit aller Panik kralle ich mich an meinem Board fest. Als die Turbulenzen nachlassen, ringe ich hektisch nach Luft. Ich sehe zurück und wie die nächste Welle zusammenbricht. Allerdings fast fünfzig Meter entfernt, weil mich die erste Dampfwalze ein gehöriges Stück Richtung Strand gewuchtet hat. Ich bin in Sicherheit. Auch der respektable Ausläufer der zweiten Welle erfasst mich und wirft mich voran. Wie lebloses Strandgut, aber fortwährend an Land, was mit jedem Meter grenzenlos erleichternd wirkt. Ich hab's geschafft. Ich wusste es.

Am Strand rennt Alex auf mich zu. »Alter, alles okay?«

Ich kämpfe mit den Tränen. »Alles easy, aber ich wär gerade fast verreckt!«

»Mich hat's so derbe weggerissen, dass ich über einen Kilometer den Strand entlang gespült worden bin. Ich dachte, ich komm gar nicht mehr an Land.«

»Lass mal zum Auto gehen, ich brauch was zu trinken.«

Wir latschen durch den Sand. Auf einmal grinst Alex. »Noch nicht genug Wasser geschluckt?«

Ich muss lächeln und klopfe ihm auf die Schulter. »Genau«, und bin froh, dass er da ist.

Wir schätzen die Wellen auf eine Größe von sechs Meter. Völlig unsurfbar.

Den Rest des Tages beschaue ich die Wellen aus sicherer Entfernung. Wenn ich die Augen schließe, sehe ich die gigantischen Teile des Vormittags vor mir einschlagen. Immer wieder läuft ein kalter Schauer meinen Rücken herunter. Nie wieder will ich in eine solche Situation geraten! Und wenn doch, werde ich das verdammt noch mal überstehen.

Am späten Nachmittag kommen ein paar Surfer mit einem Fotografen an den Strand. Während sich die jungen Männer verrückterweise darauf vorbereiten, ins Wasser zu gehen, unterhalte ich mich mit dem Typen, der die Kamera aufbaut. Auf meine dramatische Erzählung und Beschreibung der Wellen entgegnet er grinsend: »Four foot, funsize, mate!«

Dann wirft er mir ein paar Namen an den Kopf: Rob Machado, Kalani Robb und andere, die mir nichts sagen. Aber der Fotograf bedeutet, dass nun die besten Surfer der Welt die Bühne betreten: »These guys are the Pros!«

Was dann geschieht, ist einfach unfassbar. Die Jungs surfen eine Welle nach der anderen. Mit unglaublicher Geschwindigkeit von rechts nach links. Probieren phänomenale Tricks, lassen sich absichtlich spülen und paddeln völlig entspannt in den wilden Brechern umher. Sie jubeln und lachen. Keiner ertrinkt. Viel mehr werden akrobatische Kunststücke zelebriert und gefeiert. Zwei Bretter brechen, worauf sie kurz an Land schwimmen, um neue zu holen.

Funsize! Die Wellen sind surfbar, ein Kinderspiel. Auch sehen sie aus sicherer Entfernung und wenn man andere Menschen darin sieht, nicht mehr ganz so groß und gewaltig aus. Vielleicht drei Meter, schätze ich.

Abends krieche ich voller Aufregung ins Zelt. Es ist möglich, und das bestärkt mich in dem Entschluss, morgen früh mein Glück von Neuem zu versuchen. Oder auf die Probe zu stellen. Ich kuschele mich in den Schlafsack und drehe mich auf die andere Seite. Und wieder zurück.

Der indische Boxer Akhil Kumar hat mal gesagt: »Träume werden nicht wahr, wenn du schlafen gehst, sie sind das, was dich nicht mehr schlafen lässt!«

Am nächsten Morgen will Alex (er hat keinen Bock mehr auf Wellen) einfach durch die Gegend fahren. Er schnappt sich den Wagen und lässt nichts als eine Staubwolke zurück. Ich bleibe allein am Strand. Die Wellen sehen kleiner aus, aber ich springe nicht sofort ins Wasser, sondern beobachte. Ich warte auf die Sets und vergewissere mich, wann sie kommen, wo sie brechen. Vielleicht ist alles nicht ganz so krass wie gestern, aber sicher bin ich nicht. Die Zeit vergeht und ich wünsche mir andere Surfer herbei, aber keiner kommt. Das hier muss ich alleine überstehen.

Mittags entscheide ich, ins Wasser zu gehen. Sofort fährt eine beklemmende Nervosität durch meine Knochen. Voller Unruhe latsche ich zur Wasserkante und warte auf eine Wellenpause. Dann geht's los. Die Angst vor den mörderischen Brechern des gestrigen Tages tobt in meinem Kopf.

Der Weg nach draußen verlangt mir alles ab, gelingt diesmal aber ohne Nahtoderfahrung. Ich positioniere mich weit draußen, in Sicherheit. Alle zehn Minuten erscheinen gewaltige Wellenberge, die mich in die Höhe heben und ungeschoren wieder herabsetzen. Schon der Anblick ist Adrenalin pur. Mein Herz hämmert wie wild, aber in meine Angst mischt sich Überzeugung. Ich werde eine dieser Wellen surfen.

Ein weiteres Set naht am Horizont und wie jedes Mal erschrecke ich. Es rollt direkt auf mich zu. Aber ich weiß, wie es aus nächster Nähe aussieht und wo es brechen wird. Das beruhigt. Ein bisschen. Vielleicht ist die Zeit gekommen für das, weswegen ich hier bin. Unvermeidlich schießt mein Puls in die Höhe. Sie ist gekommen. Jetzt oder nie. Anstatt mich in Sicherheit zu bringen, paddele ich mit der sich aufbauenden Welle los und genau dorthin, wo sie in den nächsten Sekunden einschlagen wird. Die riesige Wand türmt sich zu unglaublicher Höhe auf. Alles bewegt sich unter mir, mit mir, wird größer und immer steiler. Ich blicke einen riesigen Abhang aus Wasser hinunter. Ich sollte das nicht tun, zurückziehen, auf jeden Fall jetzt abbremsen, weil alles andere Wahnsinn ist. Dann wird mein Brett erfasst, kommt ins Gleiten, und es gibt kein Halten mehr. Gerade noch, bevor sich das Ungetüm überschlägt, springe ich auf ...

Unglaubliche Energie rast wie ein Vulkan durch meinen Körper, während ich von ganz oben einen bodenlosen Abgrund hinabschieße. Die massive Kraft der Brandung drückt durch mein Brett direkt in meine Glieder und wird pure Beschleunigung. Luft saust an meinen Ohren vorbei. Immer schneller. Keine Kurven, keine akrobatischen Meisterleistungen einfach nur geradeaus. Mit gebeugten Knien und tiefem Stand, mit voller Konzentration. Nur nicht vom Brett fallen! Jede Sekunde zählt. Hinter mir bricht das Hochhaus aus Wasser zusammen, und eine mörderische Welle aus weißem Wasser jagt hinter mir her. Ich halte mich auf dem Brett, weiter und weiter und weiter ... Ich hab's geschafft!

Am Strand werfe ich mein Brett in den Sand und hyperventiliere durch die Gegend. Zittern am ganzen Leib, tonnenweise Euphorie und überschwängliche Freude. Ich laufe den einsamen Strand entlang und wieder zurück. Das ist unfassbar. Ich singe (*Schön ist es auf der Welt zu sein ...*), und das muss alles raus jetzt. Wenn mich so jetzt einer sieht? Zuhause. Warum hat das keiner gesehen? Meine Monsterwelle. Irre. Wahnsinnstat. Als ich mich hinsetze, blicke ich aufs Meer. Eine einzige Welle, ein einziger Ritt, mit über hundert Sachen geradeaus runter, macht mich zum König der Welt. Wow! Ich komme runter, aber grinse immer noch, bade in totaler Zufriedenheit. Ruhe und Zufriedenheit. Und Stolz natürlich, denn heute bin ich der König der Welt.

Die letzten Stunden des Tages warte ich darauf, dass Alex zurückkehrt, aber er kommt nicht. Ich sitze auf einer verlorenen Halbinsel irgendwo in Australien, und genau das stimmt mich jetzt so fröhlich wie einen Hamster im Schaukelstuhl. Weil alles gut ist. Als die Dämmerung einsetzt, schnappe ich mein Brett, den Wasserkanister und mein Handtuch und schlendere den bis zum Horizont gerade verlaufenden, einsamen Weg entlang. In Badehose immer der Dunkelheit entgegen. Es wird kühler, aber es bleibt aufregend, bleibt spannend, bleibt gut. Was ist mit Alex passiert? Wo soll ich schlafen? Wo gehe ich hin?

Ich höre mich ein fröstelndes Lied pfeifen, während die Sterne lachen und mich die Sträucher am Wegesrand durch die Nacht begleiten. Was ein Tag!

Eine Stunde später tauchen zwei Lichter in der Ferne auf. Alex ist zurück. Er hatte eine Autopanne.

»Hattest du Angst um mich?«, fragt Alex mit dem schrägen Grinsen, das ich so mag. »Und was hast du dir hier draußen so gedacht?«

»Nicht viel«, antworte ich, als ich mein Brett ins Auto lade und einen Pullover überziehe. Warum auch? Super Tag, denn ich bin nach wie vor der König der Welt.

Die Tage in Port Macquarie haben etwas verändert. Wir haben weiter viel Spaß zusammen, aber ich möchte jeden einzelnen Augenblick in den Wellen verbringen, während Alex plötzlich andere Interessen findet. Vielleicht ist er traumatisiert. Vielleicht hat die Welle, die ihn weggerissen hat, eine bleibende Wunde hinterlassen. Eine Angst geschaffen, die zu viel Überwindung kostet, wieder ins Wasser zu gehen. Wir reden nicht darüber.

Das Ende unserer Reise naht. Mein Surfbrett wird vom Auto überfahren und in Sydney geht uns ein paar Tage zu früh das Geld aus. Trotzdem schaffen wir es irgendwie zurück.

Während ich den Flughafen in Sydney entlangschlendere, vorbei an den Gates, die in alle Himmelsrichtungen führen, sehe ich, was ich will. Ich will reisen. Jetlag und Meer, von Flughafen zu Flughafen, durch die Wartehallen, am liebsten in die hintersten Ecken dieser Erde. Afrika, Kolumbien, Feuerland. Und mitten rein in Abenteuer, die tiefer gehen als gewöhnliche Kratzer. Und

Wellenreiten. Irgendwann, wie die richtigen Surfer in Australien oder Bali, ein Held sein. Im Kampf mit Mutter Natur die Brandung beherrschen und sie dann reiten. Vielleicht will ich auch etwas ganz anderes, etwas finden, was ich noch gar nicht suche, das irgendwo weiter hinten wartet. Aber dazu brauche ich die ganze Welt. Wir werden aufgerufen und latschen zu unseren Sitzen in der Economy Class.

IV. Heimaturlaub, 1996

Passkontrolle, Gepäckband, Flughafenbahnhof. Noch mal warten. Zug, Straßenbahn in Köln und durch die Wohnungstür. Hinaus aus dem Traum, hinein in mein Studentenzimmer. Kapitel abgehakt und schon im nächsten. Das geht schneller als ich gucken kann. Saubere Klamotten, Kommilitonen, Vorlesungsverzeichnis und weiter im Text. Auf der Stelle und am Morgen danach.

Die Seele reist langsamer, braucht länger, weil sie nicht nur Zeitzonen und Vegetationsformen überwinden muss, sondern mehr. Und meine Seele wird aus dem Surfhippie-Abenteuer eines wellenverrückten Weltenbummlers mitten hinein ins Vergnügen einer deutschen Universitätsausbildung geworfen. Das ist nicht schlecht, aber anders, weil ich plötzlich nicht mehr gegen das Ertrinken im Ozean, sondern gegen den Ernst der Lage kämpfen muss. Volkswirtschaftslehre und Sportwissenschaft, Scheine und Seminare, Kurse und Klausuren. Ich funktioniere wie auf Autopilot. Nirgendwo Sonnenaufgänge, die zum Surfen einladen, nackte Rollschuhläuferinnen, giftige Schlangen, Monsterwellen oder Nächte, in denen mein Orion zu mir herunterlacht.

Natürlich, studieren in Köln bedeutet Lernen *und* Spaß. Viel Spaß! Die Semesteranfangsfeten laufen an und wir sind voll dabei. Wir trinken, feiern, tanzen. Jede Fakultät lädt ein. Man berauscht sich, um dann an die akademische Arbeit zu gehen. Um berufliche Perspektiven zu eröffnen, Sicherheit zu schaffen und letztendlich eine segensreiche Zukunft in Aussicht zu stellen. Logisch, weil's alle machen. Sinnvoll, weil man sein Leben in die Hand nehmen muss. Aber die Gefahr lauert hinter dem Tagesprogramm. Ohne es zu bemerken, gewinnt das Leben an Schwere, an Bedeutung. Nicht direkt, sondern schleichend. Heimtückisch und mit absoluter Sicherheit sinnlos und zu Unrecht.

Wer mir einen nachvollziehbaren Grund nennen kann, erwachsen zu werden, bekommt sämtliches Gold der Welt, einen Oscar in allen Kategorien und sei gleichzeitig in die Hölle verbannt.

So viel ich weiß, so wenig entspanne ich, rege mich sogar auf, und natürlich nur über die anderen:

Unsere Zivilisation zeichnet sich durch ein Heer von Verrückten aus. Es gibt die offensichtlich Verrückten und die tatsächlich Verrückten. Die, die anders denken und die, die nur an sich, Beruf und Karriere denken. Natürlich gibt es auch noch die Normalen, aber normal sein, ist zu wenig, ist verrückt. Also auf in das große Uhrwerk, ins Hamsterrad der Leistungsgesellschaft. Den ganzen Tag von früh bis spät und bis zum Feierabend. Dann TV-Hypnose, erschlagen ins Bett und noch mal von vorne. Und noch mal.

Jeden Tag. Bis zum Ende.

Ich philosophiere mit meinen Freunden am Tresen, erzähle von der Freiheit unterwegs, erzähle von Australien und Bali, ohne zu bemerken, dass ich keinen Deut besser bin. Genauso gefangen in Gewohnheit und gesellschaftlicher Vernunft – sprich: dem alten Trott. Verrückt. Genau wie alle anderen. Was soll man auch machen, wenn das Leben hier so ist. Manche kommen besser klar, leben mit den Herausforderungen, genießen einfach oder schreiten erhobenen Hauptes durch die urbane Kultur mit ihrer Vielfalt. Ich vermisse die Natur, vermisse die schiefen Zähne der balinesischen Straßenverkäufer und will gleichzeitig Manager werden. Bei allem denke ich zu viel nach, will noch mehr und drehe deshalb voll am Rad. Keine Leichtigkeit, kein Flow, kein Glück. Insgesamt: Nichts gelernt. Nichts mitgenommen, nichts mit nach Hause gebracht.

Aber die tägliche Erfüllung nimmt mich nicht ganz in Beschlag. Etwas hat sich verändert, nicht viel, aber doch, tief unten am Grund. Zwar versuche ich voller Ehrgeiz weiter an allen Karrierezahnrädern zu drehen, lerne, schreibe gute Klausuren, absolviere Seminare und kümmere mich um anspruchsvolle Studentenjobs, aber ich träume auch von Wellen. Manchmal am Tag und in der Nacht. Dann erfülle ich meine universitäre Pflicht sowie mein Leben mit neuem Antrieb. Als Mittel zum Zweck. Für das Karrieregewissen *und* den nächsten Trip.

Plötzlich taucht ein Sinn dahinter auf. Einen, den man belächeln kann. Statistisch gesehen ist Surfen ein schlechter Scherz. Vergegenwärtigt man sich die Warterei an Flughäfen, die Zeit am Himmel und in anderen Verkehrsmitteln, Wege zum Strand, ewiges Ausharren in der Hoffnung auf Wellen, endlose Paddelei, ganz abgesehen von Unmengen Geld für Bretter, Mietwagen und Co., so bin ich in den zurückliegenden zwei Monaten summa summarum vier Minuten erhobenen Hauptes auf den Wellen geritten. All das für so wenig Glück? Sinn oder Un-Sinn? Zen oder Un-Zen? Das ist nicht die Frage. Aber einen Blöd-Sinn gefunden zu haben, ist ein Schatz. Einer, der pulsiert und mein Surferherz höherschlagen lässt. Es dauert keine drei Monate, bis ich im nächsten Flugzeug sitze und fortfliege.

V. Südafrika, 1996

Keine Ahnung, ob wir das Ziel ausgewählt haben oder es uns. Uns? An meiner Seite steht ein kaum vager Bekannter mit Namen Eckart. Ein Riesentyp. Im wahrsten Sinne des Wortes. Und in jedem anderen Sinne auch. Knapp zwei Meter groß und ein Kerl zum Schreien. Abgedroschen wie passend: Der Beginn einer wunderbaren Freundschaft.

Eckart ist nicht unvernünftig, aber so voller Liebe zum Abenteuer, dass er jederzeit bereit ist, seinen Verstand auszuschalten. Genau wie ich. Unvoreingenommen, naiv, neugierig und mal sehen, was passiert. Sollte dies in eine prekäre Lage führen, schaltet sich der Verstand wieder ein, um für Rettung zu sorgen. Flucht statt Kampf, Lächeln statt Empörung und Mastercard statt Gefangenschaft. Hauptsache, es wird lustig.

Warum wir uns für Südafrika entschieden haben, hat nichts mit eingehenden Recherchen zu tun. Vielmehr muss, neben den Legenden über herausragende Wellen, ein genialer Unfug, kosmischer Zufall oder der große Manitu persönlich seine Finger im Spiel gehabt haben. Und sicherheitshalber haben wir diesmal einen Reiseführer im Gepäck.

Südafrika liegt am südlichsten Rand des afrikanischen Kontinents. Der Ort, an dem sich Atlantik und Indischer Ozean die Hand reichen und das Kap der Guten Hoffnung Erlösung in Aussicht stellt. Gesellschaftlich aufgrund der vielen ethnischen Gruppen auch als Regenbogennation bezeichnet, schimmern in erster Linie wahnwitzige Probleme hervor. Die Kriminalitätsstatistik ähnelt der Bilanz einer kriegerischen Auseinandersetzung. In den zehn Jahren nach dem Ende der Apartheid 1994 wurden über 400.000 Menschen ermordet. Statistisch betrachtet ist es für eine Frau in Südafrika deutlich wahrscheinlicher vergewaltigt zu werden als Lesen zu lernen. Die enorme Gewaltbereitschaft im Land katapultiert Südafrika an die Spitze der Tabelle der höchsten Verbrechensraten. Weltweit. Die Brutalität der Verbrechen manifestiert sich besonders in den großen Städten und allen voran: Johannesburg! Abgeschirmte Viertel, Stahltore, Gitter und schwer bewaffnetes Wachpersonal mit der Lizenz, scharf zu schießen, bieten einen gewissen Schutz und isolieren den weißen, wohlhabenden Mann vom Rest des Landes ...

Ich strecke meine Beine aus, Eckart verzweifelt. Der Kabinendruck gaukelt uns eine Höhe von knapp 3.000 Metern vor, obwohl wir in Wirklichkeit 10.000 Meter über den afrikanischen Kontinent hinwegfliegen. Wenn die Wolkendecke aufreißt, tauchen hinter der runden Plexiglasscheibe echte Steppen, kleine Hügel und weites Land auf. Und grenzenlose Neugierde.

Eckart stupst mich an. Uns bleiben nur noch sechs Stunden. Sechs Stunden Vorbereitung auf den Trip, sechs Stunden bis zur Landung – also weiterblättern. Wir streifen durch die Seiten und Abbildungen und bewundern alles, was uns das Buch erzählen kann. Geschichte und Geschichten, Nationalparks und wilde Tiere. Gesellschaftliche Vielfalt, massive Probleme. Und Kriminalität. An allen Ecken, hinter jedem Gebüsch, in allen Seitenstraßen.

Im Landeanflug stoßen wir auf eine letzte Besonderheit: Car Hijacking! Zwielichtige Gestalten, die an Ampeln und Stoppschildern lauern und plötzlich zuschlagen, um das Fahrzeug mit Waffengewalt zu entern und samt Insassen zu entführen. Also Augen auf und Abstand halten, um im Angriffsfall ausscheren und das Weite suchen zu können.

»Also Augen auf und Abstand halten?« Kein Problem! Johannesburg, wir kommen!

Am Flughafen treffen wir auf freundliche Gesichter. Nette Menschen aller Couleur heißen uns willkommen. Schwarze, irgendwie sanftmütig, im Reinigungs-Dienstanzug und sorgfältige Weiße in offizieller Uniform. Wir schnappen unser Gepäck und bekommen die größte Errungenschaft der Freiheit auf Reisen: den Mietwagen.

Auf unsere blanke Vorfreude erhalten wir mit dem Zündschlüssel einen gut gemeinten Rat. Der junge Mann von Europcar schaut mir direkt in die Augen. Keine Erläuterung zum Tankdeckel oder zu der Zentralverriegelung: »Guys, just leave the city!«

Wir stapeln unser Gepäck gut sichtbar auf der Rückbank und steuern den Wagen vom künstlichen Flughafengelände hinein in die wirkliche Welt. Schnell sind wir in alles und jede Ecke verliebt. Kein Zeichen von über 150 Raubüberfällen pro Tag, allein in Johannesburg. Also drehen wir eine Runde. Unser Mietwagen ist nagelneu. Satte achtzig Kilometer auf der Altersanzeige, dazu zwei leichenblasse, westeuropäische Jungs auf den Vordersitzen und deren Hab und Gut dahinter. Ein moderner Goldesel auf Erkundungstour durch die Stadt des Verbrechens.

Auf die Innenstadt folgen Randbezirke, dann die Orientierungslosigkeit. Nirgendwo mehr Straßenschilder, aber hinter der Windschutzscheibe Bretterbuden und Wellblechbehausungen. Wir wachen auf. Das sind die Townships von Johannesburg. Während ich auf die nächste Ampel zurolle, kommen mulmige Gedanken auf, da unser Verhalten plötzlich zu genau den Beschreibungen auf den Tu-bloß-nicht-und-niemals-und-auf-keinen-Fall-Seiten des Reiseführers entspricht. Zwar noch zu Späßen aufgelegt, können wir ein gewisses Maß an Besorgnis und Gefahrenpotenzial ebenso wenig verleugnen, wie die Tatsache, dass wir gerade als Zielscheibe ohne Ortskenntnis durch die vielleicht gefährlichste Ecke der Welt gondeln. Wir müssen hier weg! Schleunigst, denn hier stellen wir nicht nur leichte, sondern vor allem aussichtsreiche Beute dar. Nur, was sollen wir dagegen tun?

Hoffen. Auf eine Armada von Schutzengeln, und dass wir unbemerkt davonkommen. Und auf einen Ausweg an der nächsten Ecke. Ein Ausweg, der Block für Block auf sich warten lässt. Aber, obwohl auf dem Silbertablett serviert, greift kein Verbrecher zu. Stattdessen: freundliche Blicke, in denen gute Gesinnung steckt. Vielleicht sendet unsere Tour ein Signal der Freundschaft und Gemeinsamkeit aus. Anstatt die Menschen auszugrenzen, mit Angst und Gefängnisstrafen abzustempeln, kommen wir zu Besuch. Hallo, da sind wir. Natürlich gibt es auch andere Blicke: *Sind die bescheuert?* Und trotzdem, alles in allem begleiten uns wohlgesonnene Gesichtsausdrücke bis zu einer großen, erlösenden Kreuzung. Das blaue Schild offenbart den Weg auf den Highway und hinaus aus der Stadt. Ich steuere den Wagen auf die Überholspur und trete aufs Gaspedal. Der warme Wind des späten Nachmittags strömt durch das Auto, während die Townships hinter uns zurückbleiben. Eckart kurbelt das Fenster ganz nach unten: »Eigentlich eine nette Gegend.«

Als die Dämmerung einsetzt, befinden wir uns auf dem Weg über das Zentralplateau nach Süd-Osten. Das steppenartige Gebiet ist von aufregenden Hügeln durchzogen, die lange Schatten über das Land werfen. Ein Meer aus feuerroten Sonnenstrahlen und leuchtenden Wolken umgibt uns auf der Reise zum Indischen Ozean. Wir brausen durch das schönste Land der Welt.

Als wenig später die Nacht das Ruder übernimmt, wacht ein klarer Sternenhimmel über uns. Wahnsinn. Eine gewaltige, glitzernde Kuppel zieht sich über das weite Land. Sagenhaft. Kein

Auto weit und breit, nur wir und die Straße, mitten durch Südafrika, immer der Ferne hinterher und dem wartenden Meer entgegen.

Am frühen Morgen erreichen wir Durban, die zweitgrößte Stadt Südafrikas, und die Küste mit den ersehnten Wellen. Wir parken am Strand, lassen all unser Gepäck im Wagen zurück, schnappen die Boards, laufen über den Sand und hüpfen in die Fluten. Endlich Salzwasser.

Ab jetzt heißt Leben: wohnen, schlafen und essen in unserem Auto. Wir bleiben auf dem großen Parkplatz, direkt am Strand und mitten in der Stadt. Am zweiten Morgen klopft es an der Fahrertür. Ich kurbele die beschlagene Scheibe ein paar Zentimeter herunter, und kühle, frische Luft strömt durch den Spalt. Schlaftrunken sehe ich drei alten Anglern ins Gesicht. Die Männer sind aufgebracht, hektisch: »Ihr könnt hier nicht bleiben! Es ist viel zu gefährlich! Besonders, wenn es dunkel ist! Diebe, Gangster, Kriminelle!«

Ich nicke verständnisvoll und wecke Eckart auf. Wir gehen surfen. Als wir zurückkommen, steht unser Auto da, wo es hingehört. Wir frühstücken Brot, Nutella und Kekse.

Am Abend schlagen wir uns den Bauch mit den Nudeln voll, die wir auf dem kleinen Campingkocher zubereitet haben, als eine Horde Motocross-Maschinen über den großen, leeren Parkplatz brettert. Zwanzig Mann, bekleidet mit Helm, Tarnklamotten, schusssicherer Weste und Gewehr auf dem Rücken. Eine Gang? Nein, eine Armeeeinheit. Truppen, die für Sicherheit im Chaos der viel zu großen Stadt sorgen soll. Besonders in der Dunkelheit. Wir schauen der Patrouille hinterher. Ich frage mich, wo sie als nächstes hinfährt. Eckart nimmt Nudeln nach.

Nach dem Abwasch schlägt Eckart vor, irgendwie Marihuana aufzutreiben. Die Idee ist verrückt, aber gerade deshalb so reizvoll. Das ist Eckart, denn wir können tun, was wir wollen. Gerade hier. Und schließlich muss heute Abend noch irgendetwas passieren. In diesem Augenblick rollt ein alter Ami-Schlitten auf den verlassenen Parkplatz und kommt am anderen Ende zum Stehen. Die Fahrertür öffnet sich und der unbekannte Fahrer dreht den Sitz herunter, um sich entspannt zurückzulehnen, soweit man das aus der Entfernung erkennen kann.

Wir schauen uns an: Wäre eine Möglichkeit.

Allerdings mag das trojanische Gefährt zwar tatsächlich Dope an Bord haben, ist aber schon aus sicherer Entfernung von einer kaum zu verleugnenden Gangster-Aura umgeben. Was ist das für ein Typ?

Eckart sagt nichts, ich schweige dazu.

Na gut. Alles hilft nichts. Einer *muss* hingehen. Wir tragen ein schicksalhaftes Duell Schnick, Schnack, Schnuck aus, um den Ernst der Lage zu besänftigen. Dreimal schwingen unsere Arme vor und zurück, bevor wir auf unsere Hände starren:

Ich Stein – Eckart Papier.

Ich verliere. Eckart grinst. Natürlich. Ich überlege eine weitere Sekunde, aber das Ergebnis ist zu eindeutig für Diskussionen. Die schuldige Hand verschwindet in meiner Hosentasche, während ich mich zur Seite drehe, um das andere Ende des Parkplatzes anzuvisieren. Mein erster zaghafter Schritt wird von einem Seufzer begleitet. Dann bin ich unterwegs.

Nach den ersten Metern kommen meine Gedanken in Schwung, und ich werde unverzüglich zurück in das Südafrika der horrenden Kriminalität katapultiert. Viel schlimmer: Ich gehe nahezu freiwillig genau darauf zu. Meter für Meter. Nein, mit freiwillig hat das schon lange nichts mehr zu tun, aber Umkehren steht auch nicht mehr zur Debatte. Mit dunkler Vorahnung erreiche ich den Wagen. Was ich erblicke, lässt mir das Blut in den Adern gefrieren. Es befindet sich nicht eine Person in der Karre – sondern drei. Marke: Ice-T! Mit Sonnenbrille und Wollmütze vermummt, vernarbtes Gesicht und Tätowierungen am

Hals. Ich sehe mich schlicht und ergreifend dem personifizierten Verbrechen gegenüber. Die drei sehen so gefährlich aus, dass ich nicht ein Wort herausbringe und die längste Sekunde meines Lebens auf das Innere des Wagens starre. Als der Fahrer aufblickt, vermutlich so zugekifft, dass er eher mit einer Fata Morgana rechnet, als mit mir, setzt meine Atmung wieder ein.

Ich reagiere sofort: »Ääh, sorry, do you maybe have something to smoke, please?«, stammele ich vor mich hin, woraufhin der Typ ohne mit der Wimper zu zucken zum Handschuhfach greift, eine Riesenknarre zückt und mich mit fünf Schüssen in die Brust niederstreckt.

Stattdessen hält er mir (bei genauerer Betrachtung) mit dem Hauch eines Lächelns im vernarbten Gesicht jetzt eine kleine Ecke Dope entgegen. Irgendwo kräht ein Vogel. Die beiden auf der Rückbank verfolgen das Geschehen. Ich greife zu, frage, wie viel Geld ich ihm schulde und verfluche mich im selben Moment für das Erwähnen von Geld, dem Ur-Sinn des Gewaltverbrechens. Der bullige Kerl hinten links zieht sich sofort interessiert nach vorne, aber der Typ am Steuer winkt mich mit einer Handbewegung wortlos weg.

Das ist er. Der endgültige Beweis, dass ich es hier mit der südafrikanischen Variante von Pablo Escobar zu tun habe. Ich sollte gehen, stehe aber immer noch vor dem Wagen rum. Er grinst und lehnt sich in den Sitz zurück. Ich brauche eine weitere Sekunde. Ob ihm mein Mut imponiert hat? Selbst dem blindesten Krückstock konnte meine überschäumende Furcht kaum entgehen. Was sind das für Typen? Kein Grund nachzufragen. Ich drehe mich um und wandere so gefasst wie möglich zu unserem Auto. Ohne zu stolpern oder einfach loszurennen. Schnell habe ich die Hälfte hinter mir und immer noch keine Kugel im Rücken. Ich komme Schritt für Schritt voran, aber bleibe bereit, mich zu Boden zu werfen und verliere dabei unseren Mietwagen und unser Fleckchen Sicherheit am Ende dieses Parkplatzes nicht aus den Augen.

Eckart brennt auf meinen Bericht. Ich mahne die billigen Zuschauer auf der Tribüne zur Geduld und beschränke mich auf die Fakten.

»... die Typen sahen aus ...

.... garantiert bewaffnet ...

.... der hinten wollte gerade aussteigen ...

.... aber mit dem Anführer lief alles cool ...«

Ich zücke das Dope ganz locker flockig, da ich ab jetzt die gefährlichen Leute in diesem Land kenne und Teil der Unterwelt von Südafrika geworden bin. Mission erfüllt. Wir rauchen den wohlverdienten Joint, feiern mein Überleben und fahren zum Schlafen aus der Stadt des Todes hinaus.

Am nächsten Morgen geht's zurück zum Strand und in die Wellen, unverwundbar in den Fängen des wunderbaren Südafrikas. Surfen, Parkplatz, Sonnenschein. Abends fahren wir in die Stadt, um Nachschub zu besorgen, weil wir nichts anderes zu tun haben. Sicherheitshalber mit heruntergedrücktem Knöpfchen und verschlossenen Türen. Auf der Suche nach einer möglichst üblen Gegend umrunden wir einen zwielichtigen Block im Schritttempo, bis uns ein Dealer in der Dunkelheit anhält und auffordert, ihm in sein Haus zu folgen. Klar. Natürlich. Auf keinen Fall! Wir bewegen uns nicht vom Fleck, warten mit laufendem Motor in der verriegelten Karre. Kurz darauf erscheint der Typ in meinem Rückspiegel. Er schleicht um den Wagen herum auf die Beifahrerseite. Eckart nimmt das Tütchen durch den kleinen Spalt in der Scheibe in Empfang, bezahlt, ich gebe Gas und wir schießen mit quietschenden Reifen los. Bingo. Tschakka!

In einem sicheren Vorort mit gepflegten Wohnhäusern finden wir eine ruhige Straße, um unsere Beute zu begutachten. Das Zeug kratzt im Hals wie die Hölle auf Erden und ist, abgesehen von den entsetzlichen Kopfschmerzen, wirkungslos. Trotzdem sind wir stolz auf den *geglückten* Drogenkauf (oder was immer wir gerade rauchen), den Abstecher ins kriminelle Milieu und eine weitere üble Ecke in Südafrika auf unserer Liste.

Nach vier Tagen lassen wir die Stadt hinter uns, um nach Norden aufzubrechen und in einer Gegend namens Richards Bay die besten Wellen zu finden. Ein Localsurfer aus Durban hat den Tipp gegeben und uns auf den Weg geschickt. Nach etwa 350 Kilometern finden wir den angepriesenen Strand. Parkplatz an der Düne, eine kleine Rasenfläche mit Bänken und Tischen und keine Menschenseele weit und breit. Gemütlich. Gut 30 Minuten entfernt befindet sich eine genauso große wie hässliche Shopping-Mall, die uns mit den notwendigen Hygienevorrichtungen, besonders sauberen Toiletten, versorgt. Ansonsten bleiben wir am Strand, surfen und treffen von Zeit zu Zeit verschiedene Besucher auf unserem frisch bezogenen Territorium.

Am ersten Morgen nehmen wir auf dem Weg zur Shopping-Mall einen Mann vom Wegesrand mit. Bereits vorher haben wir Menschen am Straßenrand gesehen, manchmal irgendwo im Nirgendwo. Wir unterscheiden zwei Kategorien. Die einen halten ein kleines, rotes Fähnchen in der Hand, mit dem sie auf die Endlosigkeit der streng geradeausführenden Straße verweisen. Ein menschliches Verkehrsschild ohne Sinn und Zweck und ein totaler Wahnsinn mitten in der Mittagshitze, mit langen Klamotten und ohne eine Flasche Wasser zur Hand. Die andere Kategorie wandert einfach nur an der Straße entlang, ohne dass irgendwo im Umkreis von ein paar Hundert Kilometern ein Ort, ein Ziel oder ein sonstiger Daseinsgrund auszumachen ist.

Unser Exemplar zieht uns magisch an. Ein Signal gibt es nicht. Keine Geste, kein herausgestreckter Daumen oder ersuchender Blick. Wir halten trotzdem an und fragen, ob wir einen Lift anbieten können. Der dunkelhäutige Kerl springt ins Auto und schweigt. Da Eckart und ich nicht zu den Künstlern des Small Talks zählen, begegnen wir dieser Geste der Achtung ebenso mit

Stille. Ruhe vor dem Sturm auf engstem Blechraum. Eckart und ich sprudeln vor Neugierde und Begeisterung. Ich kann das fühlen und bin mir plötzlich sicher, dass es uns allen dreien genauso gut dabei geht. Eckart grinst. Unser Begleiter blickt schüchtern, aber vergnügt aus dem Fenster und zu uns nach vorne. Uns verbindet eine gemeinsame Sache, die Gelegenheit der Völkerverständigung, und für uns natürlich die Vorfreude, das Geheimnis des unbekannten Mitfahrers zu lüften. Heitere Augenblicke, während ich höflich schweigend versuche, das Salz in unserer Suppe in dem eben noch gefühlsmüden Fahrzeug zu ergründen. Neben Neugierde spielt auch Dankbarkeit eine Rolle. Ich will geben. Denn der Fremde schenkt mir sein ganzes Land.

Gute Laune und eine mysteriöse Anziehungskraft hängt im Raum, die uns mit jedem Meter die Straße entlang zusammenschweißt. Es fällt mir schwer, von den großen, den überstrapazierten, verhurten Begriffen abzulassen. Hier gehören sie einfach hin. Liebe und Menschlichkeit füllen unseren Wagen. Ganz plötzlich, aber volle Kanne, ohne Ankündigung, hier im Auto, auf dem Weg ins Einkaufszentrum und bis jetzt ohne ein gesprochenes Wort.

Dann bricht der zurückgehaltene Schwall plötzlich los. Es beginnt mit dem Namen und endet mit der Lebensgeschichte. Ein verbales Universum platzt mitten hinein in die Stille unseres Wagens. Im Nu sind alle drei schwer entzückt von dieser Plauderei der besonderen Art. Wir lachen, albern, interviewen, schwatzen, staunen, erzählen, hören hin, verstehen, tauschen aus und nehmen mit. Wir schmunzeln einfach zusammen über die komische Welt und fahren die Straße des Lebens, ein paar Meter nur, aber wirklich gemeinsam, entlang. Wir könnten unterschiedlicher nicht sein und die Welt gemeinsam nicht besser verstehen. Länder, Sitten, Errungenschaften und Gewohnheiten. Broterwerb und der Sinn des Lebens. Probleme, Lösungen, Liebe. Vergangenheit und Zukunft, Familie und echte Freundschaft. Tod und Leben und der kichernde Quatsch dazwischen. Alles, was das

Menschsein ausmacht, auf fünfzehn Kilometern afrikanischem Asphalt. Die Fahrt dauert dreißig Minuten. Ich liebe solche Begegnungen. Leider bleiben sie selten, aber dafür ein Leben lang. Ein spezieller Moment. Es entsteht echte Freundschaft von kurzer Dauer. Bedingungslose Verbundenheit, solange man zusammen ist. Dann geht jeder seines Lebens. Gelassen und ohne Zwang, ohne das Bedürfnis, sich wiederzusehen und weitermachen zu müssen. Es ist nicht alles gesagt, aber alles gefühlt! Nichts zum Festhalten, nur Glück im Herzen. Zum Schluss erzählt uns Delani, dass ihm keiner glauben wird. Ich denke: Mir auch nicht. Aber ihm wird man nicht glauben, dass er von zwei Weißen im Auto mitgenommen worden ist.

Oh Südafrika, Himmel und Hölle an ein und demselben Ort.

Am gleichen Nachmittag bleibt mir die Luft im Halse stecken. Nicht in den Wellen, die sind klein und fein und treiben meine Laune in Höchstform. Fast drei Stunden tollen wir im Wasser, häufig sogar von Erfolg gekrönt. Ich erwische sieben Wellen, Eckart sogar noch mehr. Zurück am Strand treffe ich auf ein älteres Ehepaar. Weiße diesmal. Elegant gekleidet, sie im langen Kleid und er im Anzug mit Hut. Nicht ganz passend für den Strand, aber mit eigenem, vornehmem Stil. Beide leben seit ein paar Jahrzehnten in Südafrika, aber stammen ursprünglich aus den Niederlanden. Europäische Wurzeln, deutsches Nachbarland, vom selben Schlag. Wir unterhalten uns prächtig, bis der Hammer kommt. Die beiden reden von den Schwarzen, den Bösen, den dreckigen und miesen Verbrechern, die alle bis zum Himmel stinken. Mir bleibt die Spucke weg. Der Mann mit dem Hut tätschelt aufmunternd meine Schulter, bis ich in einer ungläubigen Gesprächspause versuche zu retten, wo nichts zu retten ist. »Wir sind doch alle Menschen, verwandt, verbunden, mit denselben Gefühlen, Wünschen, Bedürfnissen und jeder ein bisschen anders, liebenswert ...«

Weiter komme ich nicht. Mit anständigem Lächeln und unumstößlicher Gewissheit werde ich von der alten Dame aufgeklärt: »Die Neger sind Getier. Primitiv. Nicht wie wir. Ungeziefer. Abscheulich!«

Der Mann blickt mich verständnisvoll an. Dann sieht er mir direkt in die Augen. »Den Niggern steht keine Existenzberechtigung zu, weil ihnen der Sinn für Verstand und Ordnung fehlt. Sie lügen, sie sind hinterhältig, dumm und bösartig. Wertlos, aber dank der Trennung von Schwarz und Weiß geht in diesem Land nicht alles den Bach runter.«

Ich spüre einen Kloß im Hals. So viel Menschenverachtung, so tief in den kalten Herzen. Delani kommt mir in den Sinn, unser Tramper vom Straßenrand, ein Bruder im Geiste und der netteste Mensch der Welt. Ich kann noch nicht mal wütend sein. Hilflos und traurig aber schon. Ich drehe mich um und gehe. Davor hat niemand gewarnt: Nazis aus Fleisch und Blut, unmenschlich böse, am helllichten Tag. Ich muss das Eckart erzählen. Was ist nur mit diesen Leuten passiert? Wo führt das Leben hin, wann kommt man an und vor allem wie? Jeder Moment lässt etwas in der Seele zurück. Was liegt hinter den Tageserlebnissen, durch die man treibt, und was wird eigentlich aus uns? Eckart schaut mich still und nachdenklich an. Wird sich zeigen, das ist sicher.

Der Schock hält bis zum Abend, als wir gedanklich in unser Südafrika zurückkehren. Denn als wir unter den zauberhaften Sternen einer klaren Nacht die Nudeln vom Campingkocher nehmen, können wir endlich den Hass dieser armen Leute aus unseren Köpfen verbannen.

Am nächsten Morgen treffen wir auf zwei Bodyboarder, die sich eine Tüte genehmigen. Wir werden eingeladen, aber lehnen ab. Das stößt auf Unverständnis, aber wir wollen nicht rauchen. Nicht am Tag. Wir haben keine Lust, uns ständig zu benebeln. Aber etwas in der Hinterhand zu haben, für die speziellen Momente auf unserer Reise, wenn uns der Sinn nach Unsinn steht, wäre nicht schlecht. Außerdem muss man im Leben tun, was einem begegnet. Also fahren wir hinter den beiden her. Irgendwohin, bis sie uns an einer Abzweigung eine Behausung am Ende einer Allee bedeuten. Wir hupen zum Abschied. Dann parken wir und schlendern auf ein verträumtes Holzhaus mit respektierlicher Veranda und verwachsenem Garten zu.

Trauerweiden säumen den Weg. Mit jedem Schritt auf dem staubigen Kies, mit jeder Trauerweide, versinke ich in einer Träumerei. Ich denke an Südstaatenfilme und Mississippi und liebe wie immer alle Klischees. Das Setting wirkt irgendwie romantisch, und ich stolpere zurück in eine Epoche zwischen amerikanischem Bürgerkrieg und Kolonialzeit. Eine gute alte Zeit mit eigenem Stil, aufregenden Schicksalen, Familienehre, echter Freundschaft und voller Melancholie. Sogar ein Schaukelstuhl steht neben der Tür und strahlt von der Veranda Ruhe zu uns herüber aus. Nach kurzem Zögern nehmen wir die wenigen Holzstufen und klopfen schüchtern an die Tür. Es erscheint eine beleibte, ältere, irgendwie sehr würdevolle Frau. Die dunkelhäutige und fürsorgliche Dame trägt eine Schürze um den gewaltigen Rumpf, ein Spültuch über die Schulter und scheint überraschenderweise kein bisschen überrascht.

Wir stellen uns vor, erzählen, wer wir sind, wo wir herkommen, wie schön die Trauerweiden die Allee bewachsen und dass der Schaukelstuhl so gemütlich aussieht. Eine unbeholfene Pause entsteht, die der Hausherrin, im Gegensatz zu mir, überhaupt nichts ausmacht. Ich muss weiterreden und erzähle, dass wir heute zwei Bodyboarder kennengelernt haben, was sie jetzt leider nicht gerade vom Hocker haut. Eckart meldet sich unterstützend zu Wort und faselt irgendetwas von »funny cigarettes«. Sie versteht, ohne zu kommentieren, und geht wortlos voran. Sie wusste vom ersten Moment an Bescheid. Wir spazieren um das Anwesen herum. Auf die Frage, wie viel Geld wir investieren möchten, blicken wir uns rätselnd an und entscheiden: zwanzig D-Mark, eine kleine

Menge reicht. Die ältere Dame verschwindet in einem angebauten Schuppen, aus dem sie kurz darauf zurückkehrt, um uns zwei in Zeitungspapier gewickelte Pakete zu überreichen.

Während Eckart bezahlt, blicke ich auf das Bündel in meinen Händen. Statt des üblichen kleinen Plastiktütchens erinnert der Brocken an ein Pfund Kaffee. Wir machen kehrt, ohne weitere Fragen zu stellen oder die Ware genauer zu untersuchen. Mit einer höflichen Verabschiedung verlassen wir die Kulisse.

»Irre!«

Wir packen aus, jeder sein Paket.

»Was machen wir denn damit?«

»Keine Ahnung!«

Ich ziehe das Papier weiter auseinander und rieche an dem Inhalt. Eckart grinst über beide Ohren, während wir mehr Gras bewundern, als wir in unserem bisherigen Leben je gesehen, geschweige denn geraucht haben. Etwa hundert Gramm pro Person.

Ich blicke auf, aus dem Fenster, dann rüber zu Eckart.

»Witzig«, kommentiert er.

Wir verstauen drei Viertel der Ware im Kofferraum unter dem Ersatzreifen – für harte Zeiten oder so. Der Rest wandert ins Handschuhfach. Wir sind nach wie vor nur Gelegenheitsraucher und keine vernebelten Vollblut-Kiffer. Weder können, noch wollen wir den Vorrat auf diesem Trip verköstigen. Drogen im Überfluss und diesmal ist die Qualität hervorragend, lustig ohne Kopfschmerzen. Trotzdem fühlen wir uns nicht verführt, ab jetzt mehr zu rauchen. Wir wollen surfen. Wollen den Rausch in den Wellen und alles andere nur on top.

Der Tagesablauf in Richards Bay: Wir stehen vor Sonnenaufgang auf, um die Magie des beginnenden Tages, das zauberhafte Licht der Dämmerung im Ozean zu erleben. Nach dem Frühstück folgt ein Ausflug zum Einkaufszentrum, Morgentoilette, dann die zweite Session in den Wellen. Mittagessen, Schlafen und noch mal in die Fluten bis die Sonne untergeht. Beim Abendessen nutzen wir die Vorteile der Arbeitsteilung (wie im Studium gelernt): Ich koche, Eckart dreht die Joints.

Wir rauchen, lassen unsere wohlig überanstrengten Körper zu Ruhe kommen, gackern, kichern und schlafen meist noch am Tisch ein. Unser Auto wartet derweil auf dem Parkplatz. Mit all unserem Zeug, alle vier Türen sperrangelweit auf, denn Diebe gibt es nicht in unserem Südafrika. Zumindest nicht in Richards Bay. Irgendwann in der Nacht, meist zwischen ein und zwei Uhr, wachen wir auf, stiefeln zum Auto, parken an einer leicht ansteigenden Stelle und schlafen auf den heruntergedrehten Vordersitzen, fast waagerecht, bis zum Morgengrauen, bis zum Frühsurf.

Eines Nachts wachen wir im Auto auf. Laute Musik aus unmittelbarer Nähe. Als wir durch die beschlagenen Scheiben blicken, sehen wir vier große VW-Bullis mit fetten Musikanlagen, die sich kreisförmig um unser Auto formiert haben. Dazu schwere Jungs. Zwielichtige, schwarze Gestalten, die zu Hip-Hop wippen. Gangster-Rap. Wir mittendrin. Eckart schaut mich an, ich drücke sicherheitshalber das Türknöpfchen runter. Keiner schenkt uns Beachtung oder hält uns ein Messer an die Gurgel. Am nächsten Morgen gehört der Strand wieder uns.

Zwei Tage darauf geht der Wagen kaputt. Der Keilriemen quietscht zum Himmel, und ich habe keine Ahnung, was das für unseren Vertrag bedeutet, aber vermute, dass die letzten Kilometer der Karre geschlagen haben. Wir finden den Mietwagenanbieter in der Nähe und schildern die Problematik. (Was zur Hölle heißt Keilriemen auf Englisch?). Der freundliche Herr wirft einen Blick in die Wagenpapiere, Erstzulassung vor knapp drei Wochen, und schaut uns an: »But the car is brand new!«

Ich antworte mit Überzeugung: »That's why we wondering!«

Eckart grinst. Sauber gewählte Worte, ein Satz für alle Lebenslagen. Der Angestellte schüttelt noch mal mit dem Kopf, aber beginnt alles Notwendige in die Wege zu leiten. Wir gehen zurück zum Parkplatz und verfrachten unsere Wohnungseinrichtung in das neue Gefährt. Höchste Zeit, da unser altes Domizil nach zwei Wochen Intensivnutzung als Herberge, Mittagstisch und Schlafgemach seine ursprüngliche Frische und Unverbrauchtheit eingebüßt hat. Man merkt das ja gar nicht mehr so, aber die Karre stinkt zum Himmel. Unangenehme Momente vergehen langsamer als andere. Aber schon nach fünf Minuten haben wir das neue Auto mit unserem Zeug vollgestopft und setzen uns ohne weitere, unbehagliche Augenblicke abzuwarten, hinters Steuer.

Wir rollen vom Hof. Ein letzter Blick auf den treuen Gefährten. Wir winken einen Gruß, denn die Nachmieter werden sich freuen. Vor allem, wenn sie eine Reifenpanne haben und auf den Schatz unter dem Ersatzrad stoßen. Stoff für lustige Momente, eingewickelt in Zeitungspapier. Eine Überraschung, ein Geschenk, ein grün-goldiger Zufall. Und darum geht es doch, um die Zufälle. Wenn dir was zufällt, weil das Leben das Ruder übernimmt, dich mit Unvorhersehbarem beglückt und du dich darin treiben lassen kannst. Ich finde, das haben wir jetzt gut gemacht. Freude für die Welt, gelungene Aktion, sollte Karmapunkte bringen. Wir biegen um die Ecke. Und wir entzücken uns noch Tage über das gefundene, verbale Allheilmittel für Probleme jeder Art. Naiv und hilfsbedürftig, mit einem freundlichen Vorwurf in der Stimme, aber mit Sicherheit der Retter in der Not: »That's why we wondering!«

An einem Samstagnachmittag lernen wir die Locals besser kennen. Wie immer genau rechtzeitig. Wir erfahren, dass die beiden lustigen Deutschen am Strand seit zwei Wochen zum Gesprächsthema der Gegend geworden sind und allerlei Gerüchte durch die Region geistern. Sie laden uns zu einer großen Party ein, und wir fahren in eine Hütte, welche von vier der Jungs bewohnt wird. Vorbereitung für die Feier. Bier, Schnaps und Völkerverständigung durch Trinkspiele. Coole Typen und heiße Storys. Matt,

Stinky, der den Namen seinen Verdauungsgasen verdankt, Crave, Boby, Eckart und ich. Wir quartern um die Wette und spülen die Kurzen herunter. Bei dem Spiel muss man eine Münze so auf den Tisch werfen oder aufsetzen lassen, dass sie von dort in ein flaches Glas hüpft. Gelingt diese Geschicklichkeit, darf man als Angreifer eine Person auswählen, die einen Schnaps kippen muss. Das Opfer kann sich seinem Schicksal fügen oder zur Challenge herausfordern. Dazu hat man einen Wurf. Misslingt der Versuch, sich aus der Affäre zu ziehen, stehen zwei Schnäpse auf der Rechnung. Landet die Münze aber erfolgreich im Glas, muss der ursprüngliche Angreifer doppelt trinken. Es sei denn, er ruft erneut zur Challenge, und der doppelte Einsatz wird verdoppelt.

Die erste Pulle Schnaps ist flott Geschichte, die Kühltruhe voller Nachschub, der Abend voll im Gange …

Nach einer Weile lachen sich alle durcheinander schlapp. Matt fällt vom Stuhl. Bobys Worte haben sich in matschige Laute verwandelt, die keiner identifizierbaren Sprache mehr zuzuordnen sind und Crave bestimmt, das Glas auszuwechseln, weil es zu schwierig geworden ist, das goldene hochprozentige Nass in die schmale Öffnung des Pintchen zu manövrieren. Eine weitere Flasche später entscheide ich, dass es sich um die beste Party aller Zeiten handelt, als Stinky bedeutet, dass es Zeit ist, aufzubrechen. Das eigentliche Event steht unmittelbar bevor. So gefasst wie möglich schwanken Eckart und ich zum Auto. Dabei tragen wir das obligatorische Spiel Schnick, Schnack, Schnuck aus, um die Preisfrage zu beantworten, wer den denkwürdigen Versuch unternehmen soll, das alkoholisierte Auto durch die Irrwege von Südafrika zu steuern. Die Jungs bestaunen unsere Gepflogenheiten, unsere Kultur und wollen wissen, was wir da treiben. Schnick, Schnack, Schnuck natürlich, um den Fahrer zu bestimmen.

Stinky beruhigt mich. Nachts gibt es hier keine Polizei. Deswegen werden auch häufiger Rennen ausgetragen. Man muss sich also keine Sorgen machen. Erwartungsvoll schauen Boby und

Steve zu uns herüber. Also los: Schnick, Schnack, Schnuck. Ich Schere, Eckart Stein. Ich verliere, Eckart kichert. Dann mal los. Wir heizen durch die Nacht, viel zu schnell, mit vereinten Kräften und viel Geschrei in den scharfen Kurven. Es gelingt mir, am führenden Wagen dranzubleiben, diesen beim Einparken ein paar Meter vor dem Ziel sogar zu überholen und damit den Sieg für Deutschland einzufahren. Das gelungene Manöver kostet uns einen Rumms sowie eine Delle in der Stoßstange. Wie bringen wir das der Autovermietung bei? »War schon so«, schlage ich vor.

Eckart stimmt zu und ergänzt hicksend: »That's why we wondering.« Außerdem ist das ein kleiner Preis für das Erlangen von Ruhm und Ehre sowie natürlich den Schnaps für die Sieger. Vor der gewaltigen Mauer, hinter welcher sich eine noch gewaltigere Villa mit großem Garten befindet, feiern wir das Rennen und gehen rein.

Die Fete läuft auf Hochtouren. Der absolute Hit. Jung und Alt, große Kinder und kleine Großmütter und ich lerne jeden kennen. Alle wollen einen genaueren Blick auf die fremden Gäste, die beiden Deutschen, die immer am Strand rumhängen, werfen. Dann die Frage, wo wir eigentlich schlafen. Auf die Antwort: »At the beach, in the car«, verstummt die Party für eine ungläubige Millisekunde. Dann braust es wieder los und mir wird entgeistert berichtet, dass zuletzt zwei Tage vor unserer Ankunft ein Pärchen genau dort abgestochen wurde, wo wir seit zwei Wochen wohnen. Eckart und mir werden unzählige Unterkünfte angeboten und wir feiern unser Überleben. Schon wieder.

Originelle Leute bevölkern das Ambiente. Einige abenteuerlich, andere übergeschnappt. Manche verschwinden kurz und kehren noch durchgeknallter zurück. Alle Teil des sensationellen Ganzen. Wunderschöne Mädchen und furchtbar liebe Omas. Alle tanzen, alle bechern. Stinky und Matt schütten unaufhaltsam, weil: Wer tanzt, hat kein Geld zum Trinken. Auf dem Parkett schwingt würdevolle Ektase und ausgeflippter Charme. Sieht super aus. Zu Hause wage ich mich erst auf die Tanzfläche, wenn der Alkohol kurz vor der Besinnungslosigkeit die letzten Zweifel einer Blamage ausgeräumt hat. Ich muss unbedingt mutiger werden. Irgendwann. Eine lustige Oma in einem Wollkleid hängt sich bei mir ein und schiebt mich voran. Da gibt es kein Zurück mehr. Wir harmonieren in perfekter Abstimmung des Augenblicks, sie führt, ich latsche auf ihre Füße. Ich entschuldige mich, sie lacht, worauf ich sie in eine Drehung unter meinem Arm geleite. Das ist einfach schön jetzt. Voll im Takt, harmonische Bewegungen auf einer Welle der Leichtigkeit und guter Musik. Als der Rhythmus abebbt, um in ein neues Lied zu fließen, bedanke ich mich ehrfürchtig. *Meine* Oma läuft zu ihrem Opa. Sie kichern und werden zum Sinn des Lebens dabei. Freude ist nur echt, wenn man sie teilt.

Die beiden sind jugendlich-süß und über hundert schnuckelige Jahre alt. Ich tanze mit den Enkelkindern weiter, weil unsere Schritte ähnlich ausgefallen ausfallen. Dann schunkele ich mit einer hübschen jungen Frau. Es gibt nichts Besseres in der Welt, und alle machen mit. Ich brauche ein Bier, um das alles abzurunden. Einfach mal zugucken, was hier los ist, und dabei noch besoffener werden. Mit einer Menge Freude in den Augen proste ich Eckart zu. Manchmal ist man zur rechten Zeit am rechten Ort, und genau da sind wir jetzt. Wie wir hierhergekommen sind, weiß ich nicht mehr, aber dem Zufall sei Dank.

Dann taucht Dr. Schiwago auf, ein Typ, der seine Leidenschaft in deutschen Schimpfwörtern entdeckt hat. Er platzt ständig in alle Runden und versorgt die Party vergnügt mit neuen Kraftausdrücken aus deutschem Fundus. Nicht das einzige Kulturgut, was die Runde macht. Schnick, Schnack, Schnuck kommt wie gerufen und mausert sich zur einzig wahren Möglichkeit, um Fragen zu klären, Waghalsiges zu überdenken und Herausforderungen zu konkretisieren. Und die Einsätze steigen. Die ganze Nacht. Im Haus, im Garten, auf dem Parkplatz.

Ich wache in einem verlassenen Schlachtfeld auf. Eckart liegt zusammengerollt neben mir. Ich wecke ihn, wir sammeln die verbliebenen Sinne und brauchen fast eine halbe Stunde, um unser Auto zu finden, weil es nicht mehr auf seinem Parkplatz steht. Wer es letzte Nacht noch umgestellt hat, lässt sich nicht rekonstruieren. Wir düsen ans Meer. Für einen letzten Surf in den Wellen von Richards Bay. Dann verabschieden wir uns, vom Strand, einer großartigen Zeit und einem Zuhause für zwischendurch, weil wir es heute noch zurück nach Durban schaffen müssen.

In Durban holen wir Dirk, einen Kumpel von Eckart, samt Freundin und kleinem Bruder ab. Die neu zusammengesetzte Abenteuergruppe wird mit einem großen, rostigen Geländewagen ausgestattet und braust los. Es wird gesitteter. Wir schlafen in richtigen Unterkünften und weichen potenziellen Gefahren aus. Eckart und ich werden mit Vernunft konfrontiert, und Sorgen. Sicherer, aber sicher auch sträflich. Keine Ahnung, wer schlimmer ist, Dirk oder seine Freundin. Immer aufpassen, vor Dieben, Mücken, undurchdringlichem Gelände, wilden Tieren, Mördern und was sonst noch so passieren kann.

Auf dem Weg Richtung Kapstadt, vorbei an Land und Leuten, von einem Strand zum Nächsten, stoßen wir auf eine unvermeidliche, südafrikanische Gegebenheiten: Die nährstoffreichen Gewässer des Indischen Ozeans bieten ein Habitat für große Meeresbewohner, darunter – der Weiße Hai. Am liebsten frisst er Robben. Leider kommt ihm auch immer wieder mal ein Surfer unter. Der erscheint auf dem Brett sitzend und aus der Tiefe betrachtet robbengleich, also genauso wie das Leibgericht des brutalen Jägers. Dann umkreist er seine Beute *dreimal*, bevor er aus der Tiefe angreift, um sein Opfer in Stücke zu reißen. Wo Taucher und Biologen ein faszinierendes Wunder der Natur erkennen, kann kein Surfer anders, als grauenhafte Bedrohung zu fürchten. Normalerweise beißt er nur einmal ab, weil ihm das magere, menschliche Fleisch nicht schmeckt. Dann hat man Glück, einen

Unterschenkel weniger und verblutet. In unserer vierten Woche aber wird ein Wellenreiter komplett verschlungen. Eine furchtbare Geschichte, die noch dazu an jedem Strand kursiert, gewaltige Ausmaße annimmt und kaum für feierliche Stimmung im Wasser sorgt. Ein sich rasant verbreitender Albtraum. Die Rede ist von einer FÜNF METER großen, erbarmungslosen Bestie, die irgendwo da draußen oder ganz hier in der Nähe auf die Jagd geht.

Ich hasse das Gefühl, wenn ich in der Dämmerung des frühen Morgens mit klaren Bildern von herausgerissenem Fleisch alleine ins Wasser waten muss. Dann versuche ich zu paddeln, ohne das Wasser zu berühren, zu bewegen oder in Aufregung zu bringen. Unter mir liegt ein dunkles Inferno, in dem unbekannte Bestien hausen. Der Hai kann in jeder Sekunde angreifen, denn die tiefschwarze See birgt alles und nichts, Tod und Leben, Jäger und Gejagte. Gehen meine Gedanken einmal los, ist es unfassbar schwer zu entspannen. Mich abzulenken, den Sonnenaufgang zu genießen, die Konzentration den Wellen zu widmen und einfach die Füße im Wasser baumeln zu lassen. Kopfkino. Die Furcht in meinen Adern wächst, ohne jemals ein lebendiges Exemplar gesehen zu haben. Bis jetzt.

Obwohl ich ahne, dass es nicht die cleverste Idee ist, besuchen wir das Hai-Zentrum in Durban. Erkenntnisse gegen das Hirngespinst. Forschungszentrum, Touristenattraktion und viele interessante Informationen, für Familien mit Kindern und für uns. Es gibt eine Menge Anschauungsmaterial. Fotos, Bilder, riesige Kiefer, gewaltige Gebisse und Fakten über Gewohnheiten, Körpergewicht und Maße. Alles aufschlussreich. Alles beunruhigend. Der weiße Hai kann so groß werden wie ein VW-Bus, und so hungrig.

Ich klage mein Leid einem der Angestellten. Sein Name ist Paul. Er ist Forscher und ganz vernarrt in die faszinierende Spezies. Ein Wunder der Evolution. Artenreich und der älteste Knorpelfisch der sieben Weltmeere. Dann endlich geht er auf den Surfer in mir ein: »Das Verletzungsrisiko ist unwahrscheinlich viel höher, mit dem Auto zum Strand zu fahren als mitten in einem Rudel von Haien zu surfen. Natürlich wirkt die unsichtbare Bedrohung aus der Tiefe beängstigend, aber ein Blick auf die Statistik hilft. Und die ist eindeutig auf der Seite der Surfer. Meist werden fünfzig bis fünfundsiebzig Haiangriffe registriert, von denen fünf bis zehn tödlich verlaufen.« Jetzt kommt's: »Pro Jahr und weltweit! Die Anzahl der Verkehrsopfer erreicht ähnliche Werte, im Minutentakt. Welcher Wahnsinnige traut sich heute noch, ein Auto zu fahren? Jeder. Wellenreiten und Haie bleiben ein Problem im Kopf.«

Statistik als Beruhigungspille, als Hilfe zur Autosuggestion.

»Solange du nicht umkreist wirst oder früh morgens ins Wasser gehst«, lacht er wohl wissend, dass ich das jeden Tag tue.

»Surfen ist nicht immer nur Spaß. Auch Überwindung und Angst spielen eine Rolle. Das gehört dazu. Macht den Reiz aus. Wie im Leben.« Paul ist selbst Surfer und hat manchmal richtig Angst, wie er sagt. »Ohne Grund!«, fügt er aufmunternd hinzu.

Selbstverständlich, denke ich und verlasse die Einrichtung, um frische Luft zu schnappen. Ich setze mich auf eine Bank. Der Hai müsste eine wichtige Ressource in sich tragen. Sein Lebertran vor unheilbaren Krankheiten schützen, seine Zähne ein Heilmittel gegen Krebs liefern. Das müsste man nur noch herausfinden, sodass er von der menschlichen Gier einfach ausgerottet wird. Gut, nicht die feine englische Art, und die Vorstellung entspricht auch nicht der Verbundenheit mit der Natur, auf deren Fährte ich mich gerne sehe. Es sind böse Gedankenspiele, gefüttert von meiner Angst. Aber lieber wär's mir trotzdem, denn ohne Angst macht das Leben einfach mehr Spaß.

Zu fünft klappern wir die Küste Richtung Süden ab. Irgendwann verlassen wir den Highway, um in das unabhängige Gebiet der Transkei zu fahren. Rechts und links vom schmalen Asphalt erwacht ein echtes Stück Afrika, abseits von Städten und sogenannter Zivilisation. Der endlose Weg schlängelt sich immer weiter durch eine verlorene Steppe. Die überragenden Drakensberge, reißende Flüsse und die allgegenwärtige Abgeschiedenheit bestimmen das Bild. Echte Natur ohne Beton, fern von Technik, Besiedlung oder der Erschließung durch Mensch und Maschine. Eine authentische, ursprüngliche Welt. Stundenlang fahren wir durch die einsame Region. Durchzogen von einzelnen Lehmhütten irgendwo im Nirgendwo. Wer hier wohl wohnt? Menschen, die noch nie ein Telefon gesehen oder einen Lichtschalter betätigt haben.

Wir erreichen ein liebevoll zusammengeschustertes Domizil mit verwildertem Garten direkt am Meer. Nur Naturmaterialien, alles aus Holz und sogar verwurzelte Bäume in die Konstruktion integriert. Ich sehe, wie der Stamm in der Zimmerdecke verschwindet, und male mir aus, wie er darüber wieder austritt. Eine lebendige Säule aus der Pflanzenwelt, die atmet und lebt, um die vom Menschen erschaffene Statik auf ihren Schultern zu tragen. Wir bringen unser Zeug in den Schlafraum, ich koche Kaffee und die anderen liegen auf den Sofas rum. Die Wände des Wohnraums sind mit einer blauen Unterwasserwelt bemalt, sodass wir, während ich die Tassen fülle, auf Muscheln, Algen und Fische blicken. Einfach cool.

Ein junger Mann namens John stellt sich vor. Er ist der Manager und unterweist uns in den strengen Regeln des Hauses. Er untersagt explizit jeden Drogenkonsum und besteht auf einen verantwortungsvollen Umgang mit allen Ressourcen. Er ist freundlich und bestimmt zugleich, sodass man sich sofort weniger als Gast und mehr als Teil dieses Hortes fühle. Bereit, überall zu helfen und mit anzupacken. Und es ist schön, hier zu sein, weil man dazugehören darf.

Am Abend fordert uns John auf, dem täglichen Office Meeting beizuwohnen. Einer der Angestellten zwinkert mir zu: Das sollte man sich nicht entgehen lassen. Austragungsort ist der Hochsitz im Garten unter den funkelnden Sternen. Wir klettern hinauf, etwa fünf Meter hoch, und setzen uns in eine Runde, hocken auf dem Holzboden unter dem Himmel der klaren Nacht.

Als es losgeht, entzündet der Manager persönlich einen großen Joint und reicht ihn in die Runde: »Office Meeting«. Konferenzen ticken anders in der verlorenen Provinz der wilden Transkei. Dann beginnt John zu erzählen. Die Geschichte von Südafrika, die Geschichte des Rassismus, das Ende der Apartheid. Der momentan stattfindende Umbruch und welche Zeiten auf das Land zukommen. Friedliches Zusammenleben von Schwarz und Weiß oder neu aufbrausende Kämpfe. Freiheit wirkt ambivalent in diesem Land. Der Meilenstein für friedliches Zusammenleben oder der Meilenstein für gewaltsames Aufbegehren und rachsüchtiges Zurückschlagen der so lange Unterdrückten. John steckt mittendrin, hat alles erlebt und wird alles erleben. Geschichtsunterricht aus nächster Nähe. Direkt unter einer Kuppel aus tausend Lichtern und dem beruhigenden Glanz des gutmütigen Mondes. In dieser Nacht scheint alles zum Greifen nah. Mein Orion winkt herab. Menschliche Schicksale stehen auf dem Spiel. Freunde, Familie, Kinder und Liebesgeschichten. Die Stimmung ist hoffnungsvoll, ruhig und empfänglich. Die Zukunft weit offen und das Glitzern der Sterne einzigartig.

Johns Worte erfüllen unseren Hochsitz. Südafrika wird seinen Weg einschlagen. Wir auch. Zwischen wilden Tieren, unter den Schleierwolken, die das Land entlangwandern, in den Episoden der Unendlichkeit. Ich könnte ewig hier sitzen. Zuhören, die Gedanken baumeln lassen und die frische Kühle der klaren Nacht genießen. Den Lauf der Dinge erwarten und zusehen, wie sich das Rad der Zeit so dreht.

Irgendwann schlüpfe ich ins Bett. Ich schlafe wunderbar und erwache als neuer Mensch. Geradeso, als wenn Afrika einen Schritt auf mich zu gemacht hätte. Oder ich in Richtung Afrika? Was sich verändert hat, weiß ich nicht. Ob sich etwas verändert hat, auch nicht.

Wir packen zusammen. Ich gebe John den Rest von unserem Marihuana, weil er es gut gebrauchen kann. Außerdem sind die Momente zu schade, die Erlebnisse zu echt, denn das Zeug macht zwar lustig und die Welt skurril, aber auch ganz schön bräsig in der Birne. Wir haben genug geraucht und düsen weiter. Ein bisschen Wehmut liegt in der Luft, weil ich mehr erfahren möchte von den Dingen, die ich gestern gehört habe, die mich gestern berührt haben. Aber nach ein paar Meilen wächst meine Spannung auf Neues, auf alles, was noch passieren wird, in Afrika, auf unserem Trip, mit mir oder mit der Welt, und dafür müssen wir weiter voran.

Die Kilometer ziehen ins Land. An einem Abend irgendwo an der Garden Route wollen Eckart und ich die Gegend erkunden. Die anderen bleiben in der Herberge, weil es schon dunkel ist. Alles klar, Vernunft gleich Irrsinn. Wir finden einen kleinen Laden mit wenigen Leuten. Ein lahmes Etablissement, aber ein Ort zum Einkehren. Wir süffeln kühles Bier und saugen den Spiritus Loci auf. Eigentlich geschieht nicht viel bis gar nichts. Die Tanzfläche ist leer, die Bar vereinzelt besetzt. Nur in einer Ecke drängelt sich ein Haufen Leute um einen Tisch. Die Sicht ist versperrt, aber dahinter ist lebhafte Beschäftigung zu erahnen.

Zehn Minuten später kommt einer aus der mysteriösen Gruppe in der Ecke an unseren Tisch. Er schaut nach rechts und dann nach links, scannt den Laden. Dann blickt er Eckart direkt in die Augen: »Have you guys two Rands?«

»Andi, wie viel ist das?«, fragt Eckart, obwohl er die Antwort kennt.

»Achtzig Pfennig«, entgegne ich. Wir nicken.

»Than follow me!«

Wir rutschen vom Barhocker und laufen hinter dem Unbekannten her. In der geheimnisvollen Ecke öffnet sich ein menschlicher Korridor in das Zentrum des Treibens. Die meisten Leute sind im gleichen T-Shirt mit einem grünen Aufdruck über der Brust. Männer mit Schnauzbart, Vereins-Shirt und Wohlstandsbauch. Unter dem Logo steht »Armwrestling«.

Es kommt zu einer steifen Begrüßung. Wir stellen eine interessante Abwechslung dar, und die Gelegenheit, neue Lorbeeren zu ernten. Ein mittelgroßer Mann mit Brille erläutert die Regeln. Es geht um einen kleinen Geldbetrag, zwei Rand, und wer den Handrücken des anderen zu Boden bringt, hat gewonnen. So viel ist klar. Natürlich geht es um viel mehr. Der mickrige Einsatz ist für die Durchführung des Zweikampfs unerlässlich, aber aus den Augen blitzt die Gier, Ruhm und Ehre zu erringen. Sieg oder Niederlage, stark gegen schwach, Triumph und Untergang. Das wird geil. An diesem Tisch werden keine lustigen Spiele ausgetragen, sondern ein Kräftemessen unter Männern. Für jeden, der sich der Herausforderung stellt. Eckart grinst, ich nicke, beide sind wir schon lange besessen von dem unbändigen Willen zu siegen. Das Gedränge wird dichter, die Gesichter hitzig, der Korridor schließt sich und ein wunderbarer Zufall katapultiert uns mitten rein in den Film *Over The Top* mit Sylvester Stallone.

Uns gegenüber steht die überhebliche Zuversicht der Vereinsmeute, aber Eckart und ich strotzen vor Kraft. Wir sind heiß wie Frittenfett. In den vergangenen Wochen haben wir jeden Tag mehr als fünf Stunden bis zur absoluten Erschöpfung trainiert. Wenn auch im Wasser und nicht in den Armdrückarenen Südafrikas. Nach hektischem Hin und Her steht fest: Ich werde beginnen. Ich trete an den Tisch der Herausforderung und schaue in die Augen eines knapp vierzig Jahre alten, sportlichen Mannes. Er ist gut trainiert und sieht mich an. Sein linkes Auge zuckt, ansonsten keine Regung, hoch konzentriert, eiskalt. Meine Halsschlagader pocht wie wild, während wir die Arme aufsetzen und der Mann mit der Brille runterzählt: »Four, three, two, one ...« Dann bricht die Hölle los.

Dank meines sportwissenschaftlichen Studiums, in dem ich tatsächlich ein Seminar über Kinetik und Biomechanik am Beispiel von Armdrücken besucht habe, kann ich technische Vorteile geltend machen. Anstatt seine Hand direkt herunterzudrücken, beginne ich damit, alle Kraft auf mich zu und in meine Richtung zu lenken, da so die Hebelwirkung vorteilhaft ist. Ich halte ihn hin. Mein Gegenüber ist stark, ungestüm, aber muss dabei Kräfte lassen. Ich warte ab, während er sich abmüht. Weitere Sekunden Geduld, dann ist es so weit: Gegenangriff. Ich bringe meine Hand über seine, greife mit der freien an das Tischbein und ziehe, reiße und drücke mit allem, was in mir steckt. Der Überraschungseffekt ist auf meiner Seite, plötzliche Panik auf seiner. Zentimeter für Zentimeter wendet sich das Blatt. Unaufhaltsam. Ich kann kaum atmen, aber nur noch Zentimeter fehlen. Ich hole Schwung, stöhne auf, und mit einem letzten Ruck geschieht das Unmögliche: Ich gewinne den Kampf.

Während ich aufatme, breitet sich ein stolzes Grinsen in meinem Gesicht aus. Sieg! Das ist spektakulär und jetzt geht's ab. Die Stimmung brodelt, alle rufen, schubsen und drängeln, weil das Unmögliche unmöglich so stehen bleiben kann. Nicht in dieser Bar, nicht in dieser Ecke und nicht in dieser Runde.

Eckart ist der Nächste und tritt mit seinen knapp zwei Metern Körpergröße einem kräftigen Kerl entgegen. Während die Spannung auf dem Weg zum Siedepunkt ist, erläutere ich ihm hektisch die technischen Grundlagen und biomechanischen Tricks. Erst Hinhalten, dann Überraschen. Als es losgeht, schreie ich auf ihn ein. Er kämpft mit zum Zerbersten roter Birne um sein Leben. Im Gebrüll der aufgewühlten Menge sind verzerrte Gesichter, Hochspannung, Siegeswille. Die Luft brennt. Ich hänge an Eckarts Ohr und feuere ihn an. Mir ist heiß, Eckart schwitzt literweise.

Dann passiert es. Nach einem unbändigen Duell schickt er die Hand seines entsetzten Kontrahenten zu Boden. Unfassbar. Das Glück seines Sieges ist genauso unbeschreiblich, wie der Tumult der tobenden Menge. Der Laden ist jetzt endgültig aus der heilen Welt gerissenen. Eckart lacht, streicht die kleinen Moneten und größte Respektsbekundungen ein. Wir sind Helden. Aber auch Bedrohung für die Statuten des Vereins. Das kann einfach nicht sein. Die Sensation ist perfekt, aber noch lange nicht vorbei. Zeit für den finalen Kampf. Ich bin an der Reihe und trete gegen das Aushängeschild des Klubs, die Spitze der Liga an. Ein zwar kurzer, aber mächtig stämmiger Typ steht mir gegenüber. Mit bulligen Augen, Schnauzbart im Gesicht und der Gewissheit der Bande im Rücken.

Er wirft mir einen eiskalten Blick zu: *Du hast keine Chance, Kleiner!* Meine Halsschlagader donnert: *Das werden wir ja sehen!* Wir setzen die Arme auf und langen nach dem Gegner. Ich packe in eine Pranke mit dicken Wurstfingern und rauer Haut. Aber ich bin bereit. Bereit, alles aufs Spiel zu setzen. Bereit für meinen Arm auf diesem Tisch zu leben, zu atmen, zu leiden und zu sterben. Der Schiri zählt runter, mein Puls rast rauf.

Es geht los!

Er drückt und ich drücke dagegen – gegen eine Wand aus Eisen. Für einen Augenblick übermannt mich Panik. Der ist unbesiegbar. Aber dann reiße ich mich zusammen und gehe taktisch vor. Zunächst bringe ich meinen Oberkörper hinter das Gefecht. Dann ziehe ich mit aller Macht auf mich zu, statt mich der Hauptdruckrichtung zu stellen. Mein Bizeps will platzen, aber so halte ich die Schultermuskulatur noch ein paar Momente aus der Sache heraus. Der Typ ist unglaublich stark und sein Oberkörper regungslos. Meine Gegenwehr überrascht ihn, aber er bleibt ruhig. Dann sehe ich ein Zwinkern. Er drückt fester. Noch fester, und jetzt viel fester, weil er dem Ganzen ein gewaltsames Ende setzen will. Er hat Power, wie eine Maschine. Der Druck wird unmenschlich groß, aber mein Adrenalin und Siegeswille stemmen sich gegen die Übermacht aus Fleisch und Stahl. Ich ringe mit der Verzweiflung in meinem Kopf. Ich will. Ich WILL. ICH WILL!

Irgendwie halte ich dagegen, verliere aber wertvolle Millimeter. Trotzdem, viel passiert nicht, und noch ist die Sache nicht vorbei. Dann spüre ich einen nachlassenden Augenblick. Sofort werfe ich mich ruckartig auf ihn. Die veränderte Druckrichtung eröffnet einen Überraschungsmoment und befördert mich plötzlich in eine aussichtsreiche Position. Ich gewinne die Oberhand. Für eine Sekunde. Jetzt oder nie!

Ich werfe alles in einen Topf. Ohne Rücksicht auf Verluste. Alles vibriert, mein T-Shirt ist schweißgebadet, mein Kopf droht zu explodieren. Meine Schultern brüllen vor Schmerz. Aber jetzt habe ich eine Chance. Nur noch wenige Zentimeter trennen mich vom größten Sieg seit Menschengedenken. Ich schnaufe und hole so tief Luft, wie ich kann. Dann zieht der Typ seine Hand weg und sich aus der Affäre.

Entsetzt, fassungslos und erschüttert starre ich für einen Sekunde in eine Leere mitten in der überfüllten, verrauchten Arena. Dem Sieg so nahe, bin ich nun unendlich weit entfernt. Mein Zustand ist elend, da jetzt die ungeheuren Muskelschmerzen in mein Bewusstsein dringen. Nacken und Hals, Schultern und Arme pochen und senden stumm schreiende Qualen aus. Meine Sehnen und Gelenke brennen. Die Situation ist brisant, die Unterbrechung eindeutig unfair, aber nicht gegen die Regeln. Fragen stehen in der siedenden Luft und auf meiner Seite. Trotzdem muss ich erneut antreten. Ich weigere mich kurz, aber ich habe nicht wirklich eine Wahl. Der Kampf beginnt und ich gehe willenlos unter. Voller Schmerzen und mental ausgehungert, kann ich dem Kerl ganz und gar nichts mehr entgegensetzen. Ich gratuliere. Miese Nummer. Die Gesetze der Natur stimmen wieder. Aber ich blicke meinem Kontrahenten für einen Moment tief in die Augen, sodass wir beide wissen, wer hier eigentlich gewonnen hat. Keiner verliert so sein Gesicht. Hochdruck und Dramatik weichen, verlassen den Raum. Entspannung setzt ein. In den Muskeln wie in den Köpfen. Anerkennung und Hochachtung erfüllen die Runde, die jetzt mit einem bitter nötigen Tablett voller Biere versorgt wird. Wir stoßen an, lachen, klopfen uns auf die schmerzenden Schultern und feiern die großartige Auseinandersetzung.

Bei der Analyse fließt Bier statt Schweiß. Es regiert Humor statt Krieg, denn die Quelle für wahre Kraft liegt am Boden der Gläser oder findet sich in den bahnbrechenden Sekunden vor dem Start des Kampfes. Dann, wenn der Gegner mit versteinertem Blick zwischen Goliath und Godzilla in die Knie gezwungen werden muss. Lachend sind wir uns einig: Psychoterror ist die halbe Miete.

Alles gehört dazu, das Vorspiel ist hartes Brot, der Weg das Ziel, die zitternden Momente sind voller Hochgenuss. Für Eckart und mich atemberaubende Zweikämpfe. Und ein unerwarteter Abend, mit spektakulärem Ergebnis in einer unspektakulären Bar irgendwo in Südafrika.

Die Reise geht dem Ende entgegen. Im Nationalpark wird Eckart zum Giraffen-Flüsterer, während ich auf ein weißes Nashorn treffe. Eine Begegnung, die weder an Ruhe und Harmonie noch an Lebensgefahr zu überbieten ist. Unser Jeep wird am Kap der guten Hoffnung von Pavianen geentert. Und dazwischen: Wellen, Wellen, Wellen. Und plötzlich, ohne Vorwarnung, steht der Rückflug vor der Tür. Eine Zeit geht zu Ende, die für mich niemals zu Ende gehen wird, weil immer etwas bleibt. Bye-bye, Südafrika!

VI. Semester-Halbzeit, Februar 1997

Zurück in der Heimat das alte Spiel. Kulturschock zwischen den Welten. Alltag, aber aufgewühlt von Freiheit und Abenteuer und der Sehnsucht nach Meer. Die Geschichten verblassen, werden unwirklich, aber hinterlassen einen Floh in meinem Hinterkopf. Einen, der mich in die Ferne treiben will. Kurz vor Weihnachten reicht die Zeit für einen Tagestrip nach Holland. Bitterkaltes Wasser und miserable Wellen, aber auch der Stolz, in meinen ersten zwölf Monaten alle drei Weltmeere gesurft zu sein. Ich stütze diese Behauptung auf lausige Erdkundekenntnisse und zähle die eisige Nordsee ohne jede Scham zum Atlantischen Ozean.

Ich sitze in meinem Zimmer und starre an die Wand. Ich sehe den verrückten Straßenverkehr Balis vorbeifliegen, wundervolle Sonnenaufgänge schimmern, die australische Wildnis fauchen, südafrikanische Gangster mit gezückter Knarre und natürlich Wellen.

Ein einziges Jahr. Ein außergewöhnliches Jahr. Ein neues Leben, die alte Pflicht und der große Zwiespalt dazwischen. Ich versuche, neben der Uni neue Jobs an Land zu ziehen, um Kohle zu scheffeln, wo ich nur kann. Der nächste Trip hat höchste Priorität. Und trotzdem muss ich ein strebsames Studium absolvieren, denn das ist das Langzeitziel. Davon hängt doch alles ab. Oder?

Das Leben hat einen Gang zugelegt und manchmal fürchte ich, aus der Kurve zu fliegen. Ist das normal? Meine Hetzjagd nach Kilometern und Wellen, oder sind die anderen normal, die immer nur zu Hause bleiben und ernsthaft hinter ihren beruflichen Zielen stehen?

Ich drehe mich in meinem Bürosessel schwungvoll um die eigene Achse. Erst schnell, dann langsamer, bis ich wieder zum Stehen komme. Viel steht auf dem Spiel. Das ganze Leben verbauen oder das wahre Leben zulassen. Kurzfristige Sehnsucht oder langfristige Dummheit. Herz oder Vernunft. Für den schwärmerischen Dummkopf wie für den kühlen Spießer liegt die Antwort auf der Hand.

Ich hinke dazwischen und kämpfe darum, beides zu vereinbaren. Meinen Traum zu leben und zu Hause zu funktionieren. Für die Zukunft zu sorgen und der Leidenschaft zu folgen. Der mittlere Weg. Für die Buddhas das einzig Weise, für mich aber voller Konflikt, weil immer etwas auf der Strecke bleibt, weil immer etwas fehlt, und weil ich plötzlich nicht mehr weiß, wo ich eigentlich hingehöre: In die Uni oder an den Strand?

Entscheiden ist einfach, wenn man weiß, wie's geht!

Universität zu Köln, Wintersemester 96/97, Hauptgebäude

Ich sitze im Hörsaal. Neunzehnte Reihe. Oder zwanzigste? Ich zähle noch mal nach. Vorne steht Prof. Dr. Franz Eisenführ und die Allgemeine Betriebswirtschaftslehre. Thema: Entscheidungstheorie. Ich habe sein Buch schon fast durch und er liest daraus vor, liest einfach ab, wortwörtlich, und erzählt das ein oder andere Beispiel dazu. Kein Wunder, dass der große Hörsaal nur sporadisch besetzt ist. Kaum einer hört zu. Dabei handelt es sich um die wichtigste Vorlesung im Leben.

Im Leben? Im Leben nicht. Doch, denn Entscheidungstheorie ist für jeden da, für den Betrieb, den Alltag, den Unentschlossenen und für dich. Für alle Fragen, wie es weitergeht oder was man mit seinem Leben machen soll. Wo es hinführt und wie man zurückkommt. Ich blicke nach vorne, während der Professor das Mikrofon zurechtrückt: »Entscheiden ist einfach, wenn man weiß, wie's geht.«

Na, da bin ich jetzt aber mal gespannt.

Grundsätzlich kann man das Leben als eine Aneinanderreihung von Entscheidungsmöglichkeiten betrachten. In jedem Moment liegen Alternativen vor uns, von denen es eine auszuwählen gilt. Es gibt Entscheidungen, die nur wenig Mühe oder Kalkül bedürfen. Weil die Folgen weit weniger relevant oder schwerwiegend sind. Wasser oder Saft, ins Kino gehen oder Pizza essen. Andere Entscheidungen legitimieren eine intensive Auseinandersetzung. In diese Kategorie fallen große Investitionen mit unwiederbringlicher Wirkung. Der Kauf einer Fertigungsmaschine zum Beispiel. Aber auch private Wahlmöglichkeiten, wie Single bleiben oder Familie gründen, sind folgenintensiv und schlafraubend. Und durch manche Köpfe in diesem Hörsaal schwirrt die Entscheidung, das Leben in eine mühselige Ausbildung zu stecken, früh aufzustehen, um keine Vorlesung zu verpassen und strebsam zu lernen oder faul in den Tag zu leben.

»Was das Richtige für *Sie* ist, gilt es herauszufinden. Die schwierigen Fragen im Leben können Sie mit Hilfe der Entscheidungstheorie beantworten. Am Ende dieser Vorlesung können Sie zwischen einer ordentlichen beruflichen Karriere oder fauler Freiheit mit Studentenpartys entscheiden. Und zwar wissenschaftlich fundiert. Rein logisch und den unzweifelhaften Erkenntnissen der Entscheidungstheorie folgend. Am Ende dieser Vorlesung können Sie ihre Situation nach Ihren Wünschen gestalten und gehörig optimieren, denn diese Vorlesung wird Ihr Leben verändern.«

Um rational entscheiden zu können, wird zunächst eine Zielfunktion festgelegt, also ein anvisierter, erstrebenswerter Zustand. Daraufhin werden die individuellen Handlungsalternativen der Ausgangssituation bestimmt. Es folgt eine Bewertung dieser Möglichkeiten im Hinblick auf die Zielfunktion. Zu guter Letzt erfolgt die Auswahl der vorteilhaftesten Alternative. Dies schließt in der Regel das Entstehen von Opportunitätskosten mit ein, also der Verzicht auf die Folgen (Erträge) der nicht ausgewählten Alternativen. Das ist vernünftig, wenn die Vorteile der bevorzugten Entscheidung die Erträge der anderen Wahlmöglichkeiten übertreffen. Dann hat man die beste Alternative gefunden. Betriebswirtschaftliche Theorie. Ganz logisch.

Allerdings folgt das menschliche Gehirn dieser einfachen Logik nicht immer. Wir hängen an eigentlich entscheidungsirrelevanten Dingen aus der Vergangenheit. Sunk Costs, versunkene Kosten. Es fällt uns schwer, von Investitionen loszulassen, in die wir bereits Geld gesteckt haben. Oder Zeit. Dabei ist es egal, wie viel wir bereits für eine Sache geopfert haben. Was zählt, sind einzig und allein die Konsequenzen in der Zukunft. Wir aber hängen an einer Alternative, wenn bereits etwas von uns (z. B. Geld, Zeit, bestandene Klausuren oder absolvierte Seminare) darin steckt. Wir sind verhaftet. Anstatt die vom heutigen Tage an beste Möglichkeit zu wählen, entscheiden wir uns womöglich für eine andere. Eine Schlechtere. Weil wir nicht loslassen können.

Ich verlasse den Hörsaal. Aber nicht gelangweilt, sondern nachdenklich. Während ich zur Mensa laufe, versuche ich einen klaren Kopf zu bekommen. Wenn jemand die Entscheidungstheorie nötig hat, dann ich.

Wir sind verhaftet und entscheiden uns falsch. Es ist egal, was wir bis jetzt investiert haben!

Das ist in der Theorie bekannt und erinnert mich an die fernöstlichen Gedanken. Im Buddhismus geht es doch auch darum, loszulassen und die Vergangenheit abzuschließen. Es scheint Parallelen zu geben. Das macht die Entscheidungstheorie doch erst mal sympathisch. Vielleicht bringe ich Prof. Dr. Franz Eisenführ zur nächsten Vorlesung eine orangene Mönchskutte mit. Lustiger Gedanke. Aber wie war das noch mal mit dem Buddhismus? Man soll im Moment leben, weil da am meisten Leben ist. Richtig, und da liegt der fundamentale Unterschied. Anstatt die Gegenwart in den Mittelpunkt des Interesses zu rücken und den Moment zu genießen, zielt die westliche Entscheidungstheorie auf die Zukunft. Ausschließlich. Genau wie ihre Jünger, Kopfmenschen, Logiker und ich. Nichts ist zu viel und alles zu wenig. Darin sind wir alle gleich. Egal was wir haben, wir wollen mehr! Ganz egal, worum es geht, ob Eigenheim oder Abenteuer. Der Zwang ist derselbe und macht uns das Leben zur Hölle. In diesem Sinne bin ich keinen Deut besser als die karrieregeilen Yuppies und die pflichtbewussten Strebsamen, die im Zahnrad der Leistungsgesellschaft stecken: Getrieben und ohne Leichtigkeit. Lieber Haben als Brauchen. Den Blick nach vorne statt auf den Moment gerichtet. Und nie zufrieden!

Es ist die Qual der Wahl, die uns irgendwann in die Unvereinbarkeit treibt. Das klassische Problem ist vermutlich: Alles für den Job oder mehr Zeit für das Familienleben. Ich hänge zwischen Karriere vorantreiben, auch mal Praktika machen, um Manager zu werden, und der unstillbaren Reiselust. Hier liegt mein Hund begraben. Ich stecke in zwei verschiedenen Paar Schuhen, mit denen ich stolpern werde, weil sie nicht zusammenpassen. Das eine Paar besteht aus rauem Leder, aus Freiheit und der Idee, die größten Wellen zu reiten. Das Andere schmiegt sich sanfter an, weil es berufliche Sicherheit und ein Zuhause zusammenschnürt.

Im Moment wechsele ich die Schuhe hin und her, aber in naher Zukunft muss ich eine Entscheidung treffen, denn: Will ich weiterkommen, muss ich den Ballast loswerden. Ich muss die Wellen aus meinem Kopf verbannen oder einen gut bezahlten Job in die Wüste schicken. Oder kann ich beides haben?

Der verzweifelte Kampf darum, alles zu bekommen, stürzt mich mitten ins Dilemma. Ein Ziel zu haben ist dabei nicht das Problem. Aber wenn das Ziel und der Erfolg der einzige Antrieb sind, bleibt die Leichtigkeit unwillkürlich auf der Strecke. Ich könnte mich freuen über die Möglichkeiten des Lebens. Könnte aufgehen in den Momenten zu Hause und auf Reisen, fürchte aber überall Verluste. Das Problem bleibt dasselbe: Wollen und nicht loslassen können.

Aber wie kann man mit dem Wollen aufhören?

Schopenhauer sagt: »Der Mensch kann zwar tun, was er will, aber er kann nicht wollen, was er will.«

Was will ich?

Ich schlendere die Allee hinter dem Hauptgebäude der Uni entlang und versuche, meine Gedanken zu ordnen. Auf der Suche nach Erkenntnis und vor allem nach Hilfe für mein blödes Dilemma. Meine Schritte knistern auf dem Schotterweg und ein kleiner Ast knackt, als ich darauf trete.

Das Leben im Moment, die Kunst des Augenblicks – die Zeitungen, Magazine und esoterischen Ecken in den Büchereien sind voll davon. Das Allheilmittel für die Rastlosen besteht aus drei Buchstaben: ZEN.

Aber das sind nur Buchstaben, nur Worte auf stummem Papier, wobei die Frage bleibt, wie das im echten Leben funktionieren soll. Wo kann ich Zen finden?

Ein Hoffnungsschimmer ist, dass die eigentliche Handlung zweitrangig ist. Eigentlich muss ich mich gar nicht entscheiden, denn man kann sich suchen, was man will. Um zu üben, den Blick auf den Moment zu richten: Waldspaziergang, Spülen, Wellenreiten, Wäsche aufhängen, Lernen (na klar!), Alpinski oder stumme Meditation in einem abgedunkelten Raum. Ganz egal, sofern Aufmerksamkeit und Konzentration gelingt. Das klingt logisch und nach echtem Leben. Fokus statt Ergebnis, Hingabe, Flow, bei der Sache sein. Ich hab das schon erlebt. Wenn das Leben nicht mehr mit Fragen und Verlangen abgelenkt wird, sondern mit ganzer Kraft, mit reiner Intensität das Ruder übernimmt. Wer es schafft, nur eine Sache zu tun, hat die größte Herausforderung des Lebens gestemmt, und wird belohnt. Mit Erleuchtung. Dann ist man stoked, voll dabei, wie ein Fisch im Wasser. Klingt gut, aber weniger ist schwer. Extrem schwer.

Wie oft bin ich eigentlich konzentriert? Bei der Sache? Oder genauer, bei nur *einer* Sache!

Klar, wie die meisten, im Alltag in der Regel nie. Multitasking ist genauso in, wie die Sache mit dem Augenblick – und das genaue Gegenteil davon. Wo ist die anmutige Schönheit, die manche Menschen ausstrahlen, weil sie lieben, was sie tun, ohne von störenden Gedanken oder Ergebniswahn aus der Bahn geworfen zu werden? Denn da will ich hin! Nur wie? Wo findet man dieses Wunder des Augenblicks?

Dann, wenn der Weg das Ziel ist, die Fragen verstummen und Ruhe einkehren kann. Momente mit purer Freude und weniger Zwang. Sofort muss ich an Surfen denken. Vielleicht, weil so viel Aufmerksamkeit einfach notwendig und alle Planung schlichtweg hinfällig ist. Vielleicht liegt auch hier der Reiz, die Magie des Surfens für mich. Die schwierigste Sportart der Welt und die einfachste Möglichkeit, den Moment zu erleben.

Ich habe Surfer getroffen, die ein Glanz umgibt, die voller Leichtigkeit sind, auch außerhalb des Wassers. Vielleicht dient der Wellenritt als Übung, als Meditation, als Vorbereitung für den Rest des Lebens. Allerdings sind nur wenige Surfer Heilige. Viele sind, genau wie ich, zu sehr vom Ehrgeiz besessen. Aber, es kommt mir so vor, als wenn die Natur beruhigt, begeistert und mir mein Dasein als kleiner, froher Mensch näherbringt. Besonders auf Reisen, wenn die Faszination von unterwegs wie ein heilsamer Zaubertrank gegen Ablenkung und unstillbares Verlangen hilft. Immerhin. Ein kleiner Effekt, der im Alltag wirken kann. Vielleicht sollte ich Prof. Dr. Eisenführ mal mit der Entscheidungstheorie in den Wald schicken. Natur kann helfen. Hilft mir, glaube ich. Wenn ich die Sterne sehe, oder die Sonne, dicke Wellenbrecher, fremde Menschen und verrückte Augenblicke, ist alles so aufregend, so spannend, manchmal so lustig und manchmal so angsteinflößend, in jedem Fall so intensiv, dass ich Ruhe und Zufriedenheit gewinne.

Stoked = Zen.

Wenn es das ist, was ich will, was ich brauche, was mich irgendeinem Sinn näherbringt, muss ich mein Studium schmeißen. Jetzt. Reizvoller Gedanke, weil Abenteurer einfach cooler klingt als Volkswirt. Mein Vordiplom, die Scheine und Klausuren liegen in der Vergangenheit, sind versunkene Kosten, irrelevant für die Zukunft, da hab ich aufgepasst. Das hat der Professor selbst gesagt.

Klasse, soll ich jetzt alles hinwerfen, alles aufgeben? Nur noch um die Welt reisen? Wovon kann ich leben und was kommt danach? Wie kann ich das in die Modelle der Entscheidungstheorie integrieren, wie quantifizieren, wie die Freude des Moments, meine verrückte Schwärmerei für Salzwasser mit der beruflichen Sicherheit in der Zukunft vergleichen?

Entscheiden ist einfach? Wenn man weiß, wie's geht.

Zu philosophisch, zu theoretisch, zu kompliziert.

Und die Entscheidungstheorie kann mir gestohlen bleiben. Denn wenn ich ehrlich bin, verstehe ich die Welt nicht mehr!

Ich bin an der Treppe zur Mensa angelangt. Ganz unten am Rand liegt eine ausgedrückte Trinkpackung, auf der eine aufgehende Sonne lacht. Mit großen Schritten nehme ich die Stufen, immer zwei auf einmal, und verwerfe den ganzen Gedankendreck.

Ich hab einfach Bock zu surfen!

Als ich durch die große Eingangstür laufe, taucht ein Satz in der ganzen Verwirrung auf. Keine Ahnung von wem er stammt, woher der kommt: *Follow your heart, but don't lose your head!*

Mit den anderen in der Schlange, blicke ich auf die Gerichte hinter der Glasvitrine. Ich bestelle Essen Nummer drei, vegetarische Würstchen mit Krautsalat. Dazu nehme ich Reis und Kartoffeln und packe mir auch noch den Vanillepudding aufs Tablett.

Ich will jeden Tag surfen!

Weil ich das Meer liebe und das meine Bestimmung ist. Die Uni ziehe ich durch. Alles andere wäre verrückt. Und dann kommt das Leben. Mein Leben. Mein Leben als Surfer und Abenteurer an den schönsten Orten dieser Welt.

VII. Europa, 1997

Danny treffe ich auf einer Party im März 1997 – in den Alpen! Plötzlich stehen wir nebeneinander und bemerken, wie sehr wir beide das Meer bewundern. Bis gerade alleine, wie Außerirdische auf einem fremden Planeten, auf einmal zusammen mit einem Gleichgesinnten. Hinter uns liegen unterschiedliche Länder, Geschichten und Erinnerungen, aber dieselbe Faszination. Prachtvolle Sonnenaufgänge und der blutrote Himmel, wenn sich der Tag am Abend mit der Dämmerung verabschiedet. Fremde Kulturen, brennende Muskelschmerzen und immer wieder die unbändige Freude auf den nächsten Tag im Wasser. Stümperhafte Versuche, peinliche Niederlagen und großartige Erfolge. Eins steht fest: Es gibt nichts Besseres! Wir trinken darauf und feiern die ganze Nacht.

Ein paar Wochen später klingelt das Telefon. »Wir fahren am Wochenende nach Frankreich. Freitag. Kommst du mit?«

Freitag? Übermorgen?

»Wir sind bis jetzt zu viert. Fünf mit dir. Wir fahren ans Cap de L'Homy südlich von Bordeaux. Wir haben einen VW-Bus, in den wir zu fünft reinpassen müssten ...«

Ich bemerke den Konjunktiv im letzten Satz, komme aber nicht dazu, weiter darüber nachzudenken.

»Wir brauchen 12 Stunden, teilen den Sprit und pennen auf 'nem Campingplatz direkt an der Düne. Zwei Wochen über Pfingsten. Surfen mit den Jungs. Super günstig.«

»Jetzt warte mal! Diesen Freitag? Zwei Wochen? Ich hab Uni hier ...«, und ich füge ein kleines Wort mit großer, irgendwie kapitulierender Wirkung hinzu: »... eigentlich ...«

»Na also. Gib mir deine Adresse!«

Fünf Minuten später lege ich den Hörer zurück auf die Gabel. Überrumpelt. Ich blicke vom Schreibtisch auf die leere Straße vor dem Haus. Übermorgen also. Auf einmal muss ich grinsen.

Der alte in Tarnfarben und Flammen getauchte VW-Bus hält um halb neun vor meiner Tür. Wir laden meine Sachen ein und ich springe zu den vier Fremden ins Gefährt. Mein erster Eindruck: Es wird eng.

Wir sind fünf Jungs mit Unmengen Zeug und nicht weniger Surfboards. Zusammengequetscht auf dem Weg zur Autobahn. Danny, den ich ja schon mal getroffen habe, Chris, Ringel, Jan und ich. Alle bunt zusammengewürfelt, denn keiner kennt mehr als einen der Anderen.

Aber die Wellenlänge stimmt, denn jeder packt Storys aus, Surfgeschichten oder Partykram, und wirft lustige Ideen und Mitbringsel für unser Camp in die Runde: Longboard, Shortboard, Hängematten, drei mal drei Meter Perser-Teppich, Brettständer, Zelte, Feldstecher und Wasserpistolen, Grilltechnik, Pavillon, Bierkühler und Co. Kein Wunder, dass der Platz im Bus begrenzt ist. Sperrmülltour durch Europa. Ich liege auf dem ausgebauten Bett, während die Karre in die Nacht scheppert. Jan daneben, Chris hockt auf einem Klappstuhl, Ringel am Steuer und Danny als Beifahrer. Ein bunter Haufen aus komischen Lebensgeschichten und Campingschrott. Danny packt die Brötchen aus, Chris erzählt von einem Surftrip in Portugal, Jan will im Winter nach Marokko ...

Gegen drei Uhr morgens sind nur noch Ringel und ich wach. Ihm gehört der Bus und damit ein großes Stück Freiheit, das ihn im letzten Jahr immer wieder durch Europa bugsiert hat. Er kennt alle möglichen Ecken und die schönsten Strände auf dem heimischen Kontinent. Ich erzähle von Bali, Australien und Südafrika. Wir tauschen Erfahrungen aus, reden über das Leben zu Hause und unterwegs und natürlich über die Wellen. Dazu laufen die Beachboys und entspannte Surfermucke aus den 60ern. Das hält wach und verbindet. Dann riechen wir die Pinienwälder und machen die ersten Anzeichen einer Dämmerung aus. Das Meer ist nicht mehr fern.

Nach fünfzehn Stunden erreichen wir den Campingplatz am Cap de L'Homy im Süden Frankreichs. Direkt an der Düne, dahinter der Atlantische Ozean. Wir erhalten eine Parzelle, beginnen zu werkeln, schlagen unser Lager auf und besetzen einen kleinen Hügel direkt vor einer deutschen Surfschule. Immer wieder muss ich innehalten und auf die kleine Zeltstadt blicken. Eine Fahne weht im Wind. Der Aufdruck ist unmissverständlich: Wellenreiter. Ich kann kaum glauben, dass es eine deutsche Surfschule gibt, in der man Wellenreiten pädagogisch aufbereitet lernen kann. Und arbeiten natürlich, als Surflehrer. Ich werde mich sofort nach dem Trip bei allen deutschen Surfcamps bewerben, um mein Hobby zum Beruf zu machen. Spitzenplan, große Idee, einer dieser Zufälle. Alpen, Danny, Frankreich, Surflehrer. Glatter Durchmarsch. Naja, wer weiß, vielleicht irgendwann.

Ich sichere mein Zelt mit den letzten Heringen gegen mögliches Unwetter und sehe die Jungs bei der Arbeit, beschäftigt mit Hängematten und dem ganzen Kram. Ringel rollt den Teppich vor dem Bus aus, während Jan Tisch, Stühle und Biervorräte positioniert. Unser Heim nimmt Gestalt an. Wir sind mittendrin und genau richtig hier. Alles stimmt. Ich verstaue mein Zeug im Zelt und schlüpfe in meinen Neoprenanzug, bevor ich mein Board schnappe. Die anderen sind sofort dabei. Wir stiefeln die Düne hoch. Dort bleiben wir stehen. Fünf Freunde. Schöne, kleine Wellen in dunkelblauem Nass. Ringel jauchzt, läuft los und wir stürmen hinterher ...

Zwei Wochen vergehen wie im Flug. Wir surfen jeden Tag und genießen das Leben in der Natur. Alles unter freiem Himmel, im Schatten der Pinien oder in der Sonne am Strand. Abends kochen wir zusammen, trinken Bier, laden alle möglichen Leute ein oder gehen auf kleine Partys. Nicht selten die ganze Nacht, bevor wir uns mit der Dämmerung über die Düne kämpfen, um den leidigen Kater in den Wellen zu ertränken.

Mit den Jungs zusammen im Wasser zu sitzen, ist das Größte. Wir surfen alle auf einem ähnlichen Niveau. Das gibt dem Wellenreiten eine andere Note. Auf den zurückliegenden Reisen war ich stets von Profis umgeben. Unbekannte, die alles können, alles unter Kontrolle haben, auf der einen und ich auf der anderen Seite. Jetzt surfen wir irgendwie mehr zusammen. Jede Welle wird gefeiert, jeder Waschgang ebenso. Paddelt einer los, wird er von den anderen angefeuert. Misslingt der Ritt, ist das Gelächter ebenso groß.

Abends beim Essen lassen wir unsere Meisterleistungen neu aufleben. Danach geht's auf in die Nacht, zu neuen Heldentaten. Wir suchen jede Gelegenheit, ignorieren die Nachtruhe und bilden einen sehr lebendigen Bereich auf dem eigentlich ruhigen Familien-Campingplatz. Es dauert vier Tage, bis wir zum ersten Mal fast vom Campingplatz fliegen. Irgendwie reden wir uns raus, dürfen bleiben und machen weiter. Spaß und Leichtigkeit, und alles für die Wellen. Gleichgesinnte, irre Jungs, echte Typen und in kürzester Zeit Freunde für's Leben.

Zurück in Köln quäle ich mich endlose sieben Wochen mit Studium und Sinnfragen herum. Ich telefoniere mit den Jungs und jeder ist irgendwie dabei, den nächsten Trip zu organisieren. Ich habe mich natürlich beim Wellenreiter-Camp beworben, aber eine Absage erhalten. Bei anderen Anbietern sieht es nicht viel besser aus. Ich habe kaum noch Geld und würde alles tun, um den Sommer am Strand zu verbringen. Was soll ich auch sonst? Zu Hause bleiben? Ein furchtbarer Gedanke!

Ich hab's geschafft, doch noch einen Platz zu ergattert. Anfang Juli breche ich wieder nach Frankreich auf. Diesmal, um in einer Surfschule zu arbeiten. Der Beginn einer großen Karriere. Als Praktikant in einem Camp der Firma Wavetours, nördlich von Biarritz, vier Monate – Wahnsinn!

Ich komme am frühen Morgen in Moliets et Maa an der französischen Atlantikküste an. Übernächtigt schleppe ich mein Zeug über den riesigen, noch schlafenden Campingplatz, bis ich irgendwann vor einem Banner mit der Aufschrift Wavetours stehe. Auf den ersten Blick erkenne ich Gemeinsamkeiten zu dem Camp am Cap de L'Homy. Eine Zeltstadt mit verschiedenen Bereichen, die mitten im Pinienwald hinter der Düne liegt. Ein paar Bierbänke und Tische unter einer großen, orangefarbenen Plane, ein graues, geräumiges Videozelt, eine Ecke mit Hängematten, ein Pavillon mit Surfequipment, Küchen, Wohnwagen und daneben etwa zwanzig blaue Zelte – vermutlich für die Kursteilnehmer.

Das Camp ist wie ausgestorben. Leere Bierflaschen stehen auf den Tischen herum und ausgedrückte Kippen liegen daneben. Niemand zu Hause, wahrscheinlich, weil alle noch in den Schlafsäcken liegen. Vor dem größten Wohnwagen steht ein Tisch mit Stühlen. Ich stelle meine Taschen ab und warte. Erst jetzt merke ich, wie viel Zeit und Kraft der Weg hierher gekostet hat. Nach einer weiteren Stunde kommt endlich ein Typ aus dem Wohnwagen heraus. Er sieht genauso verschlafen wie grimmig aus. Fast zwei Meter, braungebrannt und ein Berg aus Muskeln. Knallhart mit kurzem Haar und strengem Blick. Kommandant mit mieser Laune. Ein lockerer Beachboy jedenfalls sieht anders aus. Also weder das, womit ich gerechnet, noch das, worauf ich gehofft habe.

Er sieht mich nicht sonderlich herzlich an und lässt sich dennoch zu der Frage herab, was ich hier will, und vor allem um diese Uhrzeit. Auf meine erklärende und aufgeweckte Antwort, dass ich Andi heiße, gerade frisch aus Deutschland komme, in Köln wohne, die ganze Nacht mit dem Zug unterwegs war, ach ja, schon über ein Jahr surfe, mich freue hier zu sein und der neue Praktikant bin, entgegnet er: »Na und?«, und verschwindet wieder im Wohnwagen. Ich sinke zurück in den Stuhl.

Kurz darauf kriecht ein Typ mit wilder Frisur aus seinem Zelt und schlendert mit einer Rolle Toilettenpapier auf mich zu. Zum zweiten Mal erkläre ich, dass ich der neue Praktikant bin oder zumindest sein sollte. Er grinst, erwähnt, dass er Jagger heißt und erklärt: »Frühstück ist um zehn. Da unten am Tisch.« Dabei zeigt er mit gestrecktem Arm auf vier zusammengestellte Biertische vor einem weißen Küchenzelt. Dann setzt er seinen Weg zu den Toilettenhäusern fort.

Ich nehme mein Zeug und setze mich an den leeren Frühstückstisch. Ich spähe in das weiße Zelt, das überraschend gut ausgestattet ist. Der Boden mit Steinplatten ausgelegt. Dazu liefern Herdplatten, Spüle, Regale, Vorräte und Geschirr alles, was das Küchenherz begehrt.

Kurz darauf schlurft ein Typ aus dem Wohnwagen daneben. Er beachtet mich nicht und verschwindet in der Küche, um mit irgendwelchen Vorbereitungen zu beginnen. Ich bin offensichtlich unsichtbar. Ein Fremdkörper, der hier nicht hingehört. Trotzdem fasse ich mir ein Herz, schlendere möglichst locker in das Zelt und biete meine Hilfe an. Er nimmt sie an und weist mich in einen ersten Ablauf des Camps, die Frühstücksvorbereitung, ein. Sein Name ist Rodrigo, er ist Chilene, was die wilden, schwarzen Locken und den verrückten Blick erklärt. Während wir den Tisch decken, erzählt er von dem super Team, dem Spaß und allen möglichen Dingen, die das Camp betreffen. Ich bekomme einen Eindruck, was hier läuft, was mich erwartet. Dann gesellen sich weitere Jungs und Mädels aus dem Team dazu. Surflehrer, Hausmeister und Praktikanten. Alle helfen mit, alle richten die einladende Tafel, den Start in den Tag, an.

Um zehn Uhr geht's los. Wir sitzen gemeinsam am Tisch, während sich die Sonne durch die Baumkronen kämpft. Tolles Licht. Es wird wärmer. Ich beobachte die Leute und die herzliche Stimmung. Die einzelnen Typen sind witzig und jeder spaßt herum. Ein bunter Haufen aus lockeren Individuen, die alle ihren Platz im Team gefunden haben. Und alle surfen! Natürlich. Schwärmen von den Wellen und quatschen über Boards, Finnen, Wellen und alles andere. Dazu Kaffee, den Jagger jetzt verteilt, und Milchschaum, den Chris mit aller Liebe geschlagen hat. Hier bin ich richtig.

Auch Martin, meine erste Begegnung, sitzt mittlerweile am Tisch und ringt sich das ein oder andere Lachen ab. Entgegen meiner Erwartung scheint auch er ein richtig netter Kerl zu sein, solange man ihm nicht zu früh am Morgen vor seinem Wohnwagen auflauert. Ich berichte den anderen von meiner »Begrüßung«, worauf mir schmunzelnd versichert wird, dass ich großes Glück gehabt habe – noch am Leben zu sein.

»Und trotzdem noch lange kein Grund, sich in Sicherheit zu wiegen!«

Ich bekomme ein Zelt, helfe mit dem Abwasch, denn gleich geht's mit dem Kurs zum Strand und bin plötzlich Teil der Wavetours-Familie, die in den kommenden Jahren mein einziges Zuhause sein wird.

Das Leben im Surfcamp ist ein Mikrokosmos für sich. Und was für einer. Es gibt eigene Regeln und besondere Charaktere, sowohl im Team als auch unter den ständig wechselnden Kursteilnehmern. Spaß und Leichtigkeit stehen auf der Tagesordnung, und Surfen ist Mittelpunkt unseres Daseins. Die Probleme der Welt müssen draußen bleiben. Sonne, Party, Strand und Surfen, statt Wirtschaftskrise und Arbeitslosigkeit. Weise oder ignorant, aber auf jeden Fall großartig.

Mein Arbeitsbereich heißt Getränkemanagement und wird spaßeshalber als die wichtigste Aufgabe im Camp betrachtet. Einkauf, Abrechnung und das Auffüllen der Kühlschränke halten mich auf Trab, da die Surfschule fast sechzig Leute beherbergt. Alle durstig, besonders am Abend. Ansonsten begleite ich das Kursgeschehen mit den Surflehrern am Strand. Und das ist genau mein Ding.

Mit dem ersten Tageslicht laufen wir über die Düne, um den Tag im Wasser zu beginnen. Teamsurf. Wieder ein tolles Gefühl, weil wir den Spaß in den Wellen teilen. Gegen zehn Uhr frühstücken wir. Immer unter freiem Himmel und mitten im Pinienwald. Wir reden über die Wellen des Morgens, lachen über die Party der vergangenen Nacht und planen den kommenden Tag. Die Aufgaben werden verteilt und die Vorbereitungen getroffen. Dann beginnt der Kurs. Meist zunächst mit einer Theoriestunde, die ich wissbegierig von den erfahrenen Surflehrern aufsauge. Daraufhin ziehen wir mit den Kursteilnehmern zum Strand, um die Leute endlich praktisch in unsere Leidenschaft einzuweihen. Mit Tipps und Tricks bringen wir Jung und Alt auf's Brett. Ich erzähle von meinem Surflehrer, Alex, und dem großartigen Rat:

»Du musst einfach wie die anderen da hinauspaddeln und surfen.«

Unsere Kursteilnehmer werden anders an die Sache herangeführt. Erst mal paddeln üben, Gefühl für das Brett entwickeln. Als nächstes einen halben Tag im Liegen surfen, um ein Gespür für die Welle zu bekommen. Dann trainieren wir das Aufstehen am Strand, feilen an der Technik, damit es auch im Wasser gelingen kann. Stück für Stück führen wir die Leute an das Ziel heran, eine Welle im Stehen zu reiten. Erst vorne im Weißwasser und am

Ende der Woche geht es hinter die Wellen. In den Pausen springen wir selber ins Wasser und versuchen, jede freie Minute im Meer zu verbringen. Abends laufen wir mit müden Knochen, von der Sonne verbrannt, zurück. Wir essen zusammen, bevor wir irgendein Partyprogramm auf die Beine stellen, um den schönsten Tag am Meer feuchtfröhlich abzuschließen.

Im Camp erfahre ich viel Neues über meine Leidenschaft, helfe beim Unterricht und lerne für mich selbst. Langsam lüftet sich das Geheimnis, weil mich die alten Hasen mit neuen Einblicken versorgen, die wie kleine Mosaiksteine die große Welt zusammensetzen, durch die ich seit anderthalb Jahren ohne Schwimmweste strampele. Ich brenne auf die Unterrichtsstunden. Besonders auf die von einem massigen Typ namens Klein. Erfahrener Surfer und Erdkundelehrer, weiß er einfach alles über Wetter, Wellen und Gezeiten.

»Hey Andi, guter Surf heute Morgen! Weißt du eigentlich, dass die Wellen kosmische Energie sind, ihr Ursprung in den Weiten des Weltalls liegt?«

»Jetzt philosophisch oder was?«

»Nein, nicht im Geringsten. Die Wellen werden uns von der Sonne geschickt.« Und mit einem geheimnisvollen Lächeln fügt er hinzu: »Wir reiten auf den Strahlen der Sonne ...«

»Verstehe, denke aber, du hast heute eher ein paar Sonnenstrahlen zu viel abbekommen ...«

»Vielleicht, aber es ist die Sonne, die unseren Planeten aufheizt. Und durch eine unterschiedliche Erwärmung entstehen Luftdruckunterschiede. Und dieser Druckunterschied ist ursächlich für Wind, der letztendlich unsere Wellen erschafft. Wind entsteht durch Sonnenenergie. Wellen entstehen durch Wind. Im Nordatlantik peitschen Stürme die See auf und übertragen die Kraft des Windes auf das Wasser. Die Geburtsstunde der Wellen. Dann wandern sie durch die Ozeane und ordnen sich zu Dünung oder Swell. Reine Energie, die Tage später auf die Küsten trifft. Flaches

Gewässer, sodass die Kraft, die sich unter der Wasseroberfläche abspielt, gestaucht wird. Die Welle türmt sich auf und bricht. Die Energieentladung und das Ende der Reise.«

Die Wellen sind Sonnenenergie. Wir reiten auf den Strahlen der Sonne. Mystisch, verrückt, gefällt mir. Informationen, die helfen, Wetterkarten zu studieren, Bedingungen vorherzusagen und vielleicht auch, um heute Abend an der Theke eines von den süßen Mädels aus dem Kurs zu beeindrucken.

Dann ist da noch die Geschichte des Surfens. Mark, ein Neuseeländer, der seit über dreißig Jahren surft, kann herrlich davon erzählen. Besonders am Strand, wenn wir unter den Sternen am Lagerfeuer sitzen. Die Stimmung ist einzigartig. Mein Orion ruht über mir, während das Licht des Lagerfeuers Marks Gesicht in ein flackerndes Orange taucht. Mit seinem Vollbart, den faltigen, zarten Zügen und seinen leuchtenden Augen sieht er aus wie ein uraltes Kind. Er hat dieses fröhliche, tief in sich gekehrte Lächeln, weil die Wellen des Lebens ihn mit so vielen Geschenken, mit so vielen Zufällen überhäuft haben. Wir sitzen im Kreis um den Guru und werden in ultimative Geheimnisse eingeweiht.

»Unsere Leidenschaft ist mehr als viertausend Jahre alt. Vielleicht die älteste Sportart der Welt und umgeben von Mythen, Ritualen und Abenteuern. Und immer auch von Mut. Die See, ehemals Stätte der bösen Geister und Dämonen, wurde stets gefürchtet. Ein Ort des Schreckens, den es zu meiden galt. Und trotzdem wurden ein paar Wagemutige vom Spiel mit den Wellen angezogen, haben allen Warnungen getrotzt und sich in die Wellen gestürzt.

Später, in den überlieferten Anfangstagen auf Hawaii, wurde Surfen Teil von Religion, Kultur und Mittelpunkt des Lebens. Eine spirituelle Form der Existenz, die in der Begegnung mit dem Meer einen Weg offenbart, um sich selbst zu finden. In der Neuzeit und heute mutet Wellenreiten wie eine Flucht an. Oder eine Suche. Industrialisierung und Establishment, Gier, Wachstum und das Verlangen nach Fortschritt haben uns von der ursprünglichen Art zu leben entfremdet. Konkurrenz, die Ausbeutung von Mensch und Natur, wirtschaftlicher Erfolg und Leistungsdruck, statt Einklang mit sich selbst und unserer Welt. Das wird vielen zu viel. Sie suchen einen Ausweg und alternative Formen der Existenz.

Beim Surfen geht es auch um eine verloren geglaubte Harmonie zwischen Mensch und Natur und mit sich selbst. Eine Harmonie, die im heutigen Leben kaum mehr zu finden ist, aber in den Wellen zurückgewonnen werden kann. Und der Weg dorthin spielt eine Rolle. Eine Geschichte aus Tausenden von Abenteuern, hungrig nach Leben, um etwas zu finden, wonach wir alle streben. Surfen kann auch eine *Suche* bedeuten. Vielleicht die Suche nach der perfekten Welle. Aber vielleicht geht es auch gar nicht um die Wellen. Vielleicht ist es einfach nur die Suche nach Glück, welche die Surfer in die Welt hinaus treibt, genau wie jeden Einzelnen, der hier gerade im Sand sitzt ...« Mark hält inne, Bilder und Erinnerungen tanzen hinter seinen Augen, wir kleben an seinen Lippen.

Die flackernde Glut des Feuers und die weisen Worte beweisen, dass ich mich auf dem rechten Weg befinde. Denn ich will genau diese Suche beschreiten. Am liebsten ein Held sein, den die Alltagsprobleme nicht zu kümmern brauchen, weil es im Leben Wichtigeres gibt. Große Wellen und kühne Abenteuer. Schöne Gedanken, die schnell vergessen lassen, dass zu Hause ein anderes Leben auf mich wartet. Denn wirklich alles aufzugeben, ist ein großer Schritt. Wir wohnen in Deutschland. Stecken in einem anderen Leben fest und müssen Pflichten erfüllen, die uns immer von unserer Leidenschaft trennen. Irgendwie ungerecht. Aber nicht jetzt! Nicht in den nächsten Tagen. Die sind wir hier, gemeinsam am Meer, im Süden Frankreichs, noch ein paar Monate lang.

Meine Entscheidung ist gefallen: Ich will Surflehrer werden und melde mich für den Lehrgang an. Um noch mehr zu lernen und um noch mehr Zeit in diesem wunderbaren Wavetours-Camp zu verbringen. Dabei die Leute unterrichten (das liegt mir, macht Riesenspaß) und so viele Wellen wie möglich selber surfen. Die Zeit in Frankreich ist einfach zu schön, um wahr zu sein. Leichtes Leben, zwar weniger Abenteuer als auf Reisen, aber immer gutes Wetter, immer gute Laune, Sonne, Party, Tanzen, Knutschen, Wellen und Co. Gleichgesinnte und gute Freunde, ich liebe das Team, die gemeinsame Arbeit und lustigen Ideen und immer nur Surfen – und all das kostenlos oder sogar für ein kleines Gehalt.

Mitte August gibt es keine Wellen mehr. Noch nicht mal kleine. Ein großes Hochdruckgebiet hat sich über dem Atlantik ausgebreitet. Kein Wind und folglich keine Wellen. Die Sonne lacht, jeden Tag pilgern wir zum Strand, am frühen Morgen, am Mittag und bis zum Abend. Umsonst. Nichts.

Ab dem fünften Tag herrscht furchtbare Machtlosigkeit im Angesicht meines nahenden Abreisetermins. Jeder Tag ohne Wellen ist ein gestohlener Tag.

Ich laufe zum Strand oder hocke mich in die müde See. Warten, hoffen, verzweifeln. Die längsten zwölf Tage meines Lebens ersehne ich etwas Bewegung im Meer. Nichts. Zum Heulen.

Im September zeigt das Meer Erbarmen. Endlich rollen wieder Wellen an den Strand und bescheren uns glückliche Surftage. Die pure Lektion in Vergänglichkeit. Die Wellen sind genauso schön wie flüchtig. Jede verpasste ist für immer weg, jede erwischte bleibt nur ein paar Sekunden, aber für immer im Herzen. Wir würdigen jeden Ritt, als wenn es der letzte wäre. Ich brauche mehr Zeit am Meer. Leicht gesagt, möglich als Surflehrer. Verrückt, denn letztendlich hat mich eine Party in den Alpen nach Frankreich geführt, mich in dieses Camp gebracht, mir neue Möglichkeiten gezeigt. Manche Dinge kommen ungefragt, andere passieren einfach, und ab jetzt darf ich keine einzige Welle mehr verpassen, weil jede einzelne ein Geschenk des Himmels ist.

Zurück in Köln lese und studiere ich die Wetterkarten und Wellenvorhersagen für den Atlantischen Ozean. Ich sitze auf dem Trockenen und freue mich über Flauten in Frankreich und die Tage, an denen ich nichts verpasse. Dann werde ich wehmütig, wenn die Bedingungen gut aussehen und ich nicht tun kann, was ich mir so unvorstellbar wünsche. Furchtbare Tage, an denen ich, eingeschlossen in der Uni, Wirtschaftsbücher wälzen soll, während die Wellen in Frankreich feuern. Manchmal denke ich daran, alles hinzuschmeißen. Träume davon, mutig zu sein und auf alle Vernunft zu pfeifen. Aber wovon soll ich leben?

Ich setze alles daran, im Studium voranzukommen. Ich lerne unermüdlich, um meine Scheine einzusammeln und gute Noten abzusahnen. Das muss genug Karrierevorbereitung sein, sodass ich in der Zwischenzeit, wenn sich meine Kommilitonen in Praktika und andere Berufserfahrung stürzen, zu den Wellen reisen kann. Im Herbst finde ich ein paar Tage und packe mit Ringel den Bus, um nach Cornwall zu fahren. Eine kleine Auszeit und ein wenig Wasser für die Süchtigen zwischendurch.

Das liebe Geld kommt ins Spiel. Denn, wenn der Rubel nicht rollt, steht der Flieger still. In Frankreich kann ich surfen, ohne zu bezahlen. Als Surflehrer (ich habe die Ausbildung gepackt) verdiene ich sogar ein bisschen Geld dabei, aber ich will auch wieder weiter weg.

Meine Eltern unterstützen mich mit dem Nötigsten, zahlen mein Zimmer und ein kleines Taschengeld. Ich verdiene etwas dazu und komme über die Runden. Studentenleben eben. Mit kleiner Bude, ohne große Sprünge. Warum auch? Genug, um die Partys mitzunehmen und irgendwie hab ich mir noch nie so viel aus Geld gemacht. Bis jetzt, denn plötzlich zählt jeder Pfennig! Bekommt mit dem Surfen eine neue Notwendigkeit und einen gänzlich anderen Wert. Mit 25 D-Mark kann ich *einen Abend* das Tanzbein schwingen oder *eine Woche* in einer kleinen Holzhütte in Bali am Strand verbringen und tagein, tagaus die fantastischsten Wellen surfen. Auf einmal reichen fünf D-Mark sowohl für einen Cocktail, als auch für Frühstück, Lunch *und* Dinner in der Dritten Welt. Geld ist Freiheit, Geld gleich aufregende Zeit.

Ein neuer Kampf hat begonnen. Auf der Einnahmen- wie auf der Ausgabenseite. Ich habe den perfekten Nebenjob gefunden. Heilige Dreifaltigkeit, weil's erstens Spaß macht, zweitens den Lebenslauf schmückt und drittens auch noch Geld bringt. Ich arbeite als Tutor an der Uni und unterrichte Dynamische Makroökonomie. Dabei biete ich eine Mischung aus Entertainment und Unterricht. Vor Publikum! Und es kommen mehr und mehr Leute, weil sich die Stunden herumsprechen. Das macht mich irre stolz, aber auch furchtbar nervös. Manchmal bekomme ich Hitzewallungen, Achselnässe und eine hochrote Birne. Trotzdem bin ich jedes Mal herrlich erleichtert, wenn die Studenten vergnügt aus meinem Hörsaal laufen. Am meisten liebe ich es, Geschichten zu erzählen und die für die Studenten leidige Mathematik in Alltagssituationen, manchmal sogar Reiseanekdoten, zu verpacken. Vielleicht ist das mein Weg, und der erste Schritt, um den Traum vom surfenden Professor mit Ansehen, Geld und jeder Menge Ferien irgendwann wahrzumachen.

Wann immer mir die Paukerei ein bisschen Luft lässt, finde ich andere Jobs. Hauptsache es gibt Kohle. Und irgendwie schnuppere ich überall mal gerne hinein. Für meinen Lebenslauf lässt sich alles gebrauchen und, zumindest verbal, in wertvollste Berufserfahrung (das absolut Wichtigste im Leben eines Wirtschaftsstudenten) ummünzen, obwohl ich eigentlich nur Moneten für den nächsten Trip zusammenkratze.

Im Klamottenlager von Billabong nehmen wir die Deutschlandlieferung entgegen, stapeln und ordnen Unmengen Zeug, um es dann wieder in Pakete zu packen und an die Shops zu schicken. Der Fall ist klar: Ich arbeite im operativen Logistik-Management eines Global Players. Leider nicht ganz in der oberen Führungsebene. Kurz vor Tagesanbruch geht es die Stufen hinab in den riesigen Keller und sein Neonlicht. Vierzehn Stunden lang Schleppen, dreißig Minuten Pause. Kein Fenster, kahle Wände und alles voller Kartons. Vor allem die Luft. Abends im Dunkeln stapfen wir wieder an die Oberfläche. Der Tag ist vorbei oder hat gar nicht stattgefunden. Der Job ist trotzdem witzig, weil die Jungs sich zwischendurch gegenseitig mit Tape fesseln oder Bikinis anprobieren. Bis zum dritten Tag, dann reicht's. Dann zehrt das Leben unter Tage an mir. Jetzt heißt es Durchhalten, für den Scheck am Ende der Zeit.

Nach zwölf Tagen ist es geschafft. Ich habe gut verdient, bin kreidebleich und will nur noch ins Freie.

Schneller als mir lieb ist, bekomme ich was ich will: »Entschuldigen Sie, haben Sie einen Hund oder eine Katze?«

Der nächste Job ist für Royal Canin – Hundefutter-Promotion. Ich quatsche über hundert Millionen Leute auf der Straße an. Mit komischen Klamotten und immer derselben Frage, tausend Mal am Tag. Auf in die Welt der Haustierbesitzer und das Leben ihrer Vierbeiner. Es gibt sie, die Ähnlichkeit zwischen Tier und Halter, und unvorstellbar schmucke Namen. Terror, Terminator, Goliath oder Brutus für die Kleinen und Futzi, Pupsi, Schmusewutz oder Krümel für die größeren Exemplare. Der angsteinflößende Pitbull von dem braungebrannten Muskelberg scheint auf Flöckchen zu hören und mir am liebsten als nächstes den Kopf abbeißen zu wollen.

Eine Rentnerin berichtet, wie sie tagtäglich den winzigen Pudel (Pluto) morgens, mittags und abends mit einem Drei(!)-Gänge-Menü versorgt. »Weil er das Trockenzeug einfach nicht mag!«

Derweil springt der Kleine an mir hoch und kämpft um sein Leben für die kurz bevorstehende Produktprobe. Er liebt sie und ich frage mich, ob ich gerade den Lebenssinn der fürsorglichen, alten Dame in Gefahr gebracht habe.

Die großen Tiere sind beunruhigend, sodass ich mich fragen muss, ob ich in der richtigen Branche gelandet bin. Die Bezahlung stimmt, aber verdammt, ich habe einfach tierische Angst vor Hunden.

Ich wechsele zur Tabakpromotion. Schwarzer Krauser. Ein Topjob, weil ich die Süchtigen mit kostenloser Ware beschenken darf. Alle sind froh dabei. Leider darf ich immer nur ein Päckchen herausgeben, aber ich bin den Bitten der Abhängigen nicht gewachsen. Wenn es jemanden gibt, der nicht Nein sagen kann, dann bin ich das. Einen kleinen Haken gibt es, da der Job nur für Raucher zugelassen ist, was für mich eine gesundheitsgefährdende Diskriminierung darstellt. Niemand, der Tabakpromotion macht, soll verführt werden, aber auch Nichtraucher brauchen Geld. Also muss ich lässig, wann immer ein Teamleiter vorbeischaut, meinen Schwarzer Krauser rauchen, Kippe für Kippe – bis mir furchtbar übel davon wird. Egal, weil die Kohle stimmt. Mein Lebenslauf behauptet: Marketing im Operativen Sales Management und Customer Relationship Development, während ich eigentlich nur über Musikfestivals schlendere, um Tabak zu verschenken.

Jeder verdiente Cent wird von mir beschützt, als wenn es mein letzter wäre. Mein wahres Talent liegt auf der Ausgabenseite. Vitaminbonbons sind günstiger als Obst. Im Langzeitversuch lässt sich beweisen, dass jeden Morgen und jeden Abend ein Nimm-Zwei-Vitaminbonbon zu bestem Wohlbefinden führt.

Der Mittelpunkt meiner Ernährung allerdings heißt Carlini. Unnachahmliches Nudelfertiggericht von Aldi und erhältlich in drei leckeren Sorten. 200 Gramm Nudeln und das Pulver für die Sauce in den Geschmacksrichtungen Käse-Sahne, Tomaten-Mozzarella und Pilz-Rahm. Für 69 Pfennig und 2–3 Personen. Mein ständiger Begleiter, fünfmal die Woche, manchmal öfter, und obendrauf der nie endende Versuch, den faden Geschmack aufzupeppen. Wichtiger noch, einen Unterschied und damit einen Hauch von Abwechslung hervorzukitzeln. In verschiedenen Phasen und nach dem Trial-and-Error-Prinzip zeigt sich, wie hartnäckig sich der Grundgeschmack in dem Trockenpulver hält. Ich ersetze Wasser durch Milch, füge einen Berg Salz und Pfeffer hinzu, experimentiere mit Chili und Knoblauch und entscheide irgendwann, einen Schuss Wein zu opfern. Nach ein paar Monaten ringe ich mich dazu durch, vorher noch Gemüse anzubraten, um für eine köstliche Note zu sorgen. Alles in allem schmeckt das Ergebnis nahrhaft und mit ausreichend Hunger richtig gut.

Die Sparerei wird zu meinem persönlichen Wettbewerb, und ich komme mit weniger als achtzig D-Mark für Essen und Trinken im Monat aus. Im Supermarkt kenne ich alle Preise, vergleiche, rechne um und spare den einen oder anderen Pfennig, um abends unvorhergesehen mal wieder fünfundzwanzig D-Mark auf einen Schlag zu versaufen. Mist! Aber den Spaß natürlich wert. Trotzdem gelingt es mir, mehr und mehr Geld an die Seite zu legen und in das zu stecken, was ich am liebsten mag: Surfen, Natur und fremde Länder.

Im November lese ich einen Artikel über die Kanarischen Inseln: Das Hawaii Europas!

Ich kratze die Kohlen zusammen und finde einen günstigen Flug kurz vor den Weihnachtsferien. Auf der kargen Insel stürze ich mich in alle möglichen Wellen. Je anspruchsvoller die sind, desto angespannter ist die Stimmung im Wasser. An manchen Stränden sind alle so sehr hinter den Wellen her, dass der Spaß auf der Strecke bleibt. Anders als in den verspielten Anfangstagen in Bali oder mit den Jungs in Frankreich, wirkt das Ganze ernst. Wirklich fröhlich sieht hier keiner aus. Eher reserviert. Zumindest so lange, bis endlich wieder einer in Freude ausbricht (meistens ich). Wie wenn das Kind im Manne zurückkehren darf, und die anderen ansteckt. Dann lachen alle und nehmen die Sache weniger ernst. Das tut gut, besonders mir. So sehr ich voller

Ehrgeiz stecke, so sehr liebe ich auch die Momente, in denen alle glücklich sind, miteinander surfen und verzaubert sind von Mutter Natur. Momente, in denen das Besondere passiert. Irgendwie diese Harmonie aufkommt, die alles andere vergessen lässt. Auch die Konkurrenz der Surfer untereinander.

Zurück zu Hause muss ich natürlich allen meinen Freunden berichten. Wir tauschen beneidenswerte Geschichten aus, und große Pläne. Gemeinsam träumen wir davon, wieder in die Ferne zu reisen. Ringel will die Buchten in Spanien abklappern, Jan hat Portugal im Visier. Alex plant ein Auslandssemester in Salamanca (nicht zum Surfen, aber Hauptsache unterwegs) und Eckart schaufelt sich drei Wochen für Südfrankreich frei. Die Jungs aus dem Wavetours-Camp wollen im Frühjahr in der Bretagne ein Haus mieten, bevor wir uns im Sommer alle wiedersehen. Ich will weiter weg und länger. Die Suche hat begonnen und es wird Zeit für mich, zum echten Mann in der Brandung heranzuwachsen.

VIII. Bali, 1998

Im Frühjahr packe ich die Bretter zusammen und breche nach Bali auf. Zurück auf die Insel der Götter, zu den schönsten Erinnerungen und alter Wirkungsstätte. Aber als anderer Mensch. Ich kenne den Laden, das Spiel auf den Straßen, den Kampf in den Wellen. Ich reise nicht mehr ins Ungewisse, sondern mit klarem Ziel vor Augen. Und diesmal will ich die Wellen des Bukits, der südlichen Halbinsel Balis, surfen. Der nächste Schritt.

Von den sanften Sandstränden in Kuta Beach weiter in den Süden, zu den unnachgiebigen Korallenriffen mit den perfekt geformten Wasserwänden darüber. Wellen mit Ausnahmestatus, mit Weltruhm. Schillernde Namen von Dreamland bis Uluwatu, kraftvolle Brecher, die aus unerfahrenen Surfern echte Männer machen. Indonesien ist Feuertaufe und Mekka des Surfens in einem. Kein Land der Erde kennt mehr Perfektion, Herausforderungen, Mythen und Geschichten. Surfer aus Hawaii, Australien und allen Kontinenten pilgern nach Indonesien, um den Traum von der perfekten Welle am Ende der Welt wahrzumachen: *Surfing Indonesia!* So lautet der Titel des Buches, und im Flieger klebe ich an den Seiten. Lektüre für Surfverrückte. Ich verschlinge alle

Informationen über die Wellen. Wie sie zu finden, und noch wichtiger, wie sie zu surfen sind. Atemberaubende Tempel, einmalige Kultur, kulinarische Genüsse sind zweitrangig, Randerscheinung, zusammengefasst auf einer Seite. Die Herausforderung im tropischen Nass ist das, was zählt. Eine Prüfung für jeden, der das Meer liebt und bereit ist, sich ihr zu stellen.

»Gewaltige Wasserwände, heimtückische Strömungen und messerscharfe Korallenriffe ...«

Ich wanke zwischen lachender Vorfreude und der Sorge, einfach noch nicht gut genug zu sein, für das, was vor mir liegt. Abwarten. Noch sieben Stunden bis zum ersten Zwischenstopp in Singapur. Es wird ein Film gezeigt, *Deep Impact*. Aber ich schweife ab, male mir die Wellen aus und träume mich durch die bevorstehenden Abenteuer.

Der letzte und wichtigste Hinweis in dem Buch kommt zum Schluss: »Don't wear green shorts!« Das ist mir neu. Aber die Mythen über die am Boden des Indischen Ozeans schlafende Meeresgöttin Nyai Roro Kidul, die manchmal erwacht, um sich jemanden in die Tiefen zu holen, sind Grund genug. Und sie liebt eben grün. Der Autor ist überzeugt, dass die meisten verletzten Surfer in Indonesien grüne Shorts getragen haben. Die Einheimischen meiden grüne Shorts wie die Pest.

Das Einreise-Prozedere ist ein alter Hut. Geduldig bis gelangweilt stehe ich zum zweiten Mal in der Schlange des klimatisierten Flughafengebäudes, um wenig später meinen Stempel abzuholen. Am Gepäckband versammeln sich die Wartenden. Ein holländisches Paar diskutiert aufgeregt, ob sie ihre Reiseschecks am Flughafen tauschen sollen und ob sie ein Taxi zum Hotel finden. Wer hier kein Taxi findet, geht in die Geschichte ein.

Ich nehme meine Tasche und mache mich auf den Weg zum Ausgang. Mein Ziel ist das Komala Indah, eine billige Unterkunft für Surfer. Anstatt von den hektischen Taxiagenten am Ausgang einkassiert zu werden, schlendere ich kopfschüttelnd aus dem Gebäude. Ich suche mein eigenes Taxi und bestimme selbst das Ziel. Ich kenne das Spiel und weiß, was ich will. So einfach ist das.

Wir schnallen mein Surfbrett mit ein paar Spanngurten auf das Dach des Taxis und fahren los. Die endlose Reise zehrt an meinen Kräften, aber der fröhliche Ketut hinterm Steuer hält mich wach.

»Yu Amehrica?«

»No, I am from G-e-r-m-a-n-y.«

»Oh, Gärmeni, väri gud. Gud kountri, far awai. Yu tired?«

»Yes, I am very tired. I've been traveling for thirty hours.«

»Oh, tirrti houwers, long time! First time Bali?

»No! I was here two years ago!«

»Oh, yu like Bali?«

»Yes, I love Bali. It's so wonderfull here! Everything! But at the moment I am super tired and need some sleep. Let's go to the Komala Indah, it is a little Place in Kuta. Do you know it?«

Ketut lächelt stolz: »Yäs, I nowh. No problähm ... but no Komala Indah!«

Ich blicke auf. »The place is at Popies Lane. Easy to find, we just might to ask somebody in Kuta.«

»No Komala Indah. Bik feia!«

Na komm schon, kleiner Mann. Wir werden das Kind schon schaukeln. »No Problem, once we are in Kuta, just let's go to Popies Lane, we will find the place ... Feia? You mean: fire?«, frage ich.

»Yes my frrent, eläctriciti shok! With de tunderstom. Last wiek.«

Krass, der Laden ist einfach abgebrannt (und nebenbei: gutes Timing, was meine Reisedaten angeht).

»But no probläm. I know guud place for yu! Väri cheap and clos to de beach. Wit dhe guud wäve and dhe guud beach!«

Na gut, dann halt woanders hin. Selbstbestimmt oder eben nicht.

Kurze Zeit später laden wir die Sachen aus. Ketut hüpft um den Wagen herum und spricht mit den Jungs von der Unterkunft. Ich zücke meinen Pass und checke ein. Die Anlage sieht hübsch aus. Sogar mit Swimming Pool, aber kostet auch acht D-Mark. Eigentlich zu viel, aber jetzt erst mal egal. Ich wandere in mein Zimmer, und schmeiße mich kurz auf's Bett.

Vier Stunden später wache ich auf. Höchste Zeit, auf zum Strand. Die Sonne wird bald untergehen. Nach vierzig Metern komme ich um eine Ecke und an einem Laden vorbei, der sich mit großen, bunten Buchstaben und den Worten »Komalah Indah« präsentiert. Ich quatsche die Jungs am Tresen an. Die haben Spaß. Der Taxifahrer bekommt für jeden Gast, den er abliefert, Provision von dem anderen Hotel. Logisch. Mein Lieblingssurffilm *Shelter* beginnt mit den Worten: »No matter how smart you are, you can always learn«.

Aber morgen kann ich umziehen, da noch Betten frei sind. Die Hütten sind günstiger, einfacher, ein bisschen runtergekommen, aber irgendwie genau das, was ich will. Die Jungs (Ketut und Wayan), die den Laden schmeißen, surfen.

Während ich zurück und durch die engen Straßen schlendere, erkenne ich Geschäfte wieder, erinnere mich an Bars, finde ein Restaurant, in dem ich vor zwei Jahren öfters war, und verschlinge eine Lasagne. Die junge Bedienung kann sich unglaublicherweise an mich erinnern. Wir plaudern ein paar vergnügte Momente – good old Bali, zurück auf *meiner* Insel.

Ich drehe noch eine Runde durch den Ort, vorbei an unzähligen Verkäufern und ihren Angeboten und gehe zurück in meine Hütte. Dort packe ich mein Brett aus und beginne, es für den kommenden Tag zu präparieren. Wachs auftragen, Finnen einschrauben und die Leash befestigen. Alles mit Sorgfalt. Denn alles soll perfekt sein. Dann haue ich mich aufs Ohr. Ich will früh schlafen, früh aufstehen, früh surfen.

Die Wasseroberfläche ist spiegelglatt und schimmert gelassen in der Dämmerung. Der Indische Ozean umspült meine Füße, dann meine Knie und lädt mich ein, näher zu kommen. Ich lege mich aufs Brett und paddele los. Die Wellen sind klein, brusthoch, und kommen in regelmäßigen Abständen. Alles ist unfassbar schön, jeder Tropfen an der richtigen Stelle.

Mit ruhigen Zügen gleite ich durch die schlafenden Fluten. Das Meer gewährt mir Einlass, gestattet mir den Weg hinaus. Dort angekommen, lasse ich meinen Blick schweifen. Die Dunkelheit zieht sich zurück und die Sonne geht auf. Das Panorama ist unbeschreiblich, weil alles so scharf und kontrastreich aussieht. Reine Idylle in klaren Farben. Es ist windstill und die noch ruhende Insel sieht aus wie im Bilderbuch. Die Luft ist herrlich frisch, das Wasser wunderbar warm und alles um mich herum sieht makellos aus. Irgendwie ist die Welt heute vollkommener als sonst. Der Horizont besteht aus den unendlichen Weiten des Indischen Ozeans. Die Palmen am Strand strahlen eine gutmütige Ruhe aus. Dahinter die vielen kleinen Dächer des Ortes, in denen die Träume der Schlafenden hausen. Die Vögel in der Ferne gleiten sanft umher und ein paar Wolkenfetzen lachen im Licht des beginnenden Morgens.

Dann geht's los. Eine kleine Welle läuft direkt auf mich zu, befreit mich aus der Trance und übermannt mich mit der unbändigen Lust zu surfen. Sofort paddele ich los, werde angeschoben und springe auf. Energie durchdringt mich. Dann sause ich die hüfthohe Wasserwand in tief gebückter Haltung hinunter, drehe zur Seite, und schieße sie entlang. Ich falle vom Brett, tauche auf und stoße einen kindlichen Glückston aus. *Jiipiiiehh!* Meine Haare sind jetzt nass und ich eine Portion wacher. Wacher als wach, ich bin voll da! Endlich wieder Wellenreiten!

Nach drei Stunden im Meer falle ich über das Frühstück in meiner Unterkunft her. Toastbrot, Marmelade, Kaffee und Früchte.

Dann packe ich zusammen, um ins Komala Indah zu ziehen. Als ich mit meinem Zeug zur Rezeption meiner bisherigen Bleibe komme, beginnt eine ewige Diskussion mit den enttäuschten Angestellten. Ich versuche zu erklären, dass alles in Ordnung ist, aber ich einfach gerne bei den Surfern wohnen möchte. Das stößt auf Unverständnis. Irgendwann muss ich mich mit einer Notlüge (ich erwarte einen Freund) aus der Affäre ziehen und nehme meine Sachen.

Am frühen Nachmittag und am späten Abend, kurz vor Sonnenuntergang, surfe ich noch mal in Kuta Beach. Und werde zurück auf den Boden der Tatsachen geholt. Leidiges Einsurfen. Alles tut weh. Meine Rippenbögen brennen auf dem harten Brett, die Schultermuskulatur schmerzt und ich bekomme zu allem Überfluss kaum Wellen. Mit Erinnerungen von Höchstleistungen im Kopf fange ich wieder fast von vorne an. Das frustriert!

Ich habe schließlich Heldentaten vor und nur zwei Monate Zeit. Und alle anderen um mich herum surfen mit Leichtigkeit. Meine Laune ist verhalten. Nein, mies!

Irgendwann wird es besser. Zumindest etwas. Es gelingt mir in die Wellen zu paddeln, und ich finde den richtigen Aufstehzeitpunkt. Die kleinen Erfolge werden zu schönen Momenten, die sich noch widerwillig zu stolzer Zufriedenheit mausern. Surfen ist wie Walzertanzen oder Fahrradfahren. Der Rhythmus muss stimmen und man verlernt es nicht, aber es braucht Zeit, um sich einzustimmen. Und es ist, Gott sei Dank, schnell wieder die schönste Sache der Welt.

Auf den Straßen des frühen Abends ist überall jede Menge los. Ich quatsche alle möglichen Leute an, weil ich einen Fahrer suche. Jemanden, der sich auskennt (natürlich kennt sich jeder am besten aus, *mei frent*) und mich morgen rumfährt. Für kleines Geld. Nach einer Weile einige ich mich mit Madé auf 35 D-Mark für einen Tag. Punkt sieben Uhr geht's los.

Zurück in meiner Hütte fertige ich eine Liste an. Ich schreibe neun Surfspots aus dem Buch heraus und versuche, sie in eine vernünftige Reihenfolge für die Tour zu bringen. Morgen werde ich nicht surfen. Stattdessen will ich den Süden der Insel abfahren, um mir einen Überblick zu verschaffen. Ich muss mir eine Landkarte anfertigen, sodass ich die verschiedenen Wellen in Zukunft alleine finden kann, so wie alle anderen Surfer auch.

Pünktlich um sieben Uhr ist an unserem Treffpunkt weit und breit niemand zu sehen. Um acht Uhr dasselbe Bild. Nutzlose Zeit vergeht träge, aber nutzlose Zeit im Paradies dreht sich langsamer als Daumenschrauben. Ich glotze sinnlose Löcher in den sandigen Boden neben meinen hilflosen Füßen. Die Situation ist brutal. Über mir dreht sich der Himmel im Kreis, während nur hundert Meter entfernt spaßige Wellen an den Strand rollen. Ohne mich.

Viertel nach acht. Der Tag nimmt Gestalt an, genau wie meine Enttäuschung. Was soll ich tun? Warten? Oder vielleicht erst mal surfen gehen und den Plan auf Morgen verlegen? Wenn ich heute noch dreimal ins Wasser komme, wäre der Tag gerettet. Die vergangene Stunde bekomme ich trotzdem nicht zurück. Und dann stehe ich morgen wieder hier. Ein kleiner weißer Jeep biegt um die Ecke. Dann hält er an. Ein Wunder: Madé ist da!

Er steigt aus und begrüßt mich mit einer Selbstverständlichkeit, die hier genauso wenig hingehört, wie meine Ungeduld. Schließlich läuft jetzt alles nach Plan. Ich nehme einen tiefen Atemzug Gelassenheit und zeige ihm meine To-Do-Liste mit den wichtigsten Spots:

1. Semyniak,
2. Canggu,
3. Padang Galak,
4. Serangang/Turtle Island,
5. Balangan,
6. Nusa Dua,

7. Greenball,
8. Dreamland und natürlich
9. Uluwatu.

Er wirft einen Blick auf den Zettel und nickt manchmal. Ich denke nicht im Traum daran, ihn zu drängen, aber setze mich sofort auf den Beifahrersitz und schnalle mich demonstrativ an. Zwei Kisten Gold für eine Antwort auf die Frage, ob er sich von meinem stillen Wunsch nach »Jetzt-Aber-Los« nicht aus der Ruhe bringen lässt, oder ob er sich Eile einfach nicht vorstellen kann, weil das über den Horizont seines Landes hinaus geht. Dann blickt er mich an, schlurft zum Fahrersitz und wirft in einem Ausbruch von Elan und Tatendrang die Karre an.

Die Tour über den Süden der Insel und die sich anschließende Halbinsel (Bukit) kann beginnen. Von einem Surfstrand zum nächsten. Vorbei an Palmen, schlafenden Reisfeldern, kleinen Tempeln, allen möglichen Buden oder Läden. Kreuz und quer durchs Paradies. Ich bin mit Zettel und Stift und einer furchtbar schlechten Karte von Bali ausgerüstet. An jeder Ecke kritzele ich Notizen darauf. Große Straßen, kleine Straßen, Abkürzungen, Feldwege. Kreisverkehre und Ausfahrten. Besondere Bäume oder Gebäude, die eine Abfahrt oder notwendiges Abbiegen markieren. Das Ganze gestaltet sich schwieriger als ich dachte, aber ich probiere trotzdem, die Orientierung nicht zu verlieren und sie gleichzeitig auf dem Blatt Papier auf meinem Schoß festzuhalten.

Nach zwei Stunden haben wir die ersten vier Strände abgearbeitet. Jedes Mal ist der Weg undurchsichtig, aber wir finden die richtige Stelle. Meist sitzen ein paar Surfer im Wasser und ich würde am liebsten gleich dazu springen. Trotzdem bleiben wir nur ein paar Minuten. Ich will weiter, um alles zu sehen, was Bali zu bieten hat.

Auf dem Weg nach Balangan, einer wunderschönen Welle für Anfänger und fortgeschrittene Surfer, biegt Madé von einer

Hauptstraße in eine kleinere Nebenstraße und dann auf einen holprigen Pfad. Ich notiere: Rechts abbiegen, an der grünen Mülltonne vor dem Baumstumpf, nach achtzig Metern links in den Waldweg ...

Ab hier testen wir die Geländetauglichkeit des Wagens. Wir werden durchgeschüttelt und ich hoffe, dass der Wagen den Strapazen standhält. Mit jedem Meter wird der Parcours anspruchsvoller, das Dickicht undurchdringlicher, bis wir irgendwann vor einer Wand aus Gebüsch zum Stehen kommen. Der Weg zeichnet sich ab, aber ist versperrt. Verhängt mit dünnen Ästen und dicken Blättern. Madé seufzt, gibt Gas und prescht voran. Unser Jeep poltert in einen kleinen Graben, der Motor heult auf und befördert uns mit einem Satz steil nach oben. Wir hüpfen aus der Kuhle heraus und durch das Dickicht. Mit einem Mal liegt der Wald hinter uns. Vor uns: weite, freie Sicht.

»Oooohh, whän do they built dhis?«

Ich antworte nicht und lege Zettel und Stift beiseite. Unglaublich. Die große vierspurige Hauptverkehrsstraße, die direkt zum Strand führt, sieht aus wie ein Witz. Weit und breit kein Fahrzeug in Sicht, aber genug Raum, um eine New Yorker Rushhour abzufertigen.

Asphaltierter Buddhismus, nichts ist von Dauer, alles verändert sich irgendwann, auch das Straßennetz. Wir fahren nach rechts, und ich genieße die ruhige Fahrt zum Strand, ohne weitere Notizen auf meiner Karte hinzuzufügen.

Am späten Nachmittag habe ich alle gewünschten Stellen gesehen und viele mehr oder weniger brauchbare Wegbeschreibungen angefertigt. Ob es auch unkomplizierte Möglichkeiten gibt, an die Strände zu kommen, weiß meine Karte natürlich nicht. Ich bezahle Madé seinen wohlverdienten Lohn und verabschiede mich. Er bietet mir einen kleinen Rabatt für den nächsten Tag, aber ich lehne ab, obwohl die Fahrerei mit ihm super war, denn er hat mir so viel erzählt und von der Insel gezeigt, dass der lange

Tag im Auto uns irgendwie zusammengeschweißt hat. Auch die Umwege. Vielleicht besonders die Umwege. Aber ein eigener Fahrer ist nicht nur zu teuer, sondern vor allem zu einfach. Ich will Freiheit und Abenteuer, und das heißt, dass ich mich selbst dem Verkehr stellen muss.

Der Name Jonny klingt wie ein Künstlername, amerikanisch und entsprechend unpassend für den etwa eins sechzig großen Balinesen, der vor mir steht. Die weißen, schiefen Zähne leuchten in seinem dunklen Gesicht. Voller Überzeugung. Voller Geschäftssinn. Er preist den Zustand der Maschine an (*väähäri ghud*), zeigt die Funktionsweise und montiert ein Board-Rag – zwei gebogene Eisenstangen, die als Bretthalter fungieren. Er drückt den Starter, der Motor springt an. Die Reifen und Bremsen sehen passabel aus. Dank der Halbautomatik sollte auch der Umgang mit der Maschine zu meistern sein. Wir einigen uns auf drei Dollar pro Tag. Inklusive Versicherung natürlich! Also eigentlich schon, aber nicht so richtig, weil es so was hier gar nicht gibt.

Zu guter Letzt händigt er mir die Fahrerlaubnis aus. Dabei handelt es sich nicht um die Papiere – die sind bereits unter dem Sitz verstaut –, sondern um eine blaue Plastikschale, welche die Rolle des Helms übernehmen soll. Das ist ein Witz. Die Kopfbedeckung bietet ungefähr so viel Sicherheit wie zwei Knieschoner beim Fallschirmspringen – ohne Schirm. Passt immerhin zu den Flipflops an meinen Füßen. Artig und folgsam setze ich die Plastikmütze auf und schwinge mich auf den Sitz. Jonny zeigt den Schumi-Daumen, ich werfe den Motor an. Das ist es. Grenzenlose Freiheit. Und ein mulmiges Gefühl in der Magengegend, da ich ziemlich genau weiß, was mich am Ende der Seitenstraße erwartet. Aber zurück geht jetzt nicht mehr. Also Gas geben. Und Haltung wahren. Ich lege den Gang ein und rolle los.

An der Hauptstraße vor meinen Augen: Chaos in Reinform. Lärm, Krieg, wilde Horden und ungezügelter Krach.

Ich schaue zu, habe alle Zeit der Welt. Noch. Sollte ich mich jedoch tatsächlich entscheiden, loszufahren, gibt es kein Zurück, kein Halten mehr. Zuhause fahre ich jeden Tag mit meinem Roller zur Uni. Geordnete Routine und geordneter Verkehr. Hier aber muss ich mir genau überlegen, ob und wann ich mich dem vorbeirauschenden Wahnsinn stellen will. Immer wieder tauchen kleine Lücken auf. Sekundenbruchteile, die niemals reichen werden, um sich einzureihen. Ich zögere, versuche einen Überblick zu gewinnen, Muster zu erkennen, einen Rhythmus auszumachen. Besser wird es dadurch nicht.

Es gibt nur eine Möglichkeit, also gebe ich ordentlich Gas. Die Reifen drehen auf dem sandigen Boden durch und ich schieße mit Schwung nach rechts. Mitten hinein in das Inferno, in den wilden Strom zu all den anderen. Mopeds, Autos, Lkws, Tuk-Tuks und was sonst noch so die Straße entlangbrettert. Reizüberflutung aus Blech und Abgasen. Ich konzentriere mich auf die zehn Meter direkt vor meiner Nase. Gehupe von allen Seiten, aber egal, einfach weiter, erstmal geradeaus. Daytona USA. Ich überhole, werde überholt, geschnitten, touchiert und schieße haarscharf vorbei an Menschen, Karren und durch viel zu enge Lücken. Schert hier aber keinen. Die 125 Kubikzentimeter schwere Maschine steckt voller Kraft und Pferdestärken, die ich brauche, um reagieren zu können. Und sie hat todsichere Bremsen. Die helfen beim Ausweichen und retten in den heiklen Momenten. Einen Sicherheitsabstand gibt es nicht. Noch nicht mal Berührungsängste – bei fast fünfzig Sachen! Nach ein paar Minuten taucht an der rechten Straßenseite eine kleine Ausfahrt auf. Ich setze den Blinker, beginne instinktiv wild zu hupen und biege ab.

Atmen ... Ich drehe die Maschine um 180 Grad, schiebe sie zurück zur Abbiegung und betrachte die vorbeisausenden Fahrzeuge auf der Hauptstraße, der ich gerade entkommen bin. Warum muss ich jetzt grinsen? Zeit für Runde zwei.

Ich ziehe ein paarmal am Gashebel und reihe mich mit dem nötigen Schwung, also allem, was die Karre hergibt, zurück in den Verkehr ein. Einreihen als zahmes Wort für Abdrängen, denn ich schneide zwei einheimische Mopeds, die ausweichen können. Gelungenes Manöver. Kümmert keinen, denn ich bin der einzige, der hier aufgeregt ist. Aber ich gewinne »Freude am Fahren«, weil die Maschine abgeht wie der Roadrunner auf Speed. Regeln gibt es nicht. Wozu auch, hält nur auf. Und man darf niemals stehen bleiben, im Leben und vor allem nicht in Kutas Stadtparcours.

An einem riesigen Kreisverkehr halte ich, mitten in einem Heer aus Mopedfahrern und ein paar Autos. Irgendwo zwischen Formel Eins und Stock-Car-Rennen. Alle geben Gas und warten auf das Startsignal. Rad an Rad. Die Motoren heulen. Alles raucht, alles qualmt. Es stinkt bestialisch nach Abgasen. Die meisten haben Tücher um Mund und Nase gewickelt, also vergrabe ich mein Gesicht im T-Shirt und halte die Luft an. Dann grün: Die Meute stürmt los, ich verliere ein paar Plätze, aber schaffe es im Mittelfeld in den Kreisverkehr. Ich kämpfe mich an den Rand, drängele nach rechts, hupe, schneide eine junge Frau auf ihrem Hobel und schaffe es, an der zweiten Ausfahrt hinaus aus der verrückten Stadt.

Das Verkehrsaufkommen nimmt ab, als eine endlose, weite Landstraße mich in ihre Arme schließt. Ich klammere mich an den Lenker, gebe Gas und sause über den glühenden Asphalt. Endlich freie Fahrt. Mein T-Shirt flattert unter dem tiefblauen, makellosen Himmel und der Wind pustet mir ins Gesicht. Der kräftige Motor rattert neben meinen Flipflops, während er die Räder anpeitscht. Ich fliege über die Insel. Immer den Highway entlang. Ich schaue herum und nehme die anderen Verkehrsteilnehmer wahr. Die unterschiedlichsten Fahrzeuge. Die unterschiedlichsten Zustände. Von nagelneu über klappernd bis nahezu auseinanderfallend. Ganze Familien auf einem Moped oder völlig überladene Lkws.

Alle rasen über die Betondecke, vorbei an Palmen, Hütten, klapprigen Obstständen, Gemüsebuden aus Holz, im schönsten Sonnenschein des frühen Nachmittags. Nach ein paar Kilometern beschließe ich zurückzukehren. Die Testfahrt ist abgeschlossen, das Ergebnis positiv.

In Kuta, auf der Suche nach dem Komala Indah, verirre ich mich in dem undurchsichtigen Gewirr aus Straßen und Wegen, frage ein paar Mal nach, bis ich schließlich zurück zu meiner Unterkunft finde. Stolz fahre ich vor, hupe vor Freude, stelle die Karre ab und schlendere in meine Hütte.

Dort packe ich ein paar Sachen zusammen. Wasser, Sonnencreme, Wachs, die selbstgemachte Karte und ein bisschen Kleingeld. Dann befestige ich mein Surfbrett in der dafür vorgesehen Halterung links neben der Sitzbank und schmeiße den Motor an. Mein erster Surftrip auf den Bukit. Wo die echten Wellen warten. Mein Ziel ist ein Spot mit Weltruhm: Uluwatu.

Wieder schaffe ich den Weg aus dem Ort und erwische, nach einer Extrarunde in dem kriegsähnlichen Kreisverkehr, die richtige Ausfahrt nach Süden. Mein Ziel ist die bekannteste Welle auf Bali: Uluwatu, ich komme!

Auf der ruhigen Landstraße teste ich die Geschwindigkeit. Einhundert Sachen sind kein Problem. Aber schneller fühlt sich auf Flipflops und in Shorts irgendwie heikel an. Ganz abgesehen von dem »Helm« auf meinem Kopf. Ich muss hier nichts beweisen. Aber der Saft in der Maschine ist zu verlockend, um nicht mit dem Spaß zu spielen. Also Gas geben, denn es gibt keine Geschwindigkeitsbegrenzungen! Oder andere Vorschriften! Jeder fährt, wie er will. So schnell er möchte, so eilig er es hat oder mit so viel Tempo, wie die Maschine eben hergibt. Langsam, flott oder wahnsinnig. Kein Problem, solange man geistesgegenwärtig bleibt. Aufpassen statt Tod. Es wird rechts überholt, links vorbeigefahren oder mitten durch. Jeder sucht sich seine Lücken oder nimmt sie sich. Notfalls muss man ausweichen, immer rechtzeitig reagieren, aber im Grunde genommen läuft es unfallfrei. Unfallfrei? Der Hupe sei Dank. Man lernt schnell, dass die Hupe hier eine andere Funktion erfüllt als in der Heimat. Zu Hause selten genutzt, als Sprachrohr der Ungeduld und Möglichkeit, seinem Unmut Luft zu machen oder als Ventil für puren Hass, behält sie hier ihren ursprünglichen Sinn und Zweck. Sie dient der Kommunikation und nicht der Diffamierung. Ein unerlässliches Hilfsmittel bei der gemeinsamen Bewältigung des Verkehrs. Und zwar immer. Sie signalisiert Vorhaben und ermöglicht allen Beteiligten rechtzeitig zu reagieren.

Määp, Määp!

Ein gut gemeinter Hinweis mit der einfachen Message: »Vorsicht, ich komme!«

Oder, wie man hier sagen würde: »Hello my frrient, ÄTENTION, mäke pläce, I COMING!«

Als ich von der Landstraße abbiege, wird die Strecke kurvenreicher. Ich lege mich in den gebogenen Straßenverlauf und beschleunige daraus. Beherzt, aber immer mit Blick auf den Boden, auf Schlaglöcher oder sandige Stellen. Konzentration ist Trumpf.

Paris–Dakar wird zu Kuta–Uluwatu. Ich will nicht zu viel Risiko eingehen, erliege aber auch dem Verlangen, schneller zu fahren. Spaß verführt, hat die Berechtigung dazu, oder wer sonst sollte uns um den Verstand bringen. Spaß treibt an, Spaß gibt Gas. Gedanken lenken ab. Während ich das so denke, hänge ich in einer langgezogenen Kurve. Jetzt müsste ich der Ablenkung im Kopf entgegensteuern, quasi einlenken, aber das bemerke ich zu spät. So ein Moment, in dem man weiß, was passiert, aber nicht mehr anders kann. Eine Sekunde zu viel und jetzt: blöde Sache, denn ich habe mich verschätzt. Kann die Maschine unmöglich auf der Straße halten und werde auf einen wüsten Acker hinausgetragen. Auf einmal holpert das schwere Moped über die Wiese, und ich versuche nur noch, nicht abgeworfen zu werden. Geschwindigkeit drosseln, ohne dabei den Rasen direkt vor mir aus den Augen zu verlieren, um notfalls die heimtückischen kleinen Hügel und Löcher abfedern zu können. Ich halte mich im Sattel. Als das Moped zum Stehen kommt, sehe ich auf. Und hinein in ein paar überdimensionale Augen. Ein dicker, kauender Kopf glotzt mich an. Mein Vorderrad steht vor dem Bauch einer Kuh.

Einer gewaltigen Kuh. Massives Teil. Direkt vor meiner Nase. Sie schaut mich an und mampft Gras dabei. Beneidenswerte Ruhe, weder Hektik im Blick, noch Anzeichen von Furcht. Kein Schreck vor dem nur um ein paar Zentimeter vermiedenen Aufprall. Gut antizipiert, richtig vorhergesehen oder die Gelassenheit der Insel im Blut.

Das war knapp! Mein Puls hämmert, der Schreck sitzt tief. Analyse zum Runterkommen: Was wäre passiert, wenn ich nur ein paar Meter später angehalten hätte? Hätte ich die Kuh erlegt? Oder hätte die tierische Wand standgehalten und mich vom Moped katapultiert? Vermutlich beides. Wie auch immer, Glück gehabt. Ich murmele dem Wiederkäuer einen Gruß zu, steige ab und schiebe mein Moped zurück auf die Straße. Der Hobel ist unversehrt, soweit ich das beurteilen kann. Ich rücke alles zurecht, kontrolliere mein Brett und fahre achtsam an. Keine Eile mehr, weil Eile echt gefährlich ist.

Am Parkplatz das unmissverständliche Schild: »Surfing Uluwatu«! Ein Balinese begrüßt mich. Er kassiert die Wachgebühr, für die er auf mein Moped aufpassen wird. Ich nehme mein Board aus der Halterung, frage nach dem Weg und laufe ein paar Stufen in einen feuchten Wald hinein. Nach ein paar Minuten öffnet sich das tropfende Grün und gibt den Blick frei. Vor mir liegt eine der bekanntesten Klippen der Surferwelt.

Auf der rechten Seite stehen ein paar Hütten, links steiles, unbeugsames Gelände, in der Mitte eine Furche in der Felsformation. Dort führen Stufen hinab und verschwinden in dem soliden Steinmassiv, führen direkt in das Innere der Klippe hinein. Dahinter liegt der Ozean. Ich sehe aufs Meer hinaus. Fünfzehn kleine Punkte, die in den Wellen sitzen.

Die zusammengezimmerten Hütten überragen die Klippe und bieten einen perfekten Ausblick. Die überdachten Tische und Stühle, Liegen und Hängematten bieten Schatten und die Möglichkeit zum Abhängen. Ein paar Surfer ruhen aus, werden von den Einheimischen mit Essen versorgt oder kippen sich einen Eimer Süßwasser über den Kopf, um das Salz der letzten Session abzuspülen.

Ich lege mein Zeug ab und setze mich auf einen Stuhl. Schnell steht eine ältere Balinesin bei mir und fragt, ob ich etwas essen oder trinken möchte. Ich entgegne, dass ich zuerst surfen will, aber noch beobachten mag. Weil ich zum ersten Mal hier bin. Sie ruft einen Jungen herbei. Ketut ist etwa fünfzehn Jahre alt. Er surft garantiert. Das sieht man. Dürrer, muskulöser Körper, ein paar dunkle Narben, wildes Haar und leuchtende Augen. Er strahlt einfach aus, dass er hier zu Hause ist, und versichert mir, dass die Wellen klein sind. Der Wasserstand ist bereits angestiegen und somit brechen sie langsamer und ungefährlicher. Lediglich beim Weg zurück ist es wichtig, auf die manchmal starke Strömung zu achten, weil man sonst am Höhleneingang vorbeitreibt. Davon hatte ich gelesen und es gibt nur einen Weg, das herauszufinden.

Ich ziehe Neoprenschuhe an, weil das Riff hier messerscharf sein soll. Eigentlich wollte ich mit irgendjemand zusammen ins Wasser, aber es gibt mal wieder kein Zurück mehr. Ich packe mein Brett, atme ein und schreite auf den Abgang in der Klippe zu.

Vorsichtig steige ich die schmalen Stufen in eine Höhle hinab. Es wird dunkler. Ich dringe in das Innere der Klippe vor. Dann komme ich zu einem Felsen, an dessen Ende eine Holzleiter horizontal hingelegt und im Gestein verankert wurde. Sie führt über den massiven, vielleicht zwei Meter hohen Brocken zu einem weiteren Felsen. Von dort beginnt der Abstieg auf den Sandboden. Der Ausgang der Höhle muss irgendwo dahinter liegen. Ich verspüre einen Hauch von Höhenangst, beuge die Knie und greife mit zitternder Hand nach der ersten Strebe, während ich mit der anderen mein Brett umklammere. Sie scheint gut befestigt, ist aber nur etwa vierzig Zentimeter breit. Ich robbe auf allen Vieren über den Hochseilakt.

Als ich auf der anderen Seite ankomme, höre ich Stimmen. Dann erscheinen zwei junge balinesische Surfer. Sie tänzeln über die Leiter, laufen an mir, immer noch auf allen Vieren kauernd, vorbei und springen mit einem Satz den Felsen hinab. Im nächsten Augenblick sind sie weiter vorne, nicht mehr zu sehen und ihre Stimmen verschwunden. Ich greife einen Felsvorsprung und kraksele hinab. Unten angekommen bin ich heilfroh, als meine Füße endlich sicheren, sandigen Boden berühren. Um mich herum Tropfsteinhöhle mit Meeresrauschen. Es plätschert und hallt. Nach ein paar Metern erreiche ich knöcheltiefes Wasser. Der Ausgang der Höhle liegt vor mir und gibt die Sicht frei auf den Horizont. Ich wate hinaus, treffe auf grelles Licht, der Himmel ist blau, die Sonne scheint und direkt vor mir breitet sich der Ozean aus. Mir laufen die ersten kleinen Wellen entgegen. Ich lege mich aufs Brett und paddele los.

Der Blick auf die Klippen vom Line Up ist phänomenal, die Brandung kopfhoch. Allerdings auch deutlich kraftvoller als in Kuta. Dazu kommt, dass die Surfer alle wie Profis surfen. Ich positioniere mich weiter am Rand und probiere mein Glück immer dann, wenn die anderen nicht wollen. Bei meinem ersten Versuch werde ich einfach umhergeschleudert. Ich gehe *over the falls*, stürze mit der zusammenbrechenden Wasserwand hinab, weil alles viel schneller geht. Aber zumindest berühre ich das darunter schimmernde Riff nicht. Ich kämpfe mich wieder hinaus. Nächster Versuch, das Wunder geschieht. Ich kann mich auf einer kräftigen Welle halten und sause mit irrem Speed die steile Wand entlang. Das ist es: Surfing Uluwatu! Sensationell. Granatenstark!

Nach zwei Stunden ist kaum noch jemand im Wasser. Die Wellen kommen immer seltener, und ich entscheide zurück zu paddeln. Ich blicke die Klippe entlang. Wo ist der Eingang der Höhle? Zum Glück sehe ich gerade noch, wie einer der letzten Surfer darin verschwindet. Der Eingang liegt, aufgrund des höheren Gezeitenstands, jetzt halb unter Wasser. Ich lasse mich von einer kleinen Weißwasserwelle anschieben und gleite genau auf die Höhle zu. Direkt davor werde ich plötzlich von einer Strömung erfasst und seitlich weggezogen. Mit aller Kraft paddele ich dagegen, um zurück zum Eingang der Höhle zu gelangen. Vergebens. Ich treibe voll ab. Keine Chance. Wie oder wo komme ich jetzt an Land? So weit das Auge reicht hohe Klippen. Nur der Eingang der Höhle führt zurück, der Weg dahin ist unerreichbar, von der Strömung verwehrt.

Ich paddele eine riesengroße, erschöpfende Runde zurück zu den Wellen, um von dort einen zweiten Versuch zu starten. Das dauert Ewigkeiten und ist unfassbar kräftezehrend, aber die einzige Möglichkeit. Zwanzig Minuten später bin ich erschöpft, halb verdurstet und von der Sonne verbrannt. Mein Kopf glüht. Ich muss an Land. Sofort. Meine Verfassung ist mies. Ich stöhne und fluche. Und fluche und stöhne. Jeder Armzug ist Schmerz in den Schultern, der unendlich lange Weg zu den Wellen die reinste Qual.

Außer mir ist jetzt keiner mehr im Wasser. Als ich wieder ganz draußen bin, visiere ich die Grotte an. Wie ein nasser Sack schleppe ich mich Richtung Klippe auf den Höhleneingang zu. Mir tut alles weh. Wenn ich diesmal versage, den Eingang nicht treffe, bin ich erledigt. Kurz vor der etwa vier Meter breiten Öffnung in der Steinwand sehe ich, wie das Wasser seitlich wegtreibt. Sofort: Panik. Ich halte mich ganz rechts und paddele das letzte Stück wie um mein Leben. Die Wellen schwappen gegen die Ränder und alles schaukelt umher. Sofort Angst, an die Felswände genagelt zu werden. Dann ist plötzlich alles ruhig. Geschafft. Im Innern der Höhle verwandelt sich das wilde Nass in einen zahmen Pool mit kristallklarem Wasser. Ich paddele die letzten Meter erschöpft zum Felsen, steige vom Brett und klettere hoch. Zurück über die Leiter, wackelig und auf allen Vieren, und schleppe mich dann die letzten Stufen hinauf. Meine Beine zittern. Noch ein paar Meter. Dann sehe ich Licht, und weiter oben gibt die Öffnung in der Klippe den Blick auf den blauen Himmel, die Hütten, die anderen Surfer frei.

Ich stecke mein Board in den Ständer neben meinem Zeug und falle in den kleinen Sessel aus Balsaholz. Salzwasser rinnt meinen Bauch entlang. Ich streife die Neoprenschuhe ab. Eine angenehme Brise und der bitter nötige Schatten verwöhnen mich mit einer erleichternden Kühle. Meine verkrampften Schultern lehnen sich zurück, die Anspannung weicht aus meinem Körper.

Ich bin Uluwatu gesurft! Genial! Ich bestelle gebratenen Reis und mache es mir auf der überragenden Klippe bequem. Ausruhen. Genießen. Wunderbar.

Am frühen Abend trete ich den Heimweg an. Ganz gemächlich, ohne Eile. Die Hitze nimmt ab und der Fahrtwind kühlt meine glühende Haut. Kurz vor Kuta werde ich von einem Polizisten am Straßenrand herangewunken. Ich halte an und begrüße den Mann herzlich, während mich eine verspiegelte Sonnenbrille mit boshafter Seelenruhe mustert.

Balis Obrigkeit hat sich vor mir aufgebaut, um mich einer Prüfung zu unterziehen, die nur übel enden kann. Es geht los. Harsch befiehlt er, von der Maschine zu steigen. Sofort! Ich nehme den Helm ab, während ich versuche den Ständer auszuklappen. Das blöde Ding hakt, wofür die indonesischen Autoritäten kein Verständnis zeigen. Ich versuche, seinen knappen Anwei-

sungen Folge zu leisten, stelle die Maschine auf dem Seitenstrei-
fen ab, mich selbst einen Meter daneben, ziehe den Schlüssel
aus dem Schloss und krame die Papiere hervor. Er nimmt sie
militärisch genau unter die Lupe. Mein Atem stockt, auf einmal
furchtbar weit weg von Zuhause, mitten in einem fremden Land
vor den kalten Augen der angsteinflößenden Ordnungsmacht.
Dann verlangt er meinen Führerschein. Mir wird sofort klar: Ich
habe keinen.

Er zieht die Augenbrauen hoch, denn jetzt haben wir ein Problem. Er redet ohne Akzent, trägt Lederstiefel, eine Schusswaffe,
Handschellen und den Schlagstock auf der linken Seite. Er schüttelt den Kopf. Eine Situation mit weitreichenden Konsequenzen.
»Es gibt Vorschriften, und das ist Indonesien. Ein Land, in dem
es Regeln gibt. Und Gesetze.« Während er spricht, streift er mein
Gesicht und blickt mir ohne Regung in die Augen. Nein, direkt in
die Seele. »Der Staat Indonesien hat beschlossen, gegen Verbrechen im Straßenverkehr mit äußerster Härte vorzugehen. Das ist
im Interesse aller und unvermeidbar.«

Ich habe beim besten Willen keine Ahnung, wovon er spricht.

»Nur hartes, unnachgiebiges Vorgehen kann den Problemen
auf dieser Insel ein Ende setzen.«

Er hält inne, weil er nachdenken muss. Ich bin am Ende. Dann
atmet er langsam aus, weil die nächsten Worte seine letzten sind.
Oder meine letzten. Obwohl ich hellwach bin, voll im verzweifelten Augenblick, kann ich kaum wahrnehmen, was er sagt, denn es
gibt hier keinen Ausweg, obwohl eine Ausnahme denkbar wäre.
Was soll das bedeuten? Ich stehe angewurzelt vor ihm und bringe kein Sterbenswörtchen heraus. Er fährt fort, kurz und knapp.
Dann die Gewissheit, der Schlag in mein Gesicht: Das Verwar-
nungsgeld beläuft sich auf 120.000!

EINHUNDERTZWANZIGTAUSEND! Wie um alles in der
Welt soll ich das bezahlen? Wo so viel Geld auftreiben? Und was
passiert, wenn ich das nicht kann?

HALT! 120.000 Rupien? Das sind zehn Dollar. In Höchstgeschwindigkeit krame ich durch meine Taschen, händige ihm das Geld aus, er nickt und ich mache mich nur noch aus dem Staub.

Zurück in Kuta, sitzen die Jungs vom Komalah Indah, Wayan und Ketut, mit ein paar Kumpels am Eingang beinander (Madé, Kadek, Nyoman, Gusti, Putuh, Gede, Agung, alle zusammen: unmerkbar). Ich setze mich zu der entspannten Runde und höre zu, weil ich keinen Bock auf Quatschen habe.

Ketut füllt eine Lücke in der Plauderei, indem er fragt, was ich heute so getrieben habe. Ich hole Luft. Dann erzähle ich vom verrückten Mopedfahren, meiner Begegnung mit der Kuh, meiner ersten Welle und der verpassten Höhle in Uluwatu. Meine Berichte sind zum Schreien. Alle lachen. Es gibt nichts Lustigeres als einen außerirdischen Trottel, der in der eigenen Heimat wie über einen fremden Planeten purzelt. Die Jungs haben so viel Spaß, dass sie meinen Kampf mit der Insel nicht nur aufgeregt verfolgen, sondern auch ausgelassen kommentieren. Der ganze Quatsch klingt auf einmal genauso witzig wie bescheuert. Jeder Tag steckt voller Prüfungen, die maßgeschneidert sind, um einen Grünschnabel zu ärgern, einen Nichtschwimmer vom Beckenrand zu schubsen oder einen Drittklässler auszunehmen. Das reinste Vergnügen – für die Jungs. Für mich ist es heute aber des Guten zu viel, weil mir der letzte Akt die Suppe versalzen hat.

»Dhis is Bali, alwäs fanny«, ruft Ketut.

Trotzdem, mein Paradies hat heute Risse bekommen. Zu sehr steckt mir der letzte Schreck noch in den Knochen. Bei der Begegnung mit dem Polizisten hört der Spaß auf. Die Jungs wollen mehr erfahren. Ich erzähle, auch weil ich mir den Vorfall von der Seele reden muss. Die angsteinflößende Gestalt, sein Gehabe, seine Anweisungen und wie mir dabei zu Mute war.

»How much yu päy?«, fragt Madé.

147

»I paid ten dollars and I am so happy, that I could make it out of this horrible situation.«

»Ooh, noo!«, rufen Madé, Kadek und Gusti (oder Putuh, Gede und Adung? Ich habe keinen blassen Schimmer). »Yu only pay one dollar!«, sagt Ketut.

»One Dollar inaf!«, bestätigt Wayan.

»Yes, but he said ten dollar. And that was fucking serious! There was no games playing with this dude!«

»No, never pay more than one dollar! One dollar inaf!«

Am nächsten Morgen schließe ich meine Hütte ab und schwinge mich aufs Moped. Ein kleiner Rucksack sowie mein Board im Bretthalter begleiten mich nach Uluwatu. Heute will ich den ganzen Tag bleiben und mindestens dreimal surfen. Ich hoffe, dass die Wellen wieder klein sind und es vielleicht auch etwas leerer ist. Die Gleichung ist einfach: Weniger Surfer im Wasser bedeutet mehr Wellen für mich. Und noch ist meine Ausbeute viel zu mager.

Auf dem Weg die Landstraße entlang krampft sich mein Magen zusammen. Hundert Meter vor mir erkenne ich Polizisten. Sie winken Leute raus. Ich blicke zu Boden und an die andere Fahrbahnseite, während die Kontrolle im Augenwinkel näher kommt. Ich brauche ein Wunder. Jetzt! Und bekomme keins. Die Aufforderung rechts ranzufahren, ist unmissverständlich. Einen Führerschein habe ich nicht.

Nach drei Minuten »einigen« wir uns auf vier Dollar. Unfassbar. Auf dieser Insel scheint einfach alles ein Spiel zu sein.

Einen Kilometer weiter werde ich wieder herausgewunken. Verdammt. Das kann doch alles gar nicht wahr sein! In meiner Verzweiflung protestiere ich. Schließlich habe ich gerade erst bezahlt! Der uniformierte Ordnungshüter blickt mich streng und prüfend an, lächelt und wünscht mir eine gute Fahrt. Soll das jetzt eine Art Polizei-Monopoly werden?

Als ich nach einem langen Surftag in Uluwatu (wo sonst) zurückkehre, muss ich wieder Wegzoll abdrücken. Ich feilsche hartnäckig. Dabei lasse ich mir alle Zeit der Welt. Ich bezahle zwei Dollar fünfzig, was ich als persönlichen Sieg verbuche.

Später bei den Jungs im Komalah Indah erzähle ich stolz, muss aber eingestehen, dass ich die Konfrontationen mittlerweile zwar lustig finde, mir aber auf Dauer nicht leisten kann. Wayan weiß Rat: Morgen fahren wir in die Hauptstadt, zum Polizeipräsidium in Denpasar, um einen Führerschein zu besorgen. Besorgen? »No probläm!«

Gegen acht Uhr düsen Wayan und ich mit meinem Moped nach Denpasar. Ich sitze am Steuer, schließlich besorgen wir auch meinen Führerschein. Nach einer knappen Stunde stehen wir vor einem kantigen Gebäude, in das Unmengen von Menschen reinund rauslaufen. Wir betreten die Behörde und finden irgendwann die richtige Abteilung. Wayan spricht mit ein paar Uniformierten, ich sitze auf einem Stuhl. Es herrschen Respekt und Disziplin. Der Staatsapparat verkörpert Macht und Autorität, denen sich die normalen Menschen unterwerfen.

Nach ein paar Minuten werde ich aufgefordert, einem Polizisten zu folgen, und an einen Tisch gesetzt. Dort habe ich zu warten. Ein kleiner Ventilator in der Ecke kämpft verzweifelt gegen die aufkommende Hitze. Dann muss ich mich vor eine staubige weiße Wand stellen, damit ein Foto geschossen werden kann. Neben meinem Kopf klebt ein Maßband als Messlatte, um meine Körpergröße zu dokumentieren. Allerdings nicht ganz exakt angebracht, da ich darauf etwa achtzehn Zentimeter größer bin als in Wirklichkeit. Wieder hinsetzen. Kurz darauf wird mir ein dreiseitiger Test zum Ankreuzen vorgelegt. Zwanzig Fragen in englischer Sprache. Ich lese die erste Aufgabe durch:

Frage 1: Sie fahren eine kurvenreiche Landstraße entlang. Die Kurven sind schwer einzusehen. Dann erkennen Sie am Straßenrand ein Autowrack. Es könnte frisch sein und es könnten sich verletzte Personen darin befinden. Sie können dies von der Straße aber nicht genau erkennen.

a. Sie halten an, um nach Verletzten zu sehen und ggf. Hilfe zu holen.

b. Sie fahren weiter, um nicht noch einen weiteren Unfall zu provozieren.

c. Sie melden den Vorfall bei der Polizei, innerhalb von zwei Tagen.

Super. Ich habe nicht den Hauch einer Ahnung! Ich rutsche auf meinem Stuhl hin und her, denn grundsätzlich könnte jede Antwort sinnvoll sein. Also fange ich an zu schwitzen. Der junge, uniformierte Mann, der mir den Test vorgelegt hat, kommt auf mich zu. Der Prüfer verlangt zwanzig Dollar für das Bestehen. Müsste sich in den nächsten Wochen amortisieren lassen, also bezahle ich. Er händigt mir einen nigelnagelneuen Führerschein aus. Die unausgefüllte Prüfung nimmt er mit, sie kommt vermutlich zu den Akten. Nach etwa dreißig Minuten sind wir auf dem Rückweg, und ich trage mein erstes hochoffizielles indonesisches Dokument in meiner Tasche.

Am späten Nachmittag komme ich in eine weitere Kontrolle. Ich zücke meinen Führerschein. Und darf passieren. Ich jubele: *Yeah! Surfing Indonesia! No problähm! Good old Bali! Meine Insel! My friend!*

Statt den direkten Weg nach Hause zu nehmen, fahre ich am Kreisverkehr in eine andere Richtung. Eine Extrarunde, egal wohin. Ich wünsche mir weitere Kontrollen und gebe Vollgas.

Nach sieben Wochen Surfen total lerne ich Scott kennen, Australier und Indonesien-Veteran. Er ist vierunddreißig und surft seit sechsundzwanzig Jahren. Wellenreiten ist sein Leben. Wir waren ein paar Mal in Uluwatu zusammen im Wasser und er hat mir gute Tipps gegeben. Beim ihm sieht alles so einfach aus, so elegant, so voller Hingabe. Wenn ich einen Wunsch frei hätte ... Naja, ich sollte zufrieden sein mit dem, was ich kann. Wir treffen uns zum Abendessen und gehen ein paar Bier trinken.

Scott erzählt einen Haufen Geschichten. Seit achtzehn Jahren reist er mindestens zweimal pro Jahr nach Indonesien. Eine zweite Heimat. Ein Geschenk Gottes. Der Surf ist sagenhaft, manchmal heftig, aber mit Sicherheit brillant. Er kennt die abgelegenen Inseln, die verborgenen Orte, an denen man weniger Leute und perfekte Wellen finden kann. Tubes. Immer wieder Tubes. Das ultimative Erlebnis: Der Ritt in der Röhre. Das ist es, worum es beim Surfen geht. Ausschließlich. Eine Meisterleistung im Spiel mit der Welle, bei der alles stimmen muss. Technisch anspruchsvoll und das größte Risiko, aber ein heiliger Moment aus Gold. Er schaut ins Nichts und erinnert sich an unglaubliche Augenblicke. Glasklar. Mittendrin, in einem einstürzenden Haus aus Wasser, durch den Tunnel surfen und eins werden mit der Welle. Dann steht die Zeit still.

Aha. Ich bin noch nicht ganz so weit. Aber irgendwann! Zwischen uns liegen Welten. Vater und Sohn, erfahrener Krieger und ungestümer Angreifer. Ich berichte von meinen kleinen Erlebnissen, die Scott eine Zeitrechnung zurückversetzen. Er grinst. Das Leben ist so anders, so grundverschieden, so skurril, wenn man durch die Gegend reist. Er erinnert sich an seine Anfänge, die gute alte Zeit. In Indonesien gibt es einfach eine Menge zu erleben. Wir lehnen uns zurück und schlürfen genüsslich unser Bier. Scott hat den Sprung ins Paradies geschafft. Ich bin auf dem Weg dorthin.

In den letzten Wochen surfen wir jeden Tag zusammen. Heftige Wellen und gnadenlose Riffe. Ich stoße an meine Grenzen. Muss alles geben, kämpfe mit Angst und Überwindung und ringe im Dauerstress. Mein Puls steht auf Sturm. Immer bis zum Anschlag, im roten Bereich, mit aufgerissenen Augen, im Angesicht der furchtbaren Konsequenzen, die mich in die Tiefen des Ozeans drücken. Aber ich tauche immer wieder auf und probiere weiter.

Das ist es. Einfach weitermachen. Bis ich das Wasser verlasse und der König der Welt in mir erwacht. Die Herausforderung gewagt, mehr oder weniger gemeistert und überlebt. Ich liebe die steilen Wellen. Genauso wie die brennenden, kleinen Schnittwunden, die ich jeden Tag mit diversen Desinfektionsmitteln versorge. Zwar fürchte ich das Risiko einer Infektion, hoffe aber insgeheim auf bleibende Narben. Genau wie bei dem jungen Ketut in Uluwatu. Heldenhafte Spuren und Medaillen, die ich nach Hause bringe und die von meinen Surfabenteuern im fernen Asien erzählen. Vielleicht ein Leben lang.

Scott findet immer die besten Wellen der Insel und weiß, wann sie brechen. Er kennt die richtigen Stellen zum Rauspaddeln und durchschaut, wo man sich platzieren muss. Er gibt mir Zuversicht und Selbstvertrauen und verlangt mir alles ab. Und ich will mich ihm beweisen.

Als ich an meinem vorletzten Tag an einer Ampel halte, kommt ein Polizist hektisch aus seinem Häuschen gerannt. Er befiehlt mir, ihm zu folgen. Mir ist klar, was das bedeutet. In seinem Büro lehnt er sich im Sessel hinter einem großen Schreibtisch zurück. Ich sitze auf einem kleinen nackten Holzstuhl. Er blickt mich angsteinflößend an und fährt das komplette Einschüchterungsprogramm auf. Ich warte in müder Seelenruhe ab und beobachte das engagierte Schauspiel. Dann zeige ich meinen Führerschein. Allerdings lässt er sich davon nicht aus dem Konzept bringen. Schließlich ist er das Gesetz.

Er entscheidet, dass ich einen halben Meter über die Stopplinie gefahren bin und damit ein ernstzunehmendes Verkehrsdelikt begangen habe. Natürlich. Mein Verhalten ist inakzeptabel. Eine drakonische Strafe ist unabwendbar. Schon klar. Die Sache ist so schwerwiegend, dass sie vor Gericht gehört. Der Richter wird entscheiden, wird ein Urteil sprechen, dem ich mich zu unterwerfen habe. Tolle Idee. Einfallsreich.

Er legt noch einen Gang zu, in dem er Horrorszenarien skizziert. Laute Warnungen, denn die Prozesse verlaufen nicht im Sinne der Ausländer. Hier gelten andere Regeln, hier gibt es andere Gefängnisse. Nicht wenige gehen daran zugrunde, die meisten erholen sich nie. Das wäre ein Jammer, weil ich ein netter Junge bin. Vielleicht gibt es eine Alternative. Mit einer Sofortzahlung in Höhe von fünf Dollar ließe sich der Vorfall zu den Akten legen.

Was für eine Überraschung, aber jetzt bin ich an der Reihe:

»Nein!«, protestiere ich. »Ich habe eine sehr schlimme Straftat begangen und will, nein, muss die Verantwortung dafür übernehmen, die Strafe erdulden, die ich verdient habe ...«

Er klärt mich auf, über Prozesskosten, die grauenhaften Zustände der Gefängnisse, die verwanzten Kerker und jahrelange Strafen. In Indonesien gibt es keine Bewährung. Ein junger Mensch wie ich wird eine lange Zeit von der Bildfläche verschwinden. Aber mit fünf Dollar könnte ich in einer halben Stunde wieder in meinem Hotel sein. Und morgen wieder surfen. Und meinen Urlaub auf Bali genießen.

»Nein«, wiederhole ich, »ich bin bereit, für das was ich getan habe, einzustehen. Ich WILL vor Gericht.«

»Aber die Konsequenzen! Die Inhaftierung!«, ruft er.

»So soll es sein«, beharre ich.

Es entsteht eine Pause, die auf dem Kopf steht. Sein Gesichtsausdruck ist unbeschreiblich. Ich helfe unserem Gespräch auf die Sprünge: »Ich habe auch gar kein Geld dabei, mit dem ich bezahlen könnte ...«

Er blickt mich einen Moment an und sieht irgendwie erleichtert aus. Dann steht er auf und bietet mir ein Glas Wasser an. Plötzlich spricht er vom Wetter und den Wellen. Ich bleibe auf der Hut. Außerdem ist der Tourismus für Bali ein Segen. Er hofft, dass Menschen weiterhin aus der ganzen Welt auf seine Insel kommen, für deren Sicherheit er garantiert. Das ist sein Job. Nicht mehr und nicht weniger. Damit alle in Frieden zusammen leben können. Ich versichere ihm, dass mich das unglaublich froh macht und werde allen meinen Freunden vom wundervollen Bali berichten. Ich liebe dieses Land. Ein sagenhaftes Land, weil man der Polizei vertrauen kann, weil hier die Polizei für die Menschen da ist. Wir tauschen uns über das Leben und die Familien aus und verabschieden uns wie gute Freunde. Ich reiche ihm die Hand, bevor ich die Provinz-Polizeihütte verlasse. Ohne einen Cent zu bezahlen. Ich schmeiße das Moped an. Das war die Reifeprüfung. Jetzt bin ich vollends in Indonesien angekommen. Gerade noch rechtzeitig, denn morgen geht mein Flieger zurück nach Hause.

IX. Köln, 1998

In Deutschland wirkt Bali nach. Scott hatte davon berichtet und gewarnt. Er hat mir eine Menge mitgegeben. Nicht nur in den Wellen, sondern auch für das Leben danach. Nicht überheblich zu werden. Nicht abzuheben, weil die beiden Welten nicht vergleichbar sind. Deutschland kann spannender, aufregender, mitreißender sein als jede Hütte am Strand. Und jede Hütte am Strand so viel besser als alles andere.

»Unterwegs zu sein ist ein anderer Zustand als zu Hause zu sein, und dazwischen liegt der Drahtseilakt. Man kann nur fallen. Zu der einen oder der anderen Seite. Wer reist, sollte eines lernen: Anders ist niemals schlecht.«

So waren seine Worte. Anders kann nicht verkehrt sein! Anders ist anders. Anders ist ein Segen, ein Lehrmeister. Jedes Anders. Weil es uns wach, weil es am Leben hält. Aber klar, wer nur ein (nur sein) Anders lieben lernt, den Rest belächelt, tappt automatisch in die größte Falle seines Lebens. Nämlich in die, das Alte zu verurteilen. Das tun nur die Dummen, die Überheblichen, die Schweinepriester, Lebensmissionare, die einfach nicht mehr kapieren können, dass normal oder zu Hause sein genauso anders, genauso liebenswert ist wie der Hochgenuss, wie unser Leben in den Wellen.

Wer behauptet, Reisen sei das Nonplusultra, hat Scheuklappen auf, ist vielleicht hip, aber steckt in seinem eigenen kleinen Gefängnis und hat nichts kapiert. Und eigentlich gibt es keine Dummen – außer uns selbst.

Das Abenteuer ist in beiden Welten genauso groß, wenn wir in der Lage sind, es geschehen zu lassen. Das hat Scott gesagt. Verwirrende Gedanken, die klar klingen, aber komisch aussehen.

In Deutschland beginne ich den Wahnsinn zu belächeln. Zuerst. Hektik, Wichtigtuerei, Wohlstand, Pünktlichkeit und Qualitätsstandard. Warme Duschen und Verkehrsregeln. Was soll der Quatsch? Wo sind die wichtigen Dinge, die echten Momente?

Ungefähr drei Tage lang strahle ich Ruhe aus, weil ich gelassener bin. Dann mache ich wieder mit. Nach *drei* Tagen. Rege mich auf, wenn nicht alles nach Plan, nach meinem Plan läuft, will nicht normal sein und bringe meine Leichtigkeit um den Verstand. Schön wär's, aber meine Ritterrüstung zerfällt zu Staub. Ich sehe die Abenteuer nicht mehr und die Kleinigkeiten kriegen mich. Und ich kann nichts dagegen tun. Erst stehe ich über den Dingen, dann bade ich darin.

Vielleicht ist das der Grund. Vielleicht brauche ich eine weitere Lektion von unterwegs. Oder es ist die Sehnsucht nach Wellen. Nach sieben Wochen Uni bin ich so weit, mache meinen Surflehrerschein (Stufe 2), übernehme die Kursleitung, arbeite ein paar tolle Wochen mit den Jungs im Camp und breche dann nach Sri Lanka auf.

X. Sri Lanka, 1998

Ein Wirrwarr aus Menschen kämpft sich die hitzigen Gänge entlang. Der Flughafen in Colombo platzt aus allen Nähten. Die Hektik ist asiatisch. Schwer zu beschreiben. Kleine Menschen, lustiges Treiben und alle durcheinander. Sri Lanka liegt südöstlich des indischen Subkontinents, ist die kleine Schwester und auf dem Wasserweg nur vierundfünfzig Kilometer vom großen Bruder entfernt. Ein schlafender Rubin, tropisch, leiser als Indien, vielleicht auch schöner, aber vor allem: Ausgestattet mit besseren Wellen.

Ich lasse die übereifrigen Taxiagenten links liegen und laufe hinaus auf die Straße. Dort wartet eine lange Reihe Autos und ein Taxifahrer, der sich wenig um den Trubel schert. Das ist mein Mann. Das ist der Richtige. Weniger Geschäftssinn hat Seltenheitswert, ist vielleicht eine besondere Begegnung und vor allem weniger Kampf in den Verhandlungen.

Ich quatsche ihn an und beginne mit belanglosen Dingen, wie der Uhrzeit. Er versteht, spielt mit und wir nähern uns dem Casus knacksus: Transport, ich brauche eine Fahrt zum Bahnhof. Er bietet an, mich auch überall sonst hinzufahren: »Ans Ende der Welt oder den Anfang der Zeit, je nachdem, wohin du willst.«

Ich muss grinsen und gleichzeitig aufpassen, meine Position nicht zu verlieren. Erst verhandeln, dann lieb gewinnen: »Nein danke, zum Bahnhof reicht aus.«

Ich will Geld sparen und Zug fahren, auch wenn es mir schwer fällt, seinen neugierigen Augen und den schönen Worten zu widerstehen. Es folgen die kalten Zahlen. Ich versuche mit einer resoluten Haltung vorzugaukeln, dass ich die Taxipreise in diesem Land seit Jahrzehnten kenne. Er nennt einen Preis, den er nur einmal im Leben anbieten kann, woraufhin ich natürlich aus allen Wolken falle. Es folgt die Annäherung auf der Basis von freundlich empörten Zugeständnissen in Höhe von kleineren Pfennigbeträgen. Wir kämpfen wie Feinde und einigen uns wie Brüder. Dann verstauen wir mein Zeug, schnallen die Bretter fest und düsen los.

Im Taxi plaudern wir. Er heißt Gauri und erzählt mir von Sri Lanka. Von dem, was hier passiert, und ich ihm, weshalb ich gekommen bin. Ein Blick aus dem Fenster bestätigt seine Geschichten, ein Blick auf das Dach des Wagens meine.

Während wir durch Colombo fahren, müssen wir immer wieder Militärposten passieren. Ausnahmezustand. Bewaffnete Barrikaden, aufgetürmte Sandsäcke und fest installierte, großkalibrige Geschütze, die alles im Auge behalten, was sich bewegt. Manchmal werden wir durchgewunken, manchmal müssen wir aussteigen, damit die Soldaten den Wagen untersuchen können. Sie wühlen durch mein Gepäck, tasten die Bretter auf dem Dach ab und kontrollieren den Unterboden des Taxis mit Spiegeln an langen Stöcken. Die Stadt fürchtet weitere Bomben. Sie zittert vor der unsichtbaren Zerstörung, die hier nicht hingehört. Sri Lanka gilt als Geburtsstätte des Buddhismus, ist heiliges Land, Ursprung von Frieden und Harmonie, Sanftmut und Menschlichkeit. Eigentlich. Der Blick aus dem Fenster spricht eine andere Sprache. Krisengebiet und Bürgerkrieg statt seliges Tropenparadies und unbekümmertes Sein. Während die bewaffneten Männer ihren

Job machen, wirken sie angespannt und konzentriert, aber sind herzlich, wenn sie uns passieren lassen. Das Gute ist überall, steckt tief drin, wartet unter der Bewaffnung. Ich möchte ein Foto machen, den Gegensatz von Uniform und Menschlichkeit und dieses Lachen festhalten, weil es ein Bild für die Götter ist. Schöner als Krieg, oder vielleicht besonders schön im Krieg. Trotzdem traue ich mich nicht zu fragen. Seit Jahren wüten Kämpfe hier. Die tamilischen Separatisten fordern die Unabhängigkeit im Norden und Osten des Landes. Mit Waffengewalt. In den letzten Wochen gab es wieder blutige Anschläge, zerfetzte Körper, abgerissene Gliedmaßen, allen voran in der Hauptstadt Colombo. Der Süden scheint weitgehend verschont. Noch.

Am Bahnhof verabschieden wir uns. Gauri ist ein Mensch, der so viel Ruhe ausstrahlt, dass man davon ergriffen wird. Wie er das macht, ist mir ein Rätsel, aber eins, das guttut und in dem ich am liebsten baden würde. Gerne wäre ich länger mit ihm zusammengeblieben, aber unsere Fahrt ist hier zu Ende.

Ich stehe vor einem gewaltigen Gebäude, in dessen Inneren die Züge ein- und abfahren. Der Vorplatz ist chaotisch. Menschenmassen, Ausnahmezustand, unübersichtliches Durcheinander. Ich behalte mein Zeug im Auge und beobachte alles, was sich mir nähert oder an mir vorbeidrängelt. Bahnhöfe sind das Paradies der Taschendiebe, der Gauner, der heimtückischen Seelen. Überall auf der Welt. Auch in Buddhas großen Fußstapfen. Auf einmal steht jemand neben mir. Er stellt sich als Siri vor, zeigt mir ein Heft, sein Guestbook, und erzählt von seinem Zuhause. Siri vermag mitten im Trubel des hektischen Vorplatzes die Zeit zu stoppen, also riskiere ich einen Blick. Ein kleines Büchlein, in dem Reisende ein paar Zeilen zurückgelassen haben, über schöne Tage mit ihm und seiner Familie, über phänomenale Ausflüge und das harmonische Zusammensein unter einem Dach aus Herzlichkeit. Ich blättere durch vollgekritzelte Seiten, die von guten Zeiten erzählen, entgegne aber, dass ich ausschließlich zum Surfen hier bin.

»Das ist doch erstklassig«, findet Siri. Weil sich sein Haus direkt an einem Strand mit einer hervorragenden Welle über einem Riff befindet.

Ich hadere zwischen dummer Leichtgläubigkeit und dem möglichen Wunder. Der Traum von der perfekten Welle ohne das übliche Surferbrimborium darum. Eine einsame Welle und eine einzigartige Gelegenheit, von der keiner weiß. Jetzt und hier, direkt vor meiner Nase.

Siri breitet seine Arme aus, und damit kriegt er mich. Nur wer blind einem Fremden folgen kann, wird das Besondere finden. Große Worte und Reiseromantik, und außerdem habe ich keinen Plan, wann und wo der nächste Zug abfahren wird. Also gebe ich dem Zufall eine Chance, weil's einfach weniger stressig aussieht. Schande über mein Haupt, aber man darf sich auch mal an die Hand nehmen lassen.

Siri läuft los, um die Tickets zu besorgen. Dann setzen wir uns am Bahnsteig auf den Boden und warten. Und warten ... Wann der Zug kommt, kann keiner sagen. Schon sehr bald oder auch viel später, mit Sicherheit, wenn die Zeit gekommen ist. Ich sehe ächzende Dampfloks anrollen und alte Waggons, aus denen Menschenteile quellen, Leute, die außen an der Leiter hängen, oder es sich auf dem Dach bequem gemacht haben. Beklemmende Enge und grenzenlose Freiheit. Ein Bild für das deutsche Ordnungsamt. Ich nicke ein, wache wieder auf und nicke wieder ein. Siri ist da und gibt Acht. Ich mache es mir auf dem dreckigen Beton so bequem wie möglich, lehne meinen Kopf an meine Tasche, strecke die Beine aus und döse weiter. Nach der endlosen Sitzerei im Flugzeug eine erlösende Abwechslung.

Keiner schenkt uns besondere Beachtung, obwohl wir ein ungleiches Paar darstellen. Ich passe hier so gut hin wie eine Giraffe an den Nordpol. Mir gefällt das, weil ich Teil davon werde, nicht über die Schultern des Reiseführers oder vom Balkon der Hotelanlage auf die Welt schaue, sondern mittendrin stecke. Ich kann auf dem staubigen Boden liegen und meinen Kopf an die Tasche lehnen, während langsam die Hitze des Vormittags in das Bahnhofsgebäude dringt und neben der Hautfarbe einen elementaren Unterschied offenbart: Ich bin der einzige unter tausend Menschen, der schwitzt.

Nach knapp zwei Stunden geht es los. Siri eilt voran, in wichtiger Mission, drängt und schiebt Leute zur Seite und verfrachtet mich in ein Abteil – mit Sitzplatz. Spätestens hier bin ich voller Dankbarkeit, mit ihm unterwegs zu sein. Für das bisschen Komfort, was ich brauche. Nein, ich habe es bitter nötig, weil ich die Tortur Stehplatz nicht mehr verkraftet hätte. Sri Lanka ist nur einen Katzensprung entfernt, aber ich bin schon wieder über zwanzig Stunden unterwegs, und dann wird Sitzen lebenswichtig. Die uralten Lederbänke sind voll, aber nicht gedrängt. Privileg der ersten Klasse (und den Aufpreis in Höhe von 90 Pfennig). Als sich die Eisenbahn in Bewegung setzt, strömt Luft durch die offenen Fenster, und der Zug lässt die riesige Halle zurück.

Wir rattern die Küste nach Süden hinab. Immer wieder gibt die saftig grüne Vegetation den Blick frei auf den Indischen Ozean. Der Himmel präsentiert sich im tiefsten Blau und die Sonne glitzert zu mir herab. Mein Platz ist bequem, die Zuggeräusche romantisch. Ich verliebe mich in das monotone Ruckeln auf den Gleisen, die alte Bahn, die exotische Aussicht, und daran, gemütlich die Welt entlang geschaukelt zu werden. Zwischendurch kann ich sogar Wellen ausmachen. Sanfte Linien auf einer türkisen Wasseroberfläche. Meine Boards ruhen in der Ablage über meinem Kopf, das Leben in den Wellen ist zum Greifen nah.

Nach sechs Stunden erreichen wir unser Ziel. Siris Haus steht direkt am Strand. In nächster Nähe gibt es *nichts*. Ich bekomme ein kleines Zimmer neben dem Wohnraum, schlüpfe in meine

Shorts und springe ins Wasser. Der Surf ist klein, das Wasser warm. Die Palmen lachen und alle zehn Minuten taucht ein hüfthohes Set auf. Endlich. Wunderbar.

Ich werde Teil von Siris Familie. Wir leben und essen zusammen, verständigen uns mit Händen und Füßen, ich packe bei den Renovierungsarbeiten am Haus mit an, helfe der kleinen Tochter mit den Rechenaufgaben (die ihre Eltern nicht begreifen), entdecke, wie Siris Frau das köstliche Essen zubereitet und lerne Siris Kumpels kennen. Wir schauen uns ihre Häuser an, wobei wir wieder neue Freunde, sympathische Onkel, lustige Brüder oder Freunde von Freunden treffen. Oder Onkel von Freunden von Brüdern, von Bekannten. Das Miteinander macht Spaß, weil es immer was zu lachen gibt. Auch ohne Grund. Wieder so ein Geheimnis. Wo kommt diese Heiterkeit her?

Was fehlt, sind die Wellen. Die sind surfbar, aber nicht viel mehr, und damit steht mein Tagesglück auf Messers Schneide. So viel zum Thema Wollen, Verlangen oder Gleichmut: Ich brauche mehr Swell.

Am dritten Tag nehme ich den Bus nach Hikkaduwa, das ein paar Kilometer entfernt liegt. Der Ort wurde mir von einem Onkelfreund empfohlen. Als ich ankomme, bin ich fassungslos. Während bei Siri die Wellen am Morgen hüfthoch waren, donnern hier fast zwei Meter an den Strand. Es dauert wohlüberlegte fünf Sekunden, bis mein Entschluss feststeht. Umzug. Heute. Jetzt. Sofort. Ich laufe herum und finde eine günstige Unterkunft, direkt vor dem Riff mit den besten Wellen. Der Name, Lion's Paradise verspricht etwas mehr, als das Haus zu bieten hat. Aber der Hausherr, ein zurückhaltender, gutmütiger alter Mann, ist ein Erlebnis. Er besteht aus Ruhe und Frieden und muss manchmal so verlegen kichern, dass er damit meine Seele kitzelt. Der Typ ist ein lebendiges Antidepressivum. Er versprüht ausgelassene Fröhlichkeit, obwohl er selbst die meiste Zeit einfach in sich ruht, und ist so herzerwärmend, dass man den zerbrechlichen Kerl einfach knuddeln möchte. Ein heiliger Teddybär. Weil ich seinen Namen nicht verstanden habe, taufe ich ihn Mister Miyagi. Ich reserviere ein einfaches Zimmer für kleines Geld und eile zurück, um mein Zeug zu holen. Die Welle sieht wahnsinnig gut aus.

Siri ist enttäuscht. Ich soll doch noch ein paar Tage bleiben. Bei seiner Familie. Nur ein paar Tage. Eine blöde Situation, weil er meine Argumente (die Wellen) nicht akzeptieren kann. Ich versichere ihm, dass ich ihn anrufe, wenn ich eine seiner Touren machen möchte. Fest versprochen! Zum Beweis schenke ich ihm ein T-Shirt von mir. Wir sehen uns nie wieder. Schade.

Hikkaduwa ist der Traum, der mich nach Sri Lanka gelockt hat. Von meinem Bett aus kann ich die Welle sehen, und der Weg durch den kleinen grünen Garten bis zur Wasserkante ist schätzungsweise dreißig Meter weit. Nebenan ist ein gemütliches Surfercafé mit Wellblechdach, wo man günstiges Essen bekommt, und an der Straße ein Kiosk mit dem Nötigsten (Wasser, Schokolade, Toilettenpapier). Kein Grund mehr, diesen Mikrokosmos zu verlassen, da alles, was ich brauche, in einem Umkreis von fünfzig Metern zu erreichen ist. Hier bin ich richtig. Ich surfe den ganzen Tag, schlafe, esse zwischendurch und genieße das Leben aus der Hängematte.

Nach ein paar Tagen laufe ich durch den Ort, um Lesestoff für die Surfpausen zu besorgen. Ich treffe Atschi, der mich mitnimmt und herumführt.

Wir besichtigen den buddhistischen Tempel im Hinterland. Kühle Steinwände, uralte Lehren, faszinierende Stille und echte Mönche. Die Ausstrahlung des Klosters ist fesselnd, seine Harmonie beeindruckend. Alles ist rein, sanftmütig, friedlich und langsam. Das Leben geschieht voller Anmut, woraus eine eigene Schönheit erwacht. Ich wage kaum mich zu rühren, bin unbeholfen und platze nahezu vor Respekt und Ehrfurcht, während die

Mönche fast schwebend vorbeischreiten oder in tiefer Meditation wie heilige Statuen in der Unendlichkeit sitzen. Meditation kann so viel Kraft und Eleganz ausstrahlen, dass ich mich jetzt fragen muss, wie es Gier und Ehrgeiz in mein Hundehirn geschafft haben.

Hinter den hohen Mauern breitet sich der undurchdringliche Dschungel aus. Wir spazieren hinein und einen einsamen Pfad entlang. Atschi weiht mich in die Geheimnisse ein. Wir pflücken wilden Pfeffer, sammeln Aloe Vera für meinen Sonnenbrand und beobachten Insekten, Echsen und Vögel.

Ein inspirierender Tag, an dessen Ende mein Kopf klar ist und alles weniger aufgeregt. Die Erinnerungen sind nah, die Erlebnisse lebendig. Gleichzeitig habe ich das Kulturprogramm für diese Reise absolviert und kann mich voll und ganz dem Surfen widmen. Meine Art der Versenkung. Auch ohne Kloster.

Ich beginne, Tagebuch zu schreiben. Das hat einen praktischen Nebeneffekt, weil ich mir die ganzen Namen, die mir tagein, tagaus begegnen, nicht merken kann. Am Kiosk, im Café, in den Wellen und auf der Straße. Gedächtnisstütze für den Alltag unterwegs. Aber eigentlich geht es natürlich um etwas anderes. Ich will meine Erlebnisse, Bekanntschaften und Gefühle dokumentieren. Mehr noch, ich will sie festhalten und unsterblich machen. Für die Zukunft konservieren und immer wieder aufleben lassen. Wie Atschi gestern erklärt hat, ist dieses Vorhaben das genaue Gegenteil der fernöstlichen Lehre. Im Buddhismus geht es darum, sich mit der Vergänglichkeit abzufinden, sie zu akzeptieren. Nein, sie zu würdigen, sie zu lieben. Den Augenblick voll erleben, anstatt die Kamera zu zücken, um ein schwaches Foto davon zu schießen. Loslassen können, statt festhalten müssen. Dann wird alles leichter und der Geist freier.

Das klingt genauso logisch wie faszinierend – aber ist nichts für mich! Ich schreibe auf, weil's Spaß macht. Für zu Hause und die Ewigkeit. Mal ausführlich, mal sporadisch, immer, was der Kuli gerade hergibt. Jeden Tag von atemberaubenden Sonnenuntergängen, lustigen Surfbekanntschaften, den Einheimischen und meiner steigenden Surfperformance im Wasser. Ich beschreibe meine Manöver, meine Wellen, manchmal unglaublich detailverliebt. Radikale Kurven in steilen Wellen, schwierige Drops in der großen Brandung und raketenschnelle Ritte die Wasserwände entlang. Fortschritte, und Rückschritte natürlich. Das Auf und Ab, immer intensiv, immer besser.

Ich lerne die anderen Surfer kennen. Wir treffen uns jeden Tag im Wasser, frühstücken zusammen, tauschen unsere Geschichten aus und leben zusammengewürfelt und vereint in den Tag. Man sieht sich, trifft sich, hängt zusammen ab. Eine relaxte Kommune im Zentrum des Universums. Mal kommt einer, mal geht einer. Vergänglichkeit, aber das Ganze, der bunte Haufen, bleibt.

Eines Morgens ist das Meer flach wie ein Pfannkuchen, also laufe ich planlos den Strand entlang. Ich treffe auf einen Menschenauflauf und helfe den Fischern, ihr riesiges Netz einzuholen. Eine Menge Leute hat sich versammelt. Die meisten sind in Fetzen gekleidet, haben furchtbar schiefe Zähne und das unbefangene Lachen von Kindern. Sie freuen sich über jede helfende Hand und weisen mir eine Position am Seil zu.

Das Ganze ist doch nicht in zehn Minuten zu machen und artet in zwei Stunden Knochenarbeit aus. Wir schnaufen, keuchen und kämpfen. Einer für alle, alle für einen. Etwa dreißig Mann hängen mit mir an dem dicken Seil und ziehen und ziehen und ziehen. Unsere Füße graben sich in den Sand, während das Netz Millimeter für Millimeter ans Licht kommt. Ich bin schweißüberströmt und meine Hände sind übersät mit Striemen, als wir irgendwann unsere Beute an Land zerren.

Ein großer Haufen kleiner Fische zappelt auf dem Sand. Wir feiern unseren Fang. An diesem Seil hängt mehr Glück, als ich je gesehen habe. Weniger ist mehr, die Einfachheit fesselnd, die Leute voller Begeisterung, randvoll mit Glück, obwohl oder gerade weil sie gar nichts haben. Als ich meiner Wege gehe (um meine Hände zu pflegen), bekommt jeder seinen Teil. Ich bekomme einen tollen Morgen und schreibe ihn am Abend in meinen neuen Reisebegleiter aus Papier. Auch wenn die Worte viel zu schwach sind für den Moment, füllen sie mein Abenteuerbuch mit den besten Erinnerungen. Und mich mit Lebensfreude.

Ein paar Tage später gehe ich tauchen. Mit Brille, Schnorchel und Flossen. Kaum Fische, aber ich beobachte die Wellen und Surfer aus der Unterwasser-Perspektive. Wie die Finnen durch die glasig blaue Wasserwand über meinem Kopf schneiden. Atemberaubend. Die Ruhe der Unterwasserwelt und die Energie der Welle. Dann entdecke ich einen großen Lobster, aber traue mich nicht ihn zu berühren. Die Einheimischen lachen und können nicht glauben, dass ich den Scherenbruder nicht an Land gebracht habe.

Ich spiele Backgammon mit dem Kellner des Strandcafés. Er lernt schnell und wir spielen jeden Tag. Immer nach dem Frühstück, weil nichts über Routine geht. Der Italiener, Paolo, aus der Hütte in unserem Garten lädt mich am Abend auf einen Joint ein. Ich habe seit Ewigkeiten nicht mehr geraucht und kann unserem Gespräch über den Sinn des Lebens nur bedingt folgen. Einmalige Erkenntnisse vermutlich. Wie immer, wenn man stoned die Seele baumeln lässt. Ich genieße den Moment größter Einsicht, von der am nächsten Morgen nichts mehr übrig ist. Alles ist vergänglich. Tatsächlich.

Am Tag darauf dasselbe Spiel, aber ich lehne dankend ab. Kiffen ist zwar nach wie vor lustig, aber lieber als Randerscheinung. Bunt treibende Gedanken, aber letztendlich sind sie nicht so fesselnd, wie die Anmut im Tempel vor ein paar Tagen oder die Action in den Wellen. Die ist viel näher, viel dichter. Klarheit kann genauso ergreifend sein wie Verwirrung. Manche Menschen gewinnen durch irgendein gesundes Körpergefühl die natürliche wie grenzenlos wichtige Erkenntnis, dass einzig und allein seltener Drogenkonsum der kurzfristigen Intensivierung des Lebens dienlich sein kann und vor der langfristigen Betäubung und Zerstörung von Körper und Geist schützt. Andere interessiert das nicht und Paolo versteht das nicht. Ich erkläre ihm, dass mir das Zeug die Energie raubt, so dass ich am Folgetag gar nicht richtig wach werde. Auch in den Wellen nicht. Paolo lacht, entzündet einen Joint – er wird es wieder nicht zum Frühsurf schaffen.

Dann werde ich krank und vegetiere mit hohem Fieber im Bett. Und auf der Toilette. Furchtbar. Jämmerlich. Lethargische Scheißtage. Im wahrsten Sinne des Wortes.

Buddha sagt dazu: »Alles ist, wie es ist.«

Danke auch, irre hilfreich, blöder Scheißdreck.

Ich will bloß wieder gesund werden, denn ich verpasse wertvolle Surftage. Nicht verhaften, loslassen können, akzeptieren, die Gier ziehen lassen, das Verlangen über Bord werfen. Das befreit den Geist und ermöglicht dauerhaftes Glück. Natürlich, völlig klar, total logisch. Nur wie?

Irgendwann kehrt das Leben zurück. Ich esse eine Banane und kann sie in mir halten. Ein großer Erfolg! Endlich neue Kraft für die kleinen und großen Wellen direkt vor meiner Haustür. Und für die kleinen und großen Dinge, die drum herum geschehen und die ich in mein Tagebuch schreiben kann. So fällt mir auch die Erleuchtung leichter. Leichter als mit Durchfall jedenfalls.

Die Regenzeit kündigt sich mit Grollen und Donnern an. Immer häufiger ergießt sich ein Wolkenbruch über die tropische Insel und bringt eine erholsame Brise mit. Linderung in der tropischen Hitze. Wenn es einmal zu regnen beginnt, lässt der Stromausfall nicht lange auf sich warten. Mittlerweile jeden zweiten Tag. Dann tappt die Insel im Dunkeln und flackernde Kerzen besorgen das nötigste Licht in der Nacht. So wird Stromausfall zu wundersamer Atmosphäre und größtem Glück. Abends liege ich im Bett unter dem Moskitonetz und schreibe dabei. Draußen plätschert es, während es drinnen angenehm kühl wird. Die totale Behaglichkeit, frische Luft, das Tröpfeln und mein Tagebuch: Gute Nacht.

In der kleinen, aus ein paar Brettern zusammengeschusterten Bücherei inspiziere ich die Regale und bleibe an einem Buch mit buntem Cover hängen, das den Titel *How to Live Without Fear and Worry* trägt. Klingt viel versprechend. 300 Seiten mit der besten Einführung in den Buddhismus, die man sich vorstellen kann. Einfach, verständlich, naheliegend.

Der Autor Dr. K. Sri Dhammananda ist ein bekannter Lehrmeister, weltoffen und in der Lage, die alten, universellen Lehren in die heutige Welt zu transportieren. Theoretisch, aber ohne abzuheben, mit schönen Geschichten und Beispielen, die dem wahren Leben entspringen. Ohne Zwang, mit Raum für Rückschläge an den schweren Tagen und offen für das Wunder an den leichten. Schon die ersten Kapitel wissen, dass mit Erleuchtungswut und Ungeduld genauso schnell ein Licht aufgeht, wie mit Strampeln im Treibsand. Lieber im Sandkasten spielen, die Schwere, den Zwang so sein lassen und beobachten, was passiert. Das hilft, der fernöstlichen Sicht der Dinge auf die Schliche zu kommen.

Jeder Mensch wird geboren, wird älter und stirbt. Überhaupt alles kommt und vergeht. Jeder Baum, jede Welle, der Regen und der Sonnenschein. Selbst ein Fluss trocknet irgendwann aus, ein Berg wird abgetragen und eine Wüste weicht einer neuen Fruchtbarkeit, wenn man nur lange genug wartet. Das ist völlig unbestritten. So ist der Lauf der Dinge. Das unumstößliche, universelle Gesetz lautet: Vergänglichkeit. Alles kommt, alles geht.

Das ist genauso logisch wie unangenehm. Denn nichts, von dem was ich tue, hat Bestand und ist auf lange Sicht für irgendetwas gut.

Der Mensch glaubt an ein permanentes Dasein, eine ewige Seele, weil er sich nicht vorstellen kann (oder will), komplett zu verschwinden. Irgendwann einfach weg zu sein. Nicht mehr existent. Also schaffen wir uns ein Bild. Ein Ich. Das Ego. Etwas, das Bestand haben soll und wichtig ist. Und das ist der Anfang vom Ende. Daraus entspringen alle Sorgen und alle Ängste. Wir sehen uns selbst, das Ego, als getrennt vom Rest. Eine Illusion, die auf einem falschen Verständnis der Dinge beruht. Und für dieses Ego müssen wir einiges tun. Es hegen und pflegen, stark und besonders machen. Gier und Verlangen tauchen auf.

Das kommt mir bekannt vor. Wenn meine Ritterrüstung zu Staub zerfällt, nehme ich wieder alles zu ernst und meine Leichtigkeit geht den Bach runter, weil ich alles so dringend will.

Und immer wieder vergleichen wir uns mit anderen. Und wenn wir etwas nicht erreichen (und es gibt immer etwas, das wir nicht erreichen), oder etwas wieder verlieren (was zwangsläufig immer der Fall ist) beginnen wir zu leiden. Wir sind zu groß, zu klein, zu dick, zu dünn, haben keine Kinder, haben keine Freiheit wegen der Kinder, den falschen Job, oder den richtigen, aber nicht so einen erfüllenden wie der Nachbar. Geld oder Zeit (klingt nach meinem Dilemma). Sind nicht mehr so sportlich, nicht so gebildet, nicht so begabt, nicht so geschickt, verlieren die Haare, den Lebenspartner, werden alt, gebrechlich – die Liste ist endlos. Und das Leiden mit ihr.

Egal wie viel man hat, es gibt etwas, was wir nicht bekommen. Superstars und Multimillionäre fallen in tiefe Depression, und auch alle anderen erleiden die ein oder andere Midlife-Crisis, weil sie etwas nicht getan haben, nicht mehr tun können oder verloren haben. Das Ganze ist ohne Ausweg. Zumindest solange das falsche Verständnis der Welt in unserem Kopf regiert, wir krampfhaft unser Ego antreiben und weiter Sehnsüchte und Verlangen produzieren, die unsere Sorgen und Ängste entstehen lassen. Im Lichte der Unsicherheit und Vergänglichkeit haben wir keine

Chance auf dauerhaftes Glück. Wir sind besessen von einer stillen Angst. Vor Verlust, vor Hunger, vor Durst, vor Feinden und letztendlich vor dem Tod. Dabei sind Angst und Sorgen ebenso sinnlos wie schmerzhaft. Denn in jeder Situation gibt es nur zwei Möglichkeiten: Entweder wir versuchen eine Situation zu ändern oder wir nehmen sie so, wie sie ist. Warum zusätzliches Leid erzeugen, in dem wir uns aufregen, trauern oder die Ungerechtigkeit des Schicksals bejammern.

Buddha glaubt an einen Ausweg. Man muss seinen Geist trainieren. Jeden Tag. Und sich der Natur der Dinge bewusst werden, dass alles vergeht. Immer wieder den Augenblick erforschen, alles, was ist, statt sich den Gedanken zu ergeben, die in der Vergangenheit hängen, oder sich mit der Zukunft auseinanderzusetzen. So die unerfüllten Sehnsüchte zur Ruhe zu bringen. Dann geht man auf die Erleuchtung zu. Alles andere ist Nebensache.

Das Buch zeigt mir Lebensbereiche und praktische (manchmal lustige) Handlungsmöglichkeiten auf. Schöne Geschichten, die mir vor Augen führen, warum ich häufig so gierig, so enttäuscht, so unzufrieden mit mir (und der Welt) bin. Und die mich schmunzeln lassen. Über meine Dummheit, meine Engstirnigkeit, meinen übertriebenen Ehrgeiz, mit dem ich hinter den Dingen herjage, um alles zu erreichen und vielleicht noch etwas mehr – obwohl nichts Bestand haben kann.

Im Ganzen geht es darum, die Welt und sich selbst nicht mehr so wichtig zu nehmen. Nicht mehr an den Dingen zu hängen. Leichtigkeit walten zu lassen. Dann wird das Leben einfacher, weniger verkrampft. Einleuchtend, wie ich finde. Und erleuchtend womöglich. Ich muss die Augen aufhalten, um nicht nach drei Tagen alles wieder zu vergessen. Also üben, bis es in Fleisch und Blut übergeht und von ganz alleine das Leben lenkt.

Die Seiten haben einen beruhigenden Effekt. Nach ein paar Tagen merke ich, wie das Buch, vielleicht die ganze Insel, seine Wirkung entfaltet: Nichts fühlt sich besser an als Leichtigkeit.

Ich erkenne plötzlich: Wenn mir etwas nicht gefällt, liegt das ganz und gar nicht an der Sache, sondern an mir. Irgendwo in meinem Kopf. An meiner Sicht der Dinge. An meinem Ego. Ich nehme mich zu wichtig. Alles ist wie es ist. Kein Grund sich aufzuregen.

Während ich die Straße entlangeile, bemerke ich, wie gehetzt ich bin. Vielleicht ein erster Schritt, weil ich mitbekomme, was nicht stimmt. Ich rege mich über den kleinen, entzündeten Cut an meinem Knie auf. Der brennt wie Sau und will einfach nicht verheilen. Außerdem nervt der auflandige Wind, der gerade die Wellen kaputt macht. Am Schlimmsten aber ist, wie grottenschlecht ich heute gesurft bin, vor allen Leuten. Peinlich. Irrwege in meinem Kopf, vielleicht bescheuert, aber trotzdem da.

Dann höre ich die Vögel singen und das klingt auf einmal wie ein Lachen. Über mich. Ohne Spott, sondern voller Heiterkeit. Sie sind frei wie der Wind, während sie durch die Gegend fliegen und die Menschen und ihre Gedanken beobachten. Sie flattern über den Wolken, sehen die Verrückten, sehen mich, sehen den Mist, über den ich mich ärgere, und können nicht anders: Sie lachen. Auf einmal höre ich es ganz genau. Wie alle mitmachen, weil es so lustig ist. Sie piepsen, quieken, prusten los. Sie lachen über den kleinen Mann mit dem aufgeregten Gemüt. Alle stimmen mit ein, trillern und krakeelen sich fröhlich schlapp. Weil ich wieder über meine Gedanken gestolpert bin, weil mein Ego schreit und weil das so witzig, wie bescheuert ist. Und alle piepsen durcheinander, vergnügt und ausgelassen, weil das herrlich ist, dieser aufgeregte Junge. Dann noch ausgelassener und damit beginnt es in meinem Kopf aufzuklaren (ihr habt ja recht) und plötzlich muss ich schmunzeln (über mich). Danke liebe Vögel.

Ich muss nach Galle. Eine größere Stadt etwa eine Stunde entfernt, weil ich Geld brauche und noch mal was anderes machen will. In den vergangenen zwei Salzwassermonaten habe ich so

viele Wellen gesehen, dass ich mir einen halben Tag Pause gönne.

Dort angekommen laufe ich einfach los. Ohne Ziel, der beste
Weg, einen neuen Ort zu entdecken. So bekomme ich ein Stück
Alltag serviert, treffe das Leben der Straße, anstatt Empfehlun-
gen, anstatt sterilen Seiten irgendeines Reiseführers hinterherzu-
rennen. Und es geht sofort los, denn am Busbahnhof kommt es
zu einer Schlägerei. Zwischen zwei grauhaarigen Greisen. Nicht
ganz die wahren Weisen, die ich hier hinter jedem Menschen erwarte, dafür echte, normale Welt. Genauso wie der Schamane,
der mir kurz darauf aus der Hand liest – ganz umsonst, wie er
dreimal betont. Er sieht eine glanzvolle Zukunft, Gesundheit und
Liebe, aber er spürt auch eine nervöse Vibration in meiner Aura.
Ganz deutlich sogar. In tiefer Konzentration sucht er nach einer
Lösung, findet sie und empfiehlt das Offensichtliche: Jeden Tag
einen Schluck Edelsteinwasser trinken.

Edelsteinwasser? Einfach einen heiligen Stein mit Wasser über-
gießen und ab ins Licht damit. Dann kann die Energie im Glas
sprudeln und das ist wichtig für mich, wird alles verändern. Zu-
fälligerweise weiß der Weise auch, woher ich einen magischen
Stein bekommen kann, woraufhin ich mich schleunigst ehrfürchtig verbeuge, danke und verschwinde, bevor er mir seinen heiligen Schabernack andrehen kann.

In der Teestube an der Ecke sitzen die Arbeiter in ihrer Mittagspause. Ein junger Mann spricht mich an. Er möchte alles über
den Westen erfahren. Ich erzähle, was ich weiß, was mir einfällt,
und er erzählt mir im Gegenzug aus seinem Land. Wie immer
ist das Leben wunderbar ähnlich, auch wenn es unterschiedlicher
nicht aussehen kann. Ich gebe ihm meine Uhr. Er hat nicht danach gefragt, aber einen neugierigen Blick darauf geworfen.

Manchmal weiß man, was man tut. Weil man die Gedanken
vergisst oder der Intuition freien Lauf lässt. Dann ist da so ein
Gespür, das mir helfen wird, das Richtige zu tun oder mich in

die Sackgasse schickt. Aber das ist egal, weil es sich auch mal gut anfühlt, einfach zu tun, wonach mir ist. Ohne zu überlegen, zu kalkulieren oder abzuwägen. Nicht immer einfach für den durch alle Optimierungsmodelle getriebenen Volkswirt in mir. Alleine dafür bin ich ihm jetzt dankbar. Nach einer Stunde verabschieden wir uns mit sanftem Augenkontakt und Schulterklopfen. Offenheit macht froh und die Gemeinsamkeiten verbinden, vor allem wenn 12.000 Kilometer zwischen unseren Welten liegen. Das nimmt allen Problemen die Schwere, weil wir beim besten Willen nicht alleine mit unseren Geschichten sind. Er ist mir ans Herz gewachsen, obwohl wir kaum eine Stunde geplaudert haben, und seinen Namen habe ich auch schon wieder vergessen. Ich laufe mit einem guten Gefühl weiter, welches mehr wert ist als die Uhr. Das ist sicher.

Dann denke ich: Alles richtig gemacht. Und da ist sie dann wieder, die alte westliche Legitimationswut allen Handelns. Da kann ich nicht aus meiner Haut, vielleicht meine persönliche, nervöse Vibration, die sich letztendlich nur mit hundert Jahren Meditation oder eben einem Schluck Edelsteinwasser heilen lässt.

Ich schlendere über den bestialisch stinkenden Markt und nähere mich dem großen Fort dahinter. Das Wahrzeichen Galles aus der Kolonialzeit und der Besatzung durch die Holländer.

Im Park werde ich angesprochen. Der junge Mann in Bundfaltenhose stellt sich vor. Sahib ist sein Name. Adrett und von gebildetem Format. Er berichtet über die Geschichte des Orts und führt mich die Stadtmauern entlang durch das Fort. Dann hat er eine Bitte. Er ist auf der Suche nach einem Übersetzer, jemand, der ein paar Worte ins Deutsche übertragen kann. Das glaube ich jetzt nicht, aber ich liebe Zufälle und bin sein Mann.

Der Raum ist aufgeräumt, dunkel und kühl. Der Teppichboden und die großen Gemälde an der Wand verleihen dem Zimmer ein gebieterisches Äußeres, das in starkem Kontrast zu der staubigen Hitze auf den Straßen vor der Tür steht. Sahib sucht ein Dokument in den Schubladen des großen Schreibtischs mit dem Sessel dahinter. Ich sinke in einen bequemen Stuhl mit Lehnen. Er reicht mir ein Heft, in dem ein paar englische Sätze stehen, die ich ins Deutsche übersetze. Das Ganze ist nach vier Minuten erledigt. Dann betritt ein großer Mann mit eleganter Sonnenbrille, gefolgt von einem zweiten, kleinen Typ den Raum. Der große trägt eine schwarze Anzughose und ein hellblaues Hemd mit steifem Kragen und dunklen Manschettenknöpfen. Er stellt sich als Mr. Fernando vor und nimmt hinter dem Schreibtisch Platz. Der Andere setzt sich stumm auf einen Stuhl in der Ecke. Sahib steht still dahinter.

Unser zufälliges Treffen hat sich jetzt auf vier Personen ausgeweitet. Alle gut gekleidet, außer mir, in Boardshorts mit Flipflops an den Füßen. Mr. Fernando stellt die Ellenbogen auf und faltet seine Hände. Er denkt nach, während ich mich frage, wo sich unsere seltsame Runde hinbewegen wird.

Ich habe fünfzehn Dollar in der Tasche und bin damit als Opfer eines Überfalls gänzlich ungeeignet. Außerdem hängt keine bedrohliche Stimmung in der Luft, und feindselig sehen die drei ebenfalls nicht aus. Auch das edle Mobiliar passt nicht zu einem Haufen Tagediebe, die einen Touristen in Badehose überfallen wollen. Vor mir sitzen Geschäftsmänner, Business und Investitionspläne. Noch zurückhaltend, vielleicht unentschlossen, aber unmittelbar davor, einen Fremden in die großen Geheimnisse dieses Raumes einzuweihen. Dann nimmt Mr. Fernando seine Sonnenbrille ab. Fast akzentfrei wandert Small Talk über seine Lippen. Aufmerksam, höflich, professionell. Nachdem wir etwas über dies und jenes und mit Sicherheit nicht über den eigentlichen Sinn und Zweck unseres Treffens gesprochen haben, fragt er: »Was weißt du über Edelsteine?«

»Naja, Edelsteine sind Edelsteine, nicht ganz günstig, vermute ich.«

»Das stimmt. Edelsteine haben einen hohen Preis.« Er lässt die Worte wirken. Dann fährt er fort. »Sri Lanka verfügt über glänzende Ressourcen. Edelsteine, allen voran Rubine. Es sind die Steine, die für Sri Lanka so bedeutsam sind. Die Zukunft des Landes hängt davon ab. Wirtschaftliches Wachstum und die Möglichkeit, der Armut Einhalt gebieten zu können. Denn wir wollen den einfachen Leuten helfen, den Familien ...« Er hält inne.

Der Statist vom Stuhl in der Ecke erhebt sich ferngesteuert und legt ein schwarzes Bündel vor Mr. Fernando auf dem Schreibtisch ab. Mr. Fernando greift danach und rollt das schwarze, samtweiche Tuch vor meinen Augen aus. Darauf purzelt ein Haufen rötlich schimmernder Steine hin und her, die mich verführerisch anfunkeln.

»Wow, sind das Rubine?«, frage ich. »Schön!«

»Ja, Rubine sind schön! Und besonders in Europa ... Das Problem sind die Steuern. Der Staat steht im Weg, behindert die Wirtschaft und den Fortschritt des Landes. Die Exportsteuer liegt bei achtzig Prozent und verhindert unsere Geschäfte mit Europa. Geschäfte, die meinem Land helfen können.«

Aha.

»Das Modell ist einfach und ertragreich! Touristen zahlen keine Steuern auf die Mitnahme der Steine. Am Flughafen kommt unser Kontaktmann und nimmt die Steine entgegen.«

Okay. Flughafen. Kontaktmann. Übergabe. Edelsteine. Sri Lanka. Grenzenloser Reichtum und dabei auch noch den Armen helfen.

Ich soll Rubine schmuggeln? James Bond hinter verschlossenen Türen, im Halbdunkel dieses Büros. Am Schreibtisch mit Mr. Fernando und seinem Gefolge, irgendwo im Süden Sri Lankas, in Folge eines Kontakts im Park von Galle? Ich bin dabei, das ist doch klar!

Mr. Fernando überreicht mir ein Heft mit handschriftlichen Notizen, das mich an Siris Guestbook erinnert. Die Passagen darin haben eine überzeugende Wirkung.

* Ich konnte nicht glauben, dass es sich um ein legales Geschäft handelt. Ich habe mit kleinen Beträgen begonnen, mittlerweile finanziere ich meine Urlaube mit dem Zusatzgeschäft, sechs Monate im Jahr ...
* Ich war am Anfang skeptisch, aber die Übergabe am Flughafen in Frankfurt verläuft jedes Mal reibungslos. Mittlerweile bringe ich die Steine hauptberuflich nach Holland. Ein angenehmer Beruf ohne Risiko ...

Ich lehne mich zurück. Ausatmen, um Ordnung im Hirn zu schaffen. Spitzenplan. Aber ich kann nicht ein Wort von diesem einfachen Geschäftsmodell, welches mir eben auf der Straße über den Weg gelaufen ist, überprüfen. Ich lege die Karten auf den Tisch. Ich habe keine Ahnung, ob die Steine echt sind, und auch nicht genug Geld, um welche zu erwerben. Egal, ob ich die Rubine direkt am Flughafen zurückverkaufe oder nicht. Mr. Fernando weist nochmals auf die Vorzüge hin, aber zeigt dann Verständnis. Er hat es nicht nötig, mit verbaler Überzeugungsarbeit zu hausieren, sondern pickt stattdessen zwei kleine Steine heraus, um sie mir zu geben. Als Geschenk.

Na, ob die wohl echt sind? Wie oft bekommt man Edelsteine geschenkt? Von einem Fremden. In der Dritten Welt. Egal, unser Geschäft ist vertagt. Wir verabschieden uns bis zu meiner Rückkehr nach Sri Lanka und einer ertragreichen Geschäftsbeziehung in einer glänzenden Zukunft.

Am nächsten Morgen surfe ich mir in absolut perfekten Wellen die Seele aus dem Leib. Drei Stunden lang. Ich bin super stoked, überglücklich und leider an meinem letzten Tag angelangt. Ich laufe ein bisschen melancholisch durch die Gegend, verabschiede mich von allen Leuten, starre auf die Wasserwände, die nach wie vor an den Strand hämmern, und bin randvoll mit dem Gefühl: Alles ist so gut!

Frühstück im Surfcafé, Zwischenstopp am Kiosk an der Straße, eine Runde vorbei an den Händlern im Ort und ein letzter Schnack mit dem weisen alten Mann aus meiner Unterkunft.

Mister Miyagi kann wieder mal sagen, was er will, Beiläufiges, weise Worte oder einfach gar nichts. Was immer es ist, es trifft. Das muss an der ruhigen, gutmütigen Art liegen. Oder an den neugierigen Augen oder am stillen Kichern. Eine Zufriedenheit mit sich und der Welt, die genauso beneidenswert wie ansteckend ist. Der Mann ist ein Erlebnis, Sri Lanka pur, mit grauem, glänzendem Haar und einem Herz voller Liebe. Schwer, sich loszureißen, aber mir fällt nichts mehr ein und ich bin noch nicht so weit, einfach mit ihm zu schweigen. Also weiter. Sachen packen, doch noch eine letzte Besorgung und noch mal Abflugzeiten und Datum (wirklich heute?) checken. Ich bin dieser wundervollen Insel unendlich dankbar. Erstaunlicherweise freue ich mich gleichzeitig, zurückzukehren. Das passt nicht ins Bild, aber in meine Laune.

Ich organisiere ein Taxi auf der Straße. Wir laden die Sachen ein, und am liebsten würde ich Mister Miyagi zum Abschluss umarmen (oder einpacken und mitnehmen). Ich traue mich aber nicht und gebe ihm konzentriert ehrfürchtig die Hand. Er lacht und umarmt mich mit seinen Augen. Er schmunzelt, weil er weiß, was mit mir los ist. Er ist allwissend, also muss er das wissen.

Auf dem Weg zurück nach Colombo sehen wir Elefanten, die heiligen Dickhäuter (oder waren das die Kühe) und halten an einer Schildkrötenfarm, weil noch eine Stunde Zeit drin sein müsste. Ich zahle am Eingang, und das ist der Unterschied zu dem, was ich in den vergangenen Wochen erlebt habe. Es gibt einen Eintritt, eine künstliche Schwelle, die den Öffnungszeiten entsprechend ein Ambiente bereithält. Eine Touristenattraktion, aufgeräumt und irgendwie künstlich. Mir fehlt das Authentische, das Besondere. Ich entscheide, mich trotzdem zu amüsieren, und lausche den Geschichten über die putzigen Strampler. Die Hauptattraktion sind zwei weiße Schildkröten, denn nur in einem von

500.000 Eiern steckt ein Albino-Exemplar. Ihre Überlebenschancen in der Wildnis sind minimal, weil ihre Panzer weich und sensibel sind. Etwas größer als eine Bratpfanne, rudern sie in dem kleinen Becken vor mir herum. Man darf sie streicheln. Ich kraule und kitzle eine von ihnen, bis sie sich genüsslich hin und her windet. Süß. Ihre Namen sind Heino und Hannelore. Landsleute.

Wir erreichen den Flughafen am frühen Abend. Ich verabschiede den freundlichen Fahrer und spüre, dass die Zeit zu Ende geht. Oder eine Neue anfängt. Eigentlich verlässt man ein Land, in dem Moment, in dem man durch die Schiebetüren des Flughafengebäudes geht. Die schließen sich jetzt hinter mir, aber irgendetwas bleibt immer hängen. Ich laufe am Flughafen herum. Von Geschäft zu Geschäft, probiere Gratis-Süßigkeiten und besorge herrlich sinnlose Souvenirs mit meinen letzten Rupien.

Ein paar Stunden später hebt der Flieger ab. Ich sitze am Fenster. Ohne größere Mengen Edelsteine im Gepäck, aber mit einem Haufen Erinnerungen im Kopf. Sri Lanka: wunderbare Menschen, Fischer mit schiefen Zähnen, dicke Elefanten, lachende Vögel, explodierender Bürgerkrieg, sanfter Buddhismus, Rubine und starke Wellen. Alles in einem Land, alles in meinem Kopf!

In Deutschland zeige ich die beiden klitzekleinen Steine einem Goldschmied. Der schätzt ihren Wert, nach sorgfältiger Untersuchung, auf siebzig D-Mark. Sie sind echt und einen Wochenlohn in Sri Lanka wert. Mr. Fernando hatte Recht und der Handel mit seinen Steinen schlummert in meinem Hinterkopf.

Als nächstes fahre ich nach Frankreich, wo ich drei Monate das Camp leiten soll. Ich habe im letzten Jahr guten Unterricht gemacht, alle sicher ins Wasser und wieder an Land gebracht, weshalb mir Uli, der Geschäftsführer, jetzt seinen Laden anvertraut. Mir ist das Camp ans Herz gewachsen und ich freue mich auf die

Verantwortung, die Herausforderung und einen tollen Sommer. Ein super Job, eine super Zeit, weil Arbeiten mit besten Freunden wie Kochen mit guten Zutaten ist. Man kann nichts falsch machen. Ein brillantes Team, überglückliche Kunden und alle voll dabei. Jeden Tag Wellen und durchgeknallte Partys, süße Mädchen und In-den-Tag-hinein-Leben.

Ich belohne mich für die erfolgreiche Saison mit einem Trip nach Portugal und die Küste runter nach Marokko. Surfen bei den Arabern. Gute Wellen zwischen Kamelen und Minaretten. Surfshops oder Internet gibt es nicht, aber Tagine, um Gemüse zu garen, Wüste und Kaftans, die traditionelle Kutte, aus denen große Augen gucken, wenn wir mit unseren Brettern ins Wasser springen. Eine andere Welt, schon wieder, gerade mal vier Flugstunden von Deutschland entfernt. Winterauszeit und super Einstieg in das nächste Jahr. Trotzdem muss ich zurück, obwohl ich eigentlich immer weiter will.

I want to say for the sons of god,
if you want freedom and joy so much,
can't you see it's not anywhere outside of you.
Say you have it and you have it.
Act as it is yours and it is yours.

Messiah's Handbook (*Illusions,* Richard Bach)

XI. Köln, 1999

Zurück an der Uni schreibe ich meine letzten Klausuren. Auf der Zielgeraden dreht sich alles um die Frage, wie es weitergeht. McKinsey, Adidas oder Deutsche Bank. High Potentials und Global Player. Jobmessen und Traineeprogramme. Es wird ernst.

Dr. K. Sri Dhammananda steht an meiner Seite. Immer wieder lese ich ein paar Seiten, um zu entspannen, versuche alles nicht so ernst zu nehmen, denn mit dem Buddhismus im Rücken gelingt Freude auch zu Hause. An den guten Tagen. An den schlechten bin ich verzweifelt, umgeben von Freunden, die wissen, was sie wollen und umzingelt von Kommilitonen auf der Überholspur. Ich aber tappe im Dunkeln und werde gezwungen, den nächsten Schritt zu machen.

Wie bin ich hierhergekommen?

Alex hatte eine Idee, während ich am Kopierer stand. Vor einer Ewigkeit, die gerade mal vier Jahre her ist. Dann bin ich ins Salzwasser geplumpst und von den Wellen durch die Gegend geworfen worden. Mir wurde der Kopf gewaschen, bis ich voll und ganz verliebt war. In die Brandung, die Sonnenaufgänge, die Mister Miyagis und die kleinen Abenteuer unterwegs. Starke Momente.

Eine neue Welt auf Balis Straßen, mit den Gangstern in Südafrika, in der Höhle von Uluwatu, mit einem Nahtoderlebnis in Australien, überrascht von einer Rollschuhläuferin und mit einer kleinen, aber großartigen Karriere im Surfcamp. Und dann wieder zu Hause. Bekloppte Jobs und Studium an der Universität. Plötzlich hänge ich dazwischen. Habe (m)einen Blödsinn gefunden und zwei Leben zugleich geführt. Meinen Traum gelebt und zu Hause funktioniert. Mit der Fernbedienung hin- und her geschaltet, bis ich nicht mehr wusste, in welchem Film ich eigentlich stecke.

Aber wie geht das jetzt weiter, wo führt das hin?

Ich müsste so viel, aber flüchte fünf Monate nach Frankreich ins Surfcamp. Wieder als Campleiter. Die Diplomarbeit kann warten, folgt im Herbst, der letzte Akt.

In Moliets leite ich das größte deutsche Surfcamp und verdiene gutes Geld dabei. Ein Modell für die Zukunft? Fünf Monate Kohle am Strand scheffeln und dann in die weite Welt hinaus?

Dabei finde ich mein größtes Talent und einen Job, den ich ein Leben lang machen könnte. Immer unter freiem Himmel, surfen und alles mit nur einem Ziel: Spaß haben und die Leute begeistern!

Ich liebe die Arbeit im Team, mit Freunden, am Strand und in einem Mikrokosmos, den ich nach meinem Geschmack gestalten kann. Und ich liebe das Glück in den Gesichtern unserer Gäste. Alle lachen, fühlen sich wohl. Das beste Leben aller Zeiten. Aber auch die nächsten fünfunddreißig Jahre lang? Surflehrer mit sechzig? Auch in Frankreich tauchen die Fragen nach der Zukunft auf. Vielleicht doch was Vernünftiges machen? In dem Sumpf aus Ungewissheit kristallisiert sich eines heraus: Wann immer die Wellen gut sind, gibt es keine Fragen mehr. In diesen besonderen Momenten ist die Zukunft eliminiert und die Vergangenheit uninteressant, weil alles stimmt. Vielleicht sind das die magischen drei Buchstaben. Zen. Surfcamp gleich Nirwana, zumindest, bis das Karrieregewissen wieder die Gedanken an eine erfolgsorientierte Zukunft ankurbelt.

Irgendwann schenkt mir einer der Gäste zum Abschied ein Buch. Schon der Titel haut mich vom Hocker: *Mut – Lebe wild und gefährlich!*

Eine erfolgreiche Campsaison vollendet, beginne ich im Herbst mit meiner Abschlussarbeit und schreibe sie in einem Atemzug runter. Endlich fertig. Aber was nun?

Ich bin 26 Jahre jung, habe zwei Diplome in der Tasche, ein paar gute Storys im Gepäck und eine Leidenschaft an der Backe. Beide Examen mit Auszeichnung. Zuerst an der Sporthochschule, dann an der Universität zu Köln.

Nach der Verleihung in Hörsaal I halte ich ein Papier in Händen, bin nichts und kann alles werden. Wie an meinem ersten Morgen zusammen mit Alex in Bali kann ich alles tun, und auch noch, was ich will. Von A bis Z. Von Business Administration bis Surfhero. Bis hierher lief alles wie von selbst. Aber jetzt muss ich mein Schicksal selbst in die Hand nehmen und darf mich aus freien Stücken entscheiden.

Das klingt besser als es ist, weil alle möglichen Konventionen an mir zerren, während das alte Dilemma zu ungeheuerlicher Größe heranwächst. Rein in die Chefetage oder Edelsteine schmuggeln und unter dem Orion zelten. Surfer oder Akademiker. Grenzenlose Freiheit verlieren oder Traumjob gewinnen?

Oder umgekehrt.

Irgendetwas bleibt in jedem Fall auf der Strecke. Berufliche Zukunft oder Abenteuer. Karriere oder Surfen. Deutsche Bank oder Wavetours. Es geht darum, das Richtige zu tun, aber diesmal *endgültig*.

Das Problem, das mich plagt, liegt in meinem Kopf. Darüber bin ich mir genauso im Klaren wie über den bevorstehenden Verlust. Meine an der Uni erarbeiteten und im Wasser erkämpften Möglichkeiten halten sich die Waage, und es fällt mir unendlich schwer, irgendetwas loszulassen, was ich mit viel Mühe erreicht habe. Soll ich den Surfer untergehen lassen oder den Absolventitel in die Tonne kloppen?

Jetzt bräuchte ich einen Buddhistischen, aber stattdessen schwebt die Klinge der Verzweiflung über mir. Ich versuche, mich auf die asiatischen Lehren zu besinnen. Den erhobenen Zeigefinger, das Leben und sich selbst nicht so wichtig zu nehmen. Etwas Balsam auf die Wunden, aber weiterhelfen kann das nicht.

Verdammt, was soll ich nur tun?

Die Uni bietet Seminare für ihre Absolventen an. Wir proben Vorstellungsgespräche, in denen wir uns präsentieren, um als Führungskräfte die Aufgaben der Zukunft zu bewältigen und Verantwortung zu übernehmen. Der Wettlauf um die besten Stellen ist in vollem Gange. Die Zeitungen sind voll davon. Wo es die besten Karrieresprungbretter gibt und wie man aufspringt. Die Konjunktur stimmt: Jetzt stehen die Chancen gut, sich etwas aufzubauen. Traumjob, Geld und Verantwortung, denn wir wollten doch in irgendwelche Managerfußstapfen treten, der Welt zeigen, dass die Saufköpfe klüger sind als die Streber.

Wozu sonst habe ich sieben Jahre lang gebüffelt und mich über gute Noten gefreut? Die Entscheidungstheorie weiß, dass wir an den Dingen hängen, in die bereits Zeit und Geld gesteckt wurden. Das stimmt. Wir sind verhaftet. Definitiv bin ich das! Dabei ist alles was zählt, das, was rauskommt. Die Vergangenheit ist irrelevant.

Also dann, aufs Papier damit:

I. Alternativen bestimmen (grob)
   a. Managerkarriere in einem großen Unternehmen
   b. Surfen (Campleiter im Sommer und dann reisen)
   c. Professor an der Uni

II. Bewertung (erst mal Brainstorming)
   a. Machen die anderen auch; dafür hab ich studiert; endlich richtig Kohle (hoffentlich); langfristig sinnvoll, auch span-

nend, aber Anzug und Krawatte; mindestens 10 Stunden am Tag, 60 Stunden die Woche

b. Will ich jetzt; supergeil; Kohle würde reichen; Rente im besten Fall »ungewiss«

c. Uni ist cool; als Forschungssemester getarnte Surftrips, aber ich muss ein paar Jahre übelst am Schreibtisch reinhauen (Doktorarbeit – Oh Gott!); Schaffe ich das überhaupt?

III. Zielfunktion (Was will ich eigentlich?)

Das ist einfach: Jetzt sofort viel surfen, grundsätzlich finanzielle Sicherheit ein Leben lang und dabei einen coolen, sinnvollen Job.

IV. Ergebnis

FEHLANZEIGE!

Das funktioniert nicht, unvereinbare Zielfunktion. Ich bin einfach nicht in der Lage, mein Bedürfnis nach Sicherheit der Liebe nach Abenteuer gegenüberzustellen. Ich kann weder quantifizieren noch gewichten – nur opfern.

Von allen Seiten kommen Tipps und Tricks, Hilfe und Unterstützung, denn die Tage der Kompromisse sind gezählt. Natürlich raten alle zur Vernunft. Alles andere wäre Wahnsinn. Aber ich vermisse die Wellen, die Sonnenaufgänge und die sandigen Hütten am Strand. Es ist unmöglich, das Richtige zu tun, aber das Meeresrauschen in meinem Kopf wird lauter.

Das Mut-Buch kommt mir in die Quere. Am frühen Abend blättere ich darin. Es handelt sich um eine ausgewählte Sammlung der Reden und weisen Worte Oshos. Die Zeilen wühlen mich auf, geben Kraft und Anstoß. Lust auf Leben. Sogar mehr noch als die buddhistischen Lehren in Sri Lanka. Die wirken beruhigend, aber die kompromisslos lebensbejahende Folge dieses Buches ist deutlicher. Vollgas voraus, statt Ruhe und Sanftmut.

Dieses Buch bietet dem Leser nichts Angenehmes. Kein Versprechen für die Zukunft, keine Sicherheit, kein Dogma und noch nicht mal eine Erkenntnis. Tue dies, damit jenes geschieht? Totaler Unsinn! Denn es gibt nichts als Ungewissheit und Unsicherheit in diesem Leben. Darum nützt auch Wissen nicht. Nur Verständnis. Und darum geht es: Unsicherheit ist Leben, Unsicherheit ist wunderbar.

Das, was für uns das Leben zur Hölle macht – sich auf nichts verlassen zu können –, ist gleichzeitig das Tor zum Himmel.

Wer glaubt, man könne das Leben vorausberechnen, oder dass ein Allmächtiger weiß, was als nächstes passiert, versteht den Lauf der Dinge nicht. Wüsste irgendein Gott, was in der Zukunft geschieht, wäre das Leben nicht mehr als ein mechanischer Vorgang. Ohne Möglichkeiten, ohne die Gelegenheit zu wachsen, ohne eine Chance sich zu entwickeln. Es gäbe keine Freiheit und wir wären nicht lebendig. Wir wären nur ein Uhrwerk. Leblos und kalt.

Nichts ist sicher! Das ist seine Botschaft. Sonst nichts. Aber wir klammern uns an alles, was uns scheinbaren Halt gewährt, fürchten das Unbekannte und versuchen, ihm aus dem Weg zu gehen. Und das ist verrückt.

Mut ist der Schlüssel zum Glück! Es geht darum, die Herausforderungen des Unbekannten anzunehmen. Trotz aller Ängste. Mut heißt nicht, keine Angst zu haben. Im Gegenteil, wer keine Angst hat, wiegt sich in Sicherheit, ist dumm, blind und taub. Mut heißt, der Furcht ins Auge zu blicken, zu akzeptieren und weiterzugehen. Du weißt nie, wohin das führen wird. Wie bei einem Glücksspiel. Aber nur Spieler wissen, was Leben ist.

Sei wachsam und schaue mit offenem Herzen in die Welt. Ein voreingenommenes Auge ist blind. Ein Herz, das im Voraus entschieden hat, ist tot. Wenn du im Voraus zu viel weißt, verliert die Intelligenz ihre Schärfe, ihre Schönheit, ihre Intensität. Erlebe die Wirklichkeit unverfälscht. Das Leben ist eine Entdeckungsreise.

Jeder Augenblick eine Überraschung. Voller Lebendigkeit, voller Leidenschaft. Man findet die Wahrheit nicht, indem man sie studiert. Man muss ihr begegnen.

Sei einfach, was du bist, kümmere dich keinen Deut um die Welt. Dann wirst du unbeschreibliche Entspannung und einen tiefen Frieden im Herzen spüren. Versuche nicht, das Leben zu verstehen, lebe es! Versuche nicht, die Liebe zu verstehen, liebe! Sprich nicht von Unsicherheit, nenne es Freiheit. Sei mutig! Stürze dich kopfüber ins Abenteuer und trotze der Bequemlichkeit. Dann kann das Wunder des Lebens direkt zu dir gelangen. Und es bringt dir alles Glück und alle Liebe mit.

Ich stehe auf, lege das Buch beiseite und fühle neuen Mut. Egal, was ich tue, das Leben ist und bleibt ein Abenteuer. Mein Abenteuer. Es gibt keine Sicherheit, auch nicht als Chef der Deutschen Bank. Nur Freiheit.

Am nächsten Morgen bin ich mal begeistert und mal frustriert, weil all das so einfach ist – auf dem Papier. In einem Interview mit Brad Pitt lese ich: »Mir wurde klar, dass im Akzeptieren des Ungewissen eine eigene Schönheit liegt. Ich weiß nicht, ob das für Sie einen Sinn ergibt, aber mir bedeutet das sehr viel.«

Na super. Alle Welt kommt mit dem fernöstlichen Kram zurecht, zieht Kraft und Orientierung daraus, nur mir hilft er nicht aus der Entscheidungslosigkeit, aus dem Dilemma. Schöne Worte, aber ich drehe mich weiter im Kreis.

Dann erwacht meine Sehnsucht nach Meer. Sie meldet sich zwischen all den Wolken zurück und trifft mich wie eine Bombe. Sie weckt die Bilder und Erinnerungen auf. Plötzlich so klar, als wären sie gerade erst vor einer Minute geschehen. Surfen, glitzernde Wellen, weites Meer, tropische Landschaften, lachende Zähne und leuchtende Augen. Dunkle Haut und warme Temperaturen. Palmen und staubige Straßen. Dann geht die Sonne vor einer tiefblauen Wasseroberfläche auf. In regelmäßigen Abständen kommen die Sets, bauen sich zu solcher Schönheit auf, dass ich lospaddeln muss.

Ich bin so weit gekommen und soll jetzt aufhören? Unmöglich. Ganz im Gegenteil: Die Zeit ist gekommen, um anzufangen. Ich muss einfach noch mal weg! Vielleicht für ein Jahr? Oder zwei? Oder für immer!

Das ist es! Die Würfel sind gefallen. Es kommt mir so vor, als hätte jemand anderes die Entscheidung getroffen. Zum Glück. Nur noch Wellenreiten. Klingt wie ein Traum. Klingt wie *mein* Traum.

Ich buche einen Flug und verkaufe alles, was ich besitze und nicht mitnehmen kann. Irgendetwas hat das Ruder übernommen, mich endlich an einen Punkt gebracht, hinter dem es kein Zurück mehr gibt. Ein Ballast weicht von meinen Schultern. Der Kampf in meinem Kopf kommt zur Ruhe, weil ich weiß, was ich will.

Jetzt kann die Reise beginnen. Eine Reise ohne Ende. Ohne Wiederkehr. Nur noch Surfen.

Auf nach Südamerika.

XII. Peru, 2000

Der klobige Blecheimer wird langsam kleiner und erinnert mich mit einem Mal an die Spielzeugautos aus meiner Kindheit. Ungläubig schaue ich dem verstummenden Brummen hinterher, während der Bus allmählich am Horizont verschwindet. Ich bleibe ausgesetzt zurück. Die aufgewirbelte Staubwolke löst sich genauso in nichts auf wie meine letzte Verbindung zur Spezies Mensch.

Auf und davon. Einfach so.

Und wo kommt diese verdammte Hitze plötzlich her?

Ich hebe die Hand zum Schutz über meine Augen. Vor mir treffen sich die Wege und bilden eine Kreuzung, die in alle vier Himmelsrichtungen weist. Ich stehe in der Mitte, nicht den Hauch einer Ahnung, wo ich bin und wie ich weiterkomme. Kein Laut. Kein Zeichen von Zivilisation, Leuten oder Leben. Keine Schilder, keine Häuser, kein Telefon. Wegweisende Hilfen: Fehlanzeige! Nur Abgeschiedenheit. Endlose Weite und drückende Hitze, mit ein paar dornigen Sträuchern am Wegesrand. Das ist definitiv mein letzter Trip nach Südamerika – ohne Sprachkenntnisse!

Ein kahles Land, ein armes Land, ein Land, das den bunten Wünschen des Tourismus nicht gewachsen ist. Kein goldener Sand, keine Tropenfrüchte oder saftig grüne Palmen.

Peru teilt sich den Breitengrad mit Angola oder Mozambique. Eine traurige Ecke am Ende der Welt. Aber vielleicht wirft der Pazifische Ozean ein paar Geschenke an die hoffnungslose Küste. Und plötzlich kommt Musik ins Spiel. Denn lange Zeit nicht auf den To-do-Listen der wellenhungrigen Surfgemeinde zu finden, kristallisiert sich nun heraus, dass in Peru die besten Wellen des Planeten brechen: Das Land der linken Pointbreaks.

Wellen, die nach links laufen und laufen und laufen. Endlos! Es kursieren Gerüchte von Wasserwänden, die sich mehr als drei Kilometer den Strand entlang winden, sodass Ritte bis zu fünf Minuten Länge möglich sind. So erwacht ein Land aus dem Schneewittchenschlaf. Peru wird schon in naher Zukunft den weltweiten Blickwinkel der Surfgemeinde dominieren. Zumindest, wenn man den himmlischen Vorhersagen der Peruaner Glauben schenken darf.

In meinen Augen: Eine apokalyptische Aussicht. Also bloß schnell hin! Auf der Stelle, bevor dieses Paradies von der ganzen Welt überlaufen wird und wenn das mit den Wellen stimmt, muss ich das mit eigenen Augen sehen. Aber jetzt hocke ich hier im Off und frage mich: *Wo kommt diese verdammte Hitze plötzlich her?*

Vormittags hat mir der Taxifahrer ein paar helfende Dinge mit auf den Weg gegeben, die in einer mir unbekannten Sprache ihren Sinn verfehlt haben. Am Busbahnhof ist die Zeit gekommen, meinen Werdegang selbst in die Hand zu nehmen. Ausgestattet mit Wörterbuch und Zettel: Zerro Azul – da will ich hin!

Ich schreibe drei Worte auf: »Yo querer ir – Ich wollen fahren«, und hänge mein Ziel, Zerro Azul, an den Schluss. So einfach geht das. Dann suche ich mir eine Person in dem hektischen Treiben aus. Nach einer Minute wähle ich wahllos eine Frau mittleren Alters in sauberer Kleidung und ordentlichem Auftreten. Die Haare zusammengesteckt und der Ausdruck neugierig hilfsbereit, eine Lehrerin vermutlich. Ich tippe sie an und sage: »Yo querer ir Zerro Azul.«

Sie stutzt und bombardiert mich mit einer Salve fremder Laute, die vermutlich der spanischen Sprache entstammen sollen.

Als sie fertig ist, wiederhole ich hoffnungsvoll mein Anliegen und rolle diesmal das R so südländisch, wie ich kann: »Yo q-u-e- rr-e-rr i-rr Zerro Azul.«

Sie legt wieder los, ich verstehe nix. Zeit für Plan B, den es nicht gibt. Ich schaue so hilflos wie ich kann und probier's mit: »English?«

Sie quasselt weiter, ich kann noch nicht mal Worte identifizieren. Soll das eine Sprache sein? Als nächstes wendet sie sich an einen vorbeikommenden, etwa sechzig Jahre alten Mann. Schickes Hemd und Stoffhose, der Schuldirektor. Die beiden unterhalten sich. Laut, mit Händen und Füßen. Das ist Lateinamerika! Ich stehe stumm daneben. Eine dritte Person wird hinzugezogen. Die beleibte Frau wirft ein paar Sätze in die Runde, bevor sie weiterschlurft. Die beiden machen eine Pause, vermutlich um zu atmen. Da kommt mir die rettende Idee! Ich zeige stolz, wie ein Schuljunge sein Zeugnis, meinen Zettel: »Zerro Azul«.

Das Gesicht des Mannes hellt sich auf. Treffer! Er weiß Bescheid und ... beginnt wieder, mir etwas zu erzählen. Geräusche, Laute, Töne und ein Redeschwall, in dem ich Buchstaben allerhöchstens noch vermuten kann. Klasse. Er bringt Zeichensprache mit ins Spiel, weist irgendwohin und spricht dazu. Hoffnungslos. Schließlich greift er meine Hand und ich kann gerade noch mein ganzes Zeug zusammenpacken.

Vor einem Bus bleiben wir stehen. Er redet mit dem Fahrer, unendlich schnell, und dann mit mir. Sehr langsam. Ich verstehe kein Wort, aber setze mich, nachdem meine Taschen und die Bretter gut verstaut sind, folgsam in den Bus. Geht doch.

Die Fahrt ist angenehm kühl. Hinter der Fensterscheibe eine dürre Gegend, staubige Hügel und endlose Ebenen. Nur die Straße liegt dazwischen. In diesem kahlen Land gibt es nichts zu entdecken, außer der hypnotisierenden Wirkung des unberührten Nichts. Ausgetrocknete Abgeschiedenheit überall und so geheimnisvoll, dass sie uns magisch anzieht. In diesem zerbeulten Blecheimer sitzt ein Haufen Pioniere zusammen. Goldgräber, Gefangene auf der Flucht oder Neugierige, die das Ende dieser Erde sehen wollen. Oder den Anfang der Zeit. Nach zwei Stunden verringert der Mann am Steuer die Geschwindigkeit. Ich frage mich, warum, während er sich an der Luke über dem Vorderreifen zu schaffen macht. Er kramt mein Gepäck hervor und bedeutet mir eine Stelle am Straßenrand. Dann hebt er die Hand zum Gruß, eilt auf seinen Platz zurück und tritt das Gaspedal durch. Eine schwarze, stinkende Rauchwolke dröhnt durch den rostigen Auspuff. Ich bleibe ausgesetzt zurück und bemerke, wie mir warm und wärmer wird.

Wo kommt diese verdammte Hitze plötzlich her?

Ich drehe mich im Kreis, werfe einen Blick in die Gegend und trinke einen Schluck aus der zerknitterten Plastikflasche in meiner Hand. Zu warm für Erfrischung, aber lebenswichtig. Die Sonne brennt und die Zeit steht einfach still. Nur Abgeschiedenheit und die staubig dürre Landschaft.

Was nun?, schwirrt es durch meinen Kopf.

Erst mal nichts!, schlage ich meinen Gedanken vor. Da Alternativen fehlen, wird der Vorschlag angenommen. Ich setze mich auf meine Reisetasche, würde mir am liebsten die ganze Wasserflasche über den Kopf gießen, aber will sicherheitshalber keinen Tropfen Flüssigkeit verschwenden.

Ich und die Wüste. Wunderbar!

Ein paar Minuten vergehen, ohne dass etwas passiert. Dann warte ich geschlagene zehn Minuten ab. Dabei stelle ich fest, dass zehn Minuten ebenso eine Stunde gewesen sein könnten. Das macht hier draußen keinen Unterschied.

Ich untersuche die Umgebung. Zehn Minuten lang. Die unendliche Weite, den Horizont dahinter und den ausgetrockneten Strauch direkt neben mir. Alles in allem: Nichts. In die andere Richtung dasselbe Bild. Allerdings stelle ich fest, dass es keinen Sand gibt. Also revidiere ich: *Ich und die Steppe. Wunderbar!*

Weitere zehn Minuten ziehen ins Land. Ich sitze am Rand und wiege die Wasserflasche in meinen Händen – halbvoll, immerhin.

Ich atme tief durch und stelle mich den nächsten zehn Minuten. Schweißtreibende Sache ohne nennenswerte Ereignisse. Noch mal zehn Minuten, die sich zu einer kleinen Ewigkeit entfalten. Ich schaue auf die Wasserflasche – halbleer, höchstens!

Es folgen zehn Minuten, die ich der Entscheidungstheorie widme: Welche Alternativen habe ich und welche wähle ich aus? Warten oder gehen? In welche Richtung? Mit oder ohne Gepäck?

Ich warte noch mal zehn Minuten ab. Ruhe bewahren, weil vielleicht noch was passiert. Tut es nicht, und damit zurück zu einer hypothetischen Entscheidung.

Natürlich gehe ich in die Richtung, aus der ich gekommen bin, weil dort, in ein paar Stunden Fußmarsch, die Welt auf mich wartet. Mit Sicherheit. Die Gepäckfrage ist schwieriger. Ein kleiner Rucksack, eine große Tasche und zwei Surfbretter. Gut zu bewältigen, aber ab einer Distanz von mehr als hundert Metern die reinste Qual. Plötzlich merke ich, dass sich ein Geräusch in meine Gedanken mischt. Ich unterbreche die Erörterung in meinem Verstand und lausche. Tatsächlich. Dann sehe ich es. In der Ferne, aber ohne Zweifel. Ein Fahrzeug röhrt auf mich zu. Ich stehe auf und starre auf den kleinen Punkt, der langsam näherkommt.

Der Bus hält direkt vor meiner Nase. Gestrandet blicke ich in zwei rettende Augen, die mir Beine machen wollen: Beeilung! Ich zwänge mein ganzes Zeug durch den schmalen Einstieg und mich hinterher. Ganz egal wohin, ich fahre mit!

Ohne weitere Fragen setze ich mich auf einen Platz und verstaue mein Zeug so gut es geht. Das meiste verstopft den Gang.

Der junge Gehilfe des Fahrers kommt auf mich zu. Ich drücke ihm meinen Zettel in die Hand: »Zerro Azul«.

Er macht eine Kopfbewegung, die man als Nicken interpretieren könnte und mir unerwartete Hoffnung beschert. Ich halte ihm einen Geldschein hin. Er gibt mir etwas zurück und setzt sich neben den Fahrer.

Nach einer Stunde halten wir in der Nähe eines kleinen Orts. Der Junge lädt mein Gepäck aus und ich springe hinterher.

»Hotel?«

Er zeigt die Straße hinunter: »Si, si«, und verschwindet hinter der zuschwingenden Tür des anrollenden Busses.

Nach zehn schwitzenden Minuten erreiche ich den Ortseingang. Vor mir liegen ein paar Straßen, Häuser aus dunklem Holz und Gebäude aus glattem Stein. Mitten im Nirgendwo, irgendwo mitten im Süden Perus. Ich betrachte die Fassade der kleinen Ortschaft und wähle die Unterkunft, die am einfachsten aussieht. Das große Holzhaus verfügt über einen Balkon, der sich über die gesamte Vorderseite ausbreitet. Ein vergammeltes Schild räumt alle Zweifel aus: Es ist ein Hotel. Die Rezeption ist besetzt, das Einchecken bedeutungslos.

Ich werfe mein Zeug ins Zimmer und mich aufs Bett. Furchtbar, diese durchgelegenen Matratzen. Also schnappe ich mir mein Board und bin bereit, den Lohn für diesen elendigen Trip einzuheimsen.

Kein Wunder, dass der Ort wie ausgestorben ist, da sich die komplette Welt am Strand vergnügt.

Die Wellen sehen gut aus, wären da nicht die dreißig lebensmüden Schwimmer im Weg. Viel schlimmer allerdings sind die zwanzig einheimischen Surfer. Alle so heiß auf die Wellen, dass für mich nicht mehr viel übrigbleibt. Sie tanzen über das Wasser und freuen sich über ein neues Gesicht. Wir verständigen uns mit Händen und Füßen und ein paar Brocken englischer Sprache. Die

Stimmung ist super, abgesehen von der Tatsache, dass ich keine Welle kriege. Oder mir keine gelassen wird.

Reihenfolge, Vorfahrtsregeln, Verhaltenskodex im Wasser scheint dieser Ort noch nie gehört zu haben. Das klassische Horrorszenario. Zu viele Surfer für zu wenige Wellen. Nach vierzig Minuten fällt einer vom Brett. Ich reagiere blitzschnell und schnappe mir den Rest. Die Welle übermannt mich mit längst vergessener Leidenschaft, Geschwindigkeit und Energie. Ein paar schöne Turns, und schnell kehrt das Gefühl zurück, das mich kreuz und quer über den Planeten treibt. Mehr davon!

Nach einer qualvollen Stunde ohne eine zweite Welle wächst meine Frustration wie das Ozonloch über dem Südpazifik. Also gut. Ich paddele an allen anderen vorbei, um mich ganz am Anfang der Welle zu positionieren. Selbstbewusst nehme ich mir die Vorfahrt, wenn sie mir schon nicht gewährt werden soll. Ich setze mich direkt vor den großen Felsen, an dem die Welle bricht. Jetzt kann's losgehen! Dann paddeln zwei Jungs an mir vorbei, klettern den Brocken hinauf und springen von dort in die herannahende Welle hinein. Wieder nichts und tiefer kann ich mich nicht setzen. Ich werfe das Handtuch und paddele an das Ende der Welle, wo ich ein paar mickrige Ausläufer ergattern kann. Peru ein Geheimtipp? Von wegen!

Ich erkunde den Ort. Das ist in fünf Minuten erledigt. Dann esse ich in dem kleinen Restaurant, in dem Bilder auf der Speisekarte zu finden sind, wodurch ich mir die Sucherei im Wörterbuch spare. Huhn, Reis und Gemüse – Nahrung für den Mann aus der Wüste.

Abends kommen drei Jungs aus dem Wasser bei meinem Zimmer vorbei. Sie heißen Pablo, Miguel und Sol, was Sonne bedeutet. Ich kaufe ein paar Dosen Bier, und wir setzen uns zusammen auf die Straße, um zu quatschen. Sie sprechen ein paar Brocken Englisch, sodass wir, inspiriert von dem Bier und der lustigen Runde,

Konversation bewerkstelligen. Das Beste daran ist, dass, wann immer wir an den Punkt gelangen, an dem keiner den anderen mehr versteht, wir einfach einen Schluck aus der Aluminiumdose nehmen – »Salud!« –, und einen neuen Versuch mit einem anderen Thema starten.

Dann krame ich Zettel und Stift hervor, um visuelle Unterstützung zu ermöglichen. Das ist zwar wenig hilfreich, aber dafür extrem komisch. Van Gogh, Dali, Picasso und Hundertwasser beim Klassentreffen in Peru.

Die dritte Runde Bier beginne ich mit meinen Irrwegen. »Yo querer ir Zerro Azul.«

»Hm? Que? What?«, wundern sich die drei.

»Y-o Q-u-e-r-e-r I-r Z-e-r-r-o Azul«, wiederhole ich zum Mitschreiben.

»What you want to say?«, fragt Sol.

»I want to go to Zerro Azul – how do you say that in spanish?«

Pablo verschluckt sich, hustet und Miguel kichert sich kaputt.

»Jo kjäro ir a ßero Aßuhl«, antwortet Pablo.

Na, immerhin: Zwei Buchstaben (ir) waren korrekt. »Say that again please!«, sage ich.

»Jo kjäro ir a ßero Aßuhl.«

»Jo k-ä-r-o ir a Sero Aßul?«, wiederhole ich.

»Bueno, good!«, lacht Sol.

Das war's. Mein erster spanischer Satz. »Prost!«

»Salud!«

Miguel läuft über die Straße, verschwindet um die Ecke und kommt mit einem kleinen Buch zurück. »With this I learn English sometimes, I got from tourist. You can have.«

»My English is okay. Spanish is the problem!«, entgegne ich.

»Yes man, look!«

Wahnsinn! Ein Lehrbuch, *Spanisch für Anfänger* in englischer Sprache. Meine Rettung in zwanzig aufeinanderfolgenden Kapiteln. Ich wiege die zerfledderten Seiten in meinen Händen wie die goldene Bibel und hole auf der Stelle eine weitere Runde Bier. Das muss gefeiert werden! Wir stoßen an, und die Jungs haben einen Riesenspaß dabei, mir mit der Aussprache auf die Füße zu helfen. *Paso a paso*, Schritt für Schritt, und mit jedem Schluck ein bisschen besser.

Irgendwann in der Nacht sind wir voll, mein Hirn leer und mein Spanisch nahezu perfekt.

Morgens quäle ich mich mit toten Tieren im Mund aus dem Bett und ins Wasser. Ich surfe eine knappe Stunde, bevor es voll wird und damit das Vergnügen für mich ein Ende hat. Ich gehe frühstücken und stürze mich auf das Buch. Sobald ich ein paar neue Sätze gelernt habe, suche ich nach Opfern, um diese auszuprobieren. Ich ernte verständnislose Blicke, vergnügliches Lachen und manchmal sogar Antworten (die ich nicht verstehe).

Der zweite Surf beginnt erfolgversprechend. Ich paddele ins Line Up und sehe Pablo und Miguel. Wie das Normalste der Welt rufe ich: »Hola, que tal? – Hallo, wie geht's?«

»Hola Andi, muy bien, pero tenemos una resaca!«

Ohne zu verstehen, was das bedeutet, betrachte ich unsere Begrüßung als gelungen.

Obwohl ich jetzt ein paar Jungs kenne (und ein Vermögen in Bier investiert habe), ändert sich die Situation im Wasser nicht. Die Stimmung ist ausgelassen, aber Wellen bekomme ich etwa drei pro Stunde. Zu wenig!

Am dritten Abend kommen die Jungs vorbei. Ich habe keine Kohle mehr für Bier, aber wir hängen trotzdem zusammen ab. In Gedanken beschäftige ich mich längst mit meiner Abreise.

»Do you know Chicama?«, frage ich.

»Si, claro«, antwortet Miguel.

»La ola mas larga en el mundo!«, ruft Sol.

Die längste Welle der Welt. Er berichtet, was ich gelesen habe, bestätigt das Unglaubliche. Endlose Wellen, die so lange laufen, dass man am besten mit einem Taxi zurück zum Anfang fährt. Perfekte Wasserwände, voller Speed und Tubes, die ein Leuchten über seine Augen huschen lassen.

»Have you been there? Have you seen it? Did you surf it?«

»No, too far. It is in the north.«

»We never go further than Lima.«

Die weiteste Reise, welche die Jungs je unternommen haben, beläuft sich auf dreihundert Kilometer nach Norden, in die Hauptstadt! Und das in einem Land voller Geschichten über die schönsten Orte und fantastischsten Wellen.

Vor mir klebt ein verdreckter Kaugummi am Boden. Ich sehe die Straße entlang. Ein kleiner brauner Köter läuft um die Ecke und schnüffelt an einer Mülltonne herum. Ich knibbele an meinen Fingern, weil lähmende Ungerechtigkeit in der Luft hängt. Es ist beklemmend, was den drei Jungs per se verwehrt ist und mir vor die Füße geworfen wird. Wir hocken hier zusammen, in ihrem Land, aber leben auf einem unterschiedlichen Planeten. Pablo befreit mich aus der Trägheit dieses Augenblicks.

»You go?«

»Well, I think, I like to«, antworte ich.

»Oh Andi, yes man, you have to go, you will love it!«

»It is perfect and no people! You surf three kilometers, and more ...«

»It is the longest wave in the world!«, ruft Sol.

Ich atme durch. Das gibt's doch gar nicht! Oder doch?

»When you leave?«, fragt Miguel.

»Mmh, well, I don't know, maybe tomorrow.«

»Oh no! Why you no stay longer? Here, with us!«, protestiert Pablo.

»Hey Pablo, I don't catch many waves here, it frustrates me.«

»You must surf Pepino than!«

»What is that?«

»It is un secreto!«, sagt er mit einem Augenzwinkern.

198

Sol holt mich um halb sechs ab. Ob die Sonne jemals aufgehen wird, ist noch ungewiss, aber wir laufen mit den Brettern unterm Arm zur Bushaltestelle, fahren durch ein paar kleine Ortschaften und steigen irgendwann an einer Weggabelung aus. Zwanzig Minuten später sitzen wir im nächsten Bus, den wir nach einer knappen Stunde am Rand eines großen Maisfeldes verlassen. Von dort gehen wir ein paar Minuten über einen Schotterweg, bis uns ein Truck aufliest und etwa zehn Kilometer weiterbringt. Wir springen von der Ladefläche, nehmen die Boards und wandern einen holprigen Trampelpfad entlang. Es beginnt, nach Meer zu riechen. Wir krakseln vorbei an Sträuchern und Bäumen und durchs Gebüsch. Das ist es, *The Search*, der Traum eines jeden Surfers: Die Suche nach der perfekten Welle am Ende der Welt.

Wir finden eine alte Hütte, laufen weiter, kommen zu einem vergammelten Hof mit ein paar Hühnern davor. Es ist keine Menschenseele zu sehen. Sol lässt ihn links liegen und wir stolpern über einen kleinen, verlassenen Friedhof. Vorbei an verrotteten Gräbern und etwa zwanzig gammeligen Kreuzen, die aus alten Holzbrettern zusammengenagelt worden sind. Alles verwahrlost und von Unkraut zerfressen. Ist das der Weg zum Glück? Werden wir eine Welle finden oder weiß mein Führer selbst nicht mehr, wo wir stecken? Sol treibt unaufhaltsam voran, ich klebe an seinen Fersen. Langsam steigt die Sonne auf, scheint durch das Gestrüpp und zu uns herab. Wir sind fast drei Stunden unterwegs, als wir endlich die Klippe erreichen. Es geht fünfzig Meter steil bergab. Dahinter breitet sich der Pazifische Ozean aus. Die Wellen sehen gewaltig aus, wild und wütend, das Meer faucht zu uns hinauf.

Sol sucht nach einer Stelle, wo wir hinunterklettern können. An einer Furche hangeln wir uns die abschüssige Felswand hinab. Das Brett unter dem einen Arm und haltsuchend mit dem anderen. Das widerspenstige Gestrüpp steht mir im Weg, aber bietet letzte Sicherheit, falls ich abrutsche. Ich greife nach Wurzeln und hervor ragenden Steinen. Meter für Meter kommen wir voran,

Sol leichtfüßig, ich nervös. Eigentlich habe ich Höhenangst. Nein, nicht eigentlich!

Mir fällt auf, dass wir seit fast einer Stunde kein Wort mehr gewechselt haben. Sol läuft auf Autopilot, ich hinterher. Endlich unten angekommen, wandern wir weiter Richtung Süden. Wo will er hin?

Nach zwanzig Minuten macht die Küste einen Knick. Sol dreht sich um und blickt mich an. Wir sind da!

Die Küste ragt etwa hundert Meter in den aufgepeitschten Pazifik hinein und zieht die Wellen magisch an. An der Spitze brechen sie und laufen das Ufer entlang zum Strand. Wahnsinn. Gewaltig! Sol grinst, mir schlottern die Knie. Wir machen uns fertig und paddeln in einem großen Bogen um die Wellen herum, um uns vorne an der Landzunge zu positionieren. Kaum sind wir dort, donnert das erste Set heran. Sol zögert keine Sekunde und stürzt sich in die drei Meter große Wasserwand. Und ist weg. Ich blicke der Welle hinterher. Dann höre ich einen Schrei – Jubel! Spannung weicht aus meinen Schultern. Ich bemerke, dass ich lache. Sol kommt wieder nach draußen gepaddelt. Er grinst über beide Ohren.

Als er neben mir sitzt, jauchzt er los: »Pepino, que riiiiicooooh!«

Kurz darauf baut sich die nächste Setwelle auf. Ich paddele los und tanke mich mit den kräftigsten Zügen in die gewaltige Welle. Ich springe auf, schieße sie hinab und schaffe es, der Wasserwand zu entkommen. Als ich über den Kamm fahre, brülle ich mir alle Anspannung vom Leib.

Ich hyperventiliere und paddele zu Sol nach draußen, um die überschwängliche Freude, die in mir kocht, irgendwo loszuwerden. Wir labern, lachen, jauchzen – sind völlig stoked! Überglücklich, euphorisch, durchgeknallt. Sol surft eine Welle nach der anderen und zelebriert waghalsige Manöver. Ich bin mächtig stolz, den einen oder anderen Wasserberg zu ergattern und unversehrt entlangzuheizen.

Nach einer knappen Stunde zu zweit bekommen wir Gesellschaft. Ein Schwarm Delfine naht heran und schwimmt um uns herum. Sie spielen in den Fluten, springen aus dem Wasser oder tauchen durch die Wellen. Große Tiere voller Kraft. Da ich schon lange nicht mehr auf dieser Erde bin, kann ich nur tun, was ich tun muss. Die nächste Welle naht und ich bringe mein Brett in Position. Als ich auf die Füße komme, sehe ich, dass ich mir diesen Ritt mit einem Delfin teilen werde. Wir surfen zusammen, wie Brüder im Geiste, nebeneinander bis nach vorne zum Strand. Am liebsten würde ich ihn umarmen, küssen oder streicheln, aber er hat sich schon wieder auf den Weg nach draußen begeben, um dort weiterzumachen, wo das Glück wartet.

Während wir unser Zeug zusammenpacken um den Heimweg anzutreten, bin ich immer noch überwältigt. Die unvergesslichen Bilder brennen in meinem Hinterkopf und lassen meiner Laune freien Lauf.

Wir brechen auf, weil Sol es eilig hat. Die Küste entlang, die Klippe hinauf, über die Trampelpfade, bis wir nach einer zähen Stunde den Weg durch die Felder finden.

Das Adrenalin hat meinen Körper mittlerweile verlassen und einer unendlichen Erschöpfung Platz gemacht. Mit gesenktem Haupt schleppe ich mich hinter Sol her. Wir halten kurz, um unser letztes Wasser zu teilen. Jetzt müssen wir den Weg, den uns der Truck auf dem Hinweg abgenommen hat, zu Fuß über uns ergehen lassen. Drei Stunden Hinweg, zweieinhalb Stunden Surf und eine verdammt anstrengende Stunde bis hierhin. Es folgt der endlose Weg zurück zur Hauptstraße. Ich versuche mich daran zu erinnern, wie weit uns der Truck gefahren hat. Eine schwache Erinnerung verheißt nichts Gutes: Weit. Sehr weit!

Wir schlurfen los. Still und stumm. *Paso a paso.* Schritt für Schritt, von denen jeder einzelne jetzt wehtut, aber uns nur wenige Zentimeter weiterbringt. Ich versuche auszurechnen, wie viel

Schritte man braucht, um zehn Kilometer zu gehen. Fünfzig Zentimeter pro Schritt mal zwei ergeben einen Meter, mal tausend macht einen Kilometer. Mal zehn? Macht zwanzigtausend.

Zwanzigtausendmal den Fuß aufsetzen. Ist das viel? Ich beginne, meine Schritte zu zählen, und damit hätte ich lieber gar nicht erst anfangen sollen, denn selbst sehr viele Schritte, sind NICHTS im Verhältnis zu zweihunderttausend.

Meine Begeisterung für *The Search* habe ich irgendwo auf den ersten Kilometern dieser schrecklichen Tortur verloren. Dafür übernimmt meine bedauernswerte Verfassung das Sprachrohr in meinem Hirn und verteufelt diesen bekloppten Spruch von dem Weg, der das Ziel sein soll. Was für eine blöde Scheiße! Mein Körper schreit nach Wasser und mein Kopf ist matschig wie Brei. Der Lappen in meiner Fresse klebt an meinem Gaumen und meine Lippen sind spröde wie Schmirgelpapier. Es gibt keine Alternative, nur weiter. Mir tut alles weh, vor allem die Kniekehlen und die Sohlen. Ein stechender Schmerz im linken Knie und ein entzündetes Brennen, wie von einer aufgeplatzten Blase, unter meinem rechten Fuß. Ich will nach Hause, brauche Schatten – und humpele weiter. Keine Gnade, nur Geheule in meinem Hirn. Jeder Schritt ist so furchtbar wenig, dass ich meine Rechnung in die Hölle verfluche. Derweil rattern die Gebetsmühlen in meinen Schädel. Stumm, monoton, verzweifelt und kontinuierlich:

Nie wieder! Nie wieder! Nie wieder!

Gegen achtzehn Uhr komme ich in meinem Hotel an. Einmal Surfen macht zwölf Stunden. Trotzdem, endlich zurück, melden sich die Glückshormone. Jede schmerzhafte Erschöpfung wird am Ende zu wohliger Genugtuung, Großes vollbracht zu haben. Ein super Tag! Ich habe kaum genug Energie, um mich bei Sol zu bedanken. Er grinst schwach und latscht nach Hause. Nach einem schwerfälligen Abstecher ins Restaurant – ich kann die Gabel kaum halten –, werfe ich mich um sieben Uhr in mein weiches, kuscheliges Bett. Ich denke an meinen Delfin, sende ihm liebe Grüße durch das Universum zu und falle in einen tiefen, traumlosen Schlaf.

Der moderne Reisebus der Linie Sol y Mar donnert die Pan Americana entlang nach Norden. Lima liegt bereits seit Stunden hinter mir. Draußen rauscht Südamerika vorbei.

Mir fehlen die Jungs. Pablo, Miguel und vor allem Sol. Immer wieder fährt mir die wunderbare Mission, unser Abenteuer, durch den Kopf. Nichts für jeden Tag, aber der beste Surftrip, den ich je erlebt habe. Ein perfekter Tag und die Erkenntnis, dass all die Mühen, all die Unannehmlichkeiten und schmerzenden Füße nichts in meiner Erinnerung zu suchen haben. Und so lang war der Weg nun auch wieder nicht: Drei Stunden hin und sechs zurück. Eigentlich verhält es sich sogar noch anders. Ich erinnere mich an den Horrorweg ganz genau, aber er hat sich in etwas Schönes verwandelt. Das klingt verrückt, aber erklärt die Faszination Reisen. Denn unterwegs ist alles gut oder wird alles gut. Entweder man erlebt unbeschreiblich schöne Dinge, wie Sonnenaufgänge, Surfen und Wasserfälle. Oder man hat eine unsagbar harte Zeit. Man geht durch eine entsetzliche Tortur, die sich später in eine tolle Geschichte verwandelt. Etwas, das bis ans Ende aller Tage Bestand hat, ein kleines Abenteuer zum liebhaben oder eine krasse Story, von der man berichten kann. Erlebnisse, die stolz machen und das Leben irgendwie lebenswert. Wie ein Guthaben auf dem Daseinskonto. Vergessen ist die Qual. Was bleibt, sind gute Erinnerungen – und da steht *el secreto* Pepino ganz weit oben auf meiner Liste!

Ich werfe einen Blick auf den stummen Fernseher mit dem lahmen Hollywood-Blockbuster. Nicolas Cage schaut wie immer melancholisch in die Kamera. Ich stelle meinen Reisewecker, gegen halb vier muss ich in einem Ort namens Paijan aussteigen. Ich stecke den Wecker in die linke Hosentasche und fläze mich in den Sitz, um ein wenig zu schlafen.

Als es piepst, werde ich wach. Ich versuche herauszufinden, wo ich bin. Auf der anderen Seite des Fensters ist alles schwarz. Der Motor katapultiert den Bus weiter über die vierspurige Straße den Kontinent entlang. Schlaftrunken wanke ich durch die dunklen Reihen zum Fahrer vor. Ich zücke meinen Zettel und er nickt. Eine halbe Stunde später fährt er rechts ran.

Wir laden mein Zeug aus und schon ist der Bus in der Nacht verschwunden. Ich hänge die Taschen über die Schulter und blicke ratlos durch einen kleinen Ort, der tief und fest zu schlafen scheint.

Trotzdem gammeln ein paar Typen etwa fünfzig Meter von mir entfernt unter einem kleinen Holzdach herum. Ich gehe auf sie zu. Ein kleiner Peruaner erhebt sich, schmeißt seine Motorradrikscha an und fährt in meine Richtung. Er hält neben mir an und sagt etwas. Ich verstehe nur ein Wort: »... Chicama ...«

»Si, si!«, antworte ich.

Wir verstauen mein Zeug auf der Rückbank. Ich quetsche mich dazwischen und wir tuckern den Ort entlang. Dann biegt der Fahrer links ab.

Wir rollen auf eine endlos lange Landstraße, die nach irgendwo im Nirgendwo zu führen scheint. Er zieht am Gashebel. Das Gefährt ächzt unter dem Gewicht der Ladung und stottert den Schotterweg entlang. Die neu gewonnene Weite offenbart das Gesicht dieser schlafenden Nacht. Der fast volle Mond leuchtet auf uns herab. Er spricht eine selbstbewusste Stille und taucht die Landschaft in eine weich schimmernde Finsternis. Der Orion ruht am Firmament und ein paar düstere Schatten schneiden klare Umrisse in die Gegenwart. Der Motor rattert vorbei an seelenlosen Feldern, geisterhaften Bäumen und gespenstigen Sträuchern. Alles sieht aus wie im Traum. Hügel erheben sich geheimnisvoll am Horizont, umgeben das mystische Licht, das wie geschaffen ist für eine einsame Mission wie diese. Nur die Maschine brettert weiter und brüllt in die Ferne hinaus, ohne Rücksicht auf Verluste, ohne

Achtung vor dieser einzigartigen Nacht. Meine Spannung wächst ins Unermessliche. Vor uns liegt das Meer und irgendwo dort wartet der Traum von der längsten Welle der Welt auf mich.

Gegen fünf Uhr fahren wir durch eine Ansammlung von Baracken und Behausungen, die in ein kleines, verkommenes Fischerdorf münden. Alles sieht verlassen aus. Bretterbuden und verwahrloste Steingebäude säumen die Straße. Dann sehe ich das Meer und im Mondschein die ersten Wellen. Sie wandern gelassen die Küste entlang. Immer den endlosen Strand hinunter. Eine nach der anderen.

»La ola!«, verheißt der Fahrer.

»Hotel, Hotel!«, rufe ich.

Wir halten vor einem zweistöckigen Gebäude mit der Aufschrift »Sony Hotel«. Der Fahrer klingelt und ruft nach einem Mann. Hinter mir öffnet sich eine Tür. Ein kleiner Peruaner mit Schnauzbart erscheint im Schlafanzug, trotz Störung der Nachtruhe erfreut über Kundschaft. Er reibt sich die Augen und stellt sich vor. Sein Name ist Carlos. Er zeigt mir ein Zimmer im ersten Stock. Nein, kein Zimmer, eine Zelle. Die Tür lässt sich nicht ganz öffnen, da sie an den Bettrahmen stößt. Vier kahle Wände, keine Fenster. Ich schätze das Loch auf drei Quadratmeter und bin einverstanden. Carlos gähnt und schlurft die Stufen hinunter. Sofort werfe ich meine Tasche aufs Bett und beginne damit, mein Brett auszupacken. Dann warte ich mit größter Ungeduld auf das erste Tageslicht.

Gegen halb sieben lässt die Dämmerung erkennen, was vor mir liegt. Die Welle, die kontinuierlich am Strand vorbeiläuft, beginnt irgendwo am anderen Ende des endlosen Küstenabschnitts ... und läuft und läuft und läuft. Also renne ich den Strand entlang. Nach zwanzig Minuten paddele ich aufs Meer hinaus, ohne sicher zu sein, ob das jetzt der Startpunkt ist, oder nicht. Die Wellen sind nur mäßig groß. Brusthoch vielleicht. Aber die Wasseroberfläche ist so glatt, so perfekt, dass ich noch nicht sicher zwischen Traum oder Realität unterscheiden kann. Dann kommt ein kleines Set. Eine freundliche Welle begrüßt mich. Ich paddele los ... und surfe und surfe und surfe. Die Welle kennt kein Ende. Als ich falle, bin ich über hundert Meter vom Ausgangspunkt entfernt. Das gibt's doch gar nicht! Ich bin über hundert Meter vom Ausgangspunkt entfernt. Unfassbar. Das entspricht der Größe eines Fußballfelds.

Ich paddele zurück, was lange dauert. Am Startpunkt angelangt, dehne und strecke ich meine verspannten Muskeln und warte auf das nächste Set. Dann ist es so weit – die Welle ist kopfhoch. Ich bringe mich in Position, erwische sie und fahre die Wasserwand entlang. Jetzt sehe ich, wie sie sich aufbaut und das Ufer entlangschält. Ich steuere mein Brett durch die Welle und beginne zu genießen. Ich fahre nach oben, wieder nach unten, versuche mehr Geschwindigkeit aufzunehmen und wieder abzubremsen. Meine Beine werden müde, aber ich darf dieses Geschenk Gottes nicht verlieren. Niemals. Ich laufe über das Wasser. Immer weiter! Nach einer endlosen Ewigkeit bricht die Welle vor mir zusammen und beendet den Ritt. Jetzt kommt die geballte Ladung Freude hoch. Und die Frage, ob ich vor Begeisterung lachen oder vor Glück weinen soll. Gänsehaut fährt durch meinen Körper, meine Schläfen kribbeln komisch und alle möglichen Emotionen schlagen Purzelbäume in meinem Kopf. Ich stehe kurz davor, alles, was sich je in mir aufgestaut hat, mit einem Schwung herauszulassen. Jeder Meter auf dieser Welle kitzelt und staut gutes Gefühl auf, um es dann freizulassen. Die Lust auf Leben. Ich kreische, lache und gebe euphorische Laute von mir.

Das gibt's doch gar nicht.

Dann kommt das Verlangen. Ich will mehr. Mit rasendem Herzen paddele ich zurück zum Strand, laufe durch den Sand zurück. Fast einen Kilometer. Ich bin völlig außer Atem, als ich den Anfangspunkt erreiche und mich wieder zu den Wellen aufmache. Das gibt's doch gar nicht!

Mit meinem Brett unter dem Arm schlendere ich zurück zum Hotel. Ich höre mich ein Lied pfeifen und muss immer wieder grundlos lachen, vergnügt wie ein Eskimo im Daumenkino.

Die Sonne steht mittlerweile ein wenig höher und wärmt meine tropfende Haut. Es sieht nach zehn Uhr aus. Kein Surfer weit und breit. Das gibt's doch gar nicht!

Auf den staubigen Straßen beginnt ein verschlafenes Treiben. Zwei Fischer werkeln an ihrem Boot und eine beleibte Frau bestückt einen Stand mit Schüsseln und Kisten, die mit Handtüchern zugedeckt sind. Ich bin erschlagen, müde und hüpfe langsam die Treppen hinauf in meine Zelle. Mit trockenen Sachen latsche ich zu der kleinen Bretterbude am Strand mit dem Schild, auf dem »Restaurante« steht, davor. Ich bin der einzige Gast, bestelle und schlage mir den Bauch mit Rührei, Toastbrot und Käse voll. Dazu trinke ich Kaffee und frisch gepressten Bananensaft. Nicht eine Sekunde kann ich den Blick vom Meer abwenden. Etwas flüstert mir ins Ohr. Oder murmele ich vor mich hin?

Das gibt's doch gar nicht! Das gibt's doch gar nicht! Das kann doch einfach nicht wahr sein!

Ohne Unterlass laufen endlos lange Wellen vor meiner Nase entlang. Wie eine Maschine. Ein Bild für die Götter. Ein Bild für die Ewigkeit. Ein Bild, das mir keiner glauben wird und das ich niemals vergessen darf.

Carlos sieht das Glück in meinen Augen. Er weiß, dass die Wellen in den kommenden Wochen perfekt sein werden, jeden Tag, und schlägt mir vor, für vierzehn Nächte im Voraus zu bezahlen. Zehn Sol die Nacht. Das mit den Wellen ist natürlich Musik in meinen Ohren, aber ich weiß, dass er das nicht wissen kann. Nicht der erste Hotelmanager, der gerne flunkert. Und ich brauche Flexibilität, denn man kann nie vorhersehen, was passiert. Außerdem ist die Hotelsituation unter aller Sau. Mein Zimmer ist ein winziges Loch, dreckig, verfault, einfach viel zu klein und ohne Fenster nicht gerade romantisch. Die Matratze ist völlig durchgelegen, und leider habe ich einen fundamentalen Fehler begangen. Etwas, dass man tunlichst vermeiden sollte. Etwas, dass man einfach nicht macht, im eigenen Interesse und im Interesse meiner Nackenhaare: Das Laken war verrutscht, und ich konnte der verrückten Versuchung einfach nicht widerstehen. Die unverbesserliche Neugierde offenbarte, worauf ich mich bette. Ein typischer Anblick auf meinen Reisen in die günstigeren Unterkünfte der Dritten Welt. Aber ein Anblick, den man sich gut und gerne ersparen möchte. Lieber die Augen schließen als Öl in das Gedankenfeuer zu kippen.

Unter dem Laken lauert ein fleckiger Teppich, ein Hort für Schimmel, Flöhe und Mikroben. Einer, der sich sehen lassen kann! Nicht nur Seen kippen irgendwann um. Ich versuche mir einzureden, dass das dünne Tuch in der Lage ist, unsere Lebensräume voneinander zu trennen. Aber ohne Frischluftzufuhr? Hier auf engstem Raum herrscht die beklemmende Vorstellung, dass ich auch die Luft zum Atmen mit den ganzen Mikroorganismen teilen muss. Bloß schnell das verdammte Laken wieder drauf!

Die Duschen und Toiletten befinden sich auf dem Gang. Das ist okay. Es gibt kein fließendes Wasser. Dafür steht eine große Tonne bereit, aus der man schöpfen kann. Das ist gewöhnungsbedürftig. Besonders, wenn die Wassertonne leer ist und die stinkenden Schüsseln voll. Das ist ekelerregend!

Carlos schickt mich surfen. Er hat mich durchschaut und weiß, was nötig ist, was ich brauche, damit ich meine Familie verrate, oder eben in seiner Absteige bleibe. Noch ein paar gute Wellen und die Welt sieht wieder anders aus. Derweil bereitet er ein größeres Zimmer für mich vor, in das ich einziehen kann, wenn ich zurückkomme.

Im Wasser gesellt sich irgendwann *ein* Local dazu. Ich freue mich über Gesellschaft. Er heißt Alfredo und mag zuerst gar nicht glauben, dass ich im Sony Hotel wohne. Das ist für wirklich arme Peruaner. Gefällt mir. Denn das klingt authentisch und außerdem bin ich auf einer Low-Budget-Mission, die meinen Ehrgeiz geweckt hat.

Als ich zwei Stunden später zurücktrödele, bin ich gespannt, aber nicht sonderlich erwartungsvoll. Carlos wirkt sichtlich stolz auf sein Werk, als er mit der Vorführung beginnt. Das Zimmer liegt im oberen Stock, schräg gegenüber von meinem Loch. Es ist hell und geräumig und überzeugt auf der Stelle. Die Matratze ist hart und mit trockenem Stroh ausgestopft, was einen hygienischen Eindruck vermittelt. Zu allem Überfluss stehen zwei Stühle in der Ecke. Einer als Ablage und einer zum Sitzen. Perfekt. Aus dem Fenster kann ich das Meer und die kleine Straße beobachten. Die Tonne ist randvoll mit Wasser gefüllt, sodass ich sogar Duschen kann. Die Toilettenschüsseln glänzen haufenfrei. Ich handele den Preis auf fünf Sol (2,60 D-Mark) die Nacht herunter und bezahle für eine Woche. Carlos nickt zufrieden, was mich darauf schließen lässt, dass er nicht allzu viele weitere Besucher erwartet.

Ich bleibe der einzige Gast, habe die Etage, eigentlich das ganze Haus für mich und bewohne das Hotel alleine. Zunächst.

Das Restaurant am Strand wird mein Stammlokal. Es heißt La Cabaña. Morgens, mittags und abends bin ich da, weil es unschlagbar günstig ist, und ich mich so gut aufgehoben fühle. Die süße, kleine Oma von dem Laden hat sich gleich am ersten Tag zu mir gesetzt. Natürlich um mich auszuhorchen. Für mich die beste Gelegenheit, ein paar spanische Sätze auszuprobieren. Mit ihren Antworten habe ich Schwierigkeiten. Ihren weisen Rat aber verstehe ich sofort: »Alwäs looki looki!«

Also Vorsicht und Augen auf, da auch in Chicama der ein oder andere hinterhältige Bastard herumläuft.

Am liebsten mag ich die Kinder. Ständig lümmelt ein Haufen von ihnen um mich herum. Wir spaßen so lange und ohne die geringsten Sprachbarrieren herum, bis mir die freundliche Bedienung Morena die Kids vom Hals schafft, damit ich essen kann.

Mario ist ihr Sohn, vorlaut, frech und immer neugierig. Er ist sechs Jahre alt. Der Chef der Kinderbande. Wir verstehen uns wie Brüder aus verschiedenen Universen und erklären uns die Welt. Er tanzt um mich herum, hilft mir mit dem Spanisch, begutachtet meinen Walkman und macht sich schnell mit der fremden Technik vertraut.

Morena kümmert sich um die Küche. Sie ist eine hübsche, junge Frau Ende zwanzig und umsorgt mich liebevoll mit allem, was die Karte herzugeben vermag. Die reinsten Köstlichkeiten. Immer wieder Fisch, Reis und Salat. Herrlich. Die Gurken und Tomaten sind geschält, die Getränke ohne Eis und alles gut gekocht, sodass ich einigermaßen sicher schlemmen kann. Peru hat nämlich noch einen anderen Ruf. Nicht nur endlose Wellen, sondern auch endlose Sitzungen – auf dem Pott. Neben meiner Hautfarbe stoßen meine Haare auf größte Bewunderung. Ständig untersuchen die Kinder meine Arme mit den blonden Härchen darauf. Meine lange, wasserstoffblonde Mähne auf dem Kopf bekommt Legendenstatus: *El pelo oro* – das goldene Haar.

Ich bin noch nicht ganz wach, als ich am fünften Tag kurz vor Sonnenaufgang aus meinem Zimmer trete. Mit müden Augen trödele ich die paar Schritte zu den Toiletten und falle fast nach hinten um. Etwas Großes hat sich im Gang vor mir aufgebaut. Ich kriege einen Herzinfarkt.

Was zur Hölle ist das denn? Vor mir steht das seltsamste Etwas, das ich je gesehen habe. Und ES ist riesengroß. Auf dem nach vorne gebogenen Kreuz lungert ein gewaltiger Buckel. Ansonsten ist die deformierte Erscheinung NACKT! Ein behaarter Fleischklops, Meatloaf oder Frankenstein, nein: der Glöckner von Notre Dame!

Er ist halb eingeseift, macht grunzende Geräusche dazu und schüttet sich Wasser aus der Tonne über den Kopf. Mitten im Flur! Vermutlich, weil er oder es nicht in die Duschkabine passt.

Ich bleibe einen Moment länger stehen, als mir lieb ist. Er bemerkt mich und ist ebenso überrascht mich zu sehen, wie ich ihn. Aber nicht halb so erschrocken. Ich haste zurück in mein Zimmer.

Wäähh! Ekelhaft. Das kann der doch nicht machen. Am frühen Morgen!

Ich lausche den Geräuschen auf dem Gang und höre wenig später, wie sich eine Türe schließt. Der Weg zur Toilette scheint frei. Ich husche hinüber, laufe zurück zu meinem Zimmer, hole mein Brett und stehle mich schleunigst aus dem Hotel, um mir den haarigen Anblick abzuwaschen und den Schreck aus den Knochen zu surfen.

Am nächsten Morgen öffne ich müde, aber diesmal auf alles vorbereitet, einen Spalt weit meine Tür. Ich linse hinaus und muss leider noch mit ansehen, wie der breite, haarige Arsch direkt vor meiner Tür in dem Zimmer gegenüber verschwindet. Natürlich nackt.

Uuuwääh!

Wir laufen uns einmal am Tag über den Weg, also angezogen, aber unterhalten uns nicht. Ich nicke nur, weil ich immer noch sauer, nein, angeekelt bin. Andere Länder, andere Sitten. Aber manche Sitten sind einfach zu viel für mich.

Nach zwei Tagen habe ich das Hotel wieder für mich. Trotzdem, jeden Morgen, bevor ich auf den Flur trete, öffne ich die Tür nur einen kleinen Spalt. Dann blicke ich um die Ecke, um zu prüfen, ob die Luft rein ist. Man kann nie wissen.

So in etwa jeden Tag kommt Carlos vorbei. Er hat gehört, dass die Wellen absolut großartig werden in den kommenden Tagen. Deshalb ist es besser, wenn ich weitere Wochen im Voraus bezahle. Dann ist es vorbei mit den Wellen. Kaum hüfthoch muss ich gezwungenermaßen zwei Tage pausieren. Tage, an denen Alternativbeschäftigungen relevant werden, weil das erfüllte Leben auf einmal leerer wird. Also gehe ich mit den Kindern ins Wasser. Ich lege sie aufs Brett und schiebe sie in die Miniwellen. Sie lachen und kreischen dabei. Nur Mario will nicht. Der Chef der Bande druckst herum, weil er Angst vor dem Meer hat. Wer hätte das gedacht! Ich necke ihn damit und irgendwann wagt er sich ein paar Schritte mit mir hinaus. Er saust eine kleine Welle im Liegen vor zum Strand. Bis in den Sand. Ich bin total begeistert. Damit habe ich ihn infiziert mit dem Surfvirus, dem heiligen Sport, dem größten Spaß auf Erden, und ihn auf den Weg ins Glück gebracht. Er springt eilig auf und flitzt zum Restaurant zurück. Naja, nicht jeder muss ein Surfer werden.

Am ersten Tag mit neuem Swell, etwa schulterhoch, surfe ich bis zum letzten Fitzel Licht. Um mir die Lauferei zu ersparen, reite ich an der schwarzen Wand den Strand entlang. Das öffentliche Verkehrsmittel in Chicama, mit der letzten Welle nach Hause. Im Hotel hüpfe ich unter die Dusche, naja, unter die Kelle, ziehe mich an und stapfe durch den weichen Sand zu meinem Restaurant am Strand.

Zur Abwechslung bin ich mal nicht alleine hier. Die Plastik-tische sind wie immer leer. Bis auf einen, denn in einer Ecke sit-zen zwei Männer zusammen und trinken Bier dabei. Sie haben schwarze Haare, dunkle Haut und verdreckte Lumpen an. Fischer, vermute ich. Sie sehen alt aus, obwohl sie jung sind. Vielleicht ein paar Jahre älter als ich. Allerdings hat ihre Haut noch nie einen Tropfen Feuchtigkeitscreme gesehen. Dafür eine Menge Sonne, das raue Leben und harte Arbeit. Sie blicken gelangweilt vor sich hin, aber der Alkohol beginnt bereits, in ihren Köpfen und hinter den geschwollenen Augen zu wüten.

Ich nicke zu ihnen herüber und sie fordern mich auf, an ihren Tisch zu kommen. Ich setze mich dazu und versuche ein wenig Spanisch zu sprechen. Sie verstehen zwar, aber sind nicht son-derlich interessiert. Ich kann ihr Gefasel nicht identifizieren, wo-durch die Unterhaltung stockt und einer der beiden zunehmend verärgert aus der Wäsche guckt. Weil das keine gute Gesellschaft ist, suche ich nach einem Vorwand, mich an einen anderen Tisch zu setzen, aber finde keinen. Das La Cabaña ist wie ausgestorben, die Bordsteine in Chicama längst hochgeklappt, weil der ganze Ort schon lange schläft.

Plötzlich haut einer der beiden seinen Ellenbogen auf den Tisch und greift nach meiner Hand, um sich mit mir im Armdrücken messen. Ich bin überrascht, aber vielleicht wird das die Möglichkeit, ein Ende unserer ungemütlichen Dreisamkeit zu finden. Wir schauen, wer von uns beiden der Stärkere ist und das war's, Glückwunsch und einen schönen Abend noch. Ich rücke meinen Plastikstuhl im Sand zurecht.

Seine Finger sind rau und spröde. Eine Arbeiterhand, die ein Leben lang durch Qualen getrieben worden ist. Obwohl ich nicht viele Chancen sehe, ist mein Ehrgeiz geweckt. Männerspiele. Dafür bin ich zu haben. Ich bringe mich in Position. Der Typ ist drahtig und mit Sicherheit viel stärker als ich, aber vielleicht kann ich ihn mit ein paar Tricks und etwas Strategie ein bisschen ärgern. Auf einmal wird er lauter und brüllt herum. Ich verstehe nicht, was er will, er fährt mich an und drückt meine Hand zusammen. Plötzlich ist alles Aggression. Ich will nur noch aufstehen, mich in eine andere Ecke verdrücken, in Ruhe zu Abend essen. Aber dafür ist es jetzt zu spät. Ich blicke den Kerl an. Ein teuflisches Grinsen huscht über sein Gesicht. Er spürt meine Unsicherheit, während ich realisiere, mit wem ich es zu tun habe. Da sitzt kein armer, lieber Fischer mehr, der ein paar Dosen Bier zu viel getrunken hat. Da sitzt jemand, der meine Hand gepackt hat, weil er mich nicht mehr gehen lässt.

Etwas Böses in seinen Pupillen glotzt mich an. Die Augen verengen sich zu wütenden Schlitzen und weißer Sabber sammelt sich in seinen Mundwinkeln. Die verfaulten Zähne sprühen einen Hass aus, dem alles egal ist. Gestank, verdreckte Klamotten, Gefahr oder Schmerzen. Oder ein Hass, der jemanden büßen lassen will. Für nicht viel weniger als das ganze Leben. Auf der linken Schulter lungert eine schwarze Wunde, die nach einem Schlag mit einem stumpfen Gegenstand aussieht und nie richtig verheilt ist. Über dem rechten Auge hängt eine Schwellung, wodurch sein Blick einen verbissenen, rachsüchtigen Anschein bekommt. Sein Bizeps ist voller Schnittwunden, die bis auf den Unterarm hinunterreichen: Der Typ ist mit Narben übersät!

Ein stechender Schmerz fährt durch meine Leber und sendet einen Hitzeschwall in meinen Schädel. Ich fange an zu schwitzen. Der Typ sieht so übel aus, dass mein Unterleib verkrampft. Was soll ich tun? Wenn ich aufgebe, wird seine Wut rasend, wenn ich gewinne, bringt er mich um. Ich schlucke die Panik herunter und drücke um mein Leben.

Auf einmal kommen die Kinder an unseren Tisch gelaufen und zerren wie wild an mir. Zu viert hüpfen sie im Kreis und springen um uns herum. Sie platzen in unser Duell hinein, wie lachende Sonnenstrahlen in das windstille Auge eines wütenden Sturms. Ein kleines Mädchen streichelt über den zerschundenen Arm von meinem Gegenüber. Der Typ lockert den Griff sofort. Ich ziehe meine Hand aus der Schlinge und erkläre, dass ich mich um die Kinder kümmern muss. Er entspannt für einen verwirrten Moment. Ich stehe auf, lächele freundlich und verziehe mich mit der fröhlichen Bande in eine andere Ecke. Ich vermeide jeden Augenkontakt, zittere und versuche, mich auf die Kids zu konzentrieren, die mir gerade das Leben gerettet haben.

Fünf Minuten später stehen die beiden auf und verschwinden in der Nacht. Morena kommt zu mir, um zu erklären, dass das die beiden Schläger aus dem Ort sind. Gut, auf den zweiten Blick kaum zu übersehen. Auf den ersten eigentlich auch nicht ... Deshalb hat sie die Kinder geschickt.

»Oh, muchas gracias, Morena!«

Mein Fisch wird serviert, aber mir ist flau. Ich esse die Hälfte, bezahle und gehe. Auf dem Weg nach Hause schaue ich in alle

Richtungen und bin drauf und dran, einfach loszurennen. Ich springe die Stufen im Hotel hinauf und schließe meine Türe ab. Zum ersten Mal.

Die ältere Dame hat Recht gehabt: *Always looki looki!*

Ich verbringe die Tage mit Surfen und schlendere den Rest der Zeit durch den Ort, um Gelegenheiten zu suchen, neue spanische Sätze zu probieren. Ich nenne die Mission »Very, very Small Talk«. Das macht so viel Spaß, weil ich alle kennenlerne. Auch wenn die Verständigung mit den Leuten nicht immer gelingt, bleibt das Lächeln und der Versuch, der uns verbindet. Alle Welt freut sich über den kleinen Deutschen und ein wenig Abwechslung. Denn ansonsten: *No pasa nada aqui!* Es passiert hier eigentlich nichts. Auch vernarbte Schlägertypen laufen nicht mehr durch die Gegend. In jeder Straße treffe ich alte Frauen und junge Männer, eine neue Ecke Chicamas und finde immer andere, neue kleine Geschichten dabei.

Das Board ist frisch gewachst. Die Sonnencreme aufgetragen, sodass ich mit einem großen Schluck aus der Wasserflasche gerade aus dem Zimmer treten will, als ... *Poch, poch.*

Ich öffne die Tür, Morena steht davor. Ich bin überrascht, sie lächelt.

»Que pasa, Morena? – Was ist los, Morena?«

»Quiero peinar el pero oro!«, höre ich. Sie möchte den goldenen Hund kämmen???

»Quieres peinar el pero oro? – Du möchtest den goldenen Hund kämmen?«

»Quiero peinar el p-e-l-o oro!«, wiederholt sie.

Ach so, sie möchte das goldene Haar kämmen. Mein goldenes Haar.

Nun, eigentlich bin ich auf dem Sprung. Aber ich kann den Einheimischen gegenüber nicht unhöflich sein, und noch weniger gegenüber Morena. Ich setze mich also aufs Bett. Sie beginnt, mir die Haare zu bürsten, schwärmt von dem goldenen Haupt und kichert ein bisschen. Ich denke gerade an die Wellen, die ich surfen werde, als sie eine Hand auf meinen Oberschenkel legt. Für eine Sekunde ist meine Konzentration, sind meine Gedanken an Brett und Salzwasser, gestört. Dann legt sie die Bürste zur Seite und macht sich zwischen meinen Beinen zu schaffen. Wow, das gefällt mir besser als Haare kämmen. Besser als goldene Haare kämmen sogar! Wir machen rum, sie lutscht gierig an meinem Schwanz. Ich hatte fast vergessen, wie wunderbar sich Sex anfühlt. Aber als sie nach Kondomen fragt, muss ich flunkern. Natürlich habe ich welche dabei, aber trotzdem viel zu viel Angst, hier einen zweiten kleinen Mario zu zeugen. Wir haben trotzdem unseren Spaß und lachen dabei, wie zwei verlorene Staubkörner, die sich zufällig irgendwo im Universum gefunden haben.

Direkt danach lande ich den romantischen Volltreffer und gestehe, dass ich surfen gehen wollte. Wir erheben uns und gehen kurz nacheinander aus dem Hotel auf die Straße. Ich stapfe durch den Sand. Geiles Leben. Weil man mit Zufällen und unerwarteten Geschenken überhäuft wird, wenn man sich nur treiben lässt. Den Ozean durch sich hindurchfließen lässt. Ich gleite aufs Wasser hinaus. Endlos lange Glücksbringer rollen an den Strand. Dann paddele ich das Brett voran wie ein Motorboot und schaffe es hinaus. Ich liebe das Meer. Und seine Geschenke und die Morenas und die Sonne und all die anderen Dinge dieser Welt.

Zwei Tage später wachsen die Wellen auf über zwei Meter Höhe an und sind fern jeder Beschreibung. Einfach perfekt und unfassbar lang. Heute sind auch mehr Surfer im Wasser. Fünf an der Zahl! Alfredo ist auch dabei und sagt die unglaublichen Worte: »Mucha gente hoy! – Viele Leute heute!«

Ich komme gar nicht dazu, mit den anderen zu reden, weil ständig alle kilometerweit durch die Gegend surfen oder gerade den einsamen Strand entlangwandern. Auf den Wellen wäre locker Platz für über fünfzig Surfer oder mehr. Ich zähle die Schritte am Strand zurück, um die Länge der Welle einzuschätzen. Bei fünfhundert Schritten höre ich auf zu zählen. Wenn jeder Schritt fünfzig Zentimeter misst, macht das einen viertel Kilometer. Ich pfeife zum zweiten Mal auf die Rechnung in meinem Kopf. Diesmal nehme ich die Füße in die Hand – der Weg ist das Ziel – und laufe zurück zum Anfang der Welle. Wir bleiben zu fünft: *Mucha gente hoy!*

Chicama wird allen himmlischen, noch so hochgesteckten Prophezeiungen gerecht. Das ultimative Paradies, abgeschlagen und unerkannt im Norden von Peru. Die drohende Apokalypse des einfallenden internationalen Surftourismus Lichtjahre entfernt. Noch, denn:

Wir zerstören, was wir suchen, indem wir es finden.
Hans Magnus (Enzensberger)

Stimmt! Und gut, wenn man vorher hinfährt.
Andi (auf Wolke sieben)

Eine kleine Großfamilie ist »bei mir« eingezogen. Eine Oma, mit der ich furchtbar gerne ein paar Worte wechsele, bringt mir manchmal ein Glas Milch vorbei. Ich habe keine Ahnung, wie sie darauf kommt, aber nehme dankend an. So ist sie halt. So süß, so liebenswert.

Ihre Tochter müsste Anfang dreißig sein. Martha ist ihr Name. Ihren Mann und seinen Kumpel oder Bruder oder Cousin oder Onkel oder Schwager sehe ich eigentlich nie. Ganz im Gegenteil zu ihren drei Töchtern. Celia ist vier Jahre alt. Ein zauberhaftes Geschöpf. In der Regel wartet sie vor meinem Zimmer, bis ich die Tür öffne. Dann blickt sie mich mit großen Augen an und möchte wissen, was ich mache und wie mein Zimmer aussieht. Ich zeige es ihr und sage, dass ich surfen gehe. Dann denkt sie nach und fragt schließlich, wie viele Wellen ich nehmen werde. Ich sage etwa zehn, woraufhin sie grübelt und schließlich nickt. Jeden Tag derselbe Ablauf. Sie ist so putzig dabei, dass ich mir zum ersten Mal die Frage stelle, ob ich eines Tages Kinder haben möchte.

Die Mittlere schätze ich auf elf Jahre. Sie ist eine furchtbare Nervensäge und kommt ebenfalls jeden Tag vorbei – weil sie irgendetwas von mir haben will. In der Regel ist sie sauer auf mich. Entweder weil ich ihr meine Sachen nicht schenke oder weil ich ihr viel zu schnelles Gebrabbel nicht verstehen kann. Blöde Göre. Damit ist die Kinderfrage auch wieder geklärt.

Die älteste Tochter heißt Amalia, ist 14, ein bisschen schüchtern und ohne Frage das schönste Mädchen unter der Sonne. Eine Entdeckung! Ich überlege, sie unter Vertrag zu nehmen, um in ein paar Jahren die Welt der Topmodels aufzumischen und über hundert Millionen Dollar zu verdienen.

Abends sitzen wir manchmal zusammen. Sie machen eine Woche Urlaub und erzählen mir alles über Peru. So in aller Ruhe und mit vereinten Kräften kriegen wir eine Menge Verständigung hin. Nächstes Wochenende findet eine Tanzveranstaltung in der Nähe statt. Eine, die ich sehen, die ich erleben muss: Es geht um Salsa.

Ich habe von dem Tanz gehört, aber nur eine vage Vorstellung davon. Auf einmal leuchten ihre Augen, denn an dieser Stelle ist Entwicklungsarbeit nötig. Sie versprechen mir eine Kostprobe mit anschließender Übungsstunde am morgigen Abend.

Es ist so weit. Die alte Frau hat irgendwo einen Rekorder aufgetrieben und bringt den Koloss vor meiner Zimmertür in Stellung. Welchen amerikanischen Gangster aus den 60ern sie dafür überfallen hat, kann ich nicht ergründen. Auch Martha, Amalia und Celia sind dabei. Die nervtötende Elfjährige läuft irgendwo in der

Gegend herum. Ich stelle meinen Plastikstuhl im Flur zurecht und nehme Platz.

Die vier stehen vor mir. Oma, Mutter und die beiden Töchter. Drei Generationen, drei Meter entfernt und nebeneinander aufgereiht. Bereit für eine Kostprobe des lateinamerikanischen Mythos, der die pure Leidenschaft in einen Tanz verwandelt. Oder umgekehrt.

Die Anlage knistert und spannt den Bogen. Dann entlässt die Kassette die ersten Töne in den Orbit und die vier walten ihres Amtes. Ihr zaghaftes Wippen mausert sich zu einer schwingenden Fröhlichkeit, die mir die Sprache verschlägt – im ersten Takt.

Dann geht alles furchtbar schnell. Der Rhythmus fließt durch sie hindurch und bringt sie in Bewegung. Nein, in Wallung! Es sieht aus, als wenn sie gar nichts tun müssen. Die Musik schwebt durch ihre Körper. So geschmeidig, wie es niemals ein Vorhaben oder ein Gedanke schaffen kann. So fließend, so frei, so harmonisch glänzend. Auf einmal lacht die Sonne aus ihren Herzen, aus ihren Händen und aus ihren Hüften. Die südamerikanische Melodie spielt mit ihnen und sie lassen es mit sich geschehen.

Die Oma haut mich gleich vom Hocker. Ihr Tanz ist weich und fließend. Einfach rund. Leicht und ohne Aufwand. Ihre Hüften ruckeln würdevoll im Takt und ihre Finger schnipsen dazu. Die Arme bleiben kontrolliert und dicht am Körper, der Rest ist einfach wolkenlos romantisch. Eine ewige Jugend ist erwacht, und sie kitzelt sie mit jedem Schwung weiter an die gesegnete Oberfläche. Kleine Schritte, vor und zurück und wieder zur Seite. Sie lächelt in blutjunger Erinnerung an vergangene Tage und genießt die Musik und das Leben in seiner Gänze und Vollkommenheit dabei.

Ihre Tochter muss nicht ganz so weit zurück. Es sieht so aus, als wenn sie lange nicht getanzt hat und ihr Repertoire heute endlich wieder sprudeln darf. Sie glänzt durch perfekte Abstimmung aller Körperteile. Vom kleinen Zeh bis in die Haarspitzen. Sie vollführt eine Choreographie, die einem niemals endenden Lehrbuch entspringt. Und immer, wenn ich mich gerade an eine Welle ihrer Bewegungen gewöhnt, nein, in sie verliebt habe, zaubert sie eine neue, kleine Extravaganz hervor. Sie kreuzt die Beine, windet sich in eine unbekannte Drehung, wirft den Kopf nach hinten und fängt den Ausbruch mit ihren Armen auf. Plötzlich führen die Hände, schwingen, kreisen, schweben, und der Rest des Körpers folgt. Witz und Kreativität sprudeln aus einer ewigen Quelle. Meisterhaft aufeinander abgestimmt. Geschmeidig. Fesselnd. Atemberaubend.

Neben ihr windet sich die Blüte ihres Lebens. Amalia. Die junge Schönheit wirbelt herum. Wild und aufreizend. Voller Erotik und Appeal. Frech schwingt sie ihre Hüften auf mich zu, um dann wieder einen Schritt zurückzuschalten. Damit zieht sie mich in ihren Bann und raubt mir alle Sinne. Auf einmal ist die Kleine Lichtjahre voraus und voller Leidenschaft. Ihre Schüchternheit ist in den rehbraunen Augen versunken. Sie streift ihre Unschuldigkeit ab und lässt die Knospen ihres jungen Alters im heißen Rhythmus der Musik zu einer verbotenen Reife gedeihen. Ihr Hintern schaukelt auf und ab und der Körper windet sich dazu in nahender Ekstase. Unterschiede zerfließen. Alles bewegt sich zwischen verlegenem Tanz und glühendem Sex. Als sie mir direkt in die Augen sieht, bin ich unanständig vorgeführt und wage keine einzige Sekunde länger, den anzüglichen Bewegungen ihres viel zu jungen Körpers Folge zu leisten.

Schnell schaue ich zu der Kleinsten rüber. Sie wirbelt durch die Gegend. Erfasst von einer unbekannten Energie, die sie vor Freude explodieren lässt. Fröhlich, ausgelassen, heiter. Sie hottet ab! Fällt fast zur Seite, springt umher und jubelt durch die Gegend. Ungestüm lässt sie den Rhythmen freien Lauf. Was immer geschieht, sie ist dabei und treibt es voran. Ein kleiner Vulkan, der grenzenlose Freiheit über sie ergießt. Sie tanzt, als wenn es kein Morgen, kein zweites Lied und keinen nächsten Takt auf diesem Planeten gibt.

Alle vier zusammen sind das ganze Leben. Leidenschaft und Musik. Nein, pure Freude. Sie tanzen eine Geschichte, die losgelöst von allen Zwängen ist. Eine Geschichte, welche die ursprüngliche Freiheit, die in jedem steckt, zu Tage fördert und so den Inbegriff von menschlicher Schönheit zurück in unsere verklemmte Welt geleitet. Dabei zu sein, ist die reinste Ehre. Das Stück geht zu Ende. Lautstärke und Temperatur nehmen ein paar Grad ab, aber alles vibriert nach. Die drei Generationen lächeln voller Stolz, denn sie wissen genau, was sie getan haben, was ihnen gelungen ist. Ich drücke mich in meinen Plastikstuhl und stammele: »Increible, increible, increible! – Unglaublich!«.

»El fin de la semana, vamos a bailar, Andi! – Am Wochenende gehen wir tanzen, Andi!«, entscheidet die Großmutter.

»Todos juntos – Alle zusammen«, ergänzt die Mutter.

»Si, Andi«, jauchzt die Kleine, während ihre Schwester zu mir hinüberlächelt.

Wow! Ich werde zwar Unmengen Bier trinken müssen, um mich auf die Tanzfläche zu wagen, aber diese Gelegenheit lasse ich mir nicht entgehen.

Die folgenden Tage verbringe ich überwiegend auf dem Klo. Beschissene Scheißtage. Ich hänge den ganzen Tag im Bett und in den Seilen. Oder mit ekelerregendem Dünnpfiff auf dem Pott. Wieder ein Geschenk von diesem unergründlichen Leben, Teil des Abenteuers – am ersten Tag. Ab dem zweiten reine Tortur, wie die erste Zahnspange oder wie ein Familienfest mit Tanten, die tolle Karrieretipps haben und die besten Ratschläge, wie man endlich auch mal eine Freundin findet. Mir ist kotzübel, aber das Schlimmste daran ist: Mein legendärer Tanzabend fällt ins Wasser.

Oder in die Schüssel. Ich bin noch lange nicht offen für die Irrwege der Existenz oder frei von Verlangen, dafür grenzenlos enttäuscht. Die Mädels heitern mich auf, nicht traurig zu sein. Schließlich ist der Salsa immer da. Und für jeden.

Sie reisen ab. Und mit ihnen mein Salsa. An ihrem letzten Abend bricht ein großes Familiendrama aus. Zumindest den Geräuschen nach zu urteilen. Ich vegetiere mit Fieber im Bett und höre Geschrei, Poltern, splitternde Türen und auch Tränen. Am nächsten Morgen sind sie weg. Ohne Verabschiedung. Ich kann nicht glauben, dass ich sie nie wieder sehen werde.

Ich darbe vier endlose Tage im abgedunkelten Zimmer. Knapp 400.000 zähe Sekunden. Alleine mit meinem Tagebuch, aber zu schwach zum Schreiben. 96 Stunden ohne Essen, ohne Konversation, ohne Leben. Alle möglichen Theorien irren durch meinen Kopf. Muss ich einen Arzt aufsuchen? Gibt es einen? Wo ist er? Und wie komme ich dahin? Was geschieht mit meinem Körper ohne Nährstoffe? Statt meinen Zustand wahrzunehmen, analysiere ich ihn. Klare Gedanken: Fehlanzeige. Nur schummrige Vorstellungen, die sich um das Elend drehen. Meine Bewunderung für Gesundheit steigt ins Unermessliche, meine Furcht, nie wieder auf die Füße zu kommen auch. Das Wichtigste bei allem ist und bleibt das Wasser. Einziger Hoffnungsschimmer, Quelle des Lebens und so wichtig wie die Luft zum Atmen. Ich nippe alle paar Minuten an meiner Flasche und stoppe die Zeit bis zum nächsten Schiss. Viel vergeht nicht. Ich bin ausgetrocknet wie Schmirgelpapier, aber mein Körper weigert sich, Flüssigkeit anzunehmen. Die Dehydration führt zu einem andauernden matten Kopfschmerz und einem stechenden Ziehen in der Lebergegend, was mir Angst einjagt. Jede Minute mehr, jeden Tag schlimmer. Kopfkarussel um Blutwerte, Biofunktionen und alle zum Verrecken mögliche Folgen. Als ich in den Spiegel schaue, glotzt mich ein Zombie an, der so elend krank aussieht, dass ich nur noch schnell zurück ins Bett wanken kann.

Am vierten Tag geschieht das Wunder: Ich kann Wasser halten. Es kommt nichts raus. Das muss gefeiert werden, also trinke ich weiter und versuche abends eine Banane zu essen, die mir Carlos vor die Tür gelegt hat. (Er hat Angst vor dem schwarzen Tod in meinem Zimmer, Angst vor mir.) Damit geht es aufwärts. Aber langsam und von sehr weit unten.

Wenn meine Kräfte reichen, geistere ich eine kurze Runde durch den Ort. Hauptsächlich, um Mitleid zu erhaschen und ein paar mitfühlende Worte zu ernten. Auf der Straße ist es unerträglich hell, aber ich brauche die Bewegung, weil meine Glieder eingerostet sind. Die Leute freuen sich, mein blasses Gesicht mit den unterlaufenen Augen und den eingefallenen Wangen zu sehen und wünschen mir gute Besserung. Manche sind entsetzt darüber, wie ich aussehe. Eine Frau bringt mich zum Hotel zurück, nachdem ich den hundert Meter Radius viel zu kühn verlassen habe. Sie stützt mich, weil ich so schrecklich schwach bin. Der Vorfall hilft meiner mentalen Genesung weiter. Morgen wage ich mich an eine Scheibe Toastbrot. Ansonsten bete ich zu Gott, oder wen auch immer man hier im Off um Hilfe ruft, dass ich wieder zu Kräften komme, bevor die Wellen zurückkehren.

Ich bin definitiv auf dem Weg der Besserung, zwar abgemagert und dürr wie eine Bohnenstange, aber habe bereits ein paar normale Mahlzeiten zu mir genommen. Bananen, Brot mit Marmelade und Reis ohne alles kann ich verkraften. Da ich bereits seit ein paar Tagen nicht mehr kacken war, sehe ich der Zukunft voller Freude und Glück entgegen. Eine Feststellung, die man sich auf der Zunge zergehen lassen muss. Weil der Swell Mangelware bleibt, packe ich mein Zeug, um einen Abstecher nach Huanchaco zu machen. Den Gerüchten nach soll es dort immer Wellen geben, weil der Strand eine andere Ausrichtung hat. Vier Stunden später bin ich da. Am Strand lacht mich ein Hotel mit dem Namen Sunset an.

Huanchaco ist der Wiedereintritt in die Zivilisation. Ein sauberes Zimmer, frische Bettwäsche, ein eigenes Bad, eine Toilette mit Spülung auf Knopfdruck und richtig viel Platz. Vor meiner Zimmertür befindet sich eine Terrasse, die ich mit den anderen Räumen auf der Etage teile. Eine Terrasse mit Hängematten und

Meerblick, paradiesisch. Und mit zwölf Sol die Nacht zwar über hundert Prozent teurer als Chicama, aber die 6,30 D-Mark inklusive Frühstück, gönne ich mir ein paar Tage. Gepflegtes Dasein in zivilisiertem Ambiente, um den Akku wieder aufzuladen. Das ist mehr als nötig.

Der Manager vom Sunset nimmt meine Daten auf. Er fragt: »Where is Hitler?«

»Hitler?«

»Yes, where is he today? Where do he live?«

»Well, he is dead!«

»Aha.«

»Luckily he is!«, ergänze ich.

»But he built good road.«

Meisterleistung des historischen Grundwissens. Ich ergänze Kleinigkeiten. »Yes. But he was a very bad man. He killed millions of people!«

»Hmm«, fügt er ohne Überzeugung hinzu und gibt mir meinen Reisepass zurück.

Ich will mir eine Flasche Wasser am Kiosk besorgen und laufe Loco über den Weg. Er ist etwa fünfzig Jahre, macht seinem Namen alle Ehre und spricht Englisch. Er weiß alles über den Ort, Frauen, Drogen, Philosophie und die Welt, und ist nicht abgeneigt, seine Weisheiten zu teilen. Und er ist nicht abgeneigt, Chicha zu trinken. Keine Ahnung, was das ist, aber es wirkt. Er führt mich durch den Ort. Das heißt, er schleppt mich von Hinterhofkaschemme zu Hinterhofkaschemme und gleich in die nächste Spelunke. Suff, arme Irre, sabbernde Lebenskonzepte, lachende Partypläne sind der Stoff, der mir so gefehlt hat. Die Gedanken dürfen froh und frei in jede Richtung laufen. Jeder Umweg führt zum Ziel, und wenn die Ideen vor Absurdität leuchten, also völlig durchgeknallt sind, bestellt mein Begleiter begeistert die nächste Runde. Hinauf ins allwissende Endstadium und hinunter zur tiefsten Stufe der letzten Weisheit ohne Sinn und ohne Zweck.

Blödsinn ohne Zweifel, aber ab und zu muss man die Festplatte mal formatieren.

Fünf Stunden später falle ich handlungsunfähig ins Bett. Natürlich ohne Wasserflasche, dafür kursieren konfuse Gedanken und abgedrehte Geschichten durch mein zermatschtes Hirn.

Vierzehn Stunden später wache ich auf, immer noch ohne Wasserflasche, und bin für einen Moment versucht, das Wasser aus dem Hahn zu trinken. Ich widerstehe gerade noch, dank dunkler Erinnerungen an eine beschissene Zeit, die noch keine Woche her ist, und schleppe mich qualvoll zum Kiosk an der Ecke. Dann latsche ich zum Meer. Die Wellen sind spaßig, aber meinen Gleichgewichtssinn habe ich in einer der Chichaspelunken liegengelassen. Das Salzwasser braucht eine Menge Zeit, um den Rotz von meiner Leber und den Schleim von meiner Seele abzuwaschen.

Ich treffe Lol, einen Engländer, der hier ein Haus gemietet hat, um daraus ein Surfcamp zu machen. Er hat bereits ein paar lustige Leute zusammen und lädt mich ein dazuzustoßen. Ich sage zu. Der gestrige Abend hat trotz seiner Folgen gezeigt, wie sehr ich Menschen, Gespräche und Gesellschaft vermisse. Als ich meine Sachen packe, zögere ich. Das Zimmermädchen ist eine junge Schönheit, wie sie die Welt noch nicht gesehen hat. Ihre Augen so dunkel wie das Licht der Nacht, ihre Haut seidig, ihr Lächeln umwerfend. Sie kommt von einem anderen Stern. Zurückhaltend und bildhübsch. Bezaubernd! Ich fasse all meinen Mut zusammen und predige ein fernöstliches Tagesdogma vor mich hin: *Do one thing every day, that scares you!*

Jetzt oder nie. Nur das Atmen nicht vergessen! Ich sage Hallo, bringe drei Sätze Small Talk heraus und frage sie ganz furchtbar beiläufig, ob sie nicht Lust hat, heute Abend mit mir eine Flasche Bier am Strand zu trinken. Alles in meinem besten Sonntagsspanisch, hoffe ich.

Ungläubig höre ich, wie sie zusagt. Dabei lachen ihre Augen direkt in mein Herz. Sie ist so hinreißend, dass ich nicht ein passendes Wort für mein Tagebuch finde. Sie heißt Gisella, ist zwanzig Jahre alt und wir werden uns noch heute wiedersehen.

Ich ziehe zu Lol ins Haus und werde den anderen vorgestellt. Stone und Danny aus Australien, Derren und Sam aus Oregon, Sammy aus Kanada und Sinti aus der Normandie. Sarah aus England kümmert sich um die Einkäufe. Wir spielen Karten, diskutieren die Swell-Vorhersagen, schmieden Abendpläne für die kommenden Tage und installieren eine Playstation.

Sinti hat Spaghetti Bolognese gekocht. Wir sitzen um den großen Wohnzimmertisch, essen gemeinsam und erzählen eine Geschichte nach der anderen. Alle schwelgen in ihrem Fundus. Die Storys sind voller Leben. Alle, die unterwegs sind, sitzen in einem Boot, in ein und demselben Ozean. Reisende Menschen sind verbunden, lieben die Begegnung, verstehen sich, und der Austausch ist das wunderbare Geben und Nehmen von Geschichten und, wenn man genauer hinhört, den Gefühlen, die dahinterliegen.

Am frühen Nachmittag muss ich mich losreißen. Ich opfere die frohe Runde, denn ich habe Wichtiges zu tun: Hausaufgaben für mein Treffen mit der zauberhaften Gisella. Die anderen wünschen mir Glück. Ich krame das Buch hervor, was mir nun endgültig das Leben retten muss. Ich wiederhole alle Vokabeln, die ich bereits kenne und lege mir neue Sätze zurecht. Alter, Hobbys, Beruf, Wohnort und all diese Dinge sind schnell erledigt. Damit müsste eine wundervolle Stunde zu schaffen sein. Es folgt die zweite Phase, in der ich auf Romantik setze:

* Du hast wunderschöne Augen.
* Der Mond, die Schiffe am Horizont sowie Sternbilder am Firmament.
* Ist dir kalt? Bist du verspannt? Möchtest du eine Nacken- oder Kopfmassage?

* Und zu guter Letzt die Frage aller Fragen: Darf ich dich küssen ...?

Schon aus der Ferne sieht sie bezaubernd aus! Sie schlendert auf mich zu. Verlegen, niedlich, wunderschön. Sie läuft so hinreißend daher, dass die Welt aus ihren Angeln fällt.

Ich begrüße sie und falle ihr um den Hals ... in Gedanken. Stattdessen biete ich ihr den Stein neben mir zum Sitzen an und öffne die große Flasche Bier. Sicherheitshalber habe ich noch fünf weitere gekauft. Wir trinken zusammen daraus, während die untergehende Sonne unsere Zweisamkeit in frohe Farben taucht. Wir genießen das warme Licht auf unserer Haut und quatschen wie zwei Grundschüler, die auf einer Mauer sitzen und sich von ihren Sommerferien erzählen. Ihre Familie wohnt in Trujillo, der großen Stadt etwa zwanzig Kilometer entfernt. Sie lebt alleine hier, weil sie so den Job im Sunset machen kann. Sie liebt das Meer und den Strand. Ich erzähle von den Wellen und was mich in Peru begeistert.

Wir vergleichen das Leben in unseren Heimatländern, die so unterschiedlich sind, aber voller Gemeinsamkeiten stecken. Familie, Arbeit und die Suche nach dem Glück, die Sonne, Liebe, die Sterne und der Horizont existieren eben auf der ganzen Welt.

Wenn sie lacht, fährt mir das Glück ins Mark und ich lache mit. Wenn sie ruhiger wird, breitet sich auch in mir eine Stille aus. Erzählt sie etwas, nimmt sie mich gefangen. Alles ist so echt, so aufrichtig und so liebevoll.

Dann hüllt uns die Dämmerung in ihren Zauber ein und die Sterne gehen auf. Wir rühren uns nicht vom Fleck, aber ich rücke vorsichtig immer näher an sie heran. Unsere Schultern berühren sich bereits, und ich werde nie wieder von ihr weichen. Dann legt sie ihren Kopf auf meine Schulter. Eine nicht ungefährliche Weile setzt meine Atmung aus. Die nächsten Worte spreche ich so vorsichtig wie ich kann, um diese wundervolle Lage nicht aus dem

Gleichgewicht zu bringen. Ich lehne meinen Kopf an ihr Haupt und wir verschmelzen zu einer romantischen Statue.

Wenn ich einen vorbereiteten Satz sage, komme ich mir schuldig vor. Aber Gisella sorgt mit ihrer natürlichen Art dafür, dass nichts Falsches dabei sein kann. Natürlich sage ich jeden Satz, den ich auf dem Zettel in meiner Hosentasche notiert habe. Bei den kitschigen Sachen muss ich manchmal plötzlich über mich selber lachen. Das schönste dabei ist: Gisella lacht einfach mit.

Nach ein paar Stunden vertreten wir uns die Beine. Wir wandern den Strand entlang, bis es einsam um uns wird. Es knistert wie im Traum und die Anziehung zwischen uns wird unerträglich. Wir bleiben stehen, sehen uns an und ich trete auf sie zu. Zeitlos. Ich nehme sie in die Arme. Alles zerfließt. Ich versinke in ihren Augen und tauche in die Unendlichkeit des Universums ein, dann endlich küss... In diesem Moment springt der Manager aus dem Sunset hinter einem Gebüsch hervor, macht ein Riesentheater, von dem ich kein Wort verstehe, packt Gisellas Hand und zerrt sie davon.

Das Universum zerplatzt mit einem lauten Knall.

Dahinter versteinertes *Nichts*. Angewurzelt stehe ich in der Gegend rum, blicke dem sich auflösenden Traum der Liebe hinterher, der verschwindet, während sie fortgezogen wird. Sie wendet ihren Kopf und schaut über ihre zarte Schulter noch mal zurück. Hilflos, verzweifelt und von der Ungerechtigkeit persönlich entführt. In ihren Augen sammeln sich Tränen, aber das empörte Gezeter an ihrer Hand ist zu rabiat, um sie zu weinen.

Ich bleibe allein zurück. Bewegung undenkbar. Herausgerissen aus einer Liebesgeschichte, die ich nicht zu träumen gewagt hätte. Auf den harten Boden der Realität geschleudert, ertrinke ich in einer entsetzlichen Leere, die mir mehr und mehr die Kehle zuschnürt. Kein Laut wagt sich über meine Lippen. Lippen, denen der süßeste Kuss vor der Nase weggeschnappt wurde. Lippen, die traurig durch die Gegend gucken und Lippen, an denen ein vollkommen versteinerter Typ hängt. Die Sterne blicken auf mich herab, aber sagen nichts. Nach einer kurzen, endlosen Weile in der verständnislosen Leere dieser Nacht setzt etwas meinen linken Fuß voran. Ich mache einen Schritt. Dann einen zweiten und gehe zurück nach Hause.

Ich spiele mit dem Gedanken, wieder in das Sunset zu ziehen, aber verwerfe die Idee, weil ich dort zwar auf Gisella hoffen kann, aber auch dem Manager, dem miesen Nazi-Spielverderber, über den Weg laufen werde. Vermutlich habe ich sowieso Hausverbot. Keine Ahnung, wie viele Stunden dieser verdammte Hitleranhänger unser verliebtes Gerede belauscht hat, bevor er aus seinem Versteck gekrochen ist. Wie eine Zecke, die sich in einer Hautfalte versteckt hat, um Fleisch und Herz mit teuflischem Grinsen rauszureißen. Wie kann man einen zauberhaften Moment wie diesen einfach so zerschlagen? Ein unvergesslicher Abend, auch wenn ich mir ein anderes unvergessliches Ende ausmalen kann.

Ich bleibe noch ein paar Tage bei Lol und den anderen, bevor ich wieder nach Chicama fahre. Ich verbringe meine Zeit mit Surfen, spiele mit der Playstation, zocke mit den Leuten Karten und wir gehen uns gnadenlos besaufen. Immer neue Charaktere tauchen in unserer Kommune auf.

An einem Abend reicht der Alkohol nicht mehr aus, sodass einer Kokain besorgen geht, um die Betäubung weiter voranzutreiben. Klingt gleichzeitig absurd und wie die beste Idee aller Zeiten. Eine neue Erfahrung, der ich nicht widerstehen kann, obwohl ich mich vor der Droge fürchte. Für mich war immer klar: Harte Drogen kommen nicht in die Tüte. Aber Angst ist der Moment, um weiterzugehen, Stehenbleiben bedeutet Tod. Also bekommt jetzt jeder eine Nase vom Wohnzimmertisch. Danach sind wir alle super toll und gehen in unserer Stammkneipe mächtig ab. Irgendwie intensiv, aber ich bevorzuge das echte Leben. Drogenillusion ist reine Ablenkung von dem, was ist, und den ganzen

Hype nicht wert. Ich hab's getan. Weltmeister auf Koks. Arrogante Tollmenschen. Wer das Hochgefühl noch nie erlebt hat, kennt nur den halben Spaß, gehört nicht dazu. Wie eine Mutprobe, die mich erwachsen machen soll. Jetzt bin ich's und das reicht.

Vielleicht will ich lieber klein sein, durch das Leben fließen, statt alles wie eine Zitrone auszuquetschen.

Am nächsten Tag bin ich zu verkatert, um ins Wasser zu gehen. Die vierundzwanzig Stunden der Kehrseite sind erbärmlich. Das Gegenteil der aufgedrehten Turbotypen, die wir noch gestern Abend waren. Da ich nicht akzeptieren kann, den Tag zu verlieren, steige ich mittags geistesabwesend in einen Bus, um eine Pyramide zu besichtigen. Eine tolle Idee. Nach einer Stunde laufe ich alleine, oder nicht ganz alleine, sondern mit dem deprimierten Kokainkater im Kopf, durch eine Wüste und kraksele ein dreieckiges Monster hinauf.

Oben angekommen, wird mir bewusst, was ich bereits geahnt hatte: Ich verdurste.

Der Tag ist furchtbar, aber geht vorbei. Als ich abends auf das Sofa falle, um mit der Bande einen Film zu schauen, steht mein Entschluss fest. Der Abschied von der Truppe ist nicht leicht, weil mir die Jungs und Mädels ans Herz gewachsen sind. Wie so oft tut Zivilisation gut, und wie so oft reicht sie mir nach einer Weile. Ich freue mich auf gute Wellen und einen klaren Kopf. In Chicama erwartet mich weniger, und das ist auf alle Fälle mehr.

Als ich nach Chicama zurückkehre, freut sich der ganze Ort, mich wiederzusehen. Ich bin noch nie in meinem Leben so herzlich empfangen worden. Alle können sich an meinen Namen erinnern. Mario trommelt die Kinder zusammen und wir wandern gemeinsam eine Runde durch den Ort und den Strand entlang. Wir lachen, suchen Muscheln, spielen Fangen und machen Fotos von unserer Tour, die ich, sollte ich eines Tages Kindergärtner werden wollen, meiner Bewerbung beilegen sollte.

Es passiert eigentlich nichts, außer dem, was mir am liebsten ist. Die Wellen sind perfekt. Unendlich lang, leer, ein Riesenspaß und die unvergleichliche Gelegenheit, jeden Tag mein Surfen zu verbessern. Ich feile an meinen Manövern und nutze die langen Wellen, um Neues auszuprobieren. Wie eine Maschine rollen die Wasserwände an den Strand, und ich rippe, was das Zeug hält. Ansonsten geschieht hier nichts. *No pasa nada.* Mein spanischer very, very Small Talk mausert sich zu einem very Small Talk, und ich begrüße jeden Tag die lieben Leute auf der Straße.

Wie kann ich jemals dieses Land verlassen?

Morena schließt mich in die Arme: »Muchas chicas estan triste hoy, Andi. – Viele Mädchen sind heute traurig, Andi.«

Das war's also. Ich steige in den Bus und verlasse (m)ein Zuhause. Auf der Fahrt purzeln alle möglichen Gefühle und Erinnerungen durch meinen Kopf, weil so viele herzliche Momente, Begegnungen und großartige Wellen an mir vorbeisegeln. Die Rückfahrt ist perfekt, weil ich die letzte Bank für mich alleine habe. Manchmal stimmt einfach alles auf diesen Trips. Natürlich nur kurz. Nach einer Stunde bin ich so eingequetscht, wie eine Sardine in einer Streichholzschachtel. Die restlichen acht Stunden der Fahrt versuche ich, die klaustrophobischen Gedanken, die mit meiner Panik spielen, im Zaun zu halten. Nach nur neun schwitzenden Stunden Grausamkeit komme ich in Lima an. Raus aus der Dose und hinein in meinen letzten Tag vor der Rückkehr in der Hauptstadt von Peru.

Die Altstadt von Lima ist gnadenlos schön. Die Stadt, in der es niemals regnet. Charmante Straßen und uralte Häuser zwischen prächtigen Bauten aus kolonialer Architektur. Dazu Holzbalkone, verzierte Fassaden, prunkvolle Säulen, und hinter den gewaltigen Torbögen liegen stille Innenhöfe. Das Herz der romantischen Stadt. Drumherum liegen die Randbezirke, klapprige Hütten aus Verzweiflung, in denen echte Menschen leben. Auf dem Weg in die Altstadt muss man durch den Dreck, um das Innere betreten zu können. Lima ist beides, Romantik und Dreck, aber heute will ich den alten Charme erleben, den schönen Teil des Lebens, weil mir Armut und Leid zu anstrengend sind. Ein ungerechtes und unschätzbares Privileg der Reichen, weil wir die Wahl haben.

Trotz drohender abschließender Magenprobleme, kann ich den Ständen und Leckereien nicht widerstehen. Ich komme an den Punkt, die Unvernunft zu akzeptieren, und schlemme an allen Ecken. Während ich durch die Gegend laufe, kaufe ich allerlei Kram. Mitbringsel und alles, was man irgendwann mal brauchen könnte, aber niemals brauchen wird. Zu guter Letzt sind die Postkarten an der Reihe. Als ich das alte Postgebäude betrete, traue ich meinen Augen nicht. Ein fesselnder Anblick. Unendlich hohe Decken, goldener Stuck und verästelte Räume. Verzierte Treppen und riesige Gemälde an den Wänden. Ein Gebäude aus Kunst. Ich gehe vor zu einem der Schalter und schiebe meine Postkarten durch die kleine Öffnung unten im Glas. Die Briefmarken werden an die richtige Stelle geklebt, und sie machen sich auf den Weg in die große Box mit den Worten Airmail auf dem Deckel. Am Ausgang tritt eine ältere Dame an mich heran. Sie hält ein Formular in den Händen und bittet mich zu übersetzen und den Vordruck für sie auszufüllen. Habe ich das richtig verstanden? Übersetzen? Ich?

Jawohl! Furchtbar gerne! Dass die Wahl auf mich gefallen ist, zeugt von einer immensen Menschenkenntnis. Es stellt sich heraus, dass sie (natürlich) fließend Spanisch spricht, aber weder lesen noch schreiben kann. Also muss ich nicht direkt übersetzen, aber bei jeglichen Schwierigkeiten mit der spanischen Sprache stehe ich jederzeit zur Verfügung. Ich zücke zur Sicherheit mein Wörterbuch. Wir arbeiten uns gemeinsam durch die Spalten. Ich frage, sie antwortet, ich fülle aus. Nach ein paar Minuten ist die Sache erledigt und mein Ruf als lateinamerikanischer Sprachwissenschaftler besiegelt: *No hay!* Das gibt's doch gar nicht.

Ich verlasse Südamerika durch eine Drehtür aus Glas. In der gro-
ßen Halle am Check-in von Iberia bin ich zum Plaudern aufgelegt:
»Buenos tardes, señora, que tal, quiero volver a Alemania. – Guten
Tag, wie geht's? Ich möchte nach Deutschland zurückkehren.«

Von der Antwort verstehe ich kein Wort und nehme die Boar-
dingcard entgegen. »Si, gracias señorita y hasta luego! – Ja, danke
und bis bald!«

XIII. Deutschland in drei Tagen, 2000

In Deutschland habe ich drei Tage für Familie und Freunde. Zwischenstopp in einer anderen Welt. Eine, die ich kannte, weil ich in ihr aufgewachsen bin. Aber auch eine, die sich distanziert hat, die mir plötzlich fremd erscheint. Und dann macht mir, trotz aller Wiedersehensfreude, die Verständigung zu schaffen. In Peru konnte ich mich mit ein paar Fetzen spanischer Sprache wunderbar durchschlagen. In Deutschland habe ich alle Worte dieser Welt, aber verstehe nicht, sie einzusetzen.

Immer wieder stehe ich vor der Frage, die mich in den Schatten einer Steilwand stellt: »Ja und, wie war's?«

Die Antwort würde ich selber gerne wissen. Oder in Worte fassen können. Irgendwie diesen Berg erklimmen und all die Dinge teilen, die durch meine Seele purzeln.

»Wie war's denn jetzt?«

Irgendwie ganz wunderbar, zu schön, um wahr zu sein und manchmal einfach unbeschreiblich. Noch Fragen? Ich erzähle meinen Kumpels von den Wellen und den Frauen. Meinen Eltern und Geschwistern berichte ich vom Essen und den kulturellen Unterschieden.

Wie es wirklich war? Das Peru, das ich gesehen habe, das mich zum Tanzen aufgefordert, zum Lachen gebracht und mich Tränen gekostet hat, das Peru, das mir brennende Blasen an die Füße gemeißelt hat, um mir am Ende der Welt einen Delfin vorbeizuschicken, steht in keinem Reiseführer. Das Land, das mir Schläge angedroht, mich in der Wüste ausgesetzt und in ein abgelegenes Fischerdorf geführt hat, um mir die längste Welle der Welt zu schenken. Das Peru, das mir den Glöckner von Notre Dame nackt auf den Hals gehetzt und das mich mit Schweiß und Durchfall gequält hat, kann ich hier nicht wiederauferstehen lassen. Dieses Wunder, in dem ich eine neue Sprache gelernt und das schönste Mädchen der Welt gesehen habe, kann hier nicht lebendig werden. Zu viel, zu echt. Um es mitzuteilen, müsste ich es selber verstehen. Wo die Zufälle herkommen, warum Furchtbares im Rückblick wunderbar wird und Glück so unerklärlich ist wie die Setwellen in den Ozeanen. Aber man muss auch nicht immer alles verstehen, und an dem Versuch, Glück zu beschreiben, sind schon genug kluge Köpfe gescheitert. Das ist albern. Man muss dran bleiben, auch wenn's manchmal sinnlos wird.

Zurück in Deutschland schaue ich hier und da zur Tür hinein, statt richtig anzukommen. Es ist schön zurück zu sein, aber es gelingt mir einfach nicht, in den Sinn und Zweck der deutschen Gesellschaft einzusteigen. Distanz ist entstanden. Das Tagesgeschäft, die Jobs und Aufgaben meiner Freunde und die Pflichten des Alltags sind mir fremd geworden. Irgendwie schade, weil ich mich auf Zuhause gefreut habe und jetzt nicht richtig Fuß fassen kann. Ich habe meine Heimat so weit verlassen, dass ich nicht so einfach zurückkehren kann, wie ich mir das vorgestellt habe. Aber es bleibt keine Zeit, darüber nachzudenken. Meine Tage hier sind gezählt.

Ich bin bei meinen Eltern zu Hause und sitze im Keller, wo ich mein Zeug eingelagert habe. Ich breite alles aus, was ich besitze.

Das ist nicht mehr viel. Eine große Kiste mit meinem Leben drin. Die eine Hälfte packe ich in die Reisetasche, die andere wandert zurück in den Karton, verschwindet still im Kellerschrank. Es tut gut, mit wenig Ballast zu reisen, wenn wenig in der Heimat wartet. Die ersten Monate meines neuen Lebens. Ich bereue keine Sekunde, ich fahre drauf ab. Morgen geht's weiter, wieder los, um das Camp in Frankreich aufzubauen.

XIV. Frankreich, 2000

Wir kommen Ende April in Moliets an. Wir sind sieben Jungs.
Der Campingplatz ist leer und ausgestorben. Vorsaison – für uns
die Zeit, mit der Arbeit zu beginnen. Wir basteln und werken
und machen unser Zuhause wetterfest für die Stürme, die Partys
und die Geschichten der kommenden fünf Monate. Noch ist hier
nichts los, aber in vier Tagen reist die erste Gruppe an, um zwei
Wochen lang das Wunder mit den Wellen zu probieren, zu kosten und vielleicht ein Leben lang gefesselt zu werden. Bis dahin
muss alles aufgebaut sein. Wir schreinern, schustern zusammen
und lassen der Liebe zum Detail freien Lauf. Alles ist möglich.
Kreativ oder funktionell. Schulungsbereich mit Tafel, Bänken und
den Tischen davor. Videozelt und Sofas. Mit jedem Tag entsteht
ein bisschen mehr Gemütlichkeit. Wohnwagen, Küchen, Materi-
albereich, Hängematten und eine Bar für die Trinkspiele in den
langen Sommernächten.

Dann kommen die Gäste, und wir legen los. Ich liebe das Un-
terrichten. Könnte man auch mal zu Hause machen: Mit den
Fächern Wirtschaft und Sport (hab ich ja mal studiert) in einer
Berufsschule. Nur so ein Gedanke. Keine Ahnung, wo der her-

kommt. Aber daheim gibt es keine Wellen. Also bleibt das Camp jetzt mein Zuhause und der Job in Frankreich ist meine Aufgabe.

Wir schaffen ein Kleinod, ein eigenes Reich, in dem die Welt noch in Ordnung ist. Es regiert die Liebe zur Natur, die Leidenschaft, zu surfen und die Nächte durchzurocken. Und das spricht sich herum. Immer mehr Leute kommen ins Camp, wegen der besonderen Atmosphäre, dem Wahnsinn und der Leichtigkeit. Wir bauen an, expandieren, stellen neue Zelte auf. Wavetours ist glücklich und ich ebenso! Und das Beste daran: Ich habe keine Ausgaben. Alles wird bezahlt und ich bin gewohnt, die Kohle strikt zusammenzuhalten. Alles wandert auf mein Konto und in Lauerstellung auf den nächsten Trip. Ein wenig kann ich sogar sparen, um mein Gewissen zu besänftigen. Geld beruhigt, Geld legitimiert. Die Karriere aufzuschieben, obwohl der Zug längst abgefahren ist.

Nach fünf Monaten Surfen und Arbeiten ohne Unterlass weicht eine gewaltige Last von meinen Schultern. Ich bin irre stolz auf die Saison, das Team und was wir hier erreicht haben. Wir haben glückliche Menschen am Fließband produziert und die erfolgreichste Sommersaison aller Zeiten hingelegt. Aus der Ferne betrachtet wirkt das Ganze wie eine Maschinerie. Aber der Spaß und die Freude sind so echt wie die Sonnenaufgänge, die Partys, die Lagerfeuer am Strand und die Momente, die wir zusammen in den Wellen verbringen. Und auf mein Surfen bin ich stolz! Ich werde besser. Und damit muss es weitergehen.

Ich fahre zurück, bleibe eine Woche in Deutschland, schlafe in herrlich frischer Bettwäsche, besuche meine Oma, sage meinen Freunden kurz Hallo und fliege schneller als ich gucken kann zurück ans Meer. Auf meinem Zettel stehen die Inselwelt der Malediven und die verrückten Wellen Indonesiens.

Ich ziehe den Reißverschluss von meinem Boardbag zu. Die drei Bretter, die mich begleiten werden, sind gut verstaut.

XV. E-Mail von den Malediven, 2000

Hallo Leute,

jaja, die Malediven sind zu teuer, zu spießig, zu ausgelutscht. Ein Paradies für Hochseefischer, Taucher, Golfer und Beamte ist nichts für mich, nichts für Abenteurer, nichts für Surfer!

Nichts für Surfer?

Zuerst die Kurzversion: Liebe Grüße aus dem Aquarium.

Jetzt für alle, die mehr wissen wollen. Aber Vorsicht, es folgt Geschwafel, bis euch die Ohren bluten, aber ich muss mir das von der Seele schreiben.

Die Malediven bestehen aus über 11.000 Inseln. Jede ist einzigartig und unendlich schön. Fast alle sind klein und rund, umgeben von einem leuchtenden

Korallenring, und liegen im tiefen Blau des Indischen Ozeans wie Farbtupfer auf einer Leinwand. Wir steuern mit unserem Boot durch die weite See und nur wenn wir uns den Atollen nähern, hellt sich die Sache auf. Und wie! Aber Türkis ist nur ein Wort. Was soll ich damit, um dieses Wasser zu beschreiben.

Dieses Wasser ist weich, und wenn ich meine Hand hineintauche, verschwindet sie nicht unter einer Oberfläche, sondern schwebt darin. Das Meer ist so kristallklar, dass die schimmernden Farben der Korallen direkt zu mir hinauflachen. Grün, orange, rot und lila.

Die Wellen sind vollkommen perfekt, wenn sie sich über dem Riff entladen und wie auf eine Schnur gezogen an mir vorbeirauschen. Die meiste Zeit sitze ich alleine im Wasser. Oder zu zweit, mit Rinjay, meinem Surfguide. Fünf, sechs, sieben Stunden lang, irgendwo im Indischen Ozean. Voll im Rhythmus, die Zeit nicht mehr zerstückelt durch Events, sondern im gleichmäßigen Fluss. Eine Welle nach der anderen. Keine Ahnung, wie mein Körper das verkraftet, aber eine schaffe ich noch. Nur noch eine mehr. Nur noch einmal zurückpaddeln und noch eine Welle nehmen.

Am Abend sammelt mich die kleine Mannschaft ein und zieht mich zurück an Bord. Dann hüpfe ich unter die Dusche, trockne mich ab und blicke über die Reling auf eine zufriedene Inselwelt aus purer Schönheit. Und dann?

Dinner for One auf dem Oberdeck: Töpfe, Schüsseln, Teller bauen sich vor meinen Augen auf. Unmengen Speisen, die in das Loch in meinem Bauch zu wandern wünschen, während die Jungs den Anker lichten. Ein paar Delfine spielen am Bug und eine Schildkrötenfamilie tourt vorbei auf Steuerbord.

Die Sonne verabschiedet sich mit einem glühenden Gesicht und lässt einen angenehmen Hauch auf meiner Haut zurück. Zärtlich berührt sie den Horizont, schmilzt langsam dahin und taucht schließlich in einem atemberaubenden Finale aus leuchtenden Wolkenfetzen ab. Die Farben? Jeder Kommentar ist Gotteslästerung. In den wenigen Minuten der blauen Stunde verschwimmt alles – Tag und Nacht, die Dämmerung und die Zeit dazwischen. Endlose Ruhe und schaukelnde Stille. Dabei sitze ich auf einem kleinen Boot im weiten Meer und frage mich, ob das noch zu fassen ist.

Dann verschwinden wir mit den kleinen Inseln in der Dunkelheit, bevor der aufgehende Mond die Szenerie erhellt. Erst noch gelb, weil die Sonne noch in ihm steckt, dann schimmert er makellos weiß über die endlose Wasseroberfläche. Wir schwimmen durch den glänzenden Ozean, und ich könnte Ewigkeiten hier draußen sitzen, ohne etwas anderes zu tun als einfach nur dabei zu sein.

Gegen zehn Uhr lasse ich die funkelnden Sterne an Deck zurück und husche ins Bett. Keine Mücken, keine Ameisen, keine Kakerlaken. Mein erschöpfter Körper kuschelt sich in die Ruhe des reinen Lakens, sodass sich tonnenweise Erholung über mich ergießen kann. Das leichte Schaukeln treibt mir ein kindliches Lächeln in die müden Knochen. Was für ein Tag! Und nur noch wenige Stunden bis zum nächsten! Können sich Wunder wiederholen? Ich will nur noch eine einzige perfekte Welle surfen, nur noch eine einzige dieser vollkommen perfekten Wellen ...

Poch, poch! Es klopft an der Kabinentür. »Andi, do you want to surf a perfect left or a perfect right?«

Ist das sein Ernst? Wunderschöne Bilder, traumhafte Gedanken und zauberhafte Erinnerungen schießen durch meinen Kopf. »A left«, sage ich schließlich, damit Pollo an seine Arbeit gehen kann.

Zwei Minuten später rattern die Maschinen los. Das Boot setzt sich in Bewegung und gleitet dem noch unentschlossenen Tag entgegen. Es dämmert – draußen und in meinem Hirn. Ich recke mich, schnaufe und hüpfe aus der Koje. Ich fühle jeden Muskel, aber spüre auch, wie Leichtigkeit in mir erwacht.

Ich steige die Leiter hinauf, stecke den Kopf aus der Luke und blicke hinaus. Wasser so weit das Auge reicht. In diesem endlosen Ozean schrumpfen wir auf Ameisengröße zusammen und verlieren jeden Anspruch auf Bedeutung dabei. Ein befreiendes Gefühl.

Meine Boards liegen an Deck, wie zum Beweis, dass Gestern tatsächlich geschehen ist. Ich greife einen Plastikstuhl und setze mich Richtung Bug. Die Luft ist wach und klar. Eine seichte Brise streichelt meinen Körper. Sie schickt den letzten Rest Schläfrigkeit zurück in die Kabine und erfüllt mich, während ich den Horizont beobachte und weiße Linien sehe, mit einer Vorfreude, die nicht von dieser Erde ist. Swell. Es wird wieder unglaublich werden. Jedes Schauspiel der Natur, jede Welle, jeder Sonnenaufgang ist reine Vergänglichkeit und genau deshalb so fantastisch. Es bleibt nichts als der Augenblick, in dem es geschieht.

Aber warum darüber nachdenken? Zeit zu genießen, denn schon in zehn Minuten werden wir unser Ziel erreichen.

Der Anker plumpst ins Wasser und ich springe mit meinem Brett ins herrlich warme Nass. Dann erhebt sich der Ozean und präsentiert mir eine Wasserwand, die direkt auf mich zu läuft. An der Spitze des Riffs beginnt sie zu brechen, windet sich um die Insel und schält sich kraftvoll um den Korallenring. Sie läuft nach links: Eine Left. Ich blicke auf das Weißwasserfeld, das sie zurücklässt, und bringe mich in Position. Die nächste gehört mir.

Wieso ist keiner hier mit dem ich diese Wellen teilen kann? Das glaubt mir doch sonst keiner! Eine Welle nach der anderen rauscht heran. Die meisten bleiben ungesurft, weil ich das alleine niemals schaffen kann.

Irgendwann fräst sich ein Loch in meinen Bauch, während meine Schultern aus einem Klumpen Blei bestehen und die Arme sich wie Nudeln aus Vanillepudding anfühlen. Ich ziehe mich an Bord des Schiffs und blicke tropfend auf den frisch gedeckten Frühstückstisch. Der Kaffee dampft, und noch ehe ich nach dem Handtuch greife, tunke ich ein Brötchen in die Dose mit der Butter. Dann beiße ich ab und fräse mich anschließend durch das Morgengedeck.

Vollgestopft schleppe ich mich in die Hängematte und beobachte, wie ein kleines Motorboot nach dem anderen an *meinem* Spot vor Anker geht. Die Welle füllt sich mit den Surfern, die von den Inselresorts herüberkommen. Zeit zu einem anderen Spot zu fahren. Die Jungs holen den Anker ein und wir lassen das beginnende Schauspiel hinter uns.

Eine Stunde später surfe ich zum zweiten Mal an diesem Tage perfekte Wellen (diesmal eine Rechte). Dann ist Mittagspause und Teatime mit Keksen, bevor ich meinen müden Körper in die Abendsession werfe, bis er so glücklich müde ist, dass ich nicht mehr weiter weiß. Okay, nur noch eine Welle.

Etwas später reichen sich Mond und Sonne still die Hand, sodass ich es kaum übers Herz bringe, in die Kajüte hinabzusteigen. Schlafenszeit. So gut kann der morgige Tag doch gar nicht werden. Oder doch? Wird er wieder mit derselben verrückten Frage beginnen? Wiederholung? Déjà-vu?

Genau!

Dieser Traum verfolgt mich jetzt seit acht Tagen (die auch acht Jahre sein könnten). Der Spaß im Wasser ist unbeschreiblich und der Trip jeden Cent tausendmal wert

Am Anfang ging alles schief, aber das ist eine andere Geschichte. Die erzähle ich Euch, wenn ich in ein paar Monaten wieder in der Heimat bin. Jetzt muss ich weiter, denn Indonesien wartet schon. Wer Lust auf gute Wellen hat: Kommt vorbei, ich freue mich über Besuch.

Bis dahin alles Gute, und liebe Grüße aus dem Aquarium!

Andi

XVI. Bali, 2001

Vor mir lauert ein Abgrund. Zwei Meter tief. Schlimmer noch: In der nächsten Sekunde wird genau dort eine Bombe einschlagen. Und da will ich hin!

Die Welle, in die ich hineinpaddele, trifft mit hoher Geschwindigkeit aus tiefem Wasser auf das flache Riff, saugt sich hoch, um dann ihre gewaltige Energie zu entladen. Sie versucht, mich mit aller Macht in ihren Schlund zu ziehen und auf die Korallen zu schleudern. Das Verrückte ist, ich paddele genau darauf zu. Ich muss über die flüssige Kante gelangen, um in den Wasserberg hineinzufahren, bevor es zu spät ist. Ich brauche Kraft, Glauben und Gewissheit dazu. Es muss einfach gelingen, denn für einen Rückzieher ist es längst zu spät. Mein Brett steht fast senkrecht und vor mir liegt der freie Fall. Dann geht alles ganz schnell. Ich komme ins Gleiten, springe auf die Füße und stürze das halbe Face der Welle herunter! Irgendwie kann ich mich auf den Beinen halten. Das Schwierigste ist geschafft, die Herausforderung gemeistert – jetzt kommt der schöne Teil.

Ich schieße hinab und lege mich in einen tiefen Bottom Turn. Unglaublich viel Druck baut sich unter meinen Füßen auf, während die Energie der Welle mein Brett erfasst. Ein wundervolles Gefühl von Kraft und Schönheit durchfährt meinen Körper. Hinter mir donnert die Welle zusammen. Ich entkomme mit irrem Speed und blicke nach vorne. Ich fahre in den obersten Teil der sich aufbauenden Wand, verlagere mein Gewicht auf den hinteren Fuß und lehne mich zurück. Das Wasser spritzt über den Kamm hinaus, während ich neue Geschwindigkeit aufnehme und weitersause. Die Luft zischt an meinem Haar vorbei. Alles gut jetzt, alles leichtfüßig, alles flüssig. Unter mir schimmert das Riff. Im Augenwinkel sehe ich, wie der Eingang der Höhle vorbeifliegt. Dann plötzlich verändert sich etwas. Die gutmütige Welle hat nur auf meine Unaufmerksamkeit gewartet, saugt das Wasser vom Riff, stellt sich mit einem Mal ungeheuer steil auf und droht auf einer Länge von zwanzig Metern vor mir und über mir brutal zusammenzustürzen.

Ich reagiere intuitiv und positioniere mich im oberen Drittel, um von dort alle Energie der senkrechten Wasserwand aufzunehmen. Kann ich die Section schaffen? Oder werde ich im nächsten Moment zu Fischfutter verarbeitet?

Ich setze alles auf eine Karte und vertraue in diesen Tag, in mein Board, in die Welle und in mich.

In tief gebückter Haltung rase ich dicht an der Wand entlang, als die Welle über mir zusammenschlägt. Zuerst über meinem Kopf und dann verschlingt sie mich komplett. Ich surfe durch die Röhre. Obwohl ich mit Lichtgeschwindigkeit unterwegs bin, rühre ich mich nicht vom Fleck. Ich verharre in einem Tunnel, der sich um mich schmiegt.

Ein wunderbares Rauschen fährt durch meine Glieder. Mein Blick ist starr auf den Ausgang gerichtet. Eine besorgniserregende Ruhe lenkt mich durch ein flüssiges Haus aus Glas, welches über mir zusammenstürzt, aber einen letzten, beschützenden Raum offenhält. Brutale Zerstörung und wohlbehüteter Frieden in ein und demselben Augenblick. Tosender Krach und totale Ruhe.

Und alles ist so nah. Zeit vergeht. Spielt keine Rolle mehr. Ich bin nur noch eins mit dem Meer und beobachte den kreisrunden Ausgang ein paar Meter vor mir. Die Rückkehr in eine andere Welt. Alles zieht mich dorthin, denn ich kann nicht ewig bleiben. Dann geschieht es. Die Erlösung kommt näher, und ich kann sie erreichen. Ich schieße aus der Tube hinaus, zurück auf die Erde.

Die Sonne lacht, die Luft ist klar und ich düse den Ozean entlang. Auf einmal in unendlicher Sicherheit und völlig sorgenfrei. Matt hatte Recht. Es ist das ultimative Erlebnis. Erleichterung, Freude und Energieschübe vibrieren durch meinen ganzen Körper und lösen alle Spannungen in mir auf. Ich fahre über den Kamm der Welle hinaus, dort entweicht meinen Lungen ein befreiender Schrei aus Glück.

Ich packe mein Zeug auf der Klippe von Uluwatu zusammen und schwinge mich aufs Moped. Claus, einer der Surflehrer aus Frankreich, müsste mittlerweile in Kuta angekommen sein. Eckart stößt zwei Tage später dazu. Kumpelsurfen! Ich freue mich auf die beiden, auf Gesellschaft aus der Heimat. Sie werden Bali lieben und ich werde ihnen alles zeigen. Ich drücke den Anlasser, der Motor springt an.

»Schön dich zu sehen!« Ich schließe Claus in meine Arme und merke, wie er schwitzt.

»Andi, servus. Boah, ist das heiß hier!«, erwidert Claus.

»Findest du?«, grinse ich.

Er sieht ein bisschen elend aus. Wie alle Neuankömmlinge auf der Insel. Kreidebleich, mit diesem glänzenden Film auf der schwitzenden Haut. Er pfeift aus dem letzten Loch, aber schlägt sich eigentlich ganz gut.

»Wenn du gleich ins Wasser willst, müssen wir los. In einer Stunde wird es dunkel.«

»Muss nit sein. Ich versuch grade mal klarzukommen und muss unbedingt was essen.«

»Super! Ich falle um vor Hunger. Unser Restaurant ist hier gleich um die Ecke.«

Wir bringen sein Gepäck in meine Hütte. Ich habe aufgeräumt und erkenne die Unterkunft selbst nicht wieder. Das zweite Bett ist frei und ein Stück Seife, ein kleiner Schokoriegel sowie eine Wasserflasche sind als Willkommensgeschenk auf dem Kopfkissen platziert. Claus grinst. Ich zeige auf die Badezimmertür. Er kramt in seinem Zeug herum und verschwindet im Bad.

»Was ist DAS denn?«

Ich gehe gucken. »Das ist Sam.«

Claus bestaunt den zu groß geratenen Gecko an der Wand, der wie ein Minikrokodil aussieht und für seine Art viel zu dick ist. Ein ungewöhnliches Exemplar: Mindestens zwanzig Zentimeter lang, grau und gesprenkelt mit komischen gelben Punkten, die da nicht hingehören.

»Der isst die Mücken und vermutlich ab und an auch etwas Rasierschaum.«

Sam krabbelt unters Dach und ich sehe den Spaß in Claus Augen. Er wird Bali lieben, genau wie ich, genau wie jeder.

Er kommt als neuer Mensch aus dem Bad und wir laufen über die Straße in mein Lieblingsrestaurant. Er ist pitschnass geschwitzt, als wir uns hinsetzen, und wischt sich die Stirn mit einer Papierserviette ab. *Wie schnell man die Tortur der ersten Tage doch vergisst*, denke ich, und frage: »Ist dir immer noch warm?«

»Nee du, das ist nur, weil ich hungrig bin. Ganz normal.«

Claus schüttelt den Kopf und überfliegt die Karte.

»Mexikanisch, indisch, deutsch – hier gibt es Bratwurst? Chinesisch, italienisch – kannst du was empfehlen? Ich nehme erst mal Pasta. Ist das Essen safe? Ich hab vom weltbekannten Balibelli gelesen.«

»Ich bin jeden Abend hier, kein Problem. Die Pasta ist lecker.«

Ich lasse Claus seinen mitteleuropäischen Wunsch, bevor wir uns über Hund und Sagowürmer, Kokos, Gado Gado und Nasi

Goreng unterhalten. Auch die Schärfestufen bleiben unerwähnt: *no spicy* heißt hier gut geschärft, *tourist spicy* ist die Hölle und in der Regel meine Wahl, weil das scharfe Essen wie ein natürliches Antibiotikum den Körper reinigt. Schweißtreibend, aber sicherer. Wer sich wagt, *bali spicy* zu bestellen, ist verdammt, denn er hat den Koch beleidigt. Und der weiß sich zu rächen. Mit Folter.

Ich bestelle, füge *no spicy* hinzu und eine Viertelstunde später fallen wir über unsere Speisen her.

Die junge Bedienung kommt vorbei, um unsere Teller abzuräumen. Claus bestellt Kaffee.

»You laik small or bik shugar?«

»Hä?«

»Na, ob du viel oder wenig Zucker willst«, übersetze ich.

»Ach so«, lächelt Claus, »I would like to have a little bit of sugar please.«

»Soory mistahr?«

»He laik small sugar«, sage ich.

Die Bedienung verschwindet in der Küche.

Claus kratzt sich am Kopf. »Ich dachte, mein Englisch wäre brauchbar.«

»Garantiert besser als meins! Aber da liegt das Problem. Lass einfach Oxford zu Hause, vergiss Grammatik und beschränke deinen Wortschatz auf die elementarsten Wörter, die du kennst ...«

Als ich am nächsten Morgen das zweite Moped vor unserer Unterkunft abstelle, kommt Claus dazu.

»Darfst dir einen aussuchen: rot oder blau«, sage ich.

»Sind das ausrangierte Baustellenhelme aus dem Osten? Ich revidiere: aus dem Kindergarten?«

»Keine Beleidigungen! Das nehmen die Autoritäten hier sehr ernst. For safety reasons! Zieh mal an.«

Wir setzen die Helme auf, ich blau, Claus rot. Der Anblick geht in die Geschichte der Komödie ein. Helm-Clown A lacht sich über Helm-Clown B völlig kaputt. Und umgekehrt. Als wir wieder atmen können, schießen wir ein weltklasse Legenden-Porträtfoto von uns, um den Beginn unserer Mission auf Zelluloid zu verewigen.

Am nächsten Morgen stehen wir an der Hauptstraße und schauen dem Verkehr zu.

»Du musst auf eine kleine Lücke warten und dann losfahren. Keine Sorge, die passen alle auf hier.«

»Alter, das ist verrückt!«

Ich ziehe den Gashebel und zische los. Nach fünfzig Metern sehe ich in den Spiegel. Claus rührt sich nicht vom Fleck. Ich kehre um.

»Ich fahre hier keinen Meter.«

»Jetzt komm.«

»Keinen Meter!«

»Aber ...«

»K-e-i-n-e-n M-e-t-e-r!«

»Okay, morgen hole ich Eckart ab, dann fahrt ihr beide eben zusammen.«

Am Flughafen verstauen wir Eckarts Zeug auf meinem Bike. Sein Board stecke ich seitlich in den Bretthalter. Ich setze blau auf und überreiche Eckart wortlos den roten Helm. Er grinst. Dann schwingt er sich hinter mir auf den Sattel, quetscht die kleine Tasche zwischen uns und lässt den großen Rucksack einfach auf dem Rücken.

Wir passieren den Checkpoint, und das Flughafengelände bleibt hinter uns zurück. Der Verkehr nimmt zu, bekommt die landestypischen Züge, aber Eckart genießt die Fahrt, weil er ganz der Alte ist, für alles offen und vor gar nichts Angst hat. Ich fahre direkt auf den großen Kreisverkehr am Ortseingang von Kuta zu und mogele mich in die erste Reihe. Um uns herum das übliche Heer aus knatternden Mopeds und brummenden Autos. Die Ampel springt um und ich gebe Vollgas, weil es eine goldene Regel gibt: Als erster in den Kreisverkehr hinein, erleichtert den Weg hinaus. Wie immer. Oder fast wie immer.

»AAAAAAAAHHH.«

Eins ist nicht wie immer: Das Gewicht auf meinem Hinterrad! Wir schreien, als das Vorderrad in die Höhe schnellt. Eckart schafft es gerade noch, sich an meinen Oberkörper zu klammern. Ich bin so erschrocken, dass ich erst nach zwanzig Metern den Gashebel lockern kann. Das Vorderrad knallt auf den Asphalt, aber wir halten uns irgendwie im Sattel. Ich schaue zur Seite und sehe zwei grinsende Balinesen, die beeindruckt nicken. Eckart jubelt und lacht sich tot. Ich gebe Gas. *Ihr seid alle wahnsinnig, Aber diesmal klarer Punktsieg für mich! Motorradakrobatik made in Germany!*

Ich stelle das Moped an der Unterkunft ab. Bevor wir Claus die Story erzählen können, schaut der nur kurz von seinem Buch auf: »Hi Eckart, warum schwitzt du so?«

Das Team ist komplett. Eckart und Claus fahren zusammen, ich voran. Wir haben nur noch Wellen im Kopf, und ich zeige den beiden, was Bali zu bieten hat. Es läuft gut. Mal haben wir einen Platten, mal verlieren wir den Zündschlüssel, aber es passiert nichts, was uns länger von unserer Mission abhalten kann. *Bali always funny.* Wir surfen alle Spots, die ich den beiden zumuten kann, und haben irren Spaß dabei.

Zehn Tage später sitzen wir im Restaurant zusammen.

»Den ganzen Tag lang hat's geballert«, schmatzt Claus.

»Das muss gefeiert werden. Andi, ich hätte Bock, mit dir mal wieder einen durchzuziehen!«

»Oooh, gerade werden ein paar südafrikanische Erinnerungen wach ...«

»Bist du schon in die Unterwelt eingetaucht? Oder machen wir uns diesmal zusammen auf die Suche? Ich bin für Schnick, Schnack, Schnuck«, grinst Eckart.

»VERGISS ES! Mit dir spiele ich nicht mehr! Ich weiß nicht, wie du das gemacht hast, aber statistisch ist das nicht mehr zu erklären.«

»Ja, aber das heißt doch nur, dass du diesmal garantiert das Rennen machst.«

»Das Rennen habe ich jedes Mal gemacht, und in der Regel waren danach irgendwelche Gangster hinter mir her.«

»Meint ihr das ernst?«, meldet sich Claus zu Wort.

»Logo«, rufen wir im Chor.

Ich habe zwar seit Monaten nicht mehr geraucht, aber die Aussicht, mit Eckart durchzustarten, ist einfach zu reizvoll.

»Ich hab einen Balinesen kennengelernt, der mir was angeboten hat, und ich hab abgelehnt. Die Tage darauf haben wir ein paar Bier zusammen getrunken. Der Typ scheint in Ordnung zu sein, das Zeug ist günstig.«

»Jungs. Ich glaube, das sollten wir nicht tun.«.

Eckarts Grinsen wird breiter. Claus legt mir seine Hand auf die rechte Schulter.

»Lasst uns doch einfach bis zu Hause warten. In Singapur kommst du direkt auf den Stuhl, und den indonesischen Knast kann ich mir ganz gut verkneifen. Außerdem gibt es Jungs, die dir was verkaufen und dich dann bei den Bullen verpfeifen, weil die so noch eine Provision von der Polizei erhalten.«

»Glaub ich nicht«, sage ich, bin mir aber nicht sicher.

»Na dann, stimmen wir ab ...«, lacht Eckart.

Mit einer überraschenden Zweidrittel-Mehrheit laufen wir zu der Bar am Strand, wo der Typ normalerweise rumhängt. Er heißt Madé und ist tatsächlich da.

»Hey, Andi, ho ar yu?«

»All good, how are you, my friend?«

Wir tauschen ein paar Floskeln aus, und ich erkläre ihm, dass wir etwas kaufen wollen. Er greift in sein Hipbag und zieht ein Beutelchen Gras heraus. Etwa drei Gramm, passt also. Allerdings verlangt Madé wie selbstverständlich den dreifachen Preis. Immer noch spottbillig, aber wir zögern. Preise wollen verhandelt werden. Das ist eine Frage des Prinzips. Außerdem sieht das Gras anders aus als zu Hause und riecht komisch.

»Ecci, weißt du noch, das furchtbare Zeug in Durban?«

»Ooh, diese Kopfschmerzen!«

Madé schlägt vor: »I know! We smok wone joint. If yu go stoned – yu päy my price. And if yu only small stone – you päy smal price!«

Klingt fair. Wir steigen die Treppe hinauf, um auf der gemütlichen, leeren Holzterrasse der Bar einen aufzustreuen. Madé dreht, während ich die Jungs instruiere.

»Egal, was passiert, wir lassen uns einfach nichts anmerken. Dann kriegen wir das Zeug für den kleinen Preis!«

Eine Minute später kreist das Ding in unserer Runde. Sofort werden wir in dicken Qualm gehüllt. Madé bläst ein paar Kringel in den Abend. Claus hält sich raus. Nach meinem dritten Zug kommt mir die ganze Szene seltsam kurios vor. Dann schaue ich Madé an, frage mich gerade noch, ob man mir wohl meine Verwirrung ansieht und finde unseren Plan im selben Moment so lustig, dass ich mich wegschmeißen muss. Ich lache mich hirnlos schlapp. Mist. *Sorry, Jungs.*

Eckart blickt zu Madé hinüber und zieht nur fragend die Augenbrauen hoch. Er ist stark. Allerdings ist seine Rübe hochrot angelaufen. Seine Augen haben sich in kleine Schlitze verwandelt. Direkt hinter der Fassade ist ein Grinsen in sein Gesicht gemeißelt, dass nur noch auf die letzte Sekunde des Countdowns wartet. Sieht zum Schreien aus, und das wird auch Eckart jetzt bewusst. Er prustet los.

Mit verzweifeltem Gelächter geben wir uns geschlagen. Hier gibt es nichts mehr zu diskutieren. Madé hat nicht eine Sekunde daran gezweifelt, auch wenn ihn die Intensität unserer Reaktion ein wenig überrascht. Deutsche Gelegenheitskiffer. Lächerlich. Er nickt zufrieden. Dann streicht er die Kohlen ein und verlässt die Bar. Ich stecke den kleinen Plastikbeutel mit dem Stoff in meine rechte Hosentasche.

Wir sitzen auf einer vergessenen Sonnenliege am Strand, weil wir in diesem Zustand niemandem begegnen wollen. Die Lichter der Straße schimmern schwach herüber. Keine Menschenseele weit und breit. Claus genießt den Abend, Eckart und ich spinnen. Wir labern das hirnlose Zeug aus alten Tagen und mischen es mit dem, was uns gerade zufliegt. Eckart kriegt einen Buddhistischen, weil er Telepathie-Kontakt mit der Natur in Form eines Glühwürmchens aufgenommen hat, das nun auf sein Kommando hin blinkt.

Ich freue mich wie eine Honighose über ein weiteres Kapitel in unserer Drogenbeschaffungshistorie, und sogar Claus wird langsam locker. Die Wirklichkeit ist verzogen, und das macht mit guten Freunden immer wieder Spaß. Genug, um Ausnahmen zu rechtfertigen, weil ich mit dem Zeug doch schon lange abgeschlossen habe. Aber Ausnahmen sind wie Wunder. Sie sind für irgendetwas gut, auch wenn man gar nicht weiß, für was. Das beweist schon dieser Augenblick, denn der ist genau richtig. Nichts ist konstant, alles vergänglich, alles verändert sich. Wer sich dagegen wehrt, kämpft gegen das kosmische Gesetz, und das führt ja zu nichts. Also immer schön Ausnahmen zur Regel machen. So bleibt das Leben spannend, kann sprudeln, immer weiterfließen zum Glück, durch die Sonne und wieder zu den Sternen.

Das war jetzt schön gedacht. Oder ein bisschen durch den Wind? Ist ja egal, wie das meiste im Leben. Wir quatschen weiter irgendeinen Driss, bis wir lauthals lachen. Das steckt sogar Claus an, und wir grölen zusammen.

Herrlicher Moment, weil nichts mehr fehlt. Freunde und Irrsinn, was braucht man mehr. Und Eckarts Glühwürmchen blinkt dazu.

Dann legt sich etwas Schweres, Warmes auf meine rechte Schulter. Etwas, das mit Sicherheit da nicht hingehört. Leider weiß ich schon, was es ist, bevor ich mich umdrehe. Jemand hat die Pausetaste in meinem Hirn gedrückt, gibt mir Aufschub, und dann geht es doch gleich weiter, und das ist gar nicht gut. Ich habe noch einen Atemzug, aber muss das jetzt tun. Langsam drehe ich mich um. Wäre Zeit für Panik jetzt – keine Sorge, die ist unterwegs. Ich wusste es.

Mir bleiben die Worte im Halse stecken, während Eckart auf die Gestalt hinter meinem Rücken starrt. Der Blick des Polizisten ist eiskalt. Die ordentliche Uniform sitzt nach Vorschrift und sein Spürsinn schaut mir direkt in die Seele. Die wulstigen Augenbrauen unter dem Schirm der Polizeimütze ziehen sich zusammen. Er prüft, denkt nach und begreift schneller als mir lieb ist. Seine Hand liegt wie festgekleistert auf meiner Schulter und wiegt jetzt eine Tonne. Weglaufen unmöglich. Ich fühle das Marihuana in meiner rechten Hosentasche, er fühlt es auch. Alles über den Kontaktpunkt auf meiner Schulter. Die Panik ist jetzt voll da. Die Situation wie im Film, aber ohne Happy End. Der reinste Horror und leider Wirklichkeit. Schreckliche Folgen mit gewaltigem Ausmaß. Seine andere Hand ruht gelassen auf dem Halfter neben der Gürtelschnalle mit der Pistole. Ich sehe Schlagzeilen in billigen Zeitungen, Gerichtsverhandlungen und finstere Kerker. Ewige Gefängnisstrafen und uns, einsam und vergessen in den dreckigen Zellen des indonesischen Knasts. Alles bricht zusammen, alles ist zu Ende: Deutschland, Familie, Freunde, Rückkehr. *Ich bin im Arsch!* Irgendetwas muss jetzt passieren, Aktionismus, jetzt. Sofort!

»Claus, du musst uns hier rausbringen!«, zische ich.

Claus reagiert auf Knopfdruck. »Good evening officer, Sir.«

Oh Gott, hat er das wirklich gesagt?

»How are you, Sir?«

Neiiin, bitte nicht ...

»WHAT ARE YOU DOING HERE?«, fragt die drohende Stimme in Uniform.

»Sir, we are sitting here together. Mister. And telling stories, Sir.«

Ich starre die beiden mit aufgerissenen Augen an und blicke sofort wieder zu Boden.

»ARE YOU DRUNK?«

»We are on holidays in Bali, Sir. We love your island, Sir«

Eckart schluckt still. Wir werden alle eingebuchtet.

»YOU ARE TOO LOUD!«

»Thank you, Sir! I think it is better if we go back to the hotel, Sir.«

»YOU GO NOW! LEAVE!«

»Okay, Sir, thank you, Sir!«

Wir stehen auf und gehen Richtung Straße. Claus bespricht irgendetwas mit dem Polizisten. Ich überlege, das Beutelchen irgendwo fallen zu lassen, wage aber nicht, es zu berühren, geschweige denn aus der Tasche zu ziehen. An der Straße blickt mich der Mann in Uniform noch mal scharf an. Ich stehe im Licht einer Laterne. Letzte Prüfung, Tribunal, also bloß nicht komisch gucken jetzt. Verzweifelt verschränke ich die Arme vor der Brust, aber löse die auffällige Pose sofort wieder. Dazu Hitzewallungen in kurzen Abständen. Ich kann dem Polizisten unmöglich in die Augen sehen und glotze zu Eckart rüber, der irgendetwas auf dem Boden sucht. Dann dreht sich der Polizist zu Claus um, flüstert ihm irgendetwas zu und verschwindet in der Nacht.

Ich blicke dem Marihuana hinterher. Die gepressten Stücke schießen im Kreis und lösen sich in unendlich viele kleine Bestandteile auf. Dann waltet die Spülung ihres Amtes und lässt den Albtraum im Abfluss der Schüssel verschwinden. Ein tonnenschwerer Stein fällt von meiner Schulter.

»Claus, du hast uns das Leben gerettet«, lacht Eckart.

»Stimmt, und zu einem hohen Preis!«

»Wieso?«

»Der Typ war eine Tunte. Der hat mir auf dem Weg zur Straße die ganze Zeit an den Arsch gepackt.«

»Geil! Gehen wir noch was trinken?«

»Boah, mir reicht's.«

»Wir könnten auch noch einen rauchen«, grinst Eckart.

»Zu spät. Hab alles die Toilette runtergespült! Aber du kannst gerne Nachschub holen ...«

Wir konzentrieren uns auf die Wellen und sind jeden Morgen um halb sechs auf der Straße. Ich voran, Eckart und Claus dahinter. GreenBall, YangYang, Turtle Island, Cangu und dann sind die beiden reif für Uluwatu.

Nach zwei Stunden Spaß krakseln Eckart und ich die Stufen aus der Höhle hoch. »Andi, du Ratte, die letzte Welle hättest du mir schon lassen können. Surfnazi!«

»Nun Eckart, du hast mir alles gezeigt, alles beigebracht, aber jetzt bin ich der Meister!«, grinse ich. »Und ich erinnere mich genau, dass du mir nie eine Welle gelassen hast«, füge ich hinzu.

»Ja, aber das war eine wichtige Übung für dich! Damit du die Vorfahrtsregeln lernst. Dafür bist du mir was schuldig.«

»Hä? Wo ist denn Claus?«, frage ich. »Der wollte doch schon vor zwanzig Minuten aus dem Wasser ...«

Wir bestellen Nasi Goreng und setzen uns in den Schatten. Die gut kopfhohen Wellen von Uluwatu werden langsam leerer. Eckart hat sich super geschlagen. Das bewundere ich an ihm. Auch wenn ich mittlerweile in einer anderen Liga surfe und viel mehr gesehen habe, Eckart begegnet jeder Herausforderung ohne Angst. Wenn ich mich daran erinnere, wie ich das erste Mal mit dem Moped über die Insel gegurkt oder durch die Höhle von Uluwatu gekrochen bin ... Einfach irre, wie locker Eckart das alles packt. Claus ist da schon eher wie ich. Schüchtern, besorgt, immer im Kampf mit der Überwindung. Aber auch er hat ein paar Wellen genommen. Jetzt ist von ihm allerdings nichts zu sehen. Wo steckt der bloß?

Eine halbe Stunde später schleppt sich Claus zu uns in den Schatten und lässt sich tropfend in einen der Sitze fallen. »Ich hab mir mal die Nachbarbucht angeschaut.«

»Wie war's?«, schmatzt Eckart.

»Schön!«

»Ein bisschen Strömung?«, grinse ich.

»Ich glaube, ich bin über eine Stunde nonstop gepaddelt, um an Land zu kommen. Und, ach ja, vorher war ich schon total platt! Ihr könnt mich zum Moped tragen und einfach irgendwie dran festschnallen.«

»The Uluwatu-Experience!«

»Leute, ich finde, heute ist es Zeit, dass wir einen Saufen gehen«, pfeift Eckart.

Als wir gegen zwanzig Uhr im Restaurant abhängen, kleben unsere Ellenbogen am Tisch fest. Das Gewicht unserer Schultern ist auf zwei Tonnen angewachsen, der Tatendrang auf Erbsengröße geschrumpft. Die Rückenmuskulatur verweigert aufrechtes Sitzen, sodass wir uns in die Sofas fläzen müssen. Mit gähnender Gewissheit hissen wir die weiße Flagge. Keine Party heute Nacht. Grund: Unmöglich.

Mir ist das recht, weil ich erstens total in den Seilen hänge und es zweitens liebe, mit den Jungs über die Insel zu jagen und den beiden im Salzwasser alles abzufordern. Claus hätte gerne mal einen Tag Pause für Kultur. Eckart will in den Bars auf die Pauke hauen. Aber wir kommen einfach nicht dazu, weil die Zeit hier wie im Flug vergeht. Drei Wochen Bali mit all seinen Wellen sind kaum ein Tropfen auf dem heißen Stein. Am Wochenende bringe ich die beiden schon wieder zum Flughafen. Wir liegen uns in den Armen, feiern den genialen Trip und kurz darauf sind meine Freunde bereits hinter den Sicherheitskontrollen verschwunden.

Furchtbar schade, obwohl ich jetzt wieder mein eigener Herr bin. Ich schmeiße den Motor an und kann mir die größten Wellen aussuchen, muss auf niemanden warten oder Rücksicht nehmen. Nach einer halben Stunde komme ich am Strand an.

Ich hüpfe in den Sand, lege die Leash an und wate zu den Wellen. Der Spot ist leer, wie ausgestorben ...

Die beiden fehlen mir, besonders im Wasser. Die Erlebnisse zu teilen und mit den Kumpels Unsinn zu quatschen, ist doch das Beste daran. Eigentlich ist Surfen eine Individualsportart: Du und die Welle. Vielleicht ein spiritueller Augenblick, in dem man eins wird mit der Natur. Manche sprechen von der letzten Wahrheit. Von dem Moment, in dem man sich selbst verliert und wieder findet. Irgendetwas davon geschieht in mir, aber es fällt mir schwer, die richtigen Worte zu finden. Und ohne wirklich zu verstehen, was damit gemeint ist, vermeide ich das philosophische Hausieren.

Ich nehme eine brusthohe Welle, surfe sie bis zum Strand und paddele wieder hinaus. Tolles Gefühl.

Die Sonne scheint fahl im Licht des diesigen späten Nachmittags ...

Vielleicht ist es einfach nur Spaß, vielleicht auch mehr. Natürlich das Spiel mit der Vergänglichkeit, als Übung für das Leben. Weil man nur den Moment hat, den kurzen Ritt, und nichts davon bleibt. Aber vielleicht ist es auch etwas ganz anderes. Der Surfer zeichnet seine Linien in die Wellen wie ein Künstler in sein Bild. Und so sehr Kunst auch einem Selbstzweck folgt, so ist sie nichts ohne Betrachter.

Ich positioniere mich noch ein paar Meter weiter draußen ...

Was gibt es Schöneres, als die herausragendsten Momente im Wasser mit seinen Freunden zu genießen. Sich gegenseitig zu beobachten, anzufeuern. Freude ist das Einzige, was mehr wird, wenn man es teilt. Freunde sollten einen Blick auf die Linien des anderen, auf sein Kunstwerk, werfen können.

Meine Beine baumeln im tiefen Nass und lassen den Gedanken freien Lauf ...

Jetzt sitze ich wieder alleine hier draußen. Surfe für mich – wunderschön, aber es fehlt auch etwas.

Eine schwarze Wolke schiebt sich vor die Sonne und verdunkelt den blauen Himmel ...

Freude ist ein Aspekt beim Surfen. Angst der andere. Und mit beidem ist man nicht gerne alleine. Besonders nicht mit Angst. Und irgendetwas stimmt hier nicht.

Irgendetwas stimmt hier ÜBERHAUPT NICHT!

Wieso bewegt sich das Wasser da vorne so merkwürdig?

Eine fiese Ahnung krabbelt in meinen Hinterkopf.

Dann Gewissheit: Da ist etwas.

Vielleicht fünfzehn Meter entfernt, direkt unter der Wasseroberfläche.

Dann taucht es auf! Die Rückenflosse ist so groß wie ein Rucksack. Einen halben Meter, graublau, und die Spitze ragt zur Seite. Der dazugehörige Rumpf verbirgt sich unter der Wasseroberfläche. Der Schatten des Rückens ist sichtbar, und er ist breit. Mit Schrecken erkenne ich, dass sich der Körper nicht auf und ab bewegt.

Es ist also KEIN Delfin!

Natürlich nicht, weil mir schon lange klar ist, was hier los ist. Die Flosse schneidet geradewegs durch das Wasser. Das ohne Zweifel große Tier steuert direkt auf mich zu. Zehn Meter, acht Meter, sechs Meter. Fünf Meter entfernt, erkenne ich die massige Silhouette und sehe auch die Schwanzflosse: Der Hai misst über zwei Meter.

Scheiße!, schreie ich stumm, während er seitlich an mir vorbeigleitet. Aus nächster Nähe wirkt das Tier gewaltig. Er beschreibt einen halben Bogen und bleibt dabei genau auf einer Distanz von drei Metern. Meine Gedanken brüllen mir zu, was Paul in Südafrika erklärt hat: Dass die meisten Haie ihre Opfer drei Mal umkreisen, bevor sie abtauchen, um von unten aus der Tiefe anzugreifen.

In diesem Moment taucht die Flosse ab. Und ist weg! Reflexartig reiße ich Arme und Beine aus dem Wasser. Ich liege auf dem schmalen Board und blicke mich um. Die Wasseroberfläche ist gespenstisch glatt. Nichts bewegt sich. Nur Stille. Brutale Stille. Mir wird bewusst, dass mein halber Oberkörper im Wasser hängt. Wenn er von der Seite kommt, sind meine Flanken völlig ungeschützt. Mit einem Biss hat er einen Fetzen Fleisch aus meiner Taille gerissen. Wie groß ist das Vieh? Wie groß sein Maul? Kann er seine Zähne durch mein Brett bohren? Mir Leber oder Milz herausreißen?

Ich schaue nach rechts: nichts. Dann nach links: nichts! Warum sind Eckart und Claus nicht da? Was macht man in so einer Lage? Wo ist die Theorie? Gibt es kein Handbuch?

Keine Panik! Das steht an erster Stelle. Die riecht der Hai, und er liebt sie wie das Salz in der Suppe. Angst lädt ihn ein, weil sein Opfer unterlegen, weil sein Opfer leichte Beute ist. Verdammt, was hat er vor, wo ist er jetzt? Hunde, die bellen, beißen nicht, aber der Hai schlägt einfach zu, ohne Vorwarnung, weil er Hunger hat. Oder Blutdurst!

Bloß ruhige, besonnene Bewegungen. Das ist es. Mit kräftigen, langsamen und vor allem selbstbewussten Armzügen einfach wegpaddeln. Toller Plan. Ich traue mich kaum, das Wasser zu berühren. Vor meinem geistigen Auge sehe ich, wie ich die Hand vor mir ins Wasser gleiten lasse, durchziehe und meinen Arm neben der Hüfte mit einem schreienden Schmerz und einem roten, verkrüppelten Stummel, aus dem Blut spritzt, wieder aus dem Wasser hebe.

Scheiße verdammt!

Ich mache zwei Züge und hänge sofort drei weitere dran. Ich muss hier weg! Ich sehe mich nochmals um. Dann werfe ich den Motor an. Meine Züge sind weder ruhig, noch langsam oder still. Rasende Panik statt kluger Beherrschung. Alles egal. Vollgas! Alles auf Hochtouren. Verfolgt. Gejagt. Trotzdem nur Schritttempo und ich brauche Lichtgeschwindigkeit, denn er kann jederzeit angreifen. Einfach zubeißen. Eine Welle muss her – sofort! Natürlich kommt keine.

Abgehackte Sekunden werden zu zähen Minuten. Ist er hinter mir? Auf jeden Fall irgendwo unter mir!

Mit allem, was ich habe, ziehe ich durch, gleite auf der dünnen Oberfläche Richtung Strand, blicke panisch durch die Gegend und paddele um mein Leben. Das Ufer ist eine Ewigkeit entfernt. Atemlose Verzweiflung. Dann taucht eine kleine Welle auf, die ich einfach kriegen muss. Ich komme ins Gleiten und blicke in den Abgrund. Knapp zwei Meter. JETZT bloß nicht fallen. Der Gedanke, mit meinem ganzen Körper ins Wasser zu plumpsen, lässt mich erschauern. Direkt auf den Speiseteller der hungrigen Bestie. Ich zittere am ganzen Leib und bin messerscharf konzentriert. Dann springe ich auf und reite die Welle zum Strand. Selbst die letzten, knietiefen Meter stürze ich aus dem Wasser, wobei ich über meine Beine stolpere, hinfalle, mich wieder aufrappele und weiter Richtung rettendes Ufer hetze. Als ich trockenen Sand an meinen Füßen spüre, blicke ich zurück. Nichts. Nur friedliche Ruhe.

Ein Balinese schlendert heran. »What is?«

»Fuck, fuck, fuck! A shark!«, hyperventiliere ich.

»No, no, no schark, only dolfin! Yu sow dolfin.«

»It – was – a – shark!«

»Sometimes schark«, grinst er. »Yu skared?«

»No«, lüge ich und ziehe dabei meine Augenbrauen hoch.

Er lacht. »Sometimes shark! Yes. But no problem, shark only eat fish!«

»Sometimes shark? No problem?«, fahre ich ihn an, löse die Leash und haue ab.

Nie wieder werde ich diese Insel mit der Erwartung betreten, nicht überrascht zu werden oder irgendetwas im Griff zu haben. Das schwöre ich bei meiner Milz und meiner Leber.

Auf dem Nachhauseweg fühle ich mich komisch. Mir ist flau im Magen, aber ich sehe mein Leben plötzlich lebendig und voller Zufriedenheit vor mir. Nach dem Abendessen laufe ich aufgedreht durch Kutas Straßen, quatsche mit jedem, den ich kenne und genieße jeden Schritt durch die kleinen Gassen mit der Leichtigkeit eines erleuchteten Glühwürmchens. Ein feinsinnig verdrehtes Gefühl pulsiert durch meine Adern. Ein bisschen heldenhaft, ein bisschen unbeholfen. Ich trinke ein paar Bier zur Beruhigung und schlendere, nachdem ich meine Story etwa fünfzehn Mal erzählt habe, in meine Hütte zurück.

Ich wache schweißgebadet auf, mit einer Scheißangst in der Brust. Selbst als ich merke, dass ich in meinem Bett liege.

Mein T-Shirt klebt an meinem Rücken. Die Furcht, die in meinen Gliedern steckt, ist so stark, dass sie mir körperlichen Schmerz verursacht. Meine Stirn ist triefend nass. Die entsetzlichen Bilder, das Massaker aus der Tiefe, schimmern nach. Ich habe nur geträumt. Aber furchtbar real, von abgerissenen Gliedmaßen und spritzendem Blut

Leider war die Begegnung am Nachmittag kein Traum. Das war echt. Echt unfassbar. Unfassbar echt.

Es gibt Momente, die das Leben verändern. Momente, nach denen das Leben einfach weitergeht, aber nichts mehr so ist, wie es vorher war. Immer bleibt etwas zurück. Jeder Moment hat seinen Sinn. Die Zeit heilt viele Wunden, aber manches hält sich hartnäckig.

Die Begegnung mit dem Hai hat Spuren hinterlassen und lebt in meinem Kopf. Sieben Wochen später, in Frankreich, rast mein Puls in die Höhe, als ich eine Finne etwa dreißig Meter von mir entfernt erblicke. Ich reiße das Brett herum und sehe, dass es ein Vogel ist. Haie in Frankreich? Lächerlich!

Manchmal, wenn ich morgens ins Wasser wate, kommen mir die Bilder von Haiangriffen in Florida in den Sinn. Hinterhältige

Jäger, die sogar in knietiefem Wasser zuschlagen. Sie rauben Kinder und Körperteile. Hauptsache menschliches Fleisch.

Ich kann nichts dagegen tun, als weiter ins Wasser zu gehen und mir bewusst zu machen, dass jeder Meter im Auto gefährlicher ist. Wie meinte Paul in Südafrika: Haie sind ein Problem im Kopf.

Und genau da sitzt meines jetzt. Es lauert keine Gefahr, sondern ein Kampf mit dem Geist.

Vielleicht sind das die schwierigsten Kämpfe im Leben.

Wieder eine Lektion aus dem Meer, eine, nach der ich nicht gefragt habe. Wenn der Kopf verrücktspielt. Wenn wir uns selbst in den Wahnsinn treiben. Große Wellen muss nur der Körper bewältigen. Luft anhalten und der Terror hat ein Ende. Krankheit tut nur weh. Man kann sie auskurieren. Heiße Milch mit Honig oder vier Tage Schlaf. Über kurz oder lang stellt sich Genesung ein. Der Geist aber ist ein geschickter Gegner. Unberechenbar und nicht zu kontrollieren. Buddha lässt grüßen. Haie, Existenzängste, Sehnsüchte. Liebeskummer, Kündigung, Älterwerden.

Alles vergeht, das ist das universelle Gesetz. Also kein Problem – eigentlich. Aber darüber Bescheid zu wissen, hilft nicht, denn der Geist vermag uns trotzdem, das Leben zur Hölle zu machen. Wenn die Gedanken in Schwung kommen. Zu jeder Zeit und an jedem Ort. Selbst wenn wir sicher im Bett liegen, erwacht plötzlich ein tödlicher Schmerz, der uns um den Verstand bringen will.

Der Kampf im Kopf lässt Monster aus der Tiefe auftauchen, und er weiß genau, wie er uns quält. Mit Hammer und Meißel: Mit dem, was wir gerade nicht haben, oder mit dem, was uns passieren könnte. Alles nur mental? Ja. Und es gibt nichts Schlimmeres! Naja, am besten einfach nicht dran denken.

Das erinnert mich an Frau Ramacher, meine Grundschullehrerin. Sie hat uns manchmal eine verblüffende Aufgabe gegeben: »So, und jetzt alle *nicht* an ein rotes Feuerwehrauto denken!«

Und in der ganzen Klasse fuhren rote Feuerwehrautos kreuz und quer durch unsere Köpfe.

XVII. Frankreich, 2001

Wieder eine Sommersaison in Frankreich. Ich kann jeden Tag surfen, verdiene meinen Lebensunterhalt und kann meine Muskeln in Schuss halten. Außerdem bekomme ich ein Gefühl für den Sinn des Lebens und eine Bestimmung: Menschen zu begeistern, ihnen unvergessliche Momente zu schenken, sie mit dem Wellenreitvirus anzustecken, Geschichten zu erzählen und mit dem Team einen einzigartigen, lachenden Sommer zu verbringen.

Klar strukturierte Tage mit Praxiseinheiten und Theorie. Von morgens zehn bis abends um achtzehn Uhr am Strand. Dann ein bisschen Büroarbeit und Verwaltungskram, fast wie ein normaler Job, bevor sich das Abendprogramm nähert. Verrückte Ideen und lustige Spektakel, die das Team zu einer Familie zusammenschweißen. Ich würde den Campleiterjob umsonst machen, denn Frankreich ist mein Ersatzzuhause geworden. Weniger Hardcore-Wellen und mehr Mädels, Party, Alkohol.

Dabei surfe ich so viel ich kann, um besser zu werden, denn die Mädchen mögen das, und ich will vorbereitet sein für den nächsten Trip.

Natürlich, manchmal kommen wieder die Fragen auf: Wozu habe ich studiert? Gibt es einen Weg zurück?

Sollte ich irgendwann das rettende Ufer in Deutschland anvisieren? Als was? Als Lehrer, wegen der Ferien? Vielleicht, aber erst mal abwarten. Bis wieder die Tage kommen, an denen auch in Frankreich alles stimmt. Die Tage, an denen die Wellen perfekt sind und alles andere außer Frage steht. Denn der perfekte Ritt lässt auch das Gewissen schweigen, endlich *vernünftig* zu werden.

XVIII. Ecuador, 2002

Die Suppe läuft an mir herunter wie die Niagarafälle. Aufgedrehte Percussions, wilde Trompeten und dazwischen klimpert das Piano. Der Bass ist gnadenlos, die Musik geil. Der Dancefloor ist so voller Freude, dass ihre Zähne strahlen wie die Sonne, und die glänzenden Tropfen an ihren zuckersüßen Wangen entlangrinnen wie der Regen. Sechs junge Frauen tanzen um mich herum. Nein, sie bewegen sich wie Göttinnen! Zu dem Beat, der ihr Leben ist. Ich antworte mit deutscher Hausmannskost. Die Bongos trommeln mir in die Seele und durch die Beine. Ihre dunklen Augen lachen mich an, und sie schmeißen die langen, schwarzen Mähnen um ihre Körper. Ich werfe mich auf Kommando in eine weitere Drehung um die eigene Achse. Gerade noch kann ich mich auffangen, stütze eine rettende Hand auf dem Boden ab und rausche wieder in die Höhe. Wir jubeln und jauchzen dabei. Sie haben den Rhythmus im Blut, ich wenigstens den Alkohol. Und der wirbelt mich jetzt durch den Laden.

Ist das heiß!

An diesem Abend bin ich der Star! Oder der Clown. Natürlich lachen sie über mich. Das muss einfach so sein. Der einzige mit weißer Haut und weißem Tanz. Grobmotorisch und unbeholfen wie ein Kind. Aber ich liebe die Musik, und das lieben die Mädels. Jeder drückt sich aus, wie er will und wie er kann, den Rest erledigt der Salsa. Er infiziert uns, treibt uns zur Ekstase. Wir lachen zusammen und tanzen dabei. Die Mädels sind Sportwagen und Luxuslimousine in einem – ich ein Fisch ohne Fahrrad. Aber zusammen ergeben wir eine grandiose Vorstellung. Diese Augen. Diese Lippen. Diese Körper. Und natürlich: Diese Hüften!

Das glaubt mir keiner. Ich würde das im Traum nicht glauben. Nie im Leben, wenn ich nicht gerade mittendrin stände und mit meinem Gleichgewicht zu kämpfen hätte.

Ich brauche einen Drink und wanke zur Theke. Basti, Eddi und die anderen sind schon seit Stunden nicht mehr hier. Ich schütte einen weiteren Cuba Libre meine Kehle hinab und schaue auf das herrliche Schlachtfeld schwitzender Körper.

Fabiola und Delia kommen an die Bar und hängen sich bei mir ein. Sie führen mich aus der Disko hinaus. Ob sie wissen, dass ich den Ausgang alleine nicht mehr gefunden hätte?

Draußen dämmert es bereits, und ich habe keine Ahnung, wo wir sind. Wir springen zu siebt auf die Ladefläche des Pick-ups und starten in die Morgenstunden der noch schlafenden Großstadt. Das Licht ist atemberaubend. Wir sind hellwach, nein, wir sind Freiheit. Der Wind rast mir durchs Gesicht, und alleine für diese Fahrt könnte ich Eddi küssen. Endlose Straßen, einfache Häuser, die vom Leben in Südamerika erzählen, und Wolkenkratzer, die den Mittelpunkt des Universums markieren. Viel lieber noch würde ich eine der Schönheiten küssen, die sich den gesamten Abend um mich geschart haben, als wäre ich Robert Redford.

Wir fliegen an der aufgehenden Sonne vorbei. Rechts und links lehnt samtweiche Haut an meinen Schultern: Latte Macchiato, Sonne und Strand, zartbitter und Edelnuss.

Welche soll ich überhaupt nehmen? Die schönste Qual der Wahl, die ich je gesehen habe.

Natürlich traue ich mich nicht. Jetzt fehlt mir Südamerika im Blut. Aber was soll's: Was für eine Nacht! Der Wagen rast durch Guayaquill. Nach einer halben Stunde halten wir vor einem kargen, traurigen Wolkenkratzer. Ich springe von der Ladefläche, und drehe mich noch mal um.

»Te qiero, todas! – Ich liebe euch alle!«, rufe ich.

Delia hopst vom Wagen und begleitet mich zum Eingang. Sie hält meine Hand und flüstert mir ins Ohr. »Entschuldige, Andi. Ich kann nicht mit dir kommen, weil ich gleich arbeiten muss.« Dann drückt sie mir einen Kuss auf die Lippen.

Die Mädels pfeifen. Sie wirft ihre Haare herum, läuft zum Pick-up, und der ganze Haufen verschwindet aus meinem Leben. Ich bin viel zu betrunken für Verdruss und nicke dem Security-Schrank am Eingang zu. Ich springe die Treppen mit dem Gefühl hinauf, dass mir alle Frauen Südamerikas zu Füßen liegen.

Oh Gott, ist mir schlecht!

Ich drehe mich zur Seite, taste verzweifelt auf den Nachttisch und finde die Kopfschmerztabletten. Ich versuche mich so wenig wie möglich zu bewegen und nehme zwei. Dann rolle ich mich zusammen und konzentriere mich auf das Pochen in meinem Schädel. Wenn ich mich nicht rühre, muss es aufhören. Ich atme wie im Porzellanladen. Dann der Gedanke, der alles nur noch schlimmer macht. Wieso der Schmerz? Weil mein Gehirn geschwollen ist und von innen gegen meine Stirn und Schläfen gequetscht wird! Das Bild bohrt sich in mein Stammhirn und meine Augenbrauen ziehen sich zusammen wie rostige Rollladen. Dann switcht das Gefühl zu der Übelkeit, die in meinem Halse steckt. Sterben ist nichts dagegen. Ein Anflug von Müdigkeit rettet meinen Kopf davor zu explodieren. Der Schlaf knipst den Schmerz aus und den Brechreiz ebenso. Mit ein wenig Glück wache ich nicht wieder auf.

Ohhh – was für ein Krach! Kann ich nicht einfach in Ruhe verrecken? Verdammt.

Ich blicke zu Basti rüber. Er ist wie immer eine große Hilfe und stellt sich schlafend. Ich atme so tief ich kann und sage: »No gracias, por favor! – Nein, danke, bitte!«

Die Putzfrau ist unbeeindruckt und da mir vor lauter Kopfschmerzen keine weiteren Worte einfallen, kann ich nichts dagegen tun. Dieses schreckliche Pochen hat sich endgültig in meiner Rübe festgesetzt. Offenbar habe ich mir Superkräfte angesoffen: Ich bin schmerztablettenresistent.

Abgesehen davon bin ich nackt bis auf die Socken. Ich ziehe mir die Decke bis zum Kinn hinauf und rolle mich erneut zusammen. In der Ecke lehnt Bedrohung an der Wand, beschwört neue Angst herauf. Ich hoffe nur, dass sie *das* nicht tun wird.

Sie tut es. Der Staubsauger bohrt sich direkt in meinen Hypothalamus und bläst meinen Kopf auf wie einen platzenden Luftballon.

Das reicht. »SEÑIORA! Por favor«, rufe ich. Unfreundlich, laut und unmissverständlich. Hinter meiner Stirn schlägt im selben Moment ein Hammer zu. Dreimal. Ich verziehe das Gesicht. Die Frau fährt gewissenhaft mit der Zimmerreinigung fort.

Vielleicht ist sie taub. Vielleicht wurde sie aus der Hölle hinaufgeschickt, um arme Seelen wie mich davor zu bewahren, jemals wieder Alkohol zu trinken. Sie hat schon längst gewonnen!

»S-e-ñ-i-o-r-a, p-o-r f-a-v-o-r«, flehe ich. Der Hammer schwebt über mir wie die Panzerfaust der Anonymen Alkoholiker. Ich ziehe mir das Kissen über den Kopf und bete. Gott, warum? Die Kreuzigung Christi ist ein lauwarmer Kaffee dagegen. Dann bete ich zu den Kopfschmerztabletten, für ein kleines bisschen Wirkung.

Die Zimmerfrau saugt gründlich, auch unter dem Bett, und zieht die Vorhänge auf, um ihr Werk zu begutachten. Rücksichtsvoll zieht sie die Vorhänge wieder zu, bis auf einen grellen Spalt natürlich, und schlendert vergnügt zur Tür hinaus.

Kaum hat sie den Raum verlassen, meldet sich Basti zu Wort. »Na, noch gut gefeiert?«

Das nehme ich ihm wirklich übel.

Wir sitzen beim Abendessen in einem kleinen Straßenimbiss. Wer hätte gedacht, dass ich jemals wieder feste Nahrung zu mir nehmen kann. Wir sitzen in Guayaquill fest und wissen nicht weiter.

Basti und ich sind unterwegs in geheimer Mission. Wir haben fünf Monate zusammen die Wavetours Camps in Frankreich geschmissen. Dann kam eine Anfrage. Ein paar Ecuadorianer wollen Surftrips für Deutsche anbieten. Wavetours soll die Kunden vermitteln. Also brauchen sie jemanden, der einen Test-Surftrip durch Ecuador macht. Einen Test-Surftrip?

»Logo!«, meinte Basti.

»Superbueno«, meinte ich.

Am Flughafen hat uns Eddi Salazar abgeholt. Eddi surft in Ecuador seit über zwanzig Jahren, kennt jede Welle und rippt wie ein Gott. Ich glaube, sein zweiter Satz war: »They call me the donkey! And not because of my big ears.«

Was soll man dazu sagen?

Südamerika, Macho und das Gegenteil von meinem Naturell. Aber fremde Kultur fasziniert, egal aus welcher Richtung sie kommt.

In den folgenden vierzehn Tagen hat er uns kreuz und quer durch Ecuador gejagt. *The Search!* Mit allem, was dazu gehört. Eine Karre, die ständig kaputt geht, im Fluss steckenbleibt oder im Sand festgefahren ist, nur zwei CDs und jede Menge billige Absteigen. Dafür weiß ich nun, wie man ein Auto aus dem Sand befreit, kenne jedes Lied von Kid Rock auswendig und liebe dieses Land, was vor Schönheit eines Tages platzen wird.

Eddi hat uns alles gezeigt. Montanita, Canoa, San Mateo, und ich bescheinige ihm schon lange das goldene Abzeichen als Reiseführer im Abenteuerbereich. Nichts war perfekt, aber genau das ist es, was unseren Trip so einzigartig macht. Eddi hat Improvisationstalent, kennt Gott und die Welt und scheut keinen Aufwand, um einen verlorenen Spot aufzuspüren und auf Herz und Nieren zu prüfen. Einen hygienisch reinen Ausflug mit Klimaanlage und Reisebus kann ich mir schenken.

Auch wenn es manchmal anstrengend ist. Ich will nicht nur die Heimat verlassen, um über eine Grenze zu fliegen. Ich will raus aus der Fruchtblase, den sauberen Sitzen und den aufgeweichten Polsterlehnen. Hinein in die Schwüle und dreckige Luft, auf die verstaubten Ladeflächen aus Blech und Stahl, um mir den Hintern wund zu sitzen. Ich will über Schlaglöcher brettern und in den nach Sprit müffelnden Werkstätten stundenlang auf das Ersatzteil warten, die Einheimischen riechen, die stinken, genau wie ich, verschwitzt und unrasiert, südamerikanisch durchgeknallt und gnadenlos gedankenfrei.

Eddi bringt uns genau dahin, wo das Leben tanzt, und wir lieben ihn dafür. Unser Großmeister mit Eselsohren. Und die Wellen waren fantastisch! Nie werde ich die Pipeline vor Puerto Cajo vergessen. Ein heftiger Beachbreak mit fetten Barrels, unser Motto: *Let's get hammered!*

Das war gestern. Wir haben uns in die krassen Wellen gestürzt und meist mit üblen Wipeouts bezahlt. Aber alles nur auf Sand gebaut, und deshalb hatten wir eine Menge Spaß. Und jede Sekunde in der Röhre muss gefeiert werden. Also auf in die große Stadt. Eine seiner spontanen Ideen. Ich glaube Eddis Worte waren: »Wir fahren nach Guayaquil. Dort feiert eine Freundin Geburtstag. Nachdem wir gut gegessen, getrunken und ordentlich gefickt haben, gehen wir tanzen.«

Das ist Eddi. Und jetzt ist er weg.

Er hat sich das Highlight des Trips bis zum Schluss aufbewahrt: Mompiche. Wenn das stimmt, was seine Kumpels behaupten, steht uns eine dieser besonderen Wellen bevor. Eine von dem Kaliber, wie es sie auf dieser Erde nur ein paar Mal gibt. Und ein Kaliber, für das ich alles stehen und liegen lasse. Vor allen Dingen im Angesicht der gigantischen Swellvorhersage im Internet.

Aber ohne ihn finden wir nicht dorthin.

»Was machen wir denn jetzt?«, fragt Basti.

»Der taucht schon wieder auf!«, sage ich.

»Wir haben unseren Surfguide verloren«, grinst Basti.

Nach vierundzwanzig Stunden steht Eddi vor der Tür. Seine Augen sehen müde aus, sein Körper ausgelaugt. Die schwarzen Locken hängen traurig neben seiner Stirn. Ich weiß, dass er nicht eine Sekunde geschlafen hat. Er holt Luft und verschwendet keine Worte.

»Let's go, boys. Get your stuff together – The Search goes on!«

Vielleicht müssen wir auch aus irgendeinem Grund die Stadt verlassen. Wir fragen nicht nach.

Acht Stunden später legen wir ab. Ein kleines Fischerboot mit Außenborder bringt uns die Küste entlang. Anders lässt sich Mompiche in der Regenzeit nicht erreichen.

Nach etwa dreißig Minuten verlangsamt der zahnlose Captain die Fahrt und stellt sich auf, um einen genaueren Blick auf die See vor uns zu werfen. Eddi schnallt seinen Rucksack an: »Just in case we sink.«

Meine Körpertemperatur ist unsicher, fragt sich, ob es Zeit für Hitzewallungen ist. Ist das wieder eine seiner *The Search*-Shows? Abenteuer-Touri-Thrill, der schlimm aussieht, aber harmlos ist?

Erstaunlicherweise liegt vor uns ein Brandungsfeld. Etwa hundert Meter mit kleineren und größeren Wellen, die brechen, obwohl wir ein ganzes Stück von der Küste entfernt sind. Es sieht so aus, als wenn sich eine gewaltige Sandbank auf das Meer hinauszieht. Das seichtere Gewässer lädt die Wellen ein, zu brechen und uns den Weg zu versperren. Mit dem Boot kommen wir da nicht durch.

»Der Sprit reicht nicht aus, um das zu umfahren. Aber keine Sorge, der Captain ist ein alter Fisch.«

Ich schaue Basti an. Basti mich.

Der alte Mann am Außenborder dreht den Kahn um 180 Grad. Wir kehren um.

Nach ein paar Metern steuert er unentschlossen zurück und tuckert ein zweites Mal auf die Stelle zu. Plötzlich gibt er Vollgas. Der Motor heult auf und wir rasen direkt hinter einer Welle her. Sie läuft vor und wir ziehen in ihrem Schatten hinterher. Alles was dahinter kommt, ist ein Stück weit von uns entfernt. Gutes Timing und die erste Hälfte meistern wir souverän.

Dann verkrampfen meine Schultern. Die Wellen sind chaotisch, irgendetwas gefällt mir nicht. Ich sehe eine Welle aus der anderen Richtung kommen. Eine, die uns entgegenrollt: Wir sind auf Kollisionskurs!

Ich versuche zu kalkulieren, ob wir es noch vor der Welle aus dem Feld hinausschaffen können. Eigentlich nicht! Dann ändert unser Captain den Kurs. Statt geradewegs heraus und in Rettung, steuert er plötzlich aufs Meer hinaus und der Welle entgegen. Das macht Sinn, um nicht von ihr weggerissen zu werden, steuert uns aber immer tiefer in den Abgrund hinein, und DAS kann der nicht wollen. Dann das Aufeinandertreffen. Während sich die Woge aufbaut, fahren wir die Wasserwand hinauf. Steil nach oben. Ich greife nach einem Riemen, um nicht nach hinten zu fallen.

»Ooahhahhaaaa!«

In letzter Sekunde hat der Captain wieder gedreht und fährt jetzt die steile, jeden Moment brechende Welle hinunter. Oder entlang. Der Typ spinnt total – er surft. Ein Monster aus Weißwasser jagt um Haaresbreite hinter dem Motor her. Aber der Schwung reicht, wir schaffen es aus der Gefahrenzone. Ich rutsche zurück auf meine Bank. Eddi grinst. Ich mag diese Momente nicht. Momente, in denen ich nicht entscheiden kann, ob wir gerade dem Tod von der Schippe gesprungen sind oder die deutsche

Ängstlichkeit der südamerikanischen Erfahrung auf den Leim gegangen ist.

Der Zahnlose setzt sich wieder und bringt uns in der großen Bucht von Mompiche an Land. Ich schüttele ihm die Hand und schaue ihm in die Augen. Ich will wissen, ob das knapp war oder täglich Brot. Der Mann, dem ich gegenüberstehe, hat keine Mimik. Seine Haut besteht aus einer dicken Schicht, aus rauem Leder und was sich darunter versteckt, bleibt für alle Zeit verborgen. Also lache ich und entscheide, dass Captain Nero weiß, was er getan hat, nämlich uns vor dem sicheren Untergang bewahrt.

Wir sitzen beim Abendessen zusammen und ein Papagei hat es sich auf Bastis Schulter bequem gemacht. Vor der Tür sitzt ein kleiner Wachaffe auf einer Stange. Auf dem Dach klettern Leguane herum. Kakerlaken auf dem Klo, Fledermäuse unterm Dach. Menschen habe ich noch keine gesehen. Einzige Ausnahme ist der nette kleine Mann, der jetzt den Tisch deckt. Eddi, Basti und ich verhungern. Wir haben es mal wieder bis ans Ende der Welt geschafft.

»The big north swell is supposed to hit tomorrow, boys. Get ready for it!«

Das sind die Sätze, die ich liebe, die mir Gänsehaut verursachen und die alles und nichts bedeuten. Und was diese Sätze in mir anrichten! Ein paar Worte auf dem Trommelfell, die mein Hirn in Wallung bringen, um es in eine Mischung aus Vorfreude und Angst zu stürzen. Meine Handflächen beginnen zu schwitzen. Ich muss mir die Füße vertreten.

Ich mache einen Spaziergang am Strand. Alles ist reine Magie. Meine Beine schlurfen durch einsamen Sand aus goldenem Staub. Ein paar feuerrote Wolkenfetzen schmücken den Himmel. Wenn ich so weit weg von allem bin, stellen sich zwei Gefühle ein: Das eine ist Hilflosigkeit, ist Sorge. Was ist, wenn uns hier etwas passiert? Das andere ist Freiheit, ist Unbekümmertheit. Die stellt sich ein, wenn der Rest der Welt weit genug entfernt ist. Wenn die

Distanz groß ist, verliert alles seine Bedeutung, und das befreit. Es gibt nur noch das Hier. Keine Pflichten und vor allem: Keine Alternativen.

Ich hebe eine Muschel auf und betrachte die Rillen auf der Rückseite und das ausgewaschene, glatte Weiß im Inneren. Ich wiege sie in der Hand und lasse sie wieder in den Sand plumpsen. Wann sich welches Gefühl einstellt, weiß ich nicht. Jetzt ist es grenzenlose Freiheit.

Das ist wie mit der Vergänglichkeit, die Ursache für unsere Sorgen und der ultimative Dorn im westeuropäischen Auge, weil es eigentlich keine Sicherheit gibt. Das macht Angst. Bis man die Vergänglichkeit akzeptieren kann, dann wird sie auf einmal zur tiefsten Schönheit, die es geben kann. So wie dieser Sonnenuntergang, der gleich für immer verschwunden und gerade deshalb einfach einzigartig ist.

Nach zehn Minuten erreiche ich die Landzunge, an der sich die Wellen brechen. Noch sehen sie klein und gemütlich aus. Entspannt und ganz und gar nicht so wie von Eddis Kumpels prophezeit (*a freight train, a spitting beast, a wave of steel*).

Wird der vorhergesagte Swell morgen den Spot zum Leben (oder zur Hölle) erwecken? Kaum vorstellbar. Entspannte Wellen wären mir fast lieber. Es muss ja nicht immer so heftig sein.

Hinter mir liegt singendes Grün. Die Geräusche des Dschungels. Auf der anderen Seite dieser Wand aus Pflanzen steckt mehr Leben als ich mir vorstellen kann. Das höre ich. Es ist hypnotisierend, aber ich gehe zurück, bevor zum Angriff geblasen wird, denn bald wird sich eine Armee Moskitos bewaffnen, um auf die Jagd zu gehen, da Frischfleisch aus dem Westen angekommen ist. Zeit, unter das Moskitonetz zu krabbeln. Ich muss schlafen, denn morgen wird ein großer Tag.

Kurz vor Sonnenaufgang wandern Eddi, Basti und ich den Strand entlang. Im Westen ist der Himmel noch dunkel, aber vor uns beginnt die Glut des Ostens bereits zu fackeln. Das Licht ist so schön, dass man es unmöglich festhalten kann. Ein Foto wäre Gotteslästerung, trotzdem hätte ich gerne eins. Ich versuche, den Anblick aufzusaugen und ihn nie wieder zu vergessen. Genau wie immer. Funktioniert hat es noch nie.

Es ist unmöglich, sich an einen Sonnenuntergang zu erinnern! Der Augenblick ist alles, was mir bleibt, und das ist genauso schade wie fesselnd. Eddi reißt mich aus der Gedankenwelt: »This is the day of the barrel!«, brüllt er.

Ich blicke zu dem noch weit entfernten Point hinüber und frage mich, warum Eddi plötzlich so ausflippt. Ich kann Weißwasser erkennen. Das spricht für Wellen. Der Swell ist also angekommen, aber mehr sehe ich nicht. Noch nicht.

Wir paddeln in einem großen Bogen aufs Meer hinaus. Eddi voran und Basti und ich hinterher. Die Wellen sind klein, schulterhoch, und der von Eddi gewählte Sicherheitsabstand ist ein bisschen übertrieben. Dann kommt ein Set. Wir sind weit von der Landzunge entfernt, in tieferem Wasser und nur deshalb nicht in Gefahr. Aber etwa fünfzig Meter entfernt erwacht etwas zum Leben, von dem ich nicht zu träumen gewagt habe. Wie auf eine Schnur gezogen drehen sich fünf gewaltige Wellen um die Landzunge herum und explodieren vor unseren Augen die Felsen entlang. Von der Seite sehe ich, wie die Lippe der Welle weit nach vorne geschmissen wird und eine runde Röhre erzeugt. Die Teile donnern an uns vorbei wie ein Frachtzug. Ein tosender Frachtzug. Unaufhaltsam, egal was sich ihm in den Weg stellt.

Eddi jubelt. Ich schaue zu Basti rüber, dessen Augen weit aufgerissen sind. Wir paddeln weiter. Ich präge mir das von der Welle zurückgelassene Weißwasserfeld ein. Das ist meine Markierung. Dort brechen die Sets. Weiter vorne zu warten, ist Selbstmord. Eddi paddelt genau bis zu dem großen Felsen, wo die Welle sich als erstes aufbaut und gewaltig auftürmt. Ich positioniere mich am Rand mit etwa dreißig Meter Abstand. Basti wartet weiter unten, um sich zunächst die Ausläufer vorzunehmen. Jeder hat seine eigene Herausforderung. Und Eddi stellt sich ihr als erster.

Nach zehn Minuten röhrt das nächste Set heran. Er paddelt in die Welle, schafft den Drop im freien Fall und steht aufrecht, während eine gewaltige Tube über ihm zusammenbricht. Er ist perfekt positioniert, wird von ihr verschlungen, aber nicht verspeist. Mich durchfährt kalter Schauer. Ich kenne nichts faszinierenderes, als einen Surfer in der Barrel zu sehen. So viel Energie, so viel Harmonie und so viel Schönheit am Rande der Zerstörung. Der intensivste Moment in der Begegnung von Mensch und Natur, den ich je gesehen habe.

Wir sind zu dritt und haben perfekte Wellen für uns. Ein speiendes Biest aus Wasser, das uns dazu einlädt, näherzukommen, Grenzen auszutesten und zu sehen, wie gut wir wirklich sind.

Langsam wage ich mich an Eddis Takeoff-Punkt heran und surfe die Wellen meines Lebens.

Drei Stunden lang ringen wir mit massiven Wellen. Mit schwierigen Takeoffs, die uns direkt in den Schlund der Wasserröhre bringen, und zerschmetternden Wipeouts. Eine wunderbare Mischung aus grenzenlosem Spaß und drohendem Ersaufen. Basti reißt sich die Wade am Felsen auf. Er blutet, und zurück am Strand bin ich heimlich ein bisschen neidisch auf die Wunden.

Weniger neidisch bin ich auf die tägliche Desinfektion mit Kodan. Ein lustiges Zeug. Einfach drauf, und drei Sekunden später entfacht es seine Wirkung. Wie Salzsäure, nur schlimmer. Für wahre Männer, weil: schmerzfreies Jod kann jeder. Wir stellen uns drei Tage einer soliden Portion Hardcore-Surfen in Mompiche, bevor wir vom Boot abgeholt und total stoked zurückgebracht werden.

In Canoa erwartet uns ein entspannter Strandort mit spaßigen Wellen. Beachbreak! Wir bleiben. Tagelang, wochenlang. Surfen, Surfen, Surfen. Als wenn es nichts anderes gibt im Leben. Gibt es auch nicht.

Irgendwann bin ich durch. Bin müde, bin in den letzten sieben Tagen fünfunddreißig Stunden im Wasser gewesen – eine Arbeitswoche. Insgesamt bin ich in den vergangenen fünf Wochen so viel gesurft wie irgend möglich. Mir tut alles weh. Mein Rücken schreit nach Erholung, mein Nacken ist verspannt und die Zerrung in der rechten Schulter wird auch nicht besser, wenn ich den ganzen Tag durch die Gegend paddele. Und mein Kopf beginnt zu streiken. Sich im Wellenreiten zu verbessern, kostet Kraft, mentale Kraft. Es bedeutet, jede Welle mit aller Energie zu surfen, die Manöver immer an der steilsten Stelle zu platzieren und jeden Millimeter der Welle vollständig auszunutzen. Und natürlich jeden Tag vor dem Sonnenaufgang aufzustehen und in jeder Session so viele Wellen wie möglich zu kriegen.

All das fällt mir plötzlich unglaublich schwer. Surfen ist nicht langweiliger geworden, aber mein Enthusiasmus lässt mich im Stich. Keine Energie. Ich kann nicht mehr. Surfed Out. Ich brauche eine Pause. Nein, Abwechslung. Vielleicht Abwechslung und eine Pause.

Ich gehe früher als die anderen aus dem Wasser und direkt ins Bambu. In dem gemütlichen Laden am Strand beginnt die Happy Hour um achtzehn Uhr. Zwei Caipirinhas für zwei Dollar. Ich stelle mein Board an der Theke ab und nehme tropfend auf einem der Barhocker Platz. Das Bambu wurde komplett aus Bambus zusammengeschustert und direkt in den Sand gesetzt. Es gibt nur eine Wand, an der zwei Surfbretter und ein Bild mit einer Welle im Sonnenuntergang hängen. Das Dach schützt vor Regen und ist gleichzeitig Terrasse mit Hängematten und Sofas. Darunter stehen fünf Tische mit Stühlen darum. Bar davor, Küche dahinter. Am Rand läuft ein großer Krebs durch den Sand und versucht sein Glück in der Kochstube. Keine gute Idee vermutlich.

An einem der Tische sitzt ein Fremder aus dem Westen. Das ist nicht ungewöhnlich, aber zwei Merkmale verleihen ihm einen Status, der hier selten ist. Seine Klamotten und ein blaues Buch.

Es ist ein besonderes Buch. Ein heiliges Buch. Ein Buch, das jeder kennt und das über Tausende seiner Jünger in die Wüste geschickt hat. Tagein, tagaus eröffnet dieses Buch den Weg zu einem exotischen Kleinod und führt genauso oft in eine bittere Enttäuschung hinein. Das Buch nimmt kein Blatt vor den Mund und flunkert dabei ohne rot zu werden: *Der Lonely Lügner.*

Sein Besitzer ist kein Surfer so wie die anderen, die sich nach Canoa an den Strand verirren, sondern ein Backpacker. Für manche eine minderwertige Form der Reisenden, ein »Touri«. Für mich eine interessante Abwechslung. Die Wellenreiter haben nur Strand und Wasser im Kopf. Eine Vorgabe, die uns durch die Gegend lenkt. Abseits der Touristenpfade. Authentisch. Heldenhaft. Natürlich nur ein bisschen, weil sich die Surfspots genauso an die Surfer angepasst haben wie die Touristenattraktionen an die Backpacker. Die Backpacker wollen Land und Leute erkunden, und die Surfer auch, nur eben nicht in erster Linie. Manche schaffen das auch. Sie finden eine Oase, von der noch nichts in den Büchern steht. Oder die immerhin noch nicht überlaufen ist. Anderen gelingt es nicht, die vorgegebenen Routen des *Lonely Planets* zu verlassen. Pseudopioniere, die immer hinter dem »Besonderen« her sind. Den Insider-Tipps, den Secretspots, den unbekannten Pfaden und dem wirklich coolen Scheiß – den alle machen.

Was zeichnet (m)einen Backpacker aus? Zunächst die lange Stoffhose. Dazu Sandalen statt Flipflops, die Umhängetasche aus Leder, das unrasierte Gesicht und natürlich das dicke blaue Buch auf seinem Tisch. Der Heilige Gral, der alle Informationen in sich trägt, die ich gerne wissen würde, aber aus Prinzip verschmähen muss. Zu einfach, zu gut organisiert, zu hilfreich – zu gerne hätte ich einen.

Ich frage, ob ich mich zu ihm setzen darf und biete ihm einen der beiden Caipirinhas an. Er heißt Marco, kommt aus Kanada und ist vier Monate lang unterwegs durch Mittelamerika. Ich frage ihn aus und falle in das erste Gespräch seit Wochen, in dem es nicht um Wellen oder Gezeiten geht. Eine Wohltat für die kleinen grauen salzwasserdurchnässten Zellen in meinem Kopf. Was er alles zu erzählen hat, was man alles machen kann. Irgendetwas davon muss ich auch mal unternehmen. Vielleicht zwei Tage lang. Auszeit für Kultur, für Land und Leute. Der Regenwald hat's ihm angetan. Aber Marco übertreibt ein bisschen. Das nervt. Also versuche ich ihn wieder auf den Teppich zu bringen.

»Ja, ja, im Regenwald war ich auch schon oft. Indonesien, Sri Lanka und so.«

»Dschungel ist nicht gleich Regenwald!«, doziert er plötzlich.

»Wo ist denn da der Unterschied? Heiß und feucht, Palmen und saftig grün.«

Marco kratzt sich an der Schläfe und schaut auf das Surfbrett an der Wand. »Andi, hast du schon mal den Amazonas gesehen? Hast du schon mal eine Baumdecke gesehen, die über hundert Meter hoch ist? Hast du schon mal Pflanzen und Tiere gesehen, die in Etagen wohnen und so wild durcheinander, dass du denkst, du läufst durch einen Ameisenbau? Hast du schon mal über tausend Laute auf einmal vernommen? Andi, hast du schon mal das Amazonasursprungsgebiet singen hören?«

Mehrfachfragen sind nicht gerade kommunikationsfördernd. *Regenwaldaffe! Den Amazonas singen hören ... Hast du schon mal jemanden so zugetextet, dass ihm die Ohren abfallen?*, liegt mir auf der Zunge. »Nö, wahrscheinlich nicht«, muss ich zugeben.

»Dann fahr nach Quito, schnapp dir ein Flugzeug und flieg in den Regenwald!« Er lehnt sich zurück und schlürft an seinem Strohhalm.

Als wenn es nichts Wichtigeres gäbe. »Ne du, ich surfe lieber. Regenwald guck ich mir an, wenn ich alt bin.«

Marco reist noch am selben Tag weiter. Er will die Eingeborenen, die Quechua, in der Chimborazo Provinz in den Anden besuchen. Ich mache mich am nächsten Abend auf.

Es ist halb elf Uhr abends und immer noch brüllend heiß. An diese tropische Schwüle kann man sich nicht gewöhnen. Die Menschenansammlung um den zerbeulten Blecheimer löst sich langsam auf. Der Busfahrer reißt am Eingang die Tickets ab, und einer nach dem anderen steigt die Stufen hinauf und findet den vorgeschriebenen Platz am Gang oder Fenster. Die digitale Anzeige über dem Fahrersitz zeigt 29 Grad. Bei 5.000 Prozent Luftfeuchtigkeit. Ich habe zum Glück einen Fensterplatz, denn ich brauche Fahrtwind.

Aber: Lieber zu warm als zu kalt! Wer einmal mit einem modernen Reisebus durch Lateinamerika getourt ist, weiß, wovon ich spreche. Ein Wahnsinn. Eine andere Erklärung gibt es nicht. 14 Grad für alle. Die alten Frauen mummeln sich in Decken, die Männer verkriechen sich in ihren Winterjacken. Ich packe immer mindestens zwei Pullis und eine lange Hose ein. Und trotzdem frieren wir uns alle zusammen zu Tode. Ich habe ein Beweisfoto davon zu Hause. Aufgenommen in einem Reisebus in Mexico. Während sich draußen eine angenehme, behagliche Nacht ausbreitet, gibt drinnen die Temperaturanzeige den Ton an. Und leider lügt sie nicht. Denn sobald alle Frostbeulen in den Startlöchern auf ihren Plätzen sitzen, gilt das olympische Motto: Kälter, kälter, kälter. Allein der Anblick der digitalen Zahl mit dem kleinen hochgestellten Kreis dahinter lässt mich erzittern. Als ich eingestiegen bin, lagen wir bei sechsundzwanzig Grad und kurzen Hosen. Dann sprang der Motor an und es ging bergab. Ich erinnere mich genau. Das erste Foto habe ich bei fünfzehn Grad geschossen, weil ich es nicht glauben konnte. Vierzehn Grad fand ich witzig, schließlich hatte ich Klamotten dabei, zwölf Grad kurios. Bei neun Grad wurde mir angst und bange.

Glücklicherweise stellt dieser alte amerikanische Schulbus hier in Ecuador keine Frostgefahr dar. Das Baujahr liegt lange vor der Erfindung der Klimaanlage. Ein Wunder, dass eine digitale Temperaturanzeige angebracht wurde. Ich wische mir den Schweiß von der Stirn, denn ich öle mindestens so sehr wie diese alte Klapperkiste.

Um sicherzugehen, habe ich beim Kauf des Tickets nachgefragt, ob es eine Klimaanlage gibt.

»No. No tenemos aire conditionale«, musste der Busfahrer eingestehen. Fehlanzeige.

»Bien, gracias!«

Zur Sicherheit habe ich beim zweiten Busbegleiter nachgehakt, weil man in diesen Ländern immer mehrere Aussagen braucht, um sich der Wahrheit anzunähern. Die Antwort fiel ebenso erleichternd aus: Nein, keine Klimaanlage an Bord. Daraufhin habe ich ein leichtes Handgepäck gepackt, denn für den Schweiß reicht ein kleines Handtuch und ein zweites T-Shirt aus. Ansonsten brauche ich nur den Kulturbeutel, eine große Flasche Wasser und ein bisschen Lesestoff. Der Rest wandert in die große Tasche, die unten in den Gepäckfächern verschwindet.

Punkt elf Uhr nachts rollen wir los, denn wir wollen das Landesinnere, die Hauptstadt Quito, in den frühen Morgenstunden erreichen. Ich schiebe das Fenster einen Spaltbreit auf, der Fahrtwind spendet Luft zum atmen. Die erträgliche Hitze lässt mich in einen zeitlosen Halbschlaf fallen, den nur ein Chickenbus ohne Stoßdämpfer und Schallisolierung zu bieten hat. Wenn man zwischendurch aufwacht, können fünf Minuten oder fünf Stunden vergangen sein. Draußen röhrt der Bus die dunklen Straßen entlang und drinnen steht die Zeit still. Also schläft man wieder ein und wacht wieder auf und schläft wieder ein, immer weiter, bis irgendwann die Lichter angehen und man angekommen ist.

Ich wache auf, aber schlafe nicht wieder ein. Träume ich? Meine Haut fühlt sich merkwürdig an, nass, aber vor allem: *eiskalt!*

Ich blicke nach vorne und traue meinen Augen nicht. Die digitale Anzeige leuchtet bedrohlich in der Dunkelheit: sieben Grad! Ich trage Shorts ohne Unterhose, ein T-Shirt und Flipflops. Nein, tragen ist zu viel gesagt, das Zeug klebt pitschnass auf meiner Haut. Eine bittere Kälte durchzieht meinen Körper. Einzig und allein meine Handinnenflächen können Körpertemperatur halten. Ich greife meinen Nacken, dann Wangen und Stirn, Oberarme und Bauch. Ich erfriere, und das in Ecuador!

Es ist halb vier Uhr morgens. Der Bus röhrt die steile Straße entlang und hat mittlerweile 3.000 Höhenmeter genommen, weil Quito in den Bergen liegt. Davon wusste ich genauso wie von dem Phänomen des Temperaturabfalls mit steigender Höhe. Aber ich habe nicht daran gedacht, als ich in den Bus gestiegen bin. Die Kälte von draußen dringt mit langen, dürren Fingern in das Innere und gefriert alles, was sich ihr in den Weg stellt. Die anderen haben sich in Decken eingerollt, tragen Schals, sogar Handschuhe, und schlafen. Und ich mache hier auf Sonnenstuhl und Saunalandschaft.

Kacke! Ein T-Shirt aus gefrorenem Schweiß ist überhaupt nicht witzig! Ich versuche, mich an den Polstern des Sitzes trockenzureiben, und ziehe das andere, trockene T-Shirt an, bevor ich das kleine Handtuch aus meinem Rucksack zücke. Das einzige Stück Winterbekleidung, das ich bei mir habe. Der Rest schlummert unten in den Gepäckfächern. Ich rolle mir das Handtuch um den Hals und spanne alle Muskeln an, um Wärme zu erzeugen. Ich hauche und sehe meinen Atem wie den Nebel des Grauens vor meinen Augen. Abwechselnd fahre ich mit meinen Handinnenflächen über die eisige Haut. Fünf Sekunden Wärme, bevor ich die nächste Stelle festhalte. An Schlaf ist nicht zu denken. Dafür an Lungenentzündung, Erkältung und Tod durch Unterkühlung. Kann man bei sieben Grad verrecken?

Ich laufe vor zum Busfahrer und frage ihn nach der Heizung.

»Si, si.«

Ich finde die Plätze, unter denen der Heizkörper angebracht wurde. Er ist lauwarm. Ich setze mich davor und klammere meine Füße darum. Damit steigere ich mich auf locker zehn Grad, und nur noch zwei Stunden bis Quito.

»Diese Fahrt, werde ich nie vergessen!«, erzähle ich dem Taxifahrer.

»Quito siempre frio! – Quito immer kalt!«, lacht er.

Ich steige am Terminal für die Inlandsflüge aus und kaufe am Schalter ein Ticket nach Coca. 130 Dollar für eine Stunde Flug! Ich will in den Regenwald. Basti ist am Strand geblieben, weil er nur noch eine Woche hat, in denen er keine Welle verpassen darf.

Mir bleiben noch zwei Monate, also investiere ich drei Tage Surfauszeit in das Amazonasursprungsgebiet im Osten Ecuadors. Coca liegt mittendrin.

Die kleine Propellermaschine nimmt Anlauf und schafft tatsächlich den Sprung in die Luft. Dort angekommen, rutscht die Maschine Richtung Osten.

Die Wolkendecke reißt auf und gibt den Blick frei auf ein spektakuläres Land ein paar tausend Meter weiter unten. Die Besonderheit Ecuadors liegt weniger darin, dass es genau auf dem Äquator liegt, sondern dass es alle Klimazonen und Vegetationsformen in einem Land vereinigt. Gut, das hat mir bereits die arktische Busfahrt bewiesen. Aber jetzt sehe ich es mit eigenen Augen. Wir fliegen über eine Miniaturlandschaft. In alle Richtungen liegen dichte, grüne Wälder bis zur Baumgrenze und massive Felsen darüber. In der Ferne tauchen schneebedeckte Gipfel auf, die fruchtbare Täler überragen. Direkt unter mir schlängelt sich ein Ameisenweg den kargen Hügel entlang. Er windet sich im Zick-Zack-Kurs hinab, verschwindet und taucht irgendwo wieder auf. Vergessene Pfade, die sich wie Linien durch das Land ziehen. Einsam und alleine. Berghirten und Nomaden wandern sie entlang – wenn es sie noch gibt. Den größten Teil dieser Region hat noch nie ein Mensch betreten.

Wir fliegen über eine Kuppel, hinter der sich eine unendliche Tiefebene ausbreitet. Ein gewaltiger grüner Teppich legt sich auf das Land. Dicht geflochten, ohne Lücke zum Atmen, ohne Spalt zum Linsen: der Regenwald. Dann verschwindet das Bild in einer milchigen Suppe aus Zuckerwatte und Wolkenfetzen. Ich drehe den Kopf nach vorne und dehne meinen verspannten Nacken. Noch zwanzig Minuten bis zur Landung.

In der Warteschlange am Flughafen von Coca liegt ein Mobiltelefon direkt vor meinen Füßen auf dem Teppichboden. Ich hebe es auf. Ein hochgewachsener Mann mit hellblauem Hemd und elegantem Kurzhaarschnitt sucht ein paar Meter entfernt hektisch seine Taschen ab.

»Sorry Sir, is this your mobile phone?«

Er schaut auf den verlorenen Sohn in meiner Hand. Dann auf mich. »Yes! Thank you! Thank you very much! My name is Roberto.« Er reicht mir seine Hand. »What do you do in Coca?«, fragt er.

»I want to see the Rainforest!«

»That is great! Where do you go to?«

Gute Frage, nächste Frage, denn ich reise ohne blaues Buch.

»I don't know. Is there a tourist information at the airport or in town?«

»I do have a lodge and would like to invite you.«

»Wow, that would be fantastic!«

»I can't be there, but my people will take care of you.«

Zufall oder Schicksal? Auf jeden Fall das, was ich am liebsten habe!

Wir fahren durch den hässlichsten Ort, den ich je gesehen habe. Alles ist dreckig und matschig. Ranziges schwarzes Öl sickert durch die Straßen, weil irgendwo in der Nähe Erdöl gefördert wird. Nach einer halben Stunde gelangen wir an einen Steg. Roberto spricht mit dem Bootsmann und verabschiedet sich. »You are going to leave in twenty Minutes, enjoy your stay!«

»Thank you so much, Roberto!«

Ich betrete den Steg. Dickflüssiger Schlamm siecht unter den Holzbrettern. Die undurchsichtige Brühe steckt voller Viecher. Krokodile, Piranhas, Blutegel. Schlangen, Würmer und Streptokokken. Das ist offensichtlich und ohne Biologiestudium zu erraten.

Ich setze mich auf meine Tasche. Grausame, schwülwarme Hitze lähmt den Atem, und schwitzen bringt keine Linderung an diesem Fluss. Fluss ist gut. Der gewaltige Strom ist über einen Kilometer breit. Unaufhaltsam. Wo kommt er her, wo geht er hin? Könnte ich mich auch selbst fragen. Hab ja gerade ein paar Minuten Zeit.

Ich oder das Wasser, wo wandert man hin? Zum Meer, zum Delta, zur Erlösung, die irgendwo flussabwärts wartet. Von der Quelle bis zur Mündung, in die Wolken und wieder zurück. Dazwischen liegt das Hier und Jetzt. Der riesige Schlammhaufen ist Ader der Natur, Symbol für das Leben, die ganze Wahrheit, Sinnbild und Lehrmeister – beeindruckend.

Beeindruckend wie unser Gefährt. Das dunkle, hölzerne Kanu misst etwa fünfzehn Meter in der Länge, aber bringt gerade mal fünfzig Zentimeter Breite ins Rennen. Wackelige Angelegenheit. Zwei Jungs stabilisieren Heck und Bug, während wir auf unsere Plätze balancieren.

Wir sind zu neunt und treiben flussabwärts. Das ockerfarbene Nass gleitet nur ein paar Zentimeter neben meiner Hüfte entlang, und der Rand des Kanus hält sich wacker über der Oberfläche. Stolze fünf Zentimeter schätze ich. Würden wir uns alle gleichzeitig am linken Ohr kratzen ... Lieber nicht dran denken. Ich könnte meinen Arm im Wasser baumeln lassen, aber halte lieber Ausschau nach Alligatoren, die uns mit einem Niesen zum Kentern bringen können. Vor mir kramt ein Typ in seinen Sachen und wird uns alle in ein Bad für die Ewigkeit stürzen. Alles für die Kamera. Ich tippe ihm auf die Schulter. Er versteht und setzt sich gerade hin. Ich schulde ihm ein Foto, die anderen schulden mir ihr Leben.

Nach zehn Minuten drehen wir ab und verschwinden in den Tiefen des Urwalds. Der Seitenarm ist etwa acht Meter breit, das Ufer dicht, die Fassade zum Greifen nah. Hinter dem Gebüsch knackt etwas, bricht entzwei, während aus größerer Distanz Laute herüberschallen, die aus einer fremden Welt stammen. Etwa dreißig Minuten später macht der fließende Tümpel eine Gabelung. Wir steuern immer tiefer in das Labyrinth hinein, ducken unsere Köpfe unter dem Gestrüpp und streifen den Urwald, der sich vor uns, über uns, um uns aufbaut. Überall Geräusche, Pflanzen, unsichtbare Augen, die uns empfangen – oder verschlingen, denn von hier dringt nichts mehr hinaus und nichts mehr hinein, weder Rufe noch Licht.

Nach einer Stunde windet sich der braune Tümpel wie eine Schlange und gibt den Blick auf einen schmalen Steg frei. Dahinter wurde eine kleine Schneise in den Regenwald gesägt. Wir gehen an Land und betreten die Dschungellodge. Der gepflasterte Weg führt direkt zu einem großen Gebäude mit einladender Terrasse. Von dort führen kleine Pfade zu den Hütten. Die Hütten sehen aus wie kleine Hexenhäuschen aus Holz und Bambus, in denen mittelgroße Zwerge Platz finden.

Ich schließe die Tür auf und drücke den Lichtschalter. Die Lampe leuchtet auf. Der Blick nach oben zeigt, dass sie an einem großen hölzernen Deckenventilator befestigt wurde. Ich betätige den zweiten Schalter und seine Flügel setzen sich in Bewegung. Kräftige Balken tragen das Schrägdach über den vier Wänden und tauchen den Raum in eine urige Gemütlichkeit. In der linken Ecke steht ein großes, frisch bezogenes Bett mit Moskitonetz, was einem Himmelbett in nichts nachsteht. Daneben wurde ein Holztisch mit Plastikstuhl platziert und ein kleiner Mülleimer dazu gestellt.

Ich lege meine Tasche ab und werfe einen Blick ins Bad: sauberes Waschbecken mit Spiegel, saubere Dusche. Mehr Komfort als ich gewohnt bin, und alles umsonst, sodass ich mit dem Gedanken spiele, unter das Laken zu linsen. Aber man muss sein Glück nicht noch herausfordern.

Die Anlage ist geweiht von gemähtem Rasen und geschnittenen Sträuchern mit herrlichen Blumen an den Rändern. Dahinter liegt die gewaltige grüne Wand, die senkrecht in den Himmel strebt.

Wir finden uns in einer Gruppe zusammen, bekommen ein paar grüne Gummistiefel, die bis über die Knie reichen und machen die ersten klebrigen Schritte durch ein Gartentor. Auf in die Wildnis. Vor mir verschwindet ein schmaler Pfad im dichten Unterholz.

»We stay together!«, ist die erste Regel. »One step out of the line and you might be dead«, ist die zweite.

Wir stapfen los. Ich darf direkt hinter unserem Anführer gehen und folge ihm filigran, also schliddere bei jedem Schritt oder bleibe mit meiner Sohle im Matsch stecken, bevor ich versuche, sie aus dem klebrigen Dreck zu befreien. Glitschig. Rutschig. Ekelhaft.

Was hatte ich erwartet? Sonnendurchflutete Hügel und zarte Wälder aus tropischen Palmen und Mangroven, die zauberhafte Märchen erzählen? Regenwald ist ein Klumpen rotbraune Pampe an meinem Gummistiefel. Eine Aufeinanderstockung von unendlich vielen Etagen aus Wurzeln, Parasiten, Lianen, Spinnennetzen und Blättern, die keinen Fetzen Himmel durchsickern lassen. Es schmatzt und tropft an allen Ecken. Kaum Licht (nur ein Prozent des Sonnenlichts dringt durch das dichte Blätterdach), aber auch keine Romantik. Alles wächst ineinander, miteinander und durcheinander. Gebüsch räkelt sich an den Bäumen empor, Farne bevölkern die Stämme, Nester tummeln sich in den Sträuchern und überall krabbeln haarige Insekten entlang. Jeder Schlupfwinkel dient der Eierablage. Jeder Baum ist bewohnt, jeder Stamm Herberge für alles Mögliche, für Hinz und Kunz, für Flora und Fauna.

Vor mir läuft, mit Machete bewaffnet, Tomadre. Er schreitet an der Spitze, wir stapfen hinterher. Wir schauen von links nach rechts und unten und oben, er sieht jedes Detail und zeigt es uns. An jedem Halm ein kleines Wunder. Eigentlich eher ein großes Wunder, denn hier wächst jedes Leben zu beachtlicher Größe heran. Nicht nur die Bäume sind zehnmal so hoch. Die Ameisen, die aus dem Kokon an einem Stamm herauskrabbeln, sind so groß wie Streichholzschachteln. Der Tausendfüßler, der über ein schreibtischgroßes, grünes Blatt schleicht, bringt es auf die Länge eines Gummiknüppels.

»The most important thing is the white stripe on the head. If it is red it can kill you in five minutes. This here is white, so you can touch. Who want ...?«

Alle schauen zu Boden, ich hebe die Hand. Während sich das Ding meinen Arm entlangschlängelt, behalte ich seinen Kopf im Auge und warne ihn mit aller Gedankenkraft davor, seine Zähne doch noch in mein Fleisch zu bohren. Die anderen fotografieren.

Wir stapfen bergauf und bergab, untersuchen Nester, Wurzeln, Schmetterlinge, Spuren von Schlangen, Tigern und an jeder Ecke neue, überdimensionale Insekten. Manche giftig, manche friedfertig. Das macht die Sache so interessant. Man weiß nie, mit wem man es zu tun hat. Der bunte Wurm mit den großen Zähnen, das brummende Fluginsekt mit dem daumengroßen Stachel oder der kleine süße Sechsbeiner, der gerade schüchtern unter dem Blatt verschwunden ist. Wer ist zahm und wohlgesonnen, und wer nicht? Natürlich ist der süße kleine Sechsbeiner der Mann mit der Sense in der Hand. Kleiner als ein Eincentstück, aber lebensbedrohlich mit nur einem Biss. Die großen Zähne des Wurms und das stechende Fluginsekt können noch nicht mal einer Ameise etwas zu Leide tun. Gut, die haben aber auch andere Ausmaße hier.

Nach drei Stunden kehren wir zurück. Wir zählen durch und sind vollzählig. Das ist Vorschrift. Es wird gezählt, wie viele hinausgegangen und wie viele zurückgekehrt sind.

Beim Abendessen rattert der Generator im Hintergrund und erleuchtet die gedeckte Tafel. Ein kleiner Lichtpunkt in den Weiten des schwarzen Urwalds. Draußen ist es stockdunkel. Wir sind zwölf Personen und werden mit bestem Essen versorgt. Es gibt Messer und Gabel und Teller aus echtem Porzellan. Vier Gänge, während derer man sich kennenlernt, Geschichten erzählt und den Aufenthalt fernab der Welt genießt.

Um zehn Uhr beginnt die Nachtwanderung. Sieben Personen sind dabei. Wir werden mit großen Taschenlampen ausgestattet und schlüpfen in die Gummistiefel, nachdem wir sie auf ihr Innenleben hin untersucht haben. Diesmal bin ich der Letzte in der Reihe und bin mir der Bedeutung dieser Position durchaus bewusst. Wir laufen los. Die Lichtkegel unserer Truppe scheinen durch das Unterholz wie die Strahler von Großraumdiskotheken. Und es ist genauso viel los. Überall tauchen für Sekunden Gesichter, Zombies, Tiger und Tarantulas auf. Dann bleiben wir stehen und Tomadre gibt eine Anweisung: »Switch of your light!«

Einer nach dem anderen knipsen wir das Licht aus. Die Dunkelheit kommt näher und legt sich über uns wie ein Film aus dickem Teer. Dann sehe ich w i r k l i c h   g a r   n i c h t s   m e h r. Nicht die Hand vor Augen. Der Sehnerv abgeschnitten, alles schwärzer als schwarz. Dafür höre ich es krabbeln, kriechen, flattern, ein dumpfes Summen und plötzlich ein hektisches Zischen neben mir im Gebüsch. Helles Flöten ertönt über meinem Kopf und irgendetwas hat sich weiter hinten bewegt. Sind die anderen noch da? Eine Gänsehaut läuft mir über den Rücken, aber ich widerstehe der Versuchung, die Lampe einzuschalten. Das wäre eine Beleidigung des Konzerts aus über einer Million Geräuschen. Aus nächster Nähe und in den Weiten des Urwalds.

Ich atme tief durch, mit fest geschlossenem Mund, und lausche dem Meer von Lauten. Immer neue kommen hinzu. Manche kilometerweit entfernt, andere keinen Katzensprung. Wild durcheinander und als Ganzes perfekt aufeinander abgestimmt. Lebendige Musik, ein surrendes Uhrwerk, ein singendes Orchester. Über mir, neben mir, zahm, fröhlich, unbeteiligt oder bereit, über uns herzufallen …

»Switch on your light!«

Alle sind noch da. Wir laufen unseren Lichtkegeln hinterher und kommen nach etwa fünfundvierzig Minuten in der Lodge an. Wir treffen uns im hell erleuchteten Restaurant, wo wir heldenhaft in die Stühle fallen.

Wir bleiben wach, vier Personen, die sich gefunden haben. Eine davon ist eine hübsche Ecuadorianerin, Thalia. Wir verstehen uns super. Sie spricht Spanisch und Englisch, und diese Terrasse ist wie geschaffen, um über das Leben zu plaudern. Wir sind alle so klein und so weit fort, dass nur die Dinge zurückbleiben, die uns verbinden. Die Sehnsüchte und Ängste, die in jedem von uns stecken und hier, dank der Entfernung, dank der Abgeschiedenheit, endlich mal ans Licht dürfen. Irgendwie ist jeder auf der Suche, vielleicht nach Freiheit oder einer tieferen Erkenntnis. Immer unterwegs, in den Bergen, in den Wellen oder den Tiefen dieses Dschungels. Vielleicht sind wir auch nur hoffnungslos neugierig, aber in jedem Fall lebensrichtig. Und jeder wünscht sich Geborgenheit, weil allein sein sehr befreien, aber gemeinsam sein wahres Glück bedeuten kann. Irgendwie sind wir alle eins, die Unterschiede genauso klein wie die Hundert Millionen krabbelnden Insekten draußen im Dunkel dieser Nacht.

Um halb zwölf verstummt der Generator und im selben Moment gehen die Lichter aus. Wir geistern zu unseren Hütten zurück, diejenigen, die dabei eine Lampe haben, sind klar im Vorteil. Ich tapse den Weg entlang und vermute, als ich gegen einen kleinen Felsbrocken laufe, dass sich am Ende der Abzweigung meine Hütte befindet. Ich strecke die Arme aus, finde die Tür und nach dem fünften Versuch gelingt es mir, den Schlüssel ins Schloss zu bugsieren. Als ich den Lichtschalter drücke, ertönt ein leises Klick. Mehr passiert nicht. Natürlich nicht. Meine Taschenlampe muss irgendwo auf dem Tisch liegen. Plötzlich höre ich ein Brummen. Oder ein Flattern? Irgendetwas ist im Zimmer. Das gefällt mir nicht.

Dann trifft es mich im Gesicht. Ich wirbele angeekelt herum und spüre den behaarten Körper mit seinen kleinen Flügeln auf meiner Wange. Sogar den Rand meiner Lippe hat das Viech berührt. Ich wische mir die Stelle angeekelt mit dem Handrücken ab. Dann geht's los. Da sind noch mehr und ich frage mich: Roter oder weißer Streifen?

Ich hetze drei Schritte vor und stoße mit meiner Hüfte an den Tisch. Etwas fällt zu Boden. Ich haste durch die Sachen, aber finde die Taschenlampe nicht. Ich richte mich auf und stehe in der Dunkelheit. Da ist es wieder! Diesmal aus verschiedenen Richtungen. Ich werde am Arm getroffen, dann am Oberschenkel, dann am Rücken. Ich fuchtele mit den Händen herum und wedele vor meinem Gesicht. Dabei treffe ich dickes, käferähnliches Irgendwas. Es brummt von allen Seiten und ich stolpere panisch zu der Wand, an der irgendwo mein Kulturbeutel hängt. Ich finde ihn und ziehe am Reißverschluss, weil ich die kleine Notfalllampe brauche. Jetzt sofort. Dann endlich, Licht.

In meinem Zimmer sausen sechs oder sieben wulstige Dinger umher, die mich an die Käfer in Australien erinnern. Fliegende Kakerlaken. Monströse Viecher, aber ungefährlich, glaube ich. Mit einem Satz springe ich unter das Moskitonetz. Ich streife meine Klamotten ab und kontrolliere das Netz mit der Taschenlampe auf Unzulänglichkeiten, aber kann kein Loch aufspüren. Ich stopfe die Enden unter die Matratze und dichte mein Fort Knox gegen weitere Eindringlinge ab. Keinen Millimeter lasse ich aus. Nicht ein Centstück darf zu mir unter die Decke krabbeln. Die fliegenden Kakerlaken kommen zur Ruhe. Sie haben ihren Spaß gehabt, sodass wir jetzt alle in Ruhe schlafen können.

Am zweiten Tag findet nur ein Ausflug statt. Das Fünf-Tage-Paket liefert ein bisschen Zeit. Zeit um aufzunehmen, Zeit um wahrzunehmen, Zeit um anzukommen. Im Dschungel oder bei sich selbst.

Abends sitzen alle zusammen und wir quatschen, bis der Generator die große Stille einläutet. Natürlich ist danach gar nichts still. Nur das Brummen der Maschine hört auf und macht den Weg frei für die Laute der Natur. Alle gehen schlafen. Nur Thalia und ich nicht. Wir können uns nicht von dieser Terrasse trennen. Es ist zu schön, die Nacht zu kühl und die Luft zu klar.

Irgendwann schlage ich vor, die sichere Terrasse zu verlassen, um zum Fluss zu gehen. Wir setzen uns auf den Steg und lassen die Beine über dem dunklen Nass baumeln. Ungeschützt, ohne Zaun und doppelten Boden. Vor ein paar Stunden ist hier eine sechs Meter lange Boa constrictor vorbeigeschwommen. Die ganze Gruppe hat ihre Fotos von dem beeindruckenden Geschöpf geschossen. Jetzt sitzen wir alleine hier. Ohne Kamera, ohne Tomadre, ohne Hilfe. Alleine in der Dunkelheit, mitten in dieser niemals schweigenden Welt. Wir sitzen auf den Holzbalken und saugen die Freiheit des Urwalds auf. Ganz eng beieinander, um uns Schutz zu bieten. Etwas gluckst verdächtig. Unsere Schultern berühren sich, sie legt den Arm um mich, und ich lehne meinen Kopf an ihre Seite. Unbeschreiblicher Moment, meine Gedanken sind lahmgelegt und mein Herz hämmert wie wild.

»Feel this«, sage ich. Dabei lege ich ihre Hand auf meine Brust. Sie lächelt. Dann küsse ich sie. Lange. Der Kuss will niemals enden. Ich versinke in ihr und spüre wie eine Gänsehaut über ihren Körper schleicht. Ich berühre ihren Rücken, ihre Schultern, ihren Bauch. Unsere Zungen spielen miteinander und wir schmiegen uns zart aneinander, um endlich in eine noch tiefere Umarmung zu fallen.

Dann lösen wir uns voneinander und blicken uns an. Viel sieht man nicht, aber ich bin verliebt in diesen Steg, in diese Umarmung, in diesen Augenblick. Eine Träne kullert aus ihren Augen. Ich bin erschrocken, aber sie lächelt ganz wunderbar zu mir herüber, weil sie glücklich ist. Wir halten uns fest, ohne weitere Worte zu sprechen. Ich greife ihre Hand und wir bleiben eng umschlungen, küssen uns und verharren gemeinsam im Regenwald, weil wir hierhin gehören. Auf diesen Steg, in diese Welt, unendlich klein, aber so voll von einer Geborgenheit, die jetzt der Sinn des Lebens ist.

Irgendwann stehen wir auf, trennen uns und verschwinden in unsere Hütten. Jeder in seine. Keine Begierde, kein Verlangen und kein Sex darf die Liebe dieser Begegnung mit Füßen treten. So etwas habe ich noch nie erlebt! Als ich einschlafe, bin ich von einem Zauber gefesselt, weil es einfach so viel gibt, was ich noch nicht kenne und alles voller Magie steckt.

»Andi, Andi.«

Stewart, der Assistent der Lodge, klopft an meiner Tür. Er weckt mich auf, weil ich um fünf Uhr ein Treffen mit Jimmi habe. Die anderen bleiben noch drei Tage, aber mein Flug zurück geht schon heute Vormittag. Surfpause ja, aber nicht zu lange, nicht übertreiben. Deshalb bekomme ich heute eine private Exkursion. Mit Jimmi.

Ich ziehe mir eine lange Hose und ein langes T-Shirt über. Dann dusche ich in Autan. Meine Taschenlampe führt mich zum Steg, meinem Liebessteg, an dem mich Jimmi bereits erwartet. Er steht regungslos auf den Holzbalken und ich stelle mich stumm dazu. Er lauscht, während ich versuche, in dem bunten Wirrwarr von Lauten etwas zu verstehen, Wahrheit zu finden, oder so. Nach ein paar Minuten dreht er sich um: »A Tiger, two kilometers south.«

Jawohl! Ich liebe den Typen. Wir legen ab und ich grinse mich zu Tode. Meint der das ernst? Mit was für einem Guru bin ich diesmal unterwegs? Ein Guru ist ein weiser Mann, der so erfahren ist und so bewusst, dass man ihm bedingungslos folgen kann. Ans Ende der Welt. Oder eine Touristenverarsche ... Ich bin für ersteres.

Der kleine Motor tuckert durch den frischen Morgen. Jimmi steuert den Kahn durch die verästelten Seitenarme der braunen Brühe, bis wir irgendwann ein stehendes Gewässer erreichen. Überall hängen wilde Lianen herum. Aus dem Wasser ragen hölzerne Stämme, die sich wie Geister im Wasser spiegeln. Sie sehen aus wie längst vergangen, verrottet oder tot, aber an ihnen hängen Pflanzen und Knospen und Nester, die das pure Leben sind. Ohne sich zu rühren, weist mich Jimmi in die Geheimnisse dieses Ortes ein. Er spricht von ganz besonderen Exemplaren, ich nicke ehrfürchtig, aber ich sehe keine Unterschiede. Die Vögel können mich nicht aus dem Boot hauen. Ich stehe auf das undurchsichtige Ganze mit seinen versteckten Lauten und allem, was verborgen bleibt. Das Mysteriöse, das, was ich nicht sehe, nicht verstehe, das aber irgendwo hinter der Fassade dieses unergründlichen Dschungels wartet.

Um acht Uhr sind wir zurück. Es wird knapp. Ich hüpfe aus dem Boot und laufe zu meiner Hütte. Ich schnappe mein Zeug und eile zurück zum Steg. Auf und davon. Ohne Hollywood-Verabschiedung von Thalia, denn mein Flug geht in weniger als zwei Stunden und der Flughafen ist ein paar Kilometer weit entfernt. Keine letzte Umarmung, kein letzter Kuss. Ich habe noch nicht mal ihre E-Mail-Adresse. Aus und vorbei, ein Ende ohne Wiederkehr. Nichts bleibt. Für einen Moment will ich unendlich traurig werden. Dann gleite ich mit einem wunderbaren Gefühl im Bauch zurück auf den großen Fluss, der mich nach Coca bringen wird. Ein Fluss, der mich verzaubert hat, weil er mir einen Blick auf die Magie der Welt gestattet hat. Etwas, das mich jetzt auf dem Weg zur Küste und auch sonst immer begleiten wird.

Nach drei Monaten geht der Trip urplötzlich zu Ende. Wie immer hasse ich die Verabschiedungen, denn eine ganze Menge lieber Leute ist mir hier ans Herz gewachsen.

Obwohl die Suppe warm an mir herunterläuft, packe ich Handtuch, Socken, lange Hose, zwei Pullover und eine Decke in mein Handgepäck, um zum zweiten Mal den Weg nach Quito anzutreten.

Morgens komme ich in der Stadt an, verstaue mein Gepäck am Busbahnhof und mache mich ins Zentrum auf. Ich finde ein kleines Restaurant, in dem ich frühstücken kann. Noch zehn Stunden bis zum Abflug. Ich trinke Kaffee und tanke Kraft für den Tag, an dem ich alles ablaufen will, um Quito aus nächster Nähe zu erleben.

Vielleicht liegt es an den latenten Kopfschmerzen, vielleicht auch an dem Mangel an Sauerstoff in meinem Blut, aber außer der furchtbaren Höhe hat die Stadt nichts zu bieten. Alles ist durchschnittlich. Nichts ist neu und vor allem: Nichts ist richtig alt. Damit fällt es mir leicht zu kapitulieren und ich sacke auf einer Bank zusammen. Genug erlebt, genug gesucht, genug gefunden.

Das einzige, was auffällt, sind die Menschenansammlungen. Keine klassischen Touristen aus dem Westen, sondern Einheimische aus Südamerika. Aber nicht von hier, nicht aus Quito, was man daran erkennt, wie sie durch die Gegend laufen. Planlos, aber hoch motiviert. Also irgendwie das Gegenteil von mir. Vielleicht kommen sie aus den Bergen. Ihre Gesichter sind dunkler, die Augenbrauen dicht. Sie tragen dicke Wollstrickjacken und lange Röcke. Indios. Vielleicht die Quechua. An manchen Ecken stehen sie in Gruppen zusammen. Warum sind sie hier? Ich frage nach. Wenn ich das Kauderwelsch richtig verstanden habe, findet heute ein außergewöhnliches Treffen statt. Ein Kongress, ein Festival, eine religiöse Vereinigung, ich blicke nicht ganz durch, aber immerhin etwas, dass ich beobachten kann. Im Sitzen, direkt von dieser Parkbank aus, die mich vor dem Erschöpfungstod rettet.

Plötzlich kommen acht alte Frauen auf mich zu. Sie stellen sich auf und bombardieren mich mit Fragen in einem merkwürdigen Dialekt, den ich nur zum Teil verstehe. Bruchstücke kann ich übersetzen. Sie sind überraschend angetan, mich hier zu sehen. Ich glaube, sie halten mich für einen Schauspieler aus Amerika.

»Puedes tocar la cabeza? – Kannst du den Kopf berühren?«, fragt mich eine kleine Mutter mit einem Kind in ihren Armen.

»Tocar la cabeza?«, frage ich ungläubig.

»Si, por favor«, bestätigt sie nickend.

»Mmh, si«, entscheide ich und streiche über die Stirn des kleinen Jungen.

Die alte Frau zögert und umarmt mich dann. Entweder wirkt die Hollywood-Maschinerie hier besser als ich dachte, oder heute laufen hier ein paar wichtige Gestalten durch die Stadt. Vielleicht auch Wunderheiler, die Hände auflegen. Und die Frauen halten mich für einen von ihnen. Spirituelle Großmeister und Geister-Gurus. Zu gerne würde ich einen von denen treffen. Stattdessen soll ich einer sein, denn die anderen Frauen haben Mut geschöpft. Sie bitten um weitere Berührungen.

»Soy de Alemania – Ich bin aus Deutschland«, erkläre ich, aber sie glauben mir nicht. Also nehme ich jede Frau in den Arm und lege drei Kindern und einem Säugling die Hand auf. Nach den ersten beiden versuche ich dabei so heilig zu sein wie möglich und übertrage all meine Kraft, all meine Gesundheit und all meine Weisheit auf ihre Körper. Vielleicht kommt ja was an.

Nach fünf Minuten sind wir durch. Sie freuen sich und ich freue mich. Wir lächeln uns an. Ein guter Tag, mein letzter Tag in Ecuador. Ist ja auch nicht besonders schwierig, wenn man mal der Heiland ist.

Am späten Nachmittag hole ich mein Gepäck ab und hechele wenig großmeisterhaft zum Flughafen. Ich trete ein und atme durch. Ein sagenhaftes Land bleibt hinter mir zurück. Die Schiebetüren besiegeln eine unglaubliche Zeit. Eine Zeit mit schwitzendem Salsa, super Wellen, riesigen Ameisen, einem Blick auf das Mysterium am Fluss und Heiligsprechung inklusive. Klingt nach: Testsurftrip erfolgreich absolviert!

XIX. Deutschland, 2003

Ich inspiziere die verschmierten Stempel. Grünliche Dreiecke, schwarze Kreise und rötliche Quadrate. Seite für Seite, geschmückt mit offizieller Unterschrift aus schwungvoller Hand. In den vergangenen Jahren haben wir viel zusammen gesehen, denn das kleine rotbraune Dokument mit dem goldenen Adler in der Mitte hat mich immer begleitet. Egal wohin, er war dabei, in der rechten Tasche über dem Oberschenkel, treu zur Stelle: Mein Reisepass. Beweis für den Aufenthalt in fernen Ländern auf der einen und meine bundesdeutsche Staatsbürgerschaft auf der anderen Seite. Über allem ragt eine Zahlenkombination, eine Nummer im Heuhaufen von sechs Milliarden anderen, die meine Identität bezeugt, um mich jederzeit unter all den gelben, weißen, schwarzen oder braunen Menschen aufspüren zu können. Ich klappe das handliche Dokument zusammen. Mein Pass hat Farbe gelassen, sieht vergammelt aus, wie ein alterndes Sparbuch, aber er steckt voller Erinnerungen für mich.

Mit dem Surfvirus infiziert, war ich viel unterwegs. Aber seitdem ich vor zweieinhalb Jahren meine akademischen Zelte in der Heimat abgebaut habe, um den Fußstapfen eines echten Surfers zu folgen, hat die Sache einen Gang zugelegt. Geldverdienen in Frankreich, Stippvisite zu Hause, und ab in die Ferne. Runde für Runde. Ich kann dem Ruf der Sirenen nicht widerstehen, weil in der Fremde so viel Leben wartet, auch wenn ich mich manchmal frage, wohin das führt.

Es ist jedes Mal dasselbe Spiel. Zum Flughafen, Check-in, durch die Sicherheitskontrollen zum Gate, Bording, über den Wolken, landen und rein in eine andere Welt. Eine Weile eingeschlossen von den lähmenden Stunden im zeitlosen Raum zwischen den dröhnenden Turbinen, wird man auf der anderen Seite der Erde wieder ausgespuckt. Dann folgen die Wochen oder Monate kreuz und quer durch die Fremde bis die Zeit zu Ende geht – und der Reisende zurück zum Ausgangspunkt.

Spätestens am Flughafen schließen sich die Schiebetüren. Sie lassen ein Land, komisches Geld, echte Menschen mit schiefen Zähnen, verdreckte Straßen, Hitze, Musik und Sonnenuntergänge zurück. Wenn der Vorhang fällt, ist die Geschichte zu Ende, das Kapitel abgehakt. Alles vorbei.

Oder es geht weiter, wieder in die Lüfte und in den nächsten Level. Ein weiteres Abenteuer, das an einem neuen Ort direkt hinter dem Exit-Schild einer anderen Ankunftshalle wartet. Die Schiebetüren öffnen sich und geben den Weg frei. Aber auch das dauert nur so lange, bis ich zurückkehre, bis das Gepäck wieder in der Maschine verschwindet und bis der Passagier vom Sitz in der Economy Class empfangen wird. Wenn man immer unterwegs ist, steckt man in einer unendlichen Schleife aus Geschichten und ihren Episoden, die jedes Mal wieder am Anfang enden.

Am Ausgangspunkt.

Mein Pass wirkt blass, ungepflegt, ranzig. Der Umschlag ist an einer Seite aufgeplatzt und die Stempel sind so verschmiert, dass man gar nicht erkennen kann, aus welchem Land sie stammen.

Das ist nicht weiter tragisch, denn sie stammen aus vergangenen Tagen. Alles in diesem Dokument ist eine genauso alte

Geschichte wie unwiederbringliche Erinnerung. Zeichen einer Luftblase und laue Überreste der nach Westen ziehenden Schleierwolken. Nichts bleibt. Wie die Wellen, die sich auftürmen, ihre Schönheit entfalten und im selben Atemzug für immer vergangen sind. Tolle Momente, verloren in der Zeit, wie Tränen im Regen.

Jetzt sitze ich in Deutschland, liege im frisch bezogenen Bett und kann nicht glauben, wie gut sich die von meiner Mutti gewaschene, saubere Wäsche anfühlt. Die Maschine hat eine Glanzleistung vollbracht. Nach fünf Monaten auf Achse riechen meine Klamotten, gestern noch ein einziger dreckiger Klumpen, wieder großartig und fast wie neu. Die Sachen auf dem Stuhl sind gefaltet, kein bisschen zerknittert, fleckig oder feucht, sondern einfach nur rein. Das Kopfkissen ist weich und weder Schimmel noch andere Mikroben lauern unter dem Bezug.

Dieser frühe Morgen ist ein herrliches Gefühl, auch ohne Strand. Oder gerade deswegen. Weder quälende, schwülwarme Luft noch Ameisen, Kakerlaken oder Muskelschmerzen in den Schultern. Das Pochen in den kleinen, entzündeten Schnittwunden verstummt und mein Körper findet langsam zur Ruhe. Endlich. Nichts drängt mich dazu, vor dem Sonnenaufgang ins Wasser zu eilen, gegen das Ertrinken zu kämpfen, Unmengen Gepäck und Bretter durch eine staubige Hitze zu schleppen, um einen holprigen Chickenbus zu erwischen oder herauszufinden, in welcher Kaschemme man das billigste Essen bekommt.

Jetzt und hier ist alles einfach nur gut. Zuhause.

Ich rolle mich auf die Seite und schmiege meine Schläfe an eine kühle Stelle auf dem Kopfkissen. Gestern Abend habe ich meine Freunde getroffen. Tim und Andrea, Julie und Dirk, Stefan und Sabine, Martin, Markus und die Jungs. Wir haben viel erzählt und viel gelacht. Neue Jobs und skurrile Kollegen, Klatsch und Tratsch, Gehaltserhöhungen und gute Cafés, schmerzhafte Trennungen oder ewige Liebe. Zusammenziehen, Umzugskartons und

Einweihungsparty, Katerbrunch am Sonntagmorgen und das erste Grill-Happening am Fühlinger See.

Hier hat das echte Leben stattgefunden, während ich mal wieder die ganze Zeit nur surfen war. Während Köln niemals schläft
und jeder Tag mit neuen Sensationen aufwartet, bin ich mal wieder um die Welt geeiert. Von einem Strand zum nächsten. Alles
nur Sand. Mir fehlen diese fröhlichen Treffen, das Miteinander,
das Zusammensein in guten wie in schlechten Zeiten – mir fehlen
meine Freunde.

Als ich den anderen erzähle, dass ich auch mal wieder Bock auf
den ganzen Büroalltag habe, lachen sie mich aus, weil »auch mal
Bock haben« in einer anderen Liga spielt, als wirklich jeden Tag
hinzumüssen. Sie haben natürlich recht.

Vielleicht fehlt mir eine Aufgabe im Leben. Vielleicht Routine,
vielleicht Kontinuität, vielleicht eine Langzeitperspektive. Oder
etwas Anderes. Wegen der Aufgabe muss ich mir keine Sorgen
machen, denn meine steht schon vor der Tür.

Ich kuschele mich in die Decke und lege den Reisepass auf den
Nachttisch neben meinem Bett. Ich bade in der Ruhe vor dem
Sturm, denn in neun Tagen beginnen wir mit dem Campaufbau
in Frankreich, um uns einer langen Saison mit wenig Zeit zum
Nachdenken, vielen Leuten und noch mehr Wünschen zu stellen.
Dort bin ich für alle da, kann alle zum Lachen bringen, fröhlich
stimmen, glücklich machen, und das ist doch das Schönste auf der
Welt. Fünf Monate lang. Nie genug Schlaf vom Ende der Partys in
der Nacht bis zum beginnenden Tag in den Wellen des Atlantiks.
Von dort zurück über die Düne zum gemeinsamen Frühstück sowie dem durchorganisierten Kursablauf direkt danach. Ich freue
mich auf das Team, die alten Jungs und die neuen Kollegen und
die Tatsache, wieder mein eigenes Geld zu verdienen. Es fühlt sich
komisch an, monatelang zu reisen und alles zu verbraten, was ich
mir erspart habe, wofür ich gearbeitet habe. Plötzlich stehe ich
wieder bei null, wieder am Ausgangspunkt. Das Leben fließt an

mir vorbei, ohne dass ich es zu fassen kriege. Mein Auto, mein Haus, meine Yacht?

Wo ist mein Lebensprojekt, das mich mitnimmt, sich mit der Zeit entwickelt, alles verändert und mit dem ich gut vorankomme? Und wo sind die Leute, mit denen ich das Leben teilen kann? Meine Freunde sind zwar immer für mich da, aber ich kenne sie nur noch von kurzen Besuchen in der Heimat. Einzelne Abende, an denen wir die Wiedersehensfreude aufleben lassen, aber die Zeit zu knapp ist, um sich wirklich auszutauschen, um echte Nähe zu finden.

Ich könnte Lehrer werden, in einer Berufsschule, oder einfach weiter Wellen reiten. Mit meinen Diplomen kann ich ein Referendariat beginnen, so mein Zuhause wieder zu einem Zuhause machen und in den Ferien ein wenig Urlaubsurfen betreiben. Mit einer eigenen Wohnung. Schöner Gedanke, aber ganz schön normal. Oder ich lege noch einen Gang zu, hänge noch ein paar richtige Abenteuer dran, aber bin dabei allein und alles bleibt wie bisher.

Wenn ich auf meinen Reisepass blicke, ist jeder investierte Euro ein gewonnener Euro. Tausendmal mehr wert als Auto, Haus oder Yacht! Meine Rendite ein Volltreffer und der Profit phänomenal: Freiheit und Wellen.

Der letzte Stempel ist blutjung, die Erlebnisse taufrisch, die Erinnerungen druckreif. Zwei Monate Indonesien, die ich mir als Vorbereitung für den Trubel der Frankreichsaison verschrieben habe. Gutes Essen, frisches Obst und knackiges Gemüse, weder ein Tropfen Alkohol noch ein Schluck Kaffee. Stattdessen Sport am Limit, täglich vier bis sieben Stunden Surfen, viel Schlaf und natürlich Abgeschiedenheit. Die Wellen waren der Hammer. Jedes Mal wächst die Herausforderung, konfrontiert mich mit neuen Grenzen, ungeheurer Angst und dem größten Glück, wenn ich meine persönliche Prüfung gemeistert habe. Surfen liefert mir so intensive Gefühle, dass ich vom Gipfel der Welt in das tiefste Loch der Erde fallen kann – innerhalb eines Tages.

Die schönsten Momente meines Lebens entstammen dem Ozean. Aber auch die Schlimmsten!

Manchmal erfüllt mich das mit einer tiefen Lebendigkeit, manchmal mit höchstem Stolz und manchmal mit höllischem Schmerz und seelischem Untergang. Die leuchtende Seite des Lebens ist voller Schatten. Ich habe das auf meiner allerersten Reise schon irgendwo gesehen. Die dunklen Zeiten, in denen sich Antrieb und Euphorie verabschieden und eine erbärmliche Leere an die Oberfläche bringen. Dann, wenn plötzlich die Einsamkeit auftaucht, um mich in einen dunklen Abgrund zu reißen. Wenn Sinnfragen im Raum stehen, die das Hirn zermartern. Die Kämpfe im Kopf. Wenn mich das Denken mit Ungewissheit und Zukunftsängsten übermannt. Immer dann, wenn mir der Mut und die Kraft fehlen, das Hier und Jetzt anzunehmen, auch wenn es meinem Idealbild des bewundernswerten Großmeisters auf Reisen nicht mehr entspricht.

Auch die traurigen Augenblicke gehören dazu. Wenn mir am Ende der Welt die Decke der einsamen Hütte auf den Kopf fällt, wenn ich nur noch im Bett unter dem Moskitonetz dahinvegetiere und eigentlich nur nach Hause will, mich aber nicht traue. Wenn die Hitze mir den Atem nimmt, mir den Tatendrang raubt und mich in ein schwitzendes, antriebsloses Stinktier verwandelt. In jedem Fall bin ich dem Tod näher als dem Leben, wenn ich krank werde. Wenn ein Tropenvirus meinen fiebrigen Körper zermartert und sich niemand um mich kümmert. Dann bin ich so allein wie niemand anders auf der Welt. Oder wenn die Wellen mal wieder zuschlagen, um mich zu zermalmen, um mir zu zeigen, wie klein und schwach ich wirklich bin, während die anderen Surfer große Taten vollbringen. Dann ist keiner da, der mich aufbaut.

Das sind verzweifelte Momente, von denen große Abenteurer selten reden. Momente ohne Glanz und Feuer, Momente ohne Heldenmut.

Die nicht so schönen Erlebnisse sind Teil der ganzen Wahrheit, von der ich auch im Camp berichte. Dann, wenn der Geschichtenerzähler in mir erwacht – oder der Angeber. Denn im Rückblick wächst das Elendige schnell zur Heldentat. Und irgendwie vergesse ich selber gerne die Momente, in denen ich nicht so toll bin, wie ich gerne wäre. Eigentlich behält man doch nur das Schöne im Herzen. Die inspirierenden Menschen, die exotischen Länder, das Wunder in der Dämmerung und natürlich die beste Welle.

Aber auch der Mist gehört dazu, ist Teil der Erfahrung und alles andere wäre eine schlechte Geschichte.

Rückblick Indonesien, 2003

Auf Bali gehe ich mit sechs weiteren Surfern an Bord eines Outriggers. Mein zweiter Bootstrip und definitiv eine andere Erfahrung als die Luxusvariante auf den Malediven.

Hier steht ein chaotischer Haufen lustiger Individuen mit ausgebleichtem Haar und verbrannter Haut zusammen, die sich noch nie zuvor gesehen haben, aber in den kommenden Tagen einen Gemeinschaftsschlafraum unter Deck mit acht engen Schlafnischen auf wenig Raum teilen werden. Die Lebenswege können unterschiedlicher nicht sein, und doch sind alle auf diesem Schiff gelandet. Jeder bringt mit, was es braucht, den kleinen, unverzichtbaren Teil, der das große Ganze so einzigartig macht. Humor, Sprüche, Eigenarten und vorsichtigen Optimismus. Uns ist klar, dass wir nichts erwarten dürfen. Da macht das Meer nicht mit. Aber im Stillen lauert in jedem von uns die brennende Hoffnung auf traumhafte Tage mit perfekten Wellen.

Scott, Matt, Dillen, Brian, David, Greg und ich. Während wir an einer Ablegestelle auf unseren Kahn warten, lernen wir uns kennen. Die Verständigung ist einfach, weil wir eine gemeinsame

Leidenschaft haben, die unser Leben prägt. Wir tauschen Erfahrungen, Lebenskonzepte, Spots und Reiseerlebnisse aus, quatschen Ewigkeiten über unsere heiligen Bretter und die Swellvorhersage. Bei allem schlummert im Hinterkopf, wie gut der andere wohl ist und ob wir alle zusammen auf unsere Kosten kommen. Ob der Trip halten kann, was er verspricht.

Dann geht's los, das Boot ist da. Wir balancieren unser Zeug vom Steg über eine schmale Holzplanke an Bord. Die rotbraune Farbe des Kutters beginnt bereits abzublättern, aber allein aufgrund seiner Größe sollte der altersschwache Kahn in der Lage sein, uns in der kommenden Woche vor dem Untergang zu bewahren. Im hinteren Teil liegen die Maschine und das Steuer sowie eine Toilette, Küchennische und unsere Versorgungsgüter: Reis, Toastbrot, Bananen und in einem kleinen Käfig über der Reling vier Hühner, die immer dann dran glauben müssen, wenn die Jungs beim Fischen kein Glück haben. Die Besatzung besteht aus vier jungen Balinesen, die schon altersmäßig nicht meinem Bild eines erfahrenen Seemanns entsprechen. Naja, alle zusammen vielleicht. Aber sie sind bester Dinge, uns mit der Sing Ken Ken durch die Inselwelt Indonesiens zu den berühmtesten Wellen von Nusa Lembongan, Lombok bis zur Westküste von Sumbawa zu schippern. Ihr Grinsen ist optimistisch, ihr Werkeln voller Tatendrang.

Ich frage Madé: »What does Sing Ken Ken mean?«

»It means: No worries!«, antwortet er, während er mit einer abgeschnittenen Plastikflasche Wasser aus dem Maschinenraum zurück ins Meer befördert. Die Nussschale leckt, aber nur ein wenig. Sing Ken Ken!

Wir stechen in See.

Es gibt einen speziellen Moment auf unserer Reise. Einen Moment, für den es keine Worte gibt, und der einzige Moment, der mir unglaublicherweise noch besser gefällt als das Surfen. Wenn wir einen neuen Spot ansteuern, stehen wir alle zusammen an Deck. Ein Haufen aufgedrehter Kids. Surfer aus Australien, England, Südafrika und Deutschland. Wir wissen nicht, was uns erwartet, aber haben alle nur eine Sache im Hirn. Langsam erkennen wir die Küstenlinie. Palmen wehen im Wind und die Klippen sind mit grünen Pflanzen überwachsen. Dahinter liegt der Dschungel Indonesiens. Dicht und undurchdringlich. Wir nähern uns einer Stelle, von der wir gehört haben, über die wir gelesen und von der wir geträumt haben. Von den schillernden Namen wie Desert Point, Supersuck oder Scar Reef. Wir halten Ausschau, springen vom linken Fuß zurück auf den rechten und suchen den Horizont nach Wellen ab.

Wird der Spot uns sein wahres Gesicht zeigen? Was ist dran an den Legenden, die jeder von uns kennt?

Dürfen wir mit eigenen Augen sehen, warum dies ein heiliger Ort von Weltruhm ist?

Noch ist nichts zu erkennen, aber dann passiert es. Irgendeiner sieht es immer zuerst, wie den Feind auf Steuerbord oder das rettende Land über Backbord, und meist folgt ein Mark erschütternder Schrei. Dann sehen wir es auch, noch fern, aber während es näher kommt, wächst die Gewissheit. Wenn sich dann das erste Set über dem Riff erhebt, jauchzen wir los. Wir sind völlig von den Socken, wie von der Tarantel gestochen und so durch den Wind, dass wir beginnen uns gegenseitig auszulachen, während wir über unser Equipment herfallen. Wir klatschen ab, jubeln, wachsen hektisch die Boards und springen ins Wasser. Würde man diese durchgeknallten Augenblicke mit einer Kamera festhalten, wäre uns der Oscar für die beste Komödie ebenso sicher wie die Zwangseinlieferung in die nächste Nervenheilanstalt.

Eine himmlische Mission, die umgeben von malerischen Inseln und von ausreichend Wellen gesegnet ist, sodass wir alle mit den atemberaubenden Eindrücken versorgt werden, für die wir bezahlt haben. 210 Dollar für eine Woche mit Verpflegung – dafür ist das Schiff eigentlich in gutem Zustand.

Nach sieben Tagen auf See wird es Zeit, den Heimweg anzutreten. Wir ankern vor Sumbawa, als ich meine Sachen packe, weil ich nicht zurückfahren werde, sondern hier von Board gehe. Ich will versuchen, mich auf dem Landweg zu einem Spot namens Lakey Peak durchzuschlagen. Der Captain hat in dem kleinen Ort einen Fahrer aufgetrieben, der die neun Stunden dauernde Fahrt über die Insel im Osten Indonesiens machen will.

Kurz bevor ich mich von allen verabschieden kann, wird auf einmal Toastbrot mit Nutella serviert. Das ist untypisch für den frühen Morgen. Genauso wie der Qualm, der vom hinteren Teil des Bootes aufsteigt. Das süße Weißbrot ist ein Ablenkungsmanöver. Ich laufe nach hinten und sehe nach: Das Schiff brennt!

Madé und Ketut versuchen, das Feuer im Maschinenraum zu löschen. Sie kippen eimerweise Salzwasser auf das Inferno unter Deck. Ein verrücktes Bild, aber nach einer Viertelstunde ist es geschafft und es dampfen nur noch kleine Rauchwolken durch die Luke zu uns hinauf. Das Feuer ist ertränkt, allerdings auch die halbe Maschine zerstört. Die Jungs schauen ein bisschen verlegen und bitten uns, der Agentur nichts zu erzählen.

Das sind gute Jungs, kein Problem – Sing Ken Ken!

Der Rückweg wird etwas mehr Zeit in Anspruch nehmen, aber nicht für mich. Ich verabschiede mich von allen und springe in das Ding, was mich an Land absetzen wird. Scott entscheidet sich spontan, mich zu begleiten. Unser Abenteuer fängt hier erst an.

Sumbawa steht für mich für drei Dinge: Perfekte Wellen, Malaria und fundamentale Muslime.

Wir scheppern über die Insel, durch kleine Orte und größere Siedlungen. Auf dem Weg sehen wir staubige Hitze, aufgebrachte Mengen und Menschen mit wilden Gesichtern, die ihr Bin-Laden-Shirt auf der Brust stolz zur Schau tragen. Daneben schwarze Bärte und dunkle Haut, die in Kutten steckt. Manche haben Macheten dabei. Was ist hier los? Marktgeschrei, Wahlen oder Protestaktion? Ich habe keine Ahnung. Der Irakkrieg wütet in weiter Ferne, aber mit voller Wucht. Das bringt die Massen hier in Aufruhr. An vielen Ecken lauern Schilder oder Barrikaden, die den Hass auf Amerika und den Westen propagieren. Wir fahren mitten hindurch. Dabei verstecken wir uns hinter den verdunkelten Scheiben unseres Wagens. Diesmal bin ich für jeden Millimeter Abstand dankbar. Ich kann das wahre Leben da draußen weder einschätzen noch verstehen. Aber ich bin heilfroh, dass sich Deutschland an dem Wahn nicht beteiligt hat. Ich danke Joschka Fischer und Gerhard Schröder für die erste politische Entscheidung, die mein Leben betrifft.

Ob mir das im Zweifelsfall helfen wird? Ich weiß es nicht. Vielleicht sind die Leute auch ganz anders als ich denke. Nett und gastfreundlich. Aber die Bilder auf der anderen Seite der Fensterscheibe wirken wie im Film. Scott ist aus Australien und damit ein Verbündeter des Bösen. Wir vereinbaren, dass wir heute beide aus Deutschland stammen, wenn uns jemand fragt. Aber warum sollte uns jemand fragen?

Natürlich kennen wir die Geschichten Indonesiens, die überall erzählt werden. Von den Händen, die etwas aus dem Auto kaufen wollen, von Händen, die ihre Geldbörse festhalten, sie nicht dem Dieb überlassen wollen und dafür einfach abgehackt wurden.

Märchen oder Wirklichkeit? Ich vermute ersteres.

Wir verscharren uns auf der Rückbank des Geländewagens. Dennoch steigen wir mittags kurz aus, um in einem Restaurant zu essen. Wir blicken uns ständig um. Wie Verfolgte oder das gefundene Fressen für die Löwen, denn Sumbawa hat mit dem menschenfreundlichen Hinduismus auf Bali nicht viel gemein. Die Stimmung ist merkwürdig, weil alles in diesem Land so fremd erscheint. Aber eigentlich sind nur wir die Fremden. Es gibt keinen Beweis für irgendeine Gefahr, außer den Gedanken in unserem Kopf. Vielleicht nur Hirngespinste, aber wir sind froh, in ländliches Gebiet zu kommen. Hier leben einfache Menschen, die fern der großen Welt friedvoll ihre Wäsche waschen oder die Reisfelder bewirtschaften.

Nach neun Stunden Fahrt sind wir fast am Ziel. Fast, denn zwei Kilometer davor platzt der rechte Hinterreifen. Wir werden durchgeschüttelt, aber kommen auf einem holprigen Acker ohne nennenswerte Folgen zum Stehen.

Aufgrund der Tageszeit können wir nicht warten und kramen unser Zeug zusammen, um den Rest zu laufen. Wir müssen vorankommen. Dann sehen wir das erste Schild: *Malaria*. Wie man die Krankheit bekommt, erkennt und wie man sich besonders in der Dämmerung zu schützen hat. Kindliche Illustrationen mit einfachen Bildern und bunten Personen. Informierend, mahnend, warnend. Genauso leicht verständlich wie schwer bedrohlich. Nach ein paar hundert Metern folgt die nächste Hinweistafel.

Ein Albtraum vieler Tropenländer, der auch Sumbawa plagt. Ich blicke zu Scott herüber. Er hebt nur kurz die Schultern, um sie dann wieder zu senken. Eine unsichtbare Bedrohung, die von einem Zufall gelenkt wird, mit dem sich nicht diskutieren lässt. Die Rechnung ist einfach. Jeder Stich kann zur Infektion führen. Wie viele Stiche es im Durchschnitt sind, kann ich nicht mal ahnen. Vielleicht nur jeder zehnte. Aber das heißt nicht, dass die ersten neun harmlos sind. Das ist das Gemeine an der Rechnung, denn vielleicht ist schon die erste kleine juckende Stelle an der Wade oder im Nacken viel mehr, als es den Anschein hat.

Ich habe mir geschworen, diese Sache ernst zu nehmen. Weil ich viel gelesen habe. Vielleicht zu viel. Bei rechtzeitiger Medikation sowie gemäßigtem Verlauf kann die Krankheit innerhalb von zehn Tagen völlig ausheilen – für eine Weltklasse-Anekdote im Tagebuch ein angemessener Preis. Andere haben ihr Leben lang damit zu kämpfen, weil sie den Virus nicht mehr aus dem Körper bekommen. Dann kommt es jahrelang zu den plötzlichen Fieberanfällen, die diese Krankheit so berühmt gemacht haben – und so gefürchtet. Wieder andere sterben einfach. Aber das ist selten, und ich habe die teuersten Pillen im Gepäck.

Nach weiteren vier Schildern, die aufklären sollen, aber in erster Linie meine Paranoia füttern, erreichen wir Lakey Peak. Was wir antreffen, ist nicht viel. Es gibt sechs einfache Unterkünfte, Familien, die Hütten am Strand vermieten und ein kleines Hotel mit einem Restaurant, wobei ein Restaurant hier aus nicht viel mehr als einem Holzdach mit Plastiktischen darunter besteht. Kein Geschäft, kein Asphalt. Die Zivilisation liegt ein paar Tagesreisen zurück, wenn es sie überhaupt noch gibt. Die Dämmerung steht kurz bevor. Wir müssen etwas finden, bevor zur Jagdsaison geläutet wird und die blutsaugenden Heerscharen aus ihren Verstecken kommen, um die Krankheit zu verbreiten.

Ich stelle fünf Moskito-Coils auf und entzünde sie. Dampf breitet sich in unserer Hütte aus. Lieber ersticken als Malaria kriegen. Dann prüfe ich die Mückennetze. Kleinste Löcher klebe ich mit Tape ab. Scott packt sein Zeug aus und macht sich in der typischen Australier-Manier über mein übertriebenes deutsches Vorsichtsgehabe lustig. Aber er hält mich nicht davon ab. Bevor ich vor die Tür gehe, ziehe ich lange Sachen an und zücke die gelbe Plastikflasche mit den fünf vertrauenserweckenden Buchstaben darauf: Autan.

Scott fragt, ob er ein paar Tropfen borgen kann. Ich grinse und reiche ihm das Fläschchen, woraufhin er sich mit dem Zeug vollkippt.

Wir gehen die Treppe von unserer kleinen Veranda hinab und stehen an der Wasserkante. Das Riff liegt direkt vor unserer Nase. Der Weg hinaus führt durch eine Lagune. Etwa hundert Meter dahinter breiten sich die Korallen aus, die eine der heftigsten Wellen Indonesiens erzeugen. Zumindest, wenn der Swell groß ist und der Wasserstand niedrig. Dann, wenn der Spot zu einer gewaltigen Herausforderung für die besten Surfer wird. Die Wellen treffen hier aus tiefem Wasser so plötzlich auf das Riff, dass die Lippe weit nach vorne geschleudert wird: Große Tubes für alle, die den Takeoff schaffen.

Momentan sieht der Spot einfach nur gut aus und ein paar Jungs surfen in den letzten Sonnenstrahlen dieses Tages.

Wir setzen uns in ein Restaurant mit Deckenventilator und vor allem kühlem Bier. Der erste Schluck ist unbeschreiblich. Zehn Stunden durch die Hitze des Fundamentalismus, vorbei an den mit Macheten bewaffneten Radikalen, durch die Macht des Dschungels und seine böse Schwester Malaria. Der Tag und seine Gedanken stecken mir in den Knochen und in diesem Moment gibt es nichts Besseres als ein eiskaltes Bintang. Wir schlürfen unser Bier und stürzen uns auf die bestellte Pasta. Wir sind bereit für Lakey Peak.

Das Leben bekommt einen einfachen Verlauf in diesen Tagen. Surfen, Essen, kurz schlafen und wieder surfen. Und noch mal von vorn. Die Wellen sind fantastisch.

Am vierten Morgen stehe ich auf, muss aber innehalten, weil plötzlich der Garten vor meinen Augen verschwimmt.

Was ist das? Ich kneife meine Lider zusammen, bringt aber nichts, und ich sinke zu Boden. Alles Schwindel. Vorsichtig lehne ich den Rücken gegen die Holzveranda. Meine Atmung wird flach und hektisch. Verdammt. Es kann nur eine Erklärung geben. Verdammt. Am vierten Tag!

Nach ein paar Minuten schaffe ich es wieder auf die Füße und taumele zu meinem Bett. Mir ist heiß und ein bisschen übel, als ich die Kiste mit meinen Medikamenten hervorziehe und unter dem Moskitonetz ausbreite. Die Packung mit den Malerone-Tabletten steckt ganz unten drin. Ich habe über achtzig Euro dafür bezahlt und immer gehofft, sie niemals öffnen zu müssen. Ich hole die Packungsbeilage heraus und studiere die Symptome: Sie passen. Gleichzeitig stecke ich mir das Fieberthermometer in die linke Achselhöhle.

Ich fliege über die Dosierungsanleitung und mahne mich zu Geduld, obwohl jetzt jede Sekunde zählt. Rechtzeitige Medikation ist der Schlüssel zum Glück. Eine Schweißperle läuft über meine Stirn. Dann piepst es unter meinem Arm. Ungläubig starre ich auf die Anzeige: 36, 4 Grad. Vielleicht bahnt sich der erste Fieberanfall gerade erst an. Daraufhin lese ich, dass die Inkubationszeit zwischen sieben und zehn Tagen dauert. Komisch.

Scott wacht auf. »What is going on?«

»Fuck, I think I have Malaria.«

»Fuck! You have a fever?«

»No, but I got so dizzy, that I could not stand on my feet anymore!«

»How are you now?«

»Kind of alright.«

»For how long have you been dizzy then?«

»Twenty minutes, I guess.«

»And no fever?«

»Not yet.«

Scott denkt nach und grinst auf einmal. »Then it is probably sea sickness. I get that sometimes, when I am on a boat.«

»Scott, being on a boat was *five days ago*, how can I get dizzy today? It must be Malaria.«

Er geht auf die Veranda. Dann kommt er zurück ins Zimmer. »It comes delayed. I had that many times. Don't worry mate, you are alright. Get out of bed, kid! Let's go surfing.«

Das war knapp. Ich komme mir mal wieder bescheuert vor, aber diesmal bin ich heilfroh dabei.

Es kommt neuer Swell. Wir stürzen uns ein paar Tage in richtig großen Surf und feiern unsere Tubes, bevor Scott abreisen muss.

Ich schmeiße meine Pläne über den Haufen. Es gibt eine einzige, goldene Regel: Wenn die Wellen gut sind, bleibe und surfe so viel du kannst. Etwa hunderttausendmillionen Mal haben Surfer einen Spot verlassen, um einen besseren zu finden, sich geschont, um am nächsten Tag fitter surfen zu können oder sonst eine Idiotie erdacht, um eine gewaltige Enttäuschung zu erleben, weil irgendetwas plötzlich nicht mehr stimmt. Wenn aber alles passt, ist das ein Geschenk des Himmels. Wenn die Wellen gut sind, bleibt man, wo man ist. Dann wird gesurft. Schluss, aus.

Die Wellen in Lakey Peak werden immer größer und heftiger, sodass jeder Tag zu einer persönlichen Prüfung für mich wird. Bretter brechen wie Streichhölzer und alle haben mit üblen Wipeouts zu kämpfen. Der Ozean trennt die Spreu vom Weizen. Manch einen erwischt es gnadenlos, andere kommen irgendwie davon. Es wird leerer im Line Up.

Ich habe Glück, da ich nicht allzu übel vermöbelt werde. Die Waschgänge sind hart, aber brechen meinen Willen nicht. Der Wechsel zwischen Adrenalin und Erholung ist so extrem, dass ich alles andere vergesse. Für mich geht es nur noch darum, den Drop zu schaffen. Ich denke an nichts anderes mehr. Wenn ich abends schlafen gehe und morgens aufwache, denke ich daran, irgendwie in diese Monster zu paddeln, im freien Fall auf die Füße zu kommen und dann so schnell wie möglich dem speienden Schlund zu entkommen.

Unglaublicherweise gibt es immer noch Jungs, die selbst in diesen Wellen Turns und Manöver fahren. Aber alle kämpfen jetzt am Limit. Eine Ausnahmewoche an einem Ausnahmeriff mit einem Ausnahmeswell.

Die tägliche Überwindung hat wenig mit Spaß zu tun, aber die Zufriedenheit danach kann mit nichts in der Welt aufgewogen werden. Natürlich spielt Stolz und bekloppte Männlichkeit eine Rolle, aber am Abend ist die Erleichterung so tief in mir verwurzelt, dass ich darin versinken kann. Ein wunderbares Gefühl. Das

Spiel mit dem Limit, mit den Konsequenzen, ist echt, ist reine Existenz.

Alle Fragen vergehen. Alles ist gut und es gibt nichts anderes als die nächste Welle. Ein kurzer Moment, der schnell Geschichte ist, aber er ist das einzige, was zählt. Laut Vorhersage müssen wir noch zwei brutale Tage lebendig überstehen.

»Do you wanna go out there, Andi?«

Jack wohnt in der Hütte neben mir. Wir pflegen eine fantastische Nachbarschaft. Er ist sechsundfünfzig Jahre alt, von denen er über vierzig Jahre zu einem großen Teil im Meer verbracht hat. Er baut Surfbretter und hat die Welt gesehen. Wenn wir uns unterhalten, sitzen Vater und Sohn, Lehrer und Schüler beisammen oder meine nervöse Leidenschaft neben seiner verständnisvollen Ruhe.

Er kennt die Ozeane, aber scheint weniger besessen davon. Er hat nichts mehr zu beweisen, wodurch die kindliche Freude an der Sache zurückkehren kann. Morgens sitzt er meistens auf einer kleinen Holzbank am Zaun, um die Wellen zu beobachten oder um das Leben passieren zu lassen. Ich setze mich dann dazu. Normalerweise. Aber heute will ich gleich ins Wasser.

»I've seen some big waves today.«

Ich bleibe stehen und schaue ihn an. Er blickt aufs Meer. Seine Füße stehen fest auf dem Boden. Er ist so mühelos konzentriert, dass ich durchatmen muss, weil mir auf einmal bewusst wird, wie viel Anspannung in meinem Körper steckt. Jack guckt so liebevoll, allwissend und sanft, dass ich manchmal nur noch staunen kann. Nicht über das, was er sagt, sondern wie er es sagt. Er dreht sich zu mir um. Sein Gesichtsausdruck ist präsent, weil er nicht nur mit den Lippen spricht, sondern mit den Augen, den Schultern und dem Rest. Sein Kommentar fußt auf einer genauen Beobachtung, unendlicher Erfahrung und ist so sachlich ausgesprochen, dass ich nicht im Entferntesten auf die Idee käme, daran zu zweifeln. Und genau das beunruhigt mich jetzt. Wer weiß, was mich da draußen heute erwartet?

Ich hadere einen Moment und Jack zwinkert mir zu, achtzugeben, vorsichtig zu sein und in einem Stück auf unsere kleine Holzbank zurückzukehren. Aber er hält mich nicht auf. Er würde nicht im Traum daran denken, mir einen Ratschlag zu geben. Das hier muss ich selbst entscheiden. Ich atme schwer und Jack lächelt, weil er weiß, was in mir vorgeht. Vielleicht besser als ich selbst. Ich gebe mir einen Ruck, gehe durch das kleine Tor und paddele in die Lagune hinaus.

Es ist absolut windstill, perfekt und clean. Das ist das Wichtigste. Saubere Wellen sind deutlich einfacher zu surfen, als wenn irgendeine Kleinigkeit nicht stimmt, ein wenig Wind bläst oder die Wasseroberfläche unruhig ist. Manchmal reichen dunkle Wolken, um an meiner Verfassung zu schrauben. Wenn aber alles so perfekt ist, ist die Größe fast egal. Jacks Worte kommen mir in den Sinn. *I've seen some big waves today.*

Nein, die Größe ist überhaupt nicht egal! Und mein Gefühl spricht schon lange Bände. Irgendetwas macht mich hier nervös. Es ist eine Menge Wasser in Bewegung. Das spüre ich schon im Channel. Als ich mich dem Riff nähere, sehe ich, dass nur ein einziger Surfer im Wasser sitzt, was bei den sauberen Bedingungen an ein Wunder grenzt. Oder etwas anderes bedeutet.

Matt sitzt verdammt weit draußen. Wieso? Ich kenne die Antwort. Matt ist in den letzten Tagen wie von Sinnen gesurft. Völlig ohne Angst, ohne Zögern und ohne Rücksicht auf Verluste. Alles sieht so furchtbar einfach bei ihm aus. Selbst in den kritischsten Situationen bleibt er ruhig und steuert sein Brett immer tiefer in die speienden Tubes, mit denen es nur wenige hier aufnehmen können. Oder wollen.

Es ist mir ein Rätsel, warum die richtig guten Surfer auch die härtesten Wipeouts überstehen und gelassen wieder zurück ins Line Up paddeln. Ich vermute, es liegt an jahrelangem Training in den Waschmaschinen und Schleudergängen dieser Welt. Vielleicht lernt man, die Tortur zu ertragen, wenn man sie nur häufig genug über sich ergehen lässt. Vielleicht, weil man einen ruhigeren Geist bekommt, denn mit weniger Angst reicht die Luft länger.

Ich setze mich direkt neben ihm auf mein Brett. Er blickt mich mit versteinerten Augen an. Er will etwas sagen, aber senkt den Blick wieder. Dann schaut er auf: »It is fucking insane, man!!!«

Klasse. Einer dieser Sätze. Er kann alles bedeuten. Natürlich ist der Satz positiv gemeint. Aber positiv für Matt kann den Untergang für mich bedeuten. Ich blicke zum Horizont und dann wieder an Land. Ich paddele ein paar Meter weiter hinaus, um im Zweifelsfall rechtzeitig aus der Gefahrenzone zu kommen. Matt rührt sich nicht. Hoch konzentriert, meditativ, zu zweihundert Prozent aufmerksam. Er ist vollkommen bereit. Faszinierend wie beunruhigend.

Dann kommt ein Set. Nein, es stürmt auf uns zu. Und es ist RIESIG!

Wie auf Kommando bringt sich Matt in Position, während ich das Weite suche. Ich schaffe es unversehrt über die dunkle Wasserwand aus Beton und Vernichtung. Matt ist verschwunden. Hinter mir ertönt ein dumpfes, gewalttätiges Donnern, das sich in meinen Hinterkopf bohrt. Mein Herz hämmert in der Brust. Hektisch suche ich den Horizont nach weiteren Gefahren ab. Drei weitere Wellen heben mich in die Höhe und brechen ein paar Meter weiter vorne brüllend zusammen. Die Akustik ist beängstigend. Die Energie, die sich gerade entladen hat, zerstörerisch. Dann wird es ruhig. Nach ein paar Minuten kommt Matt zurückgepaddelt, will etwas sagen, aber findet keine Worte, was für mich alles erklärt. Er ist gerade mal wieder in einer gewaltigen Tube gesurft. Ein Ritt, von dem ich mein Leben lang nur träumen werde.

Nach knapp zehn Minuten dasselbe Spiel. Eine riesige Welle türmt sich auf. Ich bin geschockt, in Todesangst, bringe mich in

Sicherheit und Matt surft. Als er zurückkommt, sagt er fünf Worte: »The next one is yours!«

Das ist ein ungewöhnliches Angebot. Vielleicht auch ein unmoralisches. Normalerweise versucht hier jeder seine Wellen zu bekommen, hat nichts zu verschenken. Alltagsgeschäft. Wettkampf und Strategie um die besten, die größten Brecher. Aber wir sind zu zweit und Matt will, dass ich weiß, was hier passiert.

Die Frage ist, ob ich das auch wissen will.

Als das nächste Set herannaht, hält er sich zurück und blickt erwartungsvoll zu mir herüber. Ich habe alle Zeit der Welt, um mich in die perfekte Position zu bringen. Ich paddele los. Das Monster türmt sich so hohl auf, dass es völlig unmöglich ist, über die Kante am obersten Teil in die Welle zu droppen. Der Blick hinunter ist die Hölle auf Erden. Gerade noch rechtzeitig ziehe ich zurück.

Unmöglich! Noch nicht mal nah dran. Und unfassbar peinlich. Beim nächsten Set überlasse ich Matt wieder die Bühne. Aber er rührt sich nicht und bedeutet mir den nächsten Versuch. Das muss man sich mal vorstellen. Eine Welle, die es nicht alle Tage gibt, ein außergewöhnliches Juwel mit Seltenheitswert, und er lässt mir den Vortritt.

Wieder paddele ich was das Zeug hält. Ich muss die Welle kriegen, aber ziehe im letzten Moment zurück, weil es unmöglich ist und vor allem einfach nach Selbstmord aussieht. Wenn ich hier falle, ist es vorbei. Immerhin schnappt sich Matt die zweite Welle, und ich komme mir nicht ganz so sehr wie ein Spaßverderber vor.

Trotzdem, gleich ist er zurück und ich bin noch nicht eine Welle gesurft. Ich habe die einmalige Gelegenheit, alleine mit einem Profi in perfekten Wellen zu surfen und kacke mir in die Hose. Das gibt's doch alles nicht! Dass ich versage, nicht in die verdammten Wellen komme, das Ganze bei Matt so einfach aussieht und vor allem: Überhaupt.

»Just do it, man!« Matt schaut ernst zu mir hinüber. Er hat Verständnis für meine Lage. Nein, hat er nicht. Dann kann er ein kleines Grinsen nicht zurückhalten. Er weiß, was in mir vorgeht. Ich habe eine Scheißangst, aber auch den Lottogewinn des Lebens direkt vor meiner Nase.

Es ist klar, dass ich eine Welle nehmen muss. Also kann es auch die nächste sein. Egal was passiert, ich ziehe nicht zurück. Wenn es mich erwischt, habe ich es probiert. Gut und aus. Andere Surfer fallen auch in solchen Monstern und tauchen wieder auf. Wahrscheinlich jeden Tag. Also wage ich *einen* Versuch, und dann kann es auch die nächste Welle sein.

Ich kann es schaffen, wenn ich es wirklich will. Matt surft die ganze Zeit, was bedeutet, dass es möglich ist. Es geht los.

Ich könnte brüllen, während ich paddele, aber lenke die ganze Energie in meinen Körper. Mit einem stillen Schrei im Nacken drücke ich das Brett die sich auftürmende Welle hinab. Ich muss einfach hinein. Als ich an den Punkt gelange, an dem alles weitere unmöglich ist, ziehe ich zwei Züge hinterher.

Jetzt hänge ich in der Welle drin. Es gibt kein Zurück mehr, also muss ich irgendwie aufspringen. Ich stürze über drei Meter hinab und lande wie durch ein Wunder auf meinem Brett. Ich gehe tief in die Hocke, um das Gleichgewicht zu halten. Das Schwierigste ist vollbracht.

Aber kein Grund, sich in Sicherheit zu wiegen.

Über mir baut sich ein riesiger Koloss auf, der im nächsten Moment mit solcher Gewalt zusammenstürzen wird, dass er alles zertrümmert, was sich ihm in den Weg stellt. Meine Vernunft schreit mich an, der Lebensgefahr aus dem Weg zu gehen, zu flüchten, einfach geradeaus. Meine Intuition entscheidet anders. Mit einer kleinen Kurve schaffe ich es dicht an die Wand. Anstatt zu fliehen, verharre ich, wo ich gerade bin. Regungslos vor Furcht, nein, überzeugt dank einer Gewissheit, die hier nicht hingehört.

Ich stehe aufrecht in einem riesigen Tunnel aus Wasser. Eine gewaltige Tube, über der ein ganzer Berg, ein ganzer Ozean liegt, der mich zermalmen will. Und wird. Ein Moment aus purer Lebensangst. Aber auch ein Moment, in dem alles stimmt. Die zerstörerische Energie ist überall, bei mir, mit mir, um mich herum. Ich hänge in der Mitte, sicher zu sterben und sicher, dass alles stimmt. Unglaublich intensiv, aber fast entspannt jage ich durch tödliche Gefahr. Dann katapultiert mich das Ungetüm zurück in die Welt. Die Welle spuckt mich aus und ich gelange auf die Schulter und über den Kamm hinaus.

Mein Körper fällt in ungläubige Stille. Dann setzt meine Atmung ein und ich drehe durch. Ich schreie mir die Seele aus dem Leib und fange dabei so plötzlich an zu lachen, dass ich husten muss. Ich kriege Hals- und Kopfschmerzen, aber die tun nicht mehr weh, weil ich nur noch aus Erleichterung bestehe. Grenzenlose Freude vibriert durch meinen Körper und die Euphorie schlägt Purzelbäume aus unsichtbaren Lichtblitzen durch meine Beine. Ich spinne total. Als ich wieder bei Matt angekommen bin, versuche ich, den Quatsch in mir zu halten. Gelingt aber nicht.

Ich labere irgendetwas in irgendeiner Sprache und verschlucke mich dabei. Der krass fokussierte Ausdruck in Matts Gesicht weicht. Ein paar kleine Falten zeichnen sich an seinen Augen ab und seine Mundwinkel wandern ein Stück nach oben, dann bricht es aus ihm heraus. Wir lachen zusammen. Wie Kleinkinder mit Quietscheentchen in der Badewanne. Genau so. Alles ist albern, ausgelassen, und nie haben sich zwei Menschen besser verstanden, ohne dabei auch nur ein einziges sinnvolles Wort auszutauschen.

Für mich ist die Sache damit gelaufen, und das ist das zweite Wunder an diesem Tag. In wie vielen Sessions ist genau das Gegenteil passiert: Eine gute Welle, die Adrenalin durch den Körper schießt und mich für Stunden mit Verlangen und Energie nach mehr versorgt. Egal wie müde, verkatert oder lustlos ich auch bin. Eine kraftvolle Welle und alles ist wie weggeblasen. Ein gutes Set treibt die pure Freude durch den Körper, die alle Bedürfnisse vergessen lässt. Normalerweise. Aber nicht an diesem Tag, nicht nach dieser Welle. Diesmal ist es anders. Ich habe genug. Ich hab's getan, und der Moment war so stark, dass ich keine Welle mehr surfen werde, um dieses Erlebnis in ein anderes Licht zu rücken oder dabei draufzugehen. Genug erlebt. Intensität ausreichend bis unfassbar. Ich bin weder körperlich noch mental zu einem zweiten Kraftakt von solchem Ausmaß in der Lage. Außerdem weiß ich jetzt, welche Gewalt in dieser Welle steckt, und will auf keinen Fall einen Wipeout riskieren. Und ein kurzes Zögern wäre der Untergang. Keine Frage. Das nächste Set kommt, und Matt tut, was er tun muss.

Es kommen ein paar weitere Surfer zu uns nach draußen. Nach einer Stunde sind wir etwa zwanzig Mann. Aber eigentlich sind wir alle nur Statisten. Drei Jungs paddeln für die großen Wellen, der Rest schaut zu. Jedes Mal, wenn sich ein Set am Horizont auftürmt, jubelt das Line Up los und mir fährt ein fröhlicher Schauer durchs Mark. Gänsehaut am ganzen Leib. Die Stimmung ist granatenstark. Wir gehören zusammen, bestaunen ein Wunder der Natur und feuern die drei letzten Helden an, die sich in diesen Wahnsinn stürzen. Der Anblick aus nächster Nähe, wenn einer versucht in die donnernden Biester zu droppen, ist unvergesslich.

Genauso wie meine eigene Welle. Die heftigste Welle meines Lebens!

******

Ich grinse in mein Kopfkissen. Was für eine Session und was für ein Trip! Mein Körper fühlt sich so wohl in diesem Bett, dass mir Kant in den Sinn spaziert:

»Es ist das Leben von denjenigen am meisten wert, die den Tod am wenigsten fürchten.«

Ich unterdrücke ein Lachen, weil ich irgendwann mit meiner hirnlos romantischen Sicht auf das Leben in die Schwafelkiste falle. Es ist höchste Zeit aufzustehen, um den Tag zu beginnen. Ein Tag wie jeder andere auch. Einer, der am besten mit einem deutschen Frühstück eingeläutet wird. Ich mag den deutschen Morgen. Irgendwann will ich mehr davon, wenn mir Rucksack und Boardbag zu viel werden. Wenn ich mir erlaube, nach Hause zu kommen, weil es reicht. Schöne Vorstellung – wenn's nicht sofort sein muss. Das deutsche Frühstück kann seinen Geschmack eben am besten entfalten, wenn die nächste Reise vor der Türe steht.

Während ich in ein Roggenbrötchen beiße, läuft hellbrauner Milchkaffee in meine Tasse. In ein paar Tagen gibt es wieder Frühstück mit Baguette an einem großen Tisch im Wald. Ich freue mich auf mein Camp in Frankreich und alle Leute. Party, Sonne und einen Sommer lang am Strand, bei dem ich meine besten Freunde um mich haben werde. Und dann? Man weiß nie, was kommt. Der Fluss in Ecuador hat es mir erzählt, das kosmische Gesetz sagt, alles fließt, alles verändert sich, nichts ist von Dauer. Etwas wird passieren. Aber solange die Sirenen singen, werde ich mich wieder aufraffen, über Bord springen, um mich auf den Weg zu machen. Auch wenn ich manchmal einfach hier bleiben möchte, was könnte mehr wert sein, als das, was hinter mir liegt und das, was auf mich wartet. Gold, Gold, Gold, statt Auto, ein versteinertes Haus oder eine leckende Yacht.

XX. Frankreich, 2003

Das kleine Eichhörnchen blickt zu mir herunter, um herauszufinden, was die Pampe auf meinem Teller ist. Näher wagt es sich nicht heran, da in diesen Tagen überall verrückte Gefahren lauern. In der Vorsaison hoppeln sie manchmal über unseren Frühstückstisch, gucken kurz in die Runde und huschen weiter. Wenn es im Juli voller und lauter wird, bleiben sie in den Baumkronen und sehen sich die bekloppten Menschen aus sicherer Entfernung an.

Heute ist ein freier Tag. Ich wusste nicht, dass es so etwas noch gibt. Das Camp ist aufgeräumt, die Boards vorbereitet, die Neoprenanzüge sortiert. Es gibt nichts mehr zu tun. Also ein bisschen Zeit, die Seele baumeln zu lassen. Die Ruhe vor dem Sturm, denn morgen fällt hier die nächste Horde ein. Rund sechzig Personen. Wir werden wieder alles geben, die ganze Show, denn halbe Sachen machen keinen Spaß. Das Team hat in den letzten Wochen Wahnsinniges geleistet und mir geht das Herz auf, wenn ich jetzt sehe, wie sie ein bisschen Ruhe finden, um den Akku aufzuladen – um morgen wieder aufzudrehen. Ich liebe diesen Job. Das Camp ist genau der richtige Ort zur richtigen Zeit. Keine richtige Heimat, aber mein Sommerdomizil, das jedes Jahr wiederkehrt, wohin ich zurückkomme und wo ich erwartet werde. Eine kleine Konstante, ein großes Wiedersehen.

Ich sitze am Frühstückstisch und mampfe kaltes Chili mit Baguette. Kathi sitzt neben mir und blättert in einer Zeitschrift. Die Jungs liegen in den Hängematten und ein paar sind mit den Longboards Richtung Strand marschiert. Ich balanciere einen großen Löffel Chili auf die Spitze meines Baguettes.

Die Küche sieht aus wie geleckt, sodass die Sauerei in meiner Schüssel wie pure Sünde anmutet. Hinter unserem Küchenzelt, etwa dreißig Meter entfernt, liegen die Waschbecken und ein Kran mit Trinkwasser für die Gäste. Ein blondes Mädchen füllt ihre Plastikflasche auf. Ich hab sie noch nie gesehen. Mittlerweile beherbergt unser Gästebereich bis zu siebzig Personen. Kursteilnehmer, die länger bleiben wollen, Freunde, Freunde von Freunden und Gott und die Welt. Alle wollen surfen, Leute kennenlernen, die guten Vibes, die wilden Partys und das entspannte Dasein im Camp erleben. Ich kriege gar nicht mehr mit, wer wann kommt und wann abreist. Um die Gäste kümmert sich der Hausmeister. Die kleine Blonde ist vielleicht schon seit Wochen hier. Sie richtet sich auf und ist verteufelt hübsch. Süße eins fünfundsechzig groß, schlank, schulterlanges goldenes Haar. Sie trägt eine knappe Stoffhose über dem wohlgeformten Po und ein grüngelbes Bikinioberteil. Sie blinzelt fröhlich in die Sonne, wobei ihre entzückende Erscheinung ...

»Das ist Loli«, grinst Kathi.

»Was? Wer?«

»Loli ist eine alte Freundin von mir.«

»Hmm, ja. Ich ... ich muss mal eben zu den Waschbecken, meinen Teller spülen.«

»Deinen Teller spü...?«

Als ich bei den Waschbecken ankomme, sage ich kurz hallo. Sie lächelt mich an, sagt tschüss und geht. Sie ist unfassbar süß. Nein, das sind einige. Sie ist himmlisch!

»Kathi, wir müssen reden!«

»Gerne«, freut sie sich und legt die Zeitung beiseite. Mädels lieben das.

»Hat sie einen Freund? Mit wem ist sie hier? Wie lange schon? Wie lange noch? Wo kommt sie her? Was hört sie für Musik, hat sie Hobbys, eine Macke, gibt es einen Haken und was ist sonst noch wichtig?«

»Loli ist 'ne Hübsche. Die freut sich bestimmt, dich kennenzulernen.«

»Hast du nicht Lust, ein gutes Wort für mich einzulegen?«

»Oje, das wird lustig ...«

Kahti ist auf meiner Seite, immerhin. Am Nachmittag laufe ich noch mal durch den Gästebereich, um Zelte zu kontrollieren, was ich noch nie gemacht habe. Ganz beiläufig sehe ich sie. Wahnsinn! Ich brauche alle Unterstützung, die ich kriegen kann.

»Sie ist einfach umwerfend.«

»Also eine gute Flasche Rotwein auf der Düne«, meint Tom.

»Eine große Decke und Schokolade«, schlägt Tim aus der Hängematte heraus vor.

»Aber nicht direkt, warte den Bowleabend morgen noch ab. Kathi überredet sie, danach mit ins L'Open zu kommen. Stufe eins. Dann kommt die Romantik am Strand.«

»Warum warten, mach sie doch gleich morgen klar. Bowleabend ist doch ideal. Alkohol war schon immer der Schlüssel zum Glück«, sagt Tim.

»Könnte aber passieren, dass die Kleine unseren Campleiter auf der Tanzfläche sieht ...«, grinst Jan.

»Stimmt«, lacht Tom, »aber wenn ihr das nicht gefällt, kann sie bleiben, wo der Pfeffer wächst.«

»Hmm, nee, nicht so 'ne besoffene Nummer, ich glaube, sie gefällt mir wirklich ...«

Die Flasche ist leer und wir rollen die Decke zusammen. Mit Loli zu quatschen macht Spaß, sie zu küssen bringt mich um den Verstand.

Sie zieht zu mir in den Wohnwagen. Wir sehen uns nur am Abend, weil ich den ganzen Tag mit dem Kurs zu tun habe. Sie genießt ihren Strandurlaub und abends fallen wir übereinander her. Wir gehen tanzen, sitzen auf der Düne herum, rauchen Joints und lieben uns danach. Das muss es sein. Das ist es.

Wenn ich mich sehe, muss ich sie kneifen. Quatsch. Wenn ich *sie* sehe, muss ich *mich* kneifen.

Wenn sie zu mir ins Bett huscht, kann ich sie nicht mehr loslassen. Wenn ich sie berühre, geht mir das Herz auf. Sie hat die zarteste Haut, und ich will jeden Millimeter davon, vom kleinen Zeh bis zu ihrer unfassbar süßen Nasenspitze, küssen, streicheln, bei mir haben.

Ich war in meinem Leben bisher zweimal verliebt. Einmal in der elften Klasse: Sabine Kruse. Wir haben uns nach zwei Wochen wieder getrennt, weil man sich ja ständig treffen muss. Dann noch mal an der Uni: Alexandra. Eine bildhübsche Kommilitonin mit kolumbianischen Eltern. Wir waren ein paarmal Cocktails trinken. Natürlich habe ich ihr auch vom Wellenreiten erzählt. Das kommt immer gut an. Sie war begeistert, so sehr, dass sie sich für einen Kurs in Frankreich angemeldet hat. Leider in einem Wavetours Camp im Nachbarort. Dort ist sie mit Claus, meinem Lebensretter vor dem balinesischen Drogenkerker, zusammengekommen. Dumm gelaufen.

Aber so was wie Loli habe ich noch nicht erlebt. Rein wie Tautropfen am Morgen und zart wie Blütenblätter. Jeder Moment unfassbar. Sie ist die schönste Frau, die ich je gesehen habe und ich frage mich, was sie mit mir will. Ich will mit ihr zusammen sein!

Nach fünf Tagen muss sie abreisen. Zurück zum Architekturstudium in Weimar.

Ich bleibe in der Campmühle gefangen. Surfen, Party, aber Frauen interessieren mich jetzt nicht mehr. Ich muss ständig an Loli denken und sehne dem Ende der Saison entgegen. Wir schreiben uns E-Mails, und sie lädt mich in ihr Elternhaus in der

Nähe von Köln ein. Unser erstes gemeinsames Wochenende in Deutschland steht bevor.

Als ich sie wiedersehe, weiß ich, dass mich meine Erinnerung nicht getäuscht hat. Sie ist zu schön, um wahr zu sein, jede Berührung nicht von dieser Welt. Aber wie soll das gehen? Sie in Weimar und ich, ja, ich ...

Die Frage stellt sich nicht, denn ich bin allenfalls eine Affäre für sie. Sie die Liebe meines Lebens. Sie fährt ohne gemeinsame Zukunftspläne nach Weimar zurück, ich in die Wüste, in die ausgetrocknete Einsamkeit, in der es keine Luft zum Atmen gibt.

Nach dem Wochenende kriecht eine schwarze haarige Spinne meinen Rücken hinauf. Und beißt zu. Schlimmer noch, sie lässt mich nicht mehr los. Ein elendes Gefühl setzt sich in meinem Kopf fest, denn ich kann an nichts anderes mehr denken. Morgens, mittags, abends und vor allem in der Nacht. Ich sehe kein Blaulicht und höre keine Sirene. Loli stellt jedes Feuerwehrauto in den Schatten. Das ist kein Kampf im Kopf, das ist Folter. Ein Gehirnkarussell, und mit jeder Runde wächst meine Verzweiflung. Eine Verzweiflung, die mein ganzes Leben in Frage stellt. Was habe ich all die Jahre getan, was fange ich jetzt mit mir an? Soll ich doch noch die Wirtschaftskarriere in Deutschland versuchen oder Lehrer werden? Zu normal, zu gewöhnlich, und bringt sie auch nicht zurück. Aber alleine bleiben? Wie lange noch reisen und letztendlich doch immer wieder nur zum Ausgangspunkt gelangen. Alles dreht sich im Kreis.

Was soll ich tun? Wo soll ich hin? Und vor allem: Wozu?

Ich bin so unendlich traurig und sinnlos allein, dass mir nur eine einzige Sache helfen kann. Eine, die mich retten muss.

Wellenreiten.

Sieht aus wie Flucht, wie Weglaufen. Genau richtig. Ich muss weg. In die Sonne. Ins Salzwasser. Wo es Luft zum Atmen, wo es andere Gedanken gibt.

XXI. Fuerteventura, 2003

Ich bekomme ein Angebot als Surfguide in Fuerteventura und fliege zwei Tage später los. Dort arbeite ich in einer Hotelanlage für Wellenreiter, die ich jeden Tag zu den passenden Stränden bringe. Den rostigen alten Landrover darf ich vor und nach den Arbeitszeiten nutzen und brettere damit die Nordküste der Insel entlang, um die beginnenden großen Winterwellen aufzuspüren.

Der Liebeskummer brennt wie ein Feuer in mir. Er facht alles an, was sich in mir regt. Ständig rauschen schmerzende Emotionen durch meine geschundene Seele und mein gekränktes Ego. *Ich bin nicht gut genug für sie.*

Traurig, aber wahr. Ein weinerliches Gefühl nagt an meinem Verstand und wird von Tag zu Tag schlimmer. Die Trauer liegt wie Beton auf meinem Gemüt, wie eine Mauer aus Hilflosigkeit, aus der es kein Entrinnen gibt. Zum Heulen. Lähmende Gedanken, und Besserung ist nicht in Sicht, nicht am Horizont, nicht in irgendeiner Zukunft.

Aber das Meer ist für mich da, weil es mir Momente schenkt, in denen ich mir Frust und Sinnfragen von der Seele surfen kann. Natur beruhigt. Denn wenn die Bedingungen stimmen und ich perfekte Wasserwände entlangfliegen kann, sitze ich zwar alleine in den Wellen, aber nicht einsam, sondern frei. Leider viel zu selten.

Nach ein paar Wochen bekomme ich aufmunternde E-Mails von meinen Kumpels und einen herzzerreißenden Brief von Loli, der alles nur noch schlimmer macht (»Wir passen nicht zusammen, aber hatten doch eine tolle Zeit ...«).

Mir ist zum Heulen zu Mute, aber Weinen habe ich verlernt. Es bleibt dieses erdrückende Gefühl in der Kehle, was mich ins Bodenlose ringt, und ich kann nichts dagegen tun. Elende Traurigkeit. Bis zu dem Punkt, an dem es nicht mehr schlimmer werden kann.

Dann wendet sich das Blatt. Auf einmal kommt die Wut. Ich weiß nicht, auf was, aber sie ist in jeder Zelle meines Körpers. Wie ein Vulkan. Wahrscheinlich ist sie gegen mich selbst gerichtet. Ohne Grund, aber das ist auch egal, denn mit Wut kann ich umgehen. Sie brodelt, sie ist greifbar, heiß und voller Energie. Zeit, der Trauer ein Ende zu setzen!

Ab jetzt transferiere ich jeden Anflug von Kummer und Verzweiflung in bösen Ärger und zerstörerische Wut. Beides nehme ich mit ins Wasser, denn genau da gehören sie hin. Und das tut meinem Surfen gut. Wut wäscht die Angst fort, Wut lacht meine Zweifel aus. Ich bin bereit für harte körperliche Beanspruchung, für Schmerz, und brauche den Kick, um mein Herz zu heilen.

Die Wellen in Fuerte bieten mir Gelegenheit dazu und ich muss jeden Moment im Wasser verbringen. Je größer, desto besser, denn ab jetzt ist alles egal.

Wenn ich Furcht spüre, weil die Wellen riesig sind, hieve ich den Schmerz hervor. Absichtlich hole ich die schlimmsten Gedanken zurück ans Tageslicht: *Loli will mich nicht, will irgendeinen Tollkerl, der super ist.*

Die Wirkung ist gewaltig. Das Feuer erwacht und ich laufe voll damit, bis der Ärger meinen ganzen Körper vibrieren lässt. Dann ist alles egal, alles Energie, die ich jeden Moment loslassen kann. Wie ein Vulkan, der kurz vor seinem Ausbruch steht.

Warum hat sie mich verlassen?

Ganz egal.

Bin ich nicht gut genug für sie oder hässlich wie die Nacht?

Scheißegal.

Ich habe versagt und nichts erreicht.

Total egal.

Das ganze Leben lang. Na und! Alles, was ich mir immer gewünscht habe, verschwindet jetzt nach Osten. Nach Weimar. Da ist sie jetzt, vielleicht mit einem anderen, der besser ist. Das Feuer kocht, läuft über, und ich bringe mein Brett in Position.

Sie sieht so schön aus, wenn sie an meiner Seite liegt, aber sie lässt mich im Regen stehen.

Alles verdammt, alles egal!

Die massive Wasserwand rollt direkt auf mich zu. Alles egal. Sie baut sich bedrohlich auf. Gewaltig, zerstörerisch. Vielleicht gefährlich, aber das ist jetzt egal. Her damit! Ich paddele los.

Ich werde in harten Waschgängen niedergemacht, aber tauche immer wieder auf. Danach bin ich leer. Nicht glücklich, aber der Kummer hat sein Ventil gefunden. Die Energie ist raus.

Manchmal surfe ich so viel, dass ich eine innere Ruhe genieße kann. Dann geht es mir plötzlich wieder gut. Endlich wieder gut. Erleichterung. Ich gehe aus und feiere mit den Urlaubern. Partys, Alkohol, und manchmal kriege ich ein paar Mädels an die Angel. Frohe Stunden, bis neue alte Gedanken alles in die Tiefe reißen. Gefühlsballast auf meiner Seele. Dann bin ich einsam und verlassen auf der Welt, wie traurige Wolken in einer grauen Nacht. Loli steht für alles: Liebe, Schönheit, Geborgenheit, jemand, der mich festhält, der für mich da ist und jemand, um den ich mich kümmern kann. Aber Loli will mich nicht. Alles umsonst.

Wo soll ich nur mit meinem Leben hin?

Viele bewundern, wie ich surfe. Ich bekomme Lob und Anerkennung dafür, wie ich den Job mache, Zuneigung und Anteilnahme hingegen selten. Keiner kümmert sich um den, der schon alles hat. Für die Meisten lebe ich einen Traum aus einem endlosen Sommer. Nur ein paar Wenige haben so sensible Antennen, dass sie spüren, was sich hinter der Fassade tut. Wenn wir dann reden, geben sie mir das Gefühl, dass ich nicht alleine bin. Dann lacht mein Herz. So werden zahlende Kunden zu echten Freunden. Aber nur bis zum Ende der Woche. Bis zum Abreisetag. Dann bleibe ich wieder alleine zurück und vermisse sie. Loli oder jemanden, mit dem ich reden kann. Im Norden von Fuerteventura, in den Tiefen des Nordatlantiks, gestrandet auf einer Insel, mit einem Lebenstraum aus Einsamkeit.

XXII. Deutschland, 2003

Weihnachten muss ich zurück, denn Weihnachten ist Familienfest. Gerade jetzt. Aber ich kann nicht bleiben. Unmöglich. Ich muss weiter. Anhalten gleich Untergang. Tim aus Neuseeland, mit dem ich in Frankreich zusammengearbeitet habe, will, dass wir in Taupo Bay ein Surfcamp aufbauen. Er weiß nicht, ob er mich bezahlen kann, aber er übernimmt den Flug. Ich sage sofort zu, denn ich will so schnell wie möglich weg.

Tobis Travel findet eine Verbindung für mich. Ziemlich umständlich, aber in zwei Tagen kann ich los. Nur noch mein Geburtstag am Heiligen Abend und das Weihnachtsfest überstehen. Am 27. Dezember um 19:35 Uhr geht es weiter. Bloß nicht stehenbleiben, denn wer weiß, was mich einholt. Lieber Flucht nach vorn. Ich packe meine Taschen. Alles was ich brauche, alles was ich habe.

Mittags steht meine Mutter plötzlich weinend vor mir. So habe ich sie noch nie gesehen. Sie umarmt mich fest und schluchzt, dass ich nur gesund zurückkomme.

Mir kommen die Tränen, aber Weinen kann ich nicht. Sie stauen sich in meiner Kehle auf und wimmern hinter meinen Augen.

Sie schnüren mir alles ab, wie eine überfüllte Gefühlsblase, die platzen möchte, aber zugeknotet ist. Wie gerne würde ich jetzt loslassen, aber das Ventil ist ganz verstopft. Wie ein Kloß stehe ich in der Gegend rum. Haben meine Reisen sie schon immer so verängstigt oder kann sie fühlen, was mit mir nicht stimmt? Dass ich nicht mehr glücklich bin. Wir lieben uns, aber ich kann nicht über meine Gefühle reden. Auch jetzt nicht. Ich nehme sie in die Arme und wische ihre Sorgen weg, denn sie darf nicht traurig sein, wegen mir.

»Natürlich komme ich zurück. Im Mai bin ich wieder hier. Und ich rufe an. Bis bald.« Wie gerne würde ich ihr mehr erzählen.

Ich steige in den Zug nach München und wünsche, dass er schneller fährt. Weiter weg und vor allem: weg von allem. Ab München weiter nach Italien. Die Verbindung nach Neuseeland ist ein Witz. Schnitzeljagd über den Globus, aber kurzfristig war nichts anderes mehr zu kriegen. Der Flieger aus Rom hält in den Vereinigten Arabischen Emiraten, um sieben Stunden später Richtung Singapur zu starten. Jeder Meter, jede Stunde lässt die verdammte Vergangenheit zurück. Bringt mich voran, dahin, wo die Freiheit wartet.

Ich bin zweiunddreißig Stunden unterwegs, als ich morgens um sechs Uhr durch die Ankunftshalle von Singapur latsche. Wie immer, so ab dreißig Stunden wird es anstrengend. Augen auf und durch. Mein Anschlussflug ist heute Abend um acht Uhr. Heißt: vierzehn Stunden Aufenthalt.

Die kostenlose Stadtrundfahrt schafft knapp zwei Stunden. Bleiben noch zwölf. Ich schleppe mich durch die heiße Stadt und mache ein Nickerchen im botanischen Garten. Der Schatten einer gewaltigen Baumkrone ruht über meiner liegenden Gestalt, die wie die Kreideumrisse einer Leiche aus einem billigen Kriminalroman auf der Wiese kauert. Ich schlafe kaum, weil ich voller Unruhe bin. Loli taucht auf, meine Mutter weint, ich verpasse den

Flieger. Oder träume ich? Noch sieben Stunden. Lieber aufstehen, lieber weiterrennen.

In der überfüllten Fußgängerzone überall Menschen und alle hetzen durch die Gegend. Singapur ist anders. Asien, aber klinisch rein und sauber. Die Strafe für einen ausgespuckten Kaugummi liegt bei 10.000 Dollar. Ein Zigarettenstummel bedeutet den Tod, vermute ich. Ich könnte jemanden fragen, aber keiner bleibt stehen. Ich werde in ein Kaufhaus getrieben. Angenehme Kühle haucht an meinen Schläfen vorbei, und plötzlich bin ich drin, stecke in einem Wirrwarr, aus dem es kein Entrinnen gibt. Überall schwarze glatte Haare, nicht ein blondes Mädchen zwischen hundert Millionen Köpfen. Tausende Klone zwängen sich um mich herum, an mir vorbei und zu den elektronischen Geräten. Alle Körper weiß, quasselnd, mit Schlitzaugen auf der Hetzjagd nach Preisschildern. Gedränge, bunte Lichter, chaotische Rabattschlachten, überfüllte Wühlkisten mit USB-Sticks, Laptoptaschen oder Mobilfunkgeräten. Wo ist der Notausgang, die Reißleine oder die Schwimmweste? Mediamarkt extrem. Winterschlussverkauf am Vorweihnachtstag zu Ostern mitten auf dem Broadway von New York. Abgefahren, durchgedreht, Singapur.

Zu viel für mich. Ich kämpfe mich durch die Leiber und dränge mich zurück nach draußen. Atmen. Aber statt Sauerstoff hängt diese schwüle Smogpampe in der Luft. Auf der anderen Straßenseite ist weniger Menschenwahn. Ich warte an der Ampel, sie springt um, und eine Personenwalze eilt hinüber. Ich stecke in der Mitte, breche aus und biege links ab. In eine rettende Seitenstraße. Ruhe. Nach ein paar Metern setze ich mich in ein kleines Restaurant, bestelle Huhn und komme runter.

Ich bin der einzige Gast. Sitzen ist eine Wohltat, aber ich darf nicht tiefer rutschen. Meine Lider sind schwer wie Bleibeton. Einmal kurz die Augen schließen wäre das Nirwana, aber wer weiß, ob ich jemals wieder aufwache. Oder zumindest, bevor mein Flieger weg ist. Ich muss wach bleiben.

Ich werfe einen Blick auf die lähmende Wand, an der die Bilder hängen. Ein kitschiger See und chinesische Zeichen sind alles, was mir geboten wird. Als Stütze gegen das Einschlafen. Am Ufer ein blondes, junges Mädchen, was da nicht hingehört. Plötzlich steht der Kellner neben mir.

»Thank you«, hallt es aus meinen Lippen. Ich nehme den Löffel, schlürfe an der Hühnersuppe, lege sechs Dollar auf den Tisch und wanke durch die Tür.

Die letzten drei Stunden. Das Laufband unter meinen Füßen schwebt mich durch die Gänge. Vorbei an Toiletten, den Shops, unzähligen Gates mit den Wartenden davor. Ich springe ab und laufe lieber. Geschäfte und Restaurants zum zwanzigsten Mal, aber schließlich finde ich das Schwimmbad auf der Dachterrasse des Flughafens. Ich kraule zum anderen Beckenrand, dann zurück. Und noch mal. Jetzt mit Loli hier sein, sie umarmen. Dummer Gedanke.

Ich schaue zum Himmel. Finstere Wolken ziehen heran, Boten des Untergangs, die eine schwarze Nacht ankündigen. Ein paar Tropfen hüpfen in den Swimmingpool. Sie sind kühl und frisch. Ich bin das Gegenteil.

Die Wetterleuchten rücken vor, umzingeln Singapur wie eine wilde Horde blitzender Schwertkämpfer und schicken ein kurzes grelles Leuchten durch das Dunkel dieses Abends. In der Ferne rumoren leise Donnergeräusche. Erst langsam, dumpf und vor sich hin, wie ein grummelnder Großvater, dann bricht ein gewaltiger Donner durch die Nacht, der mich zusammenfahren lässt.

Ich gehe zurück in die Kabine, ziehe mich um, blicke in den Spiegel, sehe furchtbar aus, starre auf glasige Augen, die mit blutroten Äderchen übersät sind, putze Zähne, packe mein Zeug zusammen und latsche wieder mal zum Gate. Noch eine Stunde.

Es kracht. Der Sturm kommt näher, und er ist wütend. Ich will in meinen Sitz, der Rest ist mir egal. Das Unwetter auch. Die

Welt erst recht. Erst mal nach Brisbane. Von da ist es nicht mehr weit. Weiter nach Sydney und dann die letzte Etappe. Klingt immer noch furchtbar. Wir werden aufgerufen, ich stelle mich teilnahmslos in die endlose Schlange, steige als letzter ein und falle in meinen Sitz. Nummer 48. Ich schließe den Gurt, lehne den Kopf zurück, atme tief ein und lasse die Augen zufallen, die mit einem Schlag das Licht ausknipsen, wie eine tote Glühbirne im schwarzen, fensterlosen Kellerraum.

Ich wache eine kurze Weile später auf und werde in ein gemütliches Surren gebettet. Das Licht scheint sanft und alle sitzen auf ihren Plätzen. Startbereit. Sind wir mit dem Sicherheitstheater schon durch? Gurte, Schwimmwesten, Sauerstoffmasken. Sind wir in der Luft?

Neben mir sitzt ein junger Mann mit weißem Hemd und indischem Haar. Er ist Anfang zwanzig und strahlt diese moderne, zurückhaltende Intelligenz aus. Neugierige Augen, die selbstbewusst sind, ohne überheblich zu wirken. Das sind die Leute, die eines Tages unseren Planeten lenken werden.

Ich spreche ihn an. »Hi, did we already take off?«

»You are unbelievable«, antwortet er und fügt hinzu: »You really don't know? This is crazy.«

»Sorry, I think I fell asleep.«

»Yes you did. I just can't believe it. We took of two hours ago. Right after start, we hit the storm. The whole plane was shaking really heavy. People started to cry, started to vomit. Many were panicking. Some were screaming, I was scared to death. Like most of us. But you were sleeping. Unbelievable.«

»I didn't get real sleep for fourty hours.«

»Luckily you didn't.«

Nach dreieinhalb Tagen Zick-Zack über den Planeten sammelt mich Danny am Flughafen in Auckland ein. Nur noch vier Stunden bis zu Tims Strandhaus im Norden. Und nur noch vier Stunden bis zum neuen Jahr.

Wir trinken ein paar verbotene Biere unterwegs, mogeln uns durch die silvesterlichen Don't-drink-and-drive-Kontrollen und kommen um zehn Minuten nach zwölf in Taupo Bay an. Big Party in Tims Strandhaus. Meine Müdigkeit ist hinter den letzten toten Punkt verflogen. Während ein paar Raketen in den Himmel jagen, liegen wir uns in den Armen und eine riesige Last weicht von meinen Schultern. Eine halbe Stunde später bin ich alkoholisiert bis in die Haarspitzen und bereit, ein neues Leben anzufangen.

XXIII. Neuseeland, 2004

Nach ein paar Wochen Papierkram, ziert ein vielsagendes Dokument die neue Lieblingsseite in meinem Reisepass. Ich liebe meine Stempel, sie sind wie Medaillen, Zeugnisse vergangener Tage, aber das eingeklebte Working-Visum macht mich jetzt zum Einheimischen. Es ist amtlich: Ich arbeite offiziell in Neuseeland, für Isobar Surf im hohen Norden der Insel. Am Ende der Welt und noch ein bisschen weiter. Meine neue Heimat liegt in einem kleinen Nest mit großem Charme.

Das Schild ist gut zu übersehen. Weiße Buchstaben auf grünem Grund. Halb verborgen hinter einem Busch, aber aufzuspüren, wenn man von der Ecke weiß. Die Abzweigung führt durch enge Kurven, über verlassene Hügel und hinein in kleine Wälder Richtung Küste. Mit jedem Meter bleibt die Welt zurück. Wohin führt dieser Weg? Nach Mittelerde? Nach Hinterland?

Der Asphalt schlängelt sich weiter, bis eine Kuppel endlich den Blick freigibt. Hinunter in eine malerische Bucht mit kleinen Straßen, schlafenden Häusern, einem Campingplatz und massiven hohen Klippen an jeder Seite, deren Felsformationen am obersten Teil wie gewaltige Cartoonhelden aussehen.

In Taupo Bay ist die Welt noch in Ordnung. Mehr hat der Norden nicht zu bieten, aber auch nicht weniger. Hier herrscht Sonntag, sieben Tage die Woche. Ein verträumtes Nest, mit Hang zum Ruhestand. Ich liebe diesen Weg zum Strand, weil er mich jeden Tag eine Zeitrechnung zurückbefördert, während ich Scott hallo sage, Mrs. Miles zuwinke oder Mr. Tom aus dem Küchenfenster lächelt. Wenn die Zeit still steht, kann man die Vergangenheit vergessen. Jeder, der sich hierher verlaufen hat, ist genauso willkommen wie der verlorene Enkel, dem Oma einen Pflaumenkuchen für das Wochenende gebacken hat. Die Menschen sind warm und herzlich, man fühlt sich ofenfrisch geborgen.

Dazu habe ich ein paar Reisende im Gepäck. Touristen. Sie wandern hinter mir her wie aufgeregte Pinguine, tragen große, gelbe Planken unter ihren Armen und sind bereit für die Fluten, auf den Brettern, die die Welt bedeuten.

Ich mache die Arbeit am Wasser, eine Kompakteinweisung in die Kunst des Wellenreitens. Kurz und knapp, straff und unvollständig. Ein bisschen Beachsafety, Aufstehtraining im weichen Sand, und dann schiebe ich jeden einzelnen in die kleinen Wellen hinein, um ihnen das leidige Paddeln zu ersparen. Meist am Rand der großen Bucht, wo die Wellen klein und sanft hineinlaufen. Es ist so einfach, unsere Kunden glücklich zu machen, weil das Gefühl des Wellenreitens jede Seele berührt. Trotzdem bleibt das Wunder für die meisten nur ein Tagestrip, eine Abenteueraktivität unter vielen: Wasserfall, Maorikunst, Hostelparty, der obligatorische Sprung am Bungeeseil, der wilde Urwaldhike, die Schildkrötenfarm und Palmenbrot. Und dazwischen: Wellenreiten. Abgehakt, erledigt, eingetragen. Blasphemie an einer Leidenschaft, der ich mein ganzes Leben verschrieben habe. Für die Backpacker geht es um Vergnügen am laufenden Band, verzweifelte Suche nach mehr, nach echtem Leben und Geschichten für die Seiten aus dem Tagebuch oder Storys für die Bekannten, die daheim geblieben sind. Touristen auf Hyperaktivurlaub. Süchtige, die das Besondere brauchen, die alles geben für ein bisschen Abenteuerfeeling.

Bescheuert, wenn mich einer fragt. Verständlich, wenn ich in mich hineinhorche, weil ich genauso bin.

Nach vollbrachten Heldentaten schleppen wir Boards und Bärenhunger zurück zum Haus, in dem sich Tim als bester Koch der Welt beweist.

Alles, was aufgetischt wird, jeder Krümel Brot, jedes Gewürz und sogar der Käse, entspringt dem eigenen Garten oder der Farm der Eltern. Und so schmeckt es auch. Der Fisch wird frisch gefangen, und wenn die Wellen zu klein zum Surfen sind, nehme ich die Leute mit zum Tauchen. An einem Felsen, der je nach Gezeitenstand nur einen Meter unter der Wasseroberfläche liegt, gehen wir Meeresfrüchte sammeln. Der dicke Brocken ist bedeckt mit Muscheln, die so groß wie Untertassen sind.

Essen bekommt ein anderes Gesicht. Es steht nicht kalt, in Plastik verpackt, abgemessen und etikettiert in einem Supermarktregal, sondern lebt in den Sphären um uns herum. Jeder Jäger und Sammler kann selber für ausreichend Nahrung sorgen. So wird das Leben authentisch und frei, weil wir unabhängig sind von den großen Konzernen, die uns am Schlafittchen haben, denen wir aus der Hand fressen und ohne die wir alle verhungern würden. Konzerne, die maximale Profite jagen und das Essen am Fließband produzieren. Ohne Rücksicht auf Verluste, ohne Respekt vor Tieren und Pflanzen und ohne Blick auf das Wunder des Lebens und die Schönheit der Natur, die hinter allem steht.

Alle zwei oder drei Tage gehe ich tauchen. Häufig trainiere ich mit speziellen Übungen, die Luft anzuhalten, denn in ein paar Monaten habe ich mich den großen Wellen Indonesiens zu stellen. Dazu paddele ich weit hinaus, tauche etwa drei Meter tief, um dort mit ruhigen Armzügen durch die Tiefe zu gleiten. Dann glitzert die Oberfläche aus weiter Ferne zu mir hinab. Unmengen Wasser liegen über mir, und leise Panik in mir. Ich muss ruhig sein und trotz des Drucks in meiner Brust voller Vertrauen, voller Ruhe. Luftnot ist ein Problem im Kopf, auch wenn es durch den ganzen Körper dringt. So wie Loli. So wie die Einsamkeit, die mich in letzter Zeit manchmal heimsucht. So wie die Idee, ein vernünftiges Leben zu beginnen. Ich brauche Ruhe und Vertrauen, damit die Panik verschwindet und ich im Wasser bleiben kann. Achtsamkeit und Konzentration, damit ich wieder der Alte werde. Dann tauche ich auf.

Wenn ich weder surfe noch trainiere, erkunde ich die Unterwasserwelt, die jedes Mal neue Kuriositäten zu bieten hat. Manchmal Dinge, die ich noch nie zuvor gesehen habe.

Ich sitze im weichen Sand und streife eine Flosse über meinen Fuß. Die nördliche Klippe der Bucht wirft ihren kühlen Schatten auf mich hinab. Ich greife nach der anderen Flosse und setze die Brille auf meine Stirn. Neben mir ruht die Harpune, die ich über eine Leash an meinem Handgelenk befestige. Ein knapp zwei Meter langer Speer mit einem scharfen Dreizack aus Metall, in dessen Spitzen Widerhaken eingearbeitet wurden. Die Waffe wird mit einem Gummischlauch gespannt. Man packt zu und sie ist feuerbereit. Lässt man los, wird die Waffe voran katapultiert. Einfach, aber auf kurze Distanz effektiv. Was sie durchbohrt, ist hin, endgültig und ohne Gefangenschaft.

Im seichten Gewässer ist kaum ein Fisch zu sehen, aber weiter draußen an den Rändern der Klippen liegen dicke Brocken, Riffe, Höhlen und labyrinthartige Formationen, in denen sich alle möglichen Meeresbewohner tummeln. Nach etwa zehn Minuten bin ich am Ziel.

Ich hole tief Luft und schwimme hinab. Hinein ins Vergnügen und auf zu einer Entdeckungsreise aus Krebsen, Muscheln, Algen, Seesternen und eigenartigen Fischen. Das ganze Riff lebt.

In einer Tiefe von etwa zwei Metern hängt ein Oktopus an einer schrägen Riffplatte. Die acht Tentakel sind über einen Meter lang und haben nichts gemein mit den Tintenfischringen von

McDonalds oder Burger King, weil dieses Tier so gewaltig, so lebendig und so voller Anmut ist. Trotzdem ist er frisches Abendessen und eine weitere Trophäe auf meiner persönlichen Jägerliste.

Ich atme so tief ein wie ich kann und gleite zurück, als sich eine Welle nähert und über den Felsen schwappt. Wasser und Meeresboden werden aufgewirbelt, sodass ich nichts mehr erkenne, außer einem trüben Sandsturm unter Wasser. Blind hänge ich vor meinem Opfer im Wasser und hoffe, dass seine Tentakel Ruhe bewahren, seine Saugnäpfe nicht in meine Wade beißen oder nach meiner Kehle schnappen. In lähmender Zeitlupe senken sich die Partikel zurück zum Grund, lösen das undurchsichtige Dickicht auf, wie die Sonne den dickflüssigen Nebel am frühen Morgen, und geben den Blick frei. Aber auf einmal bin ich nicht mehr allein. Von links gleitet etwas in meine Richtung. Ich reiße den Kopf zur Seite und erstarre.

Der schwarze Schatten misst über zwei Quadratmeter. An seinem Ende hängt die tödliche Waffe, über die ich viel gehört habe. Der Mantarochen schwebt auf mich zu und zieht seinen langen Schwanz mit dem messerscharfen, giftigen Stachel hinter sich her. Vom Jäger zum Gejagten und ich kann nichts dagegen tun. Ich hänge unter der Wasseroberfläche und richte die Harpune, die auf einmal lächerlich wirkt, auf den großen Leib. Ich verharre regungslos, wie der Oktopus, der unter mir am Felsen klebt. Das Tier schlägt mit den Flügeln, streift beinahe meine Schultern und verschwindet im endlosen Dunkel dieser Unterwasserwelt. Ich atme meine Erleichterung in einer Salve blubbernder Luftblasen aus und haste an die Oberfläche zurück. Dort pumpe ich Sauerstoff in meine Lungen und wieder hinaus. Der Strand ist weit entfernt. Das Ende der Klippen, an denen das große, tiefe Meer beginnt, nur einen Katzensprung. Wer ist hier eigentlich hinter wem her?

Ich stecke meinen Kopf zurück ins Wasser und suche die Stelle ab. Nichts. Die Sicht ist klar, der Weg frei. Ich hole Luft und tauche ab. Auf einmal sind weder Fische noch andere Meeresbewohner zu sehen. Alles ist wie ausgestorben. Ich gleite heran und ziele. Bevor ich schieße und die Ruhe in ein blutendes Inferno verwandele, schaue ich mich nochmals um. Nichts. Also los!

Zisch ... Der Speer durchbohrt den wabbeligen Körper meiner Beute und die Spitze kracht in den Felsen. Tier und Speer lösen sich, sacken leblos in die Tiefe und sinken Richtung Meeresboden. Beides hängt an der Gummileine, die an meinem Handgelenk befestigt ist. Blaue Tinte strömt in die See, tränkt das Wasser in eine dunkle Farbe, während der Oktopus verendet. Lautlos. Ich tauche hinterher, um ihn einzusammeln. Das Tier schreit still und windet sich um die Stange mit dem Dreizack, der in seinen Eingeweiden steckt. Er müsste längst tot sein, aber die Tentakel umschlingen die Harpune und fassen ins Leere. Ich weiche aus und greife das Ende des Speers, der jetzt samt Beute gute zehn Kilo auf die Waage bringt. Zurück an der Oberfläche sauge ich Luft in meine Lungen und schwimme so schnell ich kann zum Strand. Dort reiße ich den Speer aus dem sich noch immer windenden Körper und ramme ihn wieder hinein. Und wieder. Das arme Tier soll nicht länger leiden als nötig. Wie aus Geisterhand greifen die Tentakel weiter um sich, sind aber nur noch toter Reflex des längst verstorbenen Tiers. Mit gesenktem Haupt bringe ich meinen Fang nach Hause. Auf dem Weg zurück ernte ich Anerkennung aus der Nachbarschaft, die ich nicht genießen kann. Tim ist begeistert und zeigt mir am Abend, wie man Tintenfisch kocht und einen Salat daraus zubereitet. Wir essen zu siebt davon und verschenken vier Tentakel in der Ortschaft.

Obwohl es für die Neuseeländer nichts Größeres, nichts Cooleres als die Nahrungsbeschaffung aus dem Meer gibt, erfüllt es mich nicht mit Glück, einen blutigen Dreizack in ein Lebewesen zu rammen. Ich hänge unschlüssig dazwischen: Ein authentischer Weg sich zu ernähren oder brutales Gemetzel. Dabei ist Tauchen immer noch spannender als Angeln, was für mich Langeweile in

Reinform darstellt. Blasphemie an unserer begrenzten Lebenszeit. Tim kann meine abfälligen Bemerkungen zum Thema Fischen nicht akzeptieren und will mich persönlich in die hohe Kunst, den nationalen Massenwahn und eine Euphorie, die ich nie verstehen werde, einweisen. Wir nehmen sein kleines Motorboot. Tims Bruder Jesse springt in ein Kanu, und los geht's: Competition Time. Mir war nicht bewusst, welchen Stellenwert sich Angeln in diesem Land erkämpft hat, aber ich bekomme eine Ahnung.

Wir treiben in den beiden Booten an einer ausgesuchten Stelle, präparieren die Angeln mit bestimmten Knoten, dem richtigen Haken, philosophieren über den Köder der Wahl, schwingen die Rute im hohen Bogen ins Wasser, und wie so oft geschieht ... nichts. Auch nach einer Stunde nicht. Ob sich jemals etwas daran ändern wird, ist zweifelhaft.

Draußen auf dem Meer sehe ich einen Schwarm Vögel bei der Jagd und schlage vor, es dort zu probieren. Tim überlegt, blickt auf den kleinen, altersschwachen Motor, dann auf seine tatenlose Rute, und wir fahren los. Nach zwanzig Minuten mit einem Topspeed von einem halben Kilometer pro Stunde, erreichen wir die Stelle auf dem offenen Meer und parken in einem Schwarm Fische. Ich werfe die Angel aus, etwas beißt und das Rad an der Rute bricht in das helle Summen aus, das für jeden Neuseeländer wie der Gesang des Nirwanas klingt. Ich bringe den schweren Fisch an Bord und steche mit einem Messer auf ihn ein, bis sein Zappeln ein Ende findet – damit er nicht leiden muss, wenn ich ihn schon töten muss.

Tim lacht sich schlapp. »What are you doing, Freddy Krüger? You sure, it's dead?«

Dann zeigt er mir, wie man mit einem Handgriff die Hauptarterie hinter den Kiemen durchtrennt, um für ein schnelles Ende und einen Hauch weniger Massaker zu sorgen. Es gibt kaum Zeit, das Exemplar zu bewundern, da die zweite Angel surrt. Etwas hat gebissen und versucht, mir das Gerät aus der Hand zu reißen. Ich halte dagegen und die Rute bricht. Tim reicht mir zwei Handschuhe und ich hieve den nächsten Fisch mit den Händen an Bord. Nach fünfzehn Minuten haben wir sechs Fische á zehn Kilogramm an Bord.

»This is not really a challenge«, muss Tim eingestehen, woraufhin wir zu Jesse zurückfahren, der nach wie vor in seinem Kanu verharrt und auf Bewegung an seiner Leine wartet. Tim drosselt den Motor und im Vorbeigleiten heben wir stumm einen Teil unserer Beute hoch, um Jesse den notwendigen Tiefschlag zu versetzen. Tim sieht so glücklich aus wie nie zuvor.

Wir halten kurz, um ein paar Ratschläge loszuwerden. Aus Spaß wirft er dabei die Angel aus und es geschieht das, was sich nicht erklären lässt. Die letzte Demütigung. Jesse hockt seit neunzig Minuten an derselben Stelle und Tim zieht nach sechzig Sekunden einen Red Snapper (»absolut delicious«) an Bord, was natürlich *nichts* mit Glück zu tun haben kann.

Zurück im Haus zeigt mir Jesse, wie man den Fisch filetiert, denn Tim ist zu beschäftigt. Er sitzt mit einer Liste am Telefon. »Hey Chris, this is Tim, how are you doing? We? Not much, running the house, went fishing today ... Not much. Aah, a couple of Kawas, maybe hundred pounds and a Red Snapper ... Yeah, you too. Take it easy.«

Er streicht einen Namen durch und wählt die zweite Nummer auf der Liste. »Hey Tom, what's up Bro? We? Not too much, running the house, went fishing today ... Not much ... Aah, a couple of Kawas, maybe hundred Pounds and a Red Snapper.«

Er streicht die Nummer und greift wieder nach dem Hörer ...

Angeln *hat* einen hohen Stellenwert in dieser Ecke der Welt!

Dann kommt Nicol aus dem Wald zurück. Er war zwölf Tage mit seinem Vater unterwegs, um Mammutbäume mit einer Höhe von hundertfünfzig und einem Durchmesser von über zehn Metern zu fällen. Sie werden mit dem Hubschrauber abgesetzt, schlagen irgendwo ihr Lager auf, campen ein paar Tage, bringen die Riesen zu Fall und spezielle Helikopter holen sie ab. Nicol und ich haben ein paar Monate zusammen in Frankreich gearbeitet und sind seelenverwandt, weil wir dieselben Flausen im Kopf haben, obwohl wir unterschiedlicher nicht sein könnten. Er hat in seinem Leben nur ein einziges Buch gelesen, für die Führerscheinprüfung, aber ich habe mit eigenen Augen gesehen, wie er einen Aal mit einem Grashalm gefangen hat. Er hat Tims Motor repariert, einen Kingfisch acht Meter unter der Wasseroberfläche harpuniert – natürlich ohne Sauerstoffflaschen –, einen Hirsch aus neunzig Meter Entfernung mit einer Kugel erlegt, plant einen Hubschrauberführerschein zu machen und hat mich auf so viele kleine Ausflüge und Abenteuer mitgenommen, dass ich vor Crocodile Dundee keinen Respekt mehr habe. Nicol weiß und kann alles.

Wir gehen jagen, feiern, surfen und machen alles, was Spaß macht oder abgefahren ist. Ich liebe diesen Typen, und unsere gemeinsame Zeit ist wie Therapie für mich. Wir stürzen uns von einem Vergnügen ins nächste, ohne dass die Gedanken irgendwo hängen bleiben. Kein Raum für Feuerwehrautos, Entscheidungsprobleme, Karrieredilemmas oder einsame Loli-Momente.

Meistens sind wir mit seinem Geländewagen unterwegs. Wir surfen am nördlichsten Cap der Insel und sehen auf dem Rückweg von den Klippen herab einen vier Meter großen Hai am Rande der Bucht herumschwimmen. Wir fahren den Ninety Mile Beach entlang, an dem mir Nicol die Spuren der Natur erklärt: Muscheln, Krebse, Knochenreste, Vögel, wilde Pferde hinter der Düne oder die besten Stellen, um fischen zu gehen. Etwa in der Mitte des endlosen Strandes liegt The Bluff, ein großer Felsen, der Meeresbewohner magisch anzieht. Manchmal bricht in seinem Schatten eine schöne Welle, aber The Bluff ist haiverseucht und nur wenige Neuseeländer wagen sich hier ins Wasser. Ich springe für zwanzig grausame Minuten hinein. Nicol bleibt am Strand.

Ich muss einfach. Weniger wegen der Wellen, sondern viel mehr, um all den harten Neuseeländern zu zeigen, dass ich ... ja, was eigentlich? Ich habe keine Ahnung, aber so läuft das hier. Ständig muss man solche Sachen machen. Als ich aus dem Wasser komme, sind alle Gliedmaßen noch dran. Größte Erleichterung auf Erden macht sich breit, und ich kann gar nicht abwarten, Tim und seinen Brüdern ganz beiläufig davon zu berichten.

Wir machen einen Abstecher in die Stadt und landen auf einer Verkleidungsparty, an deren Ende wir uns beide nicht mehr erinnern können. Wir gehen unter einem gewaltigen Wasserfall schwimmen und finden einen einsamen Strand mit einer schönen Welle, an dem (vielleicht) noch nie jemand gesurft ist. Wir stürzen uns aus einem Flugzeug und fallen auf die Erde. Fallschirmspringen ist irre intensiv, abgefahren, aber das Beste daran: Nicol, furchtloser Meister der Überlebenskunst, hätte fast gekotzt.

Eines Abends sitzen wir im Wohnzimmer und Nicol zeigt mir sein Lieblingsvideo. Eine Dokumentation über Männer, die sich aus Hubschraubern bei voller Fahrt auf wilde Hirsche stürzen, um sie mit bloßen Händen zu erlegen (wenn sie nicht daneben springen und sich alle Knochen brechen). Nicols Augen leuchten, während Tim das Abendessen zubereitet.

»We need pork. Nicol, you take Andi to the farm to kill those two pigs tomorrow.«

»Why us?«

»I can't do it. I've been grewing them up for three years, they are so sweet. Breaks my heart. You are the hunter. And Andi has to shoot a gun ...«

Wir kommen an einem kleinen Gehege mit angebautem Stall an. Zwei kleine Schweine, die für mich eher wie junge Ferkel aussehen, begrüßen uns mit dem fröhlichen Quieken purer Lebensfreude.

Nicol schreitet zur Tat. Anschauungsunterricht für den Unerfahrenen. Er lädt die Waffe, richtet den Lauf auf die Stelle zwischen den Augen des kleinen Ferkels, das interessiert in die Öffnung des Gewehrs blickt. Ein Schuss und das Tier liegt leblos am Boden. Mit einem Satz springt Nicol über den Zaun und schneidet die Hoden mit einem Messer ab, damit die ausströmenden Hormone den Geschmack des Fleisches nicht beeinträchtigen. Die Aktion ist in einer halben Minute erledigt. Es folgt mein Einsatz, sprich Schwein Nummer zwei. Wir locken den Kleinen mit Leckereien an, bis er seine Henkersmahlzeit vergnügt vor meinen Füßen frisst. Ich lege an und ziele. Als das Ferkel aufblickt, ist seine Stirn keine zehn Zentimeter vom Lauf meiner Waffe entfernt. Ich drücke ab. Der Schuss knallt los und trifft das Ferkel zwischen den Augen. Durch das tödliche Geschoss müsste das Tier jetzt leblos zur Seite fallen. Stattdessen wetzt der kleine Highlander wie von der Tarantel gestochen durch das Gehege und auf und davon.

»Fuck! What the ...«

Nicol reißt mir das Gewehr aus der Hand, macht einen Satz, zielt, ein Schuss ertönt und das Schwein fällt in dreißig Metern Entfernung, auf der Stelle um.

»Ha!«, fährt es mir aus der Kehle. »That's unfair!«, füge ich hinzu.

»If you don't hit it straight, the bullet only goes through the foreheat.«

Ich habe sowieso was gegen Schusswaffen, also muss ich auch keine Karriere mehr als Scharfschütze machen. Dafür ist mir das Gelächter beim Abendessen mal wieder sicher.

Wir kommen zum ekligen Teil, schneiden die Köpfe ab und schlitzen die Gedärme heraus. Dann flammt Nicol die Haut mit einem Bunsenbrenner ab. »We don't want some hairy bacon.«

Der Braten schmeckt hervorragend, aber ich verliere die Lust, Fleisch zu essen. Jedes Stück war einmal ein Lebewesen. Auch wenn es nicht wie in Europa sein Leben lang gequält wurde, bin ich für seinen Tod verantwortlich, nur um mir einen Gaumenschmaus zu gestatten. Aber am meisten stört mich die Quälerei. Massentierhaltung ist unbeschreiblich grausam, aber auch das, was manche Jäger hier mit ihrer Beute anstellen, geht mir nahe. Ich kann nicht verstehen, wie selbstverständlich die Neuseeländer darüber hinwegschauen. Manche fangen einen Fisch und lassen ihn eine halbe Stunde elendig am Strand verenden, statt ihm mit einem einfachen Handgriff das Leiden zu ersparen. Tom ist Bigwave-Legende und Waterman. Er bringt einen Hummer zu Tim ins Haus. Das arme Tier liegt mit abgebrochen Fühlern in der Küche rum, und ich bestehe darauf, ihn schnell zu töten.

»Don't worry. Just don't think about it, then it's not so bad«, sagt Tom und öffnet noch eine Flasche Bier, während der Hummer auf dem Tisch lebendig durch die Hölle geht.

Echte Naturburschen, ohne einen Hauch Verstand.

Nicol zeigt immerhin ein Herz für die Leiden der erlegten Tiere, aber sieht es als normalen Lauf der Dinge an, zu töten, um zu speisen. Ich werde Vegetarier in diesen Tagen. Auch wenn es furchtbar schwierig ist, weil der gute Geschmack mit meinem Gewissen spielt.

Manche Tagestouristen sind so begeistert, dass sie spontan für eine Woche bleiben. Gutes Geld für Tim und gute Party für Nicol und mich. Die vier Mädels aus Freiburg sind Grundschullehrerinnen, haben einen guten Job und sind in den Ferien immer unterwegs. Die machen alles richtig, das sieht man. Sind voll dabei, bei allem. Surfen, Muscheltauchen, Trinkspiele, Wohnzimmer-Dancebattle, und am Ende der Woche gehe ich mit Miriam nachts zum Strand.

Wir lieben uns im Sand direkt bei den hohen Klippen. Der Vollmond scheint herab und hüllt unsere Körper in magisches Licht, während das Wasser des Pazifiks uns umspült. Sie reitet auf meinen Hüften und ihre Brüste hüpfen in dem fahlen Schein wie kleine Äpfel auf und ab. Weiche Schatten umhüllen unsere keuchenden Körper. Ihr Gesicht sieht verrucht aus und voller Lust. Das Bild ist unfassbar, der Augenblick einzigartig, aber der Akt auch ganz schön unbequem. Der Sand kratzt wie Schmirgelpapier und das Wasser ist stechend kalt. Aber der Spiritus Loci bleibt unschlagbar.

Wir genießen die nackten Körper in der Vollmondnacht, das wilde Rauschen des Meeres und die schwarzen Klippen, bevor wir zurück in die klammen Klamotten schlüpfen und wie kichernde Kinder, die gerade über einen verbotenen Zaun geklettert sind, zurück zum Haus laufen. Dort wird weiter getrunken und getanzt, bis uns die Sonne schließlich schlafen schickt. Der nächste verkaterte Morgen ist der Abschiedstag von einer lustigen Woche mit den Mädels.

Nach drei Monaten verabschiedet sich der neuseeländische Sommer. Er wandert auf die Nordhalbkugel und lässt den Herbst zurück. Die Tage werden kürzer und das Wasser kälter. Die Saison geht zu Ende und damit meine Zeit auf der Insel. All das hier ist meine zweite Heimat geworden, hat mein totes Herz geheilt. Das neuseeländische In-den-Tag-Leben hat mich wieder auf zwei Beine gestellt, Loli-Gedanken ausgerottet, oder zumindest gedrosselt. Trotzdem sehne ich mich manchmal nach Deutschland zurück, weil ich nicht weiß, ob ich immer so weiter machen kann, immer alleine unterwegs, immer so weit weg von allem anderen. Dann muss ich stark sein, denn ich will noch ein paar Wellen surfen.

Und alles passt wie im Bilderbuch, weil die Billig-Fluglinie Air Pacific die kalten Tage nutzt, um mit einer neuen Route an den Markt zu kommen. Auckland – Fiji und zurück für knapp dreihundert Dollar, und mir bleiben noch vierzehn Tage, bevor ich nach Indonesien fliege. Wenn das kein Zufall ist. Synchronizität oder der heilige Schlamassel, der in meinem Leben die Brötchen backt. Die Südsee, das Land aus dem die Träume sind, die letzten

Inseln dieser Welt und der Ursprung meiner Leidenschaft. An die Südsee muss ein Haken dran. Absolute Reef-Perfektion am anderen Ende des Planeten und Wellen, die nicht von dieser Erde sein können.

XXIV. Fiji, 2004

www.wavetours.de - Forum,
Eintrag vom 28. März 2004

Aloha Freunde,

nachdem ich Anfang März den laut Zeitungsberichten größten Swell seit vierzig Jahren an der Ostküste Neuseelands (Jesse und ich wären fast im Channel verreckt) miterleben durfte, neigte sich meine Zeit in Neuseeland dem Ende.

Nach der erfolgreichen Saison in Tims Camp, einem letzten legendären Fischcurry im Strandhaus mit feuchten Abschiedsworten und fröhlichen Kaltgetränken, wurde mir klar, wie sehr ich die Kiwis vermissen werde (und freue mich, dass Jake und Jesse in der Sommersaison wieder bei uns in Frankreich dabei sein werden). Aber man muss auch die beste Zeit hinter sich lassen, und so stand am nächsten

Morgen plötzlich fest: Andi hat Urlaub und geht verreisen!

Schnell waren die Koffer gepackt. Bereit für die Jagd auf Wellen und übrigens auch äußerlich bereit, da ich drei Tage zuvor von einer siebzigjährigen Oma mit einer adretten Kurzhaarfrisur ausgestattet wurde (»Look, what an handsome guy!«) – es darf gelacht werden, aber irgendwann ist auch mal gut!

Weiter im Text. Mein nächster Stopp sollte Fiji sein, und nur wenige Stunden nach der Landung wurde ich bereits in das landestypische Trinkritual der Locals eingeweiht: Kawa.

Kawa wird aus einer Wurzel gewonnen, in einem fröhlichen Beisammensein mit komischem Klatschen verköstigt, schmeckt wie altes Spülwasser und führt auf sehr individuelle Weise zu äußerlichen Betäubungserscheinungen. Ein gelungener Start, aber auf der Suche nach noch perfekten Wellen führte mein Weg die Insel entlang nach Sigatoka. Masa ist ein Ort zum Wohlfühlen, den man nicht verpassen darf. Nachdem wir am Abend erneut weite Teile meines Gesichts mit Kawa betäubt haben, folgte am Morgen ein klasse Surf in den punchy Beachbreaks vor der Haustür. Ich liebe diese unbeschwerten Wellen und sehne mich schon nach unserem Sommer in Frankreich.

Am dritten Tag habe ich ein Boot gefunden, was mich auf der Insel Yanuca absetzen konnte. Von dort lässt sich die Frigates Passage erreichen, die etwa vierzig Minuten entfernt liegt und wo die die Wellen aus tiefem Wasser ungebremst ihre Energie an einem perfekten Riff entladen und so eine der besten Lefts der Erde produzieren. Unfassbar, irgendwo im Südpazifik und endlich am Ziel meiner Träume.

Im »Camp«, also den baufälligen, aus Brettern zusammengeschusterten Hütten, wurde das Fehlen von Elektrizität und fließendem Wasser durch Unmengen angriffslustiger Moskitos kompensiert. Sechs Liter Blut für zehn Milliarden Blutsauger. Die Geräuschkulisse kann man nicht in Worte fassen. Eigentlich kann man nur noch weglaufen und sich unter dem Moskitonetz verschanzen, um auf den nächsten Tag zu warten. Ferien auf Yanuca!

Die Verpflegung war eher einfach, und ich musste ständig an das wunderbare Essen in unserem Camp in Frankreich denken. Eigentlich gab es nur Toastbrot mit Ei oder Toastbrot mit Scheibletten. Morgens zum Frühstück, dann als Lunchpaket für den Mittag und am Abend endlich wieder. Köstlich.

Am fünften Tag habe ich erfahren, dass es auf der anderen Seite der Insel einen kleinen Ort mit einem coop und damit Aussicht auf Versorgungsgüter geben sollte. Mein Hike durch den Dschungel wurde belohnt, da bald mein Moment gekommen war. Der Moment der Hoffnung. Vor mir eine kleine Bretterbude, an die jemand vier verheißungsvolle Buchstaben mit alter, weißer Farbe gemalt hat: »C O O P«. Es folgt der feierliche Dialog am Tresen:

»Bananen?«

»Nö.«

»Früchte?«

»Nee.«

»Kekse«

»Ha'm wir nicht.«

»Marmelade?«

»Ausverkauft.«

»Wasser?«

»Heute nicht.«

Ein Sortiment, das seinesgleichen sucht: Öl zum Kochen, Waschmittel und Tee.

Nicht ganz so erfolgreich wie geplant, bleibt der Besuch dieses Ortes trotzdem ein unvergessliches Erlebnis, da mir kurz darauf Einblicke in das Wirtschaftssystem sowie die Grundsätze der Ressourcenallokation auf der Insel gewährt wurden.

Natürlich kennt jeder hier jeden, arbeiten kann, wer will und wozu er gerade Lust hat, und geteilt wird alles, was es gibt. (Das gilt auch für das Dorf auf der Nachbarinsel, und wenn die Jungs hier vorbeikommen, können sie mitnehmen, was sie wollen. Andersherum natürlich auch.) All das erfuhr ich, weil ich von einer Familie zum Tee eingeladen wurde. Es war nicht die einzige Familie und ab der fünften Tasse Tee im dritten »Wohnzimmer« dachte ich, dass ich wie so eine Art Wanderpokal weitergereicht werde. Von einer Bretterbude in die nächste. Das hat so viel Spaß gemacht, weil mir plötzlich klar wurde, was auf dieser Insel läuft. Eine Atmosphäre, die ich noch nirgendwo zuvor erlebt habe und am wenigsten in Fiji mit seinen luxuriösen Ressorts erwartet hätte. Eine Form des Zusammenlebens, vor der unsere Welt ihren Hut ziehen kann. Es gibt keine Türschlösser, und eigentlich weiß ich noch nicht mal, ob es Eigentum gibt. Jede Hütte steht offen und freut sich auf Spontanbesuch. Man lebt in den Tag, nein, in die Sekunde, macht, was man möchte und hilft überall mit. Jeder ist fleißig, aber nicht getrieben, sondern fröhlich. Und das steckt an.

Auch die großen Probleme werden gemeistert: Als ich bei Familie Nummer vier zum Tee angekommen bin, stolpert plötzlich ein Mann mittleren Alters herein, um eine Menge vom Tag zu erzählen. Bevor er wieder ging, fiel ihm ein, warum er vorbeigeschaut hatte. Ein Riemen an seiner Sandale war gerissen. Mein Gastgeber hatte ein Paar zur Hand (das einzige), woraufhin alle so froh über die Lösung der Situation waren, dass uns nur am Rande auffiel, dass man hier eigentlich gar keine Sandalen braucht. Und daraufhin ist unser Gast mit einem Problem weniger, ohne die Sandalen, weitergezogen, um möglichst schnell jemandem von der famosen Wendung dieses nicht immer einfachen Tages berichten zu können. Als er weg war, waren wir eine Weile still, bis das Familienoberhaupt kopfschüttelnd meinte, dass das schon was ist, mit der Existenz in dieser großen Welt, aber zum Glück ja immer alles gut ausgeht. Das universelle Gesetz von Yanuca lautet, dass immer alles gut ausgeht. Ich war den Tränen nahe und empfehle jeden einzelnen aus diesem gallischen Dorf als Staatschef, Bundespräsident, Kanzler oder König in unseren Breiten. Keine Ahnung, was dann mit uns passiert, aber es wird verdammt witzig und jedes Problem findet seine Lösung.

Nur mit dem Versprechen, bald zurückzukommen, bin ich, beschenkt mit ein paar Bananen und einer Flasche Wasser und irgendwie total verzaubert, zurück auf die andere Seite der Insel gelaufen. Warum ich den ganzen Abend gegrinst habe, weiß ich nicht. Am coop hat es nicht gelegen, aber vielleicht an der unumstößlichen Erkenntnis, dass alles immer gut ausgeht.

Am nächsten Morgen die Frage, wie lange ich bleiben, wie lange ich meinen westlichen Bedürfnissen entsagen *will*. Die Antwort bringt mich zu dem, was hier tagein, tagaus eigentlich geschieht. Jeden Tag sind die Wellen zwischen overhead und double overhead. Kraftvolle Walls mit hohlen Tubesections und einfach zu perfekt, um wahr zu sein. Wahnsinn. Die Welle läuft wie eine Maschine. Makellos, über zweihundert Meter lang, sieben Stunden am Stück feuert es einfach nonstop. Nur ab und zu brauche ich eine kleine Pause auf dem Boot, um etwas Schatten zu erhaschen (und eine fiese Scheibe Toastbrot zu essen). Mit so viel Perfektion unter den Füßen wird Surfen zum Kinderspiel, und davon kann ich nicht genug bekommen. Immer weiter, bis zum Sonnenstich und der totalen Erschöpfung – völlig stoked, sodass ich abends in meiner Hütte, verschanzt unter dem Moskitonetz, wieder nur noch grinsen kann. Fiji: ein gelungener Abstecher mitten ins Glück.

All das liegt jetzt schon ein paar Tage zurück. Mittlerweile bin ich in Indonesien angekommen und werde morgen Richtung Java aufbrechen, um in G-Land zu surfen. Gerry Lopez, Tiger, gebrochene Boards und alle Legenden, die wir kennen, warten dort auf mich.

Weil mir jetzt die Hände abfallen, mache ich hier Schluss und sende Euch die besten Grüße aus der Ferne.

Andi

PS: Ich freue mich riesig auf die neue Saison in Moliets (Mitte Mai geht's los!), Wellen, Wellen, Wellen, und ich hoffe, viele alte und neue Gesichter zu sehen. Dann gibt es mehr Geschichten (wenn ihr wollt), Sonnenuntergänge, noch mehr Wellen, wilde Partys und alles, was das Leben für uns so wunderbar macht.

XXV. Indonesien, 2004

Zwei Monate vor Abflug

Balis Luft rammt mir einen Schwung Hitze ins Gesicht, während hinter mir eine Glastür zufällt. Ich werfe die beiden nutzlosen, leeren Briefumschläge in eine Mülltonne. Der Mann in der Bank hat sie an sich genommen, den Inhalt gezählt, gewechselt und mir zwei dicke Pakete Scheine zurückgegeben. Jetzt knubbelt sich ein neuer, noch größerer Haufen Banknoten in meiner Hosentasche. Vielleicht wär's besser, bald von der Straße zu kommen.

Ich breite das Innenleben der Tasche auf meinem großen Doppelbett aus. Vor mir liegt ein Berg aus Geldpapier. Tausendachthundert Neuseeländische Dollar in Indonesischen Rupien und kleinen, verwertbaren Scheinen. Das ist ein Foto wert. Ich hatte einfach keinen Bock mehr, ständig Geld in den schummrigen Wechselstuben zu tauschen. Ab und zu ganz lustig, aber auf Dauer ausnahmslos anstrengend. Manipulierte Rechner, die komischsten Ablenkungsmanöver beim Vorzählen und immer mal wieder ein Schein Falschgeld. Also keine Hütchenspielerei mehr, sondern der offizielle Weg über ein echtes Geldinstitut. Ein Gebäude aus Stein mit bewaffnetem Wachmann davor und richtigen Angestellten an den Schaltern, um den gesamten Inhalt der beiden Briefumschläge auf einen Schlag in landestypische monetäre Freiheit umzumünzen. Das Ergebnis sieht aus, als hätte ich die Bank überfallen.

Vor mir liegt ein Lohn, mit dem ich gar nicht gerechnet habe. Ein Lohn für drei Monate lustige Arbeit in Neuseeland, mit dem ich nach Fiji gereist bin und den ich in den kommenden zwei Monaten hier verjubeln werde. Vor mir liegen acht Wochen Indonesien, an dessen Ende meine härteste Prüfung steht. Ich will die größten Heldentaten über dem Riff von Lakey Peak in unvergessliche Momente verwandeln, und dafür habe ich trainiert: Tauchen, Luft anhalten, Surfen an verschiedenen Spots auf der Nordinsel von Neuseeland und der Riesenswell zum Schluss. Und Fiji. Perfektion, die mein Selbstvertrauen aufgebaut hat, denn in makellosen Wellen kann einfach jeder surfen wie ein Großmeister.

Jetzt hänge ich ein paar Wochen Bali und Umgebung dran, um mich an die indonesische Power zu gewöhnen. Keine Party mehr, keine Ablenkung. Alles steht auf Sturm. Alles steht und fällt mit einem klaren Ziel vor Augen: Sumbawa.

Wenn am Ende dieser zwei Monate ein großer Swell im Anmarsch ist, folgt der letzte Akt.

Ich lege mich neben den Haufen Banknoten und lehne meinen Rücken an die Wand. Es ist ziemlich genau ein Jahr her. Meine heftigste Welle. Ich atme tief durch. Alles ist perfekt geplant. Ich will noch einmal so eine Gelegenheit, so einen Swell. Das Ende der Fahnenstange, das Nonplusultra und die Feuertaufe an alter Wirkungsstätte. Ich will nur einen einzigen Tag wie den mit Matt, aber diesmal werde ich nicht nach einer Welle aufhören.

Die Mission läuft. Ich surfe mir die Seele aus dem Leib, gehe jeden Tag um halb neun ins Bett, um am nächsten Morgen als erster im

Wasser zu sein. Stunden werden zu Tagen und Tage zu Wochen. Immer mal wieder spüre ich Müdigkeit in mir aufsteigen. Wenn der Körper nicht mehr will oder der Geist schläfrig wird. Dann prügele ich mich ins Wasser, weil meine Vision das verlangt, und auf einmal kehrt die Energie zurück. Das Meer ist ein bodenloses Wunder voller Energie, was Trauernde wieder lachen lässt, Lahme von den Krücken befreit und die wenig Euphorischen mit Glück überschüttet. Nichts kann mich auf dem Weg nach Lakey Peak aufhalten.

Zwei Wochen vor Abflug

Ich sitze in meiner Hütte in der Nähe von Uluwatu und sehe die Dämonen auftauchen. Irgendwie kommen sie häufiger als früher und bringen immer etwas anderes mit. Immer etwas, was mir hier draußen fehlt. So ein Päckchen. Heute steckt Loli drin, oder irgendeine Frau, die so schön ist und für mich da und ich für sie. Das Päckchen heißt vertraute Zweisamkeit. Wieso vermisse ich so was? Hat mir früher nie gefehlt.

Dann sehe ich hinauf an die stumme Decke meiner seelenlosen Hütte und erschrecke, weil vertraute Zweisamkeit so furchtbar fern und unerreichbar für mich ist. Ich habe alles aufgegeben, um Wellen zu reiten, um das zu tun, was ich am meisten liebe. Irgendetwas musste auf der Strecke bleiben, und das taucht jetzt in diesen Päckchen aus dem Dämonenrucksack auf. Dann muss ich vorsichtig sein, mich besinnen. Am besten in der Natur. Denn sobald ich aufs Wasser hinausgleite, zeigt sich, warum Surfen die schönste Sache auf der Welt ist. Es wird klar, wo der spirituelle Aspekt zu finden ist. Wenn ich zu den Wellen paddele, die letzten funkelnden Sterne sich verabschieden und die Sonne glutrot zum Vorschein kommt, lösen sich alle Rätsel in Wohlgefallen auf. All meine Wünsche verschwinden, als wenn ich mich selbst verliere, und alles ist rein und klar, als wenn ich mich finde.

Das müssen die weisen Momente sein. Wenn der Augenblick vor Schönheit leuchtet und innerer Frieden einkehrt. Dann ist endlich Ruhe in meinem Kopf. Aber ich darf nicht darüber nachdenken, denn nichts ist schwieriger zu gewinnen und leichter zu verlieren als Weisheit und Zufriedenheit. Besonders in letzter Zeit.

Der monotone Alltag von meiner Hütte bis zur Wasserkante und zurück erinnert mich immer häufiger an alles, was ich vermisse. Päckchenweise. Heimat und Liebe, wie im schnulzigen Schlagerlied. Dann wird die tägliche Routine im kühlen Nass zu meiner persönlichen Kneippkur im Wechselbad der Gefühle. Es gibt gute Tage ohne Fragen, ohne Drang, ohne Verlangen. Da ist diese Leichtigkeit. Es gibt schlechte Tage, mitten im Paradies, die ich zum Teufel jage, weil mir alles fehlt. Vor allem ein Zuhause. Da muss ich dann durch, auch wenn es schwierig ist.

Eine Woche vor Abflug

Gestern: Sonnenschein, herrlicher Tag! Heute: Wellen durchschnittlich, meine Performance schlecht, Laune beschissen. Ein Königreich für einen Kleiderschrank, eine Waschmaschine, ein Telefon und ein klein bisschen Wasserdruck. Nach endlosen zehn Minuten habe ich meinen Körper mit dem tropfenden Ende eines Schlauchs, der aus der Wand von meinem Badezimmer ragt, von der Seife befreit. Zumindest zum großen Teil. Aber irgendwann habe ich keinen Bock mehr gehabt, Wassertropfen zu zählen. Gestern war's okay, am ersten Tag noch lustig, heute geht's mir auf den Sack! Jetzt ziehe ich ein frisches T-Shirt an, weil ich beschlossen habe, dass heute ein Feiertag ist. Einer von der Sorte, an dem man einen Wunschzettel anfertigen darf.

Auf dem Boden neben dem Bett liegt meine Reisetasche und schimmelt vor sich hin. Ich öffne den Reißverschluss und ziehe ein zerknittertes Baumwollshirt hervor. Dann beginne ich mit der Liste, auf der ich nur das Allerwichtigste platziere. Alles andere hat Zeit bis Weihnachten.

Ich wünsche mir einen Kleiderschrank. Einen, in dem meine Klamotten sauber aufgereiht in vielen Fächern liegen. Dann möchte ich noch einen Nachttisch, auf dem eine Lampe steht, die man einschalten kann, wenn der Wecker klingelt. Ein eigenes Telefon stelle ich mir umwerfend vor. Platziert auf einer Kommode mit einem Stuhl davor, um Leute anzurufen und Ewigkeiten zu plaudern. Natürlich auch ein Telefon, das klingelt, wenn sich jemand nach mir erkundigen möchte. Ein sauberes Bad, eine eigene Küche mit Besteck und Töpfen sowie einen Supermarkt, wie es ihn nur in Deutschland gibt. Mit mehreren Gängen und Abteilungen, mit einem Sortiment, in dem man sich verirren kann, um dann irgendwann an der Kasse anzukommen und einen Preis zu bezahlen, an dem es nichts zu rütteln gibt. Einen Preis, der weder von der Hautfarbe des Kunden, noch vom Wochentag oder dem Unwissen der Angestellten abhängt. Einen Preis, den man nicht aus Prinzip in einer ellenlangen Verhandlung noch mal drei Cent herunterhandeln muss. Dann wünsche ich, dass die Einkäufe, die ich in meiner Hütte in Plastiktüten aufbewahre, in der Nacht nicht von irgendwelchen Tieren angeknabbert werden. Ich bitte alle Ratten, Kakerlaken und Ameisen um einen einzigen Tag Aufschub. Von den Balinesen wünsche ich mir klare Zeiten, klare Absprachen und nicht immer dieses ahnungslose Grinsen, wenn ein Termin spontan um zwei oder drei Stunden nach hinten verlegt wurde. Ich wünsche mir, dass der indonesische Spaß, den ich sonst so witzig finde, mich für einen Tag in Ruhe lässt. Vielleicht bin ich zu lange unterwegs. Heute würde ich am liebsten einfach nach Hause fahren. Schöner Gedanke. Und verständlich. Ich habe balinesische Austauschstudenten,

Australier und südafrikanische Geschäftsleute getroffen, die nach Deutschland gereist sind und begeistert waren. Sauberkeit, Sicherheit, Pünktlichkeit und tolle Menschen. Natur und großartige Städte. Alle lieben dieses Land, was ich fast ein Jahrzehnt nicht mehr gesehen habe. Es sind die vielen kleinen Dinge, die für uns so selbstverständlich sind, dass wir sie belächeln, und die uns manchmal sogar peinlich sind.

Ich schließe die Liste in meinem Kopf, aber stecke noch Cafés, Bars und deutsches Brot in das Postscriptum. Und eine FAZ, um im Wirtschaftsteil zu stöbern und mein alterndes VWL-Wissen mit dem Analysieren unserer Welt zu erfreuen.

Beim Mittagessen verliebe ich mich zum hundertsten Mal in das breite Grinsen von Madé, der mir das Nasi Goreng vor die Augen stellt. Ich mag Indonesien ja doch noch. Ist doch alles halb so wild. Vielleicht ein bisschen eintönig im Moment. Mit vollem Bauch verdrücke ich mich für ein paar Stunden in meine Hütte, um der lähmenden Hitze aus dem Weg zu gehen. Wieder in die Hütte also, gut, was sonst.

Neben den kleinen Dingen fehlen mir die großen: Meine Freunde. Die meisten sehe ich im Sommer wieder. Aber nur für kurze Zeit. Solange ich nichts anderes habe, bleibt mir keine Wahl. Vielleicht sollte ich nach Alternativen Ausschau halten. Ich könnte Berufsschullehrer werden. Mit Wirtschaft und Sport besitze ich die universitäre Voraussetzung, um einen Versuch zu wagen. Leben in der Zivilisation, ohne Wellen, aber mit allem, was mir heute fehlt. Außerdem will ich einfach mal was anderes machen, was anderes sehen, über was anderes reden. Ein Referendariat würde mich nicht ganz in meiner Leidenschaft beschneiden. Ich hatte irgendwann schon mal darüber nachgedacht. In den Ferien kann ich zu den Wellen reisen, und wenn mir der ganze Trubel auf den Wecker geht, bin ich nach zwei Jahren wieder ein freier Mensch. Vielleicht erkundige ich mich mal im Internet.

Drei Tage vor Abflug

Die Zahlen sprechen eine klare Sprache. Das ist die Vorhersage, auf die ich gewartet habe. Vielleicht zehn Jahre lang. Ein Swell ist unterwegs, der ganz Indonesien in ein Feuerwerk verwandeln wird. Über unzähligen Riffen werden Wellen brechen, die genauso viele Surfer in den Olymp, den Himmel oder das Nirwana befördern werden, oder wie ich eben mit einem kalifornischen Surfer gewitzelt habe: *It is going to be heavana!*

Mein Ziel ist eine Flugstunde entfernt. Diesmal wähle ich den Luftweg ins gelobte Land. Mir bleiben noch drei Tage Zeit in Bali, bevor ich nach Sumbawa fliege. Lakey Peak. Das Ziel der Ziele. Mir läuft es kalt den Rücken herunter, wenn ich an die eine Welle denke. Ich sehe sie immer noch vor mir. Glasklar, zu schön, um wahr zu sein, aber auch zu hart und heftig, um Fehler zu verzeihen. Aber diesmal bin ich vorbereitet, denn ich habe trainiert, die richtigen Boards dabei und fühle mich unglaublich stark für große Barrels. Ich will Wellen surfen, wie ich es noch nie zuvor getan habe. Ich will Wellen surfen, die mein Leben verändern ...

Einen Tag vor Abflug

Klick.

Bewerben kann man sich ja mal. Schließlich sind viele Alternativen besser als wenige. Oder stürze ich mich gerade ins Verderben?

Klick.

Klick, klick.

Dieses Internet ist eine gespenstische Maschine. Ein paar Klicks und man hat sein Leben verpfuscht.

Wie oft war das praktisch? Mit ein paar Klicks dem Für und Wider einer Reise den Garaus gemacht, eine Entscheidung getroffen, das Ticket bestätigt. Wie oft habe ich mich mit einem kleinen Klick auf Abenteuerkurs gebracht? Hinter den Point of no Return: Klick – gebucht – Check-in – los.

Aber dieses Formular riecht nach Langzeitfolgen.

Klick.

Ja, mache ich ... *Klick.*

Ja, schwöre ich ... *Klick.*

Wenn ich das jetzt wegschicke ...

Klick. WEG!

Puh, wenn die mich jetzt noch nehmen, trete ich in neun Monaten in den Staatsdienst ein. Als Lehrer. Als Beamter!

Komische Vorstellung, aber es wäre schön, mal wieder zu Hause zu sein. Der absolute Monsterswell in den kommenden Tagen und dann setze ich mich zur Ruhe. Guter Plan, aber erst mal überleben. Ich lehne mich in dem Plastikstuhl zurück. Der Bildschirm wartet auf die nächste Eingabe. Maya lacht zu mir herüber. Ich liebe dieses Internetcafé, nicht nur wegen der Klimaanlage.

Ich tippe »Surfline« in den Browser ein. Genüsslich fliege ich über die Zahlen und animierten Bilder. Die Vorhersage ist unverändert, der rote Fleck kommt langsam näher. Der Swell ist seit einer Woche unterwegs. Ein mächtiger Sturm in den Screaming Sixties nahe der Antarktis hat die See aufgepeitscht. Ein Tiefdruckgebiet, in dessen Zentrum der Luftdruck 940 Millibar betrug. So was habe ich bei uns im Nordatlantik noch nie gesehen. Ich habe Wetterkarten studiert, gesammelt und in ein Buch geklebt, drei Jahre lang. Da geht es bis auf 960 Millibar runter und je tiefer der Luftdruck, desto stärker der Wind. Eine einfache Rechnung mit klaren Folgen. 940 Millibar sprechen für einen Supersturm, einen Orkan, der eine Menge Energie auf das Wasser überträgt. Wellen, die bei ihrer Entstehung über sechzig Fuß groß sind, wurden damit Richtung Norden geschickt. Vorbei am australischen Kontinent, auf Kollisionskurs mit Indonesien, Ankunft etwa zwölf Tage später. Wenn diese Kraftbündel auf flaches Wasser oder ein Riff treffen, kann jeder, der sich in der Nähe befindet, sein blaues Wunder erleben, weil all die Energie gestaucht wird und plötzlich in die Höhe schießt.

Das wird heiß. Die ersten Tage werden nur ziemlich groß. Ab dem fünften Tag ... schwer zu sagen, wird sich zeigen.

Hinter mir fällt die Glastür zu. Ich trete hinaus. Ein paar Schleierwolken wandern Richtung Westen. Der Abend ist schwülwarm. Neues Leben liegt in der Luft. Balis Straßen beginnen zu brodeln, alles läuft nach Plan. Ich habe Lust auf Nasi Goreng und laufe los.

Ich muss surfen, jeden Tag. Jeden Tag!

Mir bleiben noch drei Wochen hier in Indonesien. Morgen fliege ich nach Sumbawa. Im Sommer nochmal Surfcamp und dann ein letzter Trip, vielleicht nach Chile oder so. Ich kratze mich an der Stirn, bevor ich mich an einen der Tische setze. Meine Beine wippen aufgeregt von rechts nach links. Warum sollten die mich nehmen? Wegen der guten Noten natürlich. So funktionieren die staatlichen, zentralen Zulassungsverfahren, aber absagen kann ich immer noch. Ich blicke über die Speisekarte. Mir bleiben noch neun Monate.

Ich muss surfen. Jeden Tag! Und dann geht's nach Hause.

Wäre doch cool.

Abflug - Flughafen Denpasar, National Flights

»Plise sign here, Mistar.«

Ich überfliege den Zettel. Merpati Airlines haftet nicht für Probleme mit dem Gepäck.

I. Sollte das Sportgepäck komplett oder Teile des Sportgepäcks wie Finnen, Leashes oder Surfbretter verspätet eintreffen, ist

Merpati Airlines nicht verpflichtet, für Ersatz zu sorgen, für den Ausfall zu haften, und nicht verpflichtet, den späteren Transport zu gewährleisten.

II. Sollte das Sportgepäck komplett oder zum Teil (Finnen, Leashes oder Surfbretter) beschädigt oder zerbrochen werden, bestehen keinerlei Ansprüche gegenüber Merpati Airlines.

III. Sollte das Sportgepäck komplett oder zum Teil verloren gehen, bestehen keinerlei Ansprüche gegenüber ...

Unterschrift

Verspätet eintreffen? Ich fliege nach Sumbawa, was soll ich da ohne meine Bretter?

Zerbrochen werden, alle verloren gehen? Ist das ernst gemeint? Ich habe drei fast neue Boards in meinem Bag. Ich liebe die Teile wie ein Fisch sein Fahrrad oder ein Glühwürmchen seine Erleuchtung, und jeder Gepäckträger (ich vermute, die surfen alle) darf sich daran bedienen? No way!

»Sorry, I can't sign that.«

»Then yu can't fly.«

Das ist deutlich. Ich wittere einen dezent unterschiedlich langen Hebel vor und hinter diesem Schalter. Ich schaue auf mein Gepäck, die Balinesin zieht die Augenbrauen hoch.

Kacke!

Ich unterschreibe, schiebe den Zettel hinüber und lächele sie so verliebt an wie möglich, im Angesicht der Tatsache, dass sie mich völlig in der Hand hat und mit jeder kleinen Laune meine Träume zertrümmern kann.

XXVI. Sumbawa, 2004

In meiner Hütte liegt alles, was ich brauche. Autan, Wachs, Leashes, Boards und der feste Wille, die heftigsten Wellen meines Lebens zu scoren. Ich bin so Feuer und Flamme, dass ich mich auch zur Vorsicht mahnen muss. Gestern wurde ein Australier zurück nach Bali gebracht, Diagnose: Malaria. Ich werde das Autan trinken, morgens, mittags und am Abend. Oder ich bleibe einfach vierundzwanzig Stunden lang im Wasser. Der angesagte Swell wird in spätestens drei Tagen die Spreu vom Weizen trennen. Dann werden die letzten echten Männer da draußen im Kampf mit den Wellen zu wahren Helden wachsen (oder untergehen). Ich werde einer von ihnen sein.

Ich surfe die ersten Tage jede Minute, weil ich unbedingt so lange Vertrauen aufbauen muss, wie die Welle noch mit mittlerer Gewalt um sich schlägt. Und schon dabei bekomme ich mächtig den Hintern versohlt. Die Hold Downs zerren an meinen Nerven. Ich kenne nichts, was meine Laune mehr zum Schmelzen bringt, als richtig lange unter Wasser gedrückt zu werden. Und viel schlimmer als meine Laune: Mein Selbstvertrauen bröckelt.

Aber so einfach lasse ich das nicht zu. Ich muss weitermachen, jede größere Welle nehmen, bevor es in zwei Tagen richtig ernst wird. Ich versuche es mit Wut, generiere Ärger, um mich in die Teile hineinzuzwingen. Ich denke an alles, was mich je enttäuscht oder geritten hat, baue künstlichen Hass in mir auf und koche vor Energie, die mir hilft, den Drop zu schaffen. Es funktioniert. Zumindest zum Teil, denn ich ziehe nicht mehr zurück, schnappe mir ein paar Wellen, aber bekomme auch weiter die Konsequenzen zu spüren.

In einem Artikel über Hawaii lese ich: »If you gonna go, you gotta go!« Stimmt. Keine Kompromisse mehr. Und die Wipeouts gehören dazu, wie die Kehrseite zur Medaille oder die Pranke zum Grizzly. Am vierten Tag zerbricht mein erstes Board. Mist! Ich habe das Ding geliebt wie eine Königin. Nur fünf Wochen alt, aber schon ein Weggefährte, mit dem ich durch dick und dünn gegangen bin. Zumindest ist es nicht alleine untergegangen. Ich saß ja mit im Boot. Der Wipeout hat mich so fertig gemacht, dass ich den Rest des Tages im Bett verbracht habe. Einfach nur durch, komplett durch. Erniedrigt und zusammengefaltet von einer Wucht aus Wasser. Zum Kotzen. Vielleicht probiere ich es später am Abend noch mal, oder morgen, wenn es sein muss. Aber klar, es muss! Die Bretthälften schenke ich Ketut, der hier die Boards repariert und mit allen Teilen noch irgendetwas anzufangen weiß. Er lächelt verständnisvoll. Das ist Mitgefühl, das nur ein Surfer kennt.

Am fünften Tag habe ich die kleineren Sets des größerwerdenden Swells überstanden und bin bereit weiterzumachen. Auch der Stolz hilft meinem Selbstbewusstsein auf die Füße und morgen muss ich mich wieder an die dicken Dinger heranwagen. Die drei bis vier Meter großen Wellen hämmern hier bei Lowtide mit solcher Gewalt auf das Riff, dass sie alles zertrümmern, was sich ihnen in den Weg stellt: *Size doesn't matter, it's the shape that counts.*

Sanfte Wellen, die vier oder fünf Meter groß sind, sich gemütlich aufbauen und langsam brechen, sind ein Kindergeburtstag.

Aber das hier macht mich fertig. Diese Monster tauchen so plötzlich auf, dass die gewaltigen Tubes mit einer so zerschmetternden Wucht brechen, dass man sich auch gleich vom Lkw überfahren lassen kann.

Am sechsten Tag bricht mein zweites Board, und ich werde über das Riff gezogen. Der Welle hilflos ausgeliefert, rolle ich mich zusammen, aber werde hin- und hergerissen und auf die Korallen gepflastert. Die Kratzer und Schnitte brennen an allen Ecken meines Körpers. Auf meinem rechten Knie lungert ein kleines Loch. Am linken Unterarm zieht sich ein langer Kratzer entlang, der sich entzünden wird. Meine Schulter schmerzt, eher von dem Aufprall als von der Schnittwunde darauf, und mein linker, großer Zeh hat vorne eine Schicht Haut gelassen.

Das Schlimmste ist, dass alle anderen die Wellen ihres Lebens surfen und völlig gestoked sind, während ich plattgemacht werde.

Ich bringe das Board, meine »Gun« für die großen Tage, zur Reparatur. Der Bruch ist sauber und müsste sich flicken lassen. Ketut biegt das wieder hin. Bei dem Knick in meiner Seele bin ich da weniger optimistisch. Und es geht weiter. Am nächsten Tag bricht das dritte Board, in drei Teile! So was habe ich noch nie gesehen. Der Waschgang ist reine Folter.

Meine Gun ist repariert. Leider. Ich habe überhaupt keinen Bock mehr auf Tortur. Wie soll ich mit dieser Einstellung große Wellen surfen? Ich brauche Selbstvertrauen, Mut, Lust auf den Kick und den Glauben an Heldentaten. Im Restaurant flimmert *Top Gun* auf dem Bildschirm. Als Maverick nicht mehr fliegen kann, weil er seinen Kopiloten verloren hat, reagiert sein Fluglehrer mit den Worten: »Schick ihn immer wieder raus.« Konfrontationsmethode. Habe ich eine Wahl?

Der nächste Tag kommt mit voller Wucht. Kein sanftes Erwachen, sondern sofort total da und nicht nur voller Vorfreude. Aber ich muss. Na dann: Let's go surfing, let's go for glory.

Ich sitze weit draußen im Line Up und behalte den Horizont im Auge. Zwei Wellen habe ich genommen. Die Erste gerade so überstanden, lange unter Wasser, aber ertragbar. Die Zweite ... naja, eigentlich auch, aber überstanden klingt noch zu positiv. Eindeutig. Elende Quälerei. Macht einfach keinen Spaß, und am besten nehme ich die Nächste zurück an Land. Bin ja schon 'ne halbe Stunde hier und mein Heldenmut ist schon lange weg.

Dann erstarre ich. Das Set, das plötzlich auf mich zurast, ist das schlimmste, was ich je gesehen habe. Mir steht die Hölle bevor. Im Bruchteil einer Sekunde gehe ich die verzweifelten Möglichkeiten durch. Wo lasse ich die Folter über mich ergehen, paddele ich auf die Welle zu, um vielleicht noch durchzutauchen – vielleicht schaffe ich es ja sogar noch darüber –, oder bleibe ich sitzen? Dann bricht die Welle weiter draußen, sodass ich zwar von der Weißwasserwalze zerfetzt werde, aber nicht die volle Detonation abbekomme.

Pest oder Cholera?

Über die Welle hinweg und in Sicherheit, schaffe ich auf keinen Fall. Die Wand verschließt schon jetzt den ganzen Horizont. Ich bleibe also sitzen, hoffe, dass die Welle so weit draußen wie möglich bricht, sich ihre Energie entlädt, damit ich nur noch von den Ausläufern zum Strand geschleudert werde. Guter Plan. Das Dumme aber ist: Sie bricht nicht! Stattdessen wird sie immer größer und wird – *oh Gott* – genau da einschlagen, wo ich sitze. *Scheiße!*

Ich beginne panisch Luft zu pumpen. Ich werde eine Menge brauchen. Als die Lippe aus gigantischer Höhe auf mich hernieder stürzt, sauge ich meine Lungen bis zum Rand voll, tauche ab und werde von einem Bulldozer überrollt.

Obwohl ich genau weiß, was geschehen wird, ist der erste Moment reiner Schock. Der Einschlag gnadenlos. Mein ruhender Körper wird so abrupt, mit solcher Gewalt weggerissen, dass ich stumm aufstöhnen muss. Schleudertrauma mit dem Gefühl, dass gerade ein paar Nackenwirbel gebrochen sind. Als nächstes toben sich die Turbulenzen aus. Waschmaschine total. Es geht wild zur Sache, aber ich habe Sauerstoff getankt. Also ruhig bleiben. Meine Schulter schrammt über das Riff. Neue Kratzer an der alten Stelle.

Dafür weiß ich jetzt, wo oben und wo unten ist. Und ich kann mich abdrücken, wenn es aufhört. Falls es aufhört! Ich bin lange unten. Dann wird es weniger und ich beginne zu hoffen. Ich setze die Füße auf, warte noch ein bisschen, drücke mich kräftig ab und werde plötzlich von einem neuen Strudel erfasst und zurück auf den Meeresboden gedrückt. Ist das möglich? Rollt weiter oben bereits die zweite Setwelle über mich hinweg? Der Gedanke verbannt alle guten Vorsätze. Meine Ruhe ist wie weggeblasen. Panik macht sich breit, während meine Luft knapper wird. Das Adrenalin lässt den letzten Rest verpuffen. Ich kann dem Druck nicht länger standhalten, muss ausatmen, aber darf nicht. AUF KEINEN FALL!

Dann tue ich es. Jetzt kommt der Sog. Meine Kehle schnürt sich zusammen. Wenn ich meine Lippen einen Millimeter öffne, sterbe ich. Alles ist Angst, alles Verzweiflung. Dann Enttäuschung, die hier nicht hingehört. Wo hat mich mein Leben hingeführt? Nicht hoch hinaus, sondern in die Tiefe dieses dunklen Meeres. Alles war umsonst, zehn Jahre lang. Kann man unter Wasser weinen? Aber die Furcht ist zu intensiv für zarte Gefühle. Die Angst meldet sich brachial zurück, weil über meinem Haupt ein paar Kubikmeter Wasser wüten. Ich spüre wieder den Boden und gebe einen Dreck auf alle Turbulenzen. Ich stoße mich mit aller Macht ab und rudere wild nach oben. Nach zwei Sekunden presst mich der Druck zurück auf den Grund. Ich kann nichts tun. Meine Panik schreit und ich stoße mich zum dritten Mal ab. Nach vier Zügen will mein Kopf zerplatzen. Dann erreiche ich die Oberfläche. Ich inhaliere einen blutigen Schmerz in meine Lungen und schaue mich um. Natürlich ist das Brett zerbrochen, aber ich befinde mich nicht mehr in der Gefahrenzone. Ich habe versagt, aber ich lebe, auch wenn mich das nicht gerade in Hochstimmung versetzt.

An Land schlurfe ich zu meiner Hütte und lasse mich in einen Plastikstuhl fallen. Das war's. Schluss, aus, vorbei. Punkt. Zum Heulen. Meine Atmung ist immer noch unruhig, weil weiter stille Panik durch meinen Körper treibt und die Angst, einfach zu sterben, sich wacker hält. Als wenn der Tod mich jederzeit überfallen kann, um das Licht auszuknipsen und allen Geschichten mit einem Schlag ein jähes Ende zu verpassen.

Mein Körper ist mit Schnitten übersät, die wie die Hölle brennen. Alle meine Boards sind zerbrochen und mein Wille auch. Ich krieche unter mein Moskitonetz.

Nie wieder werde ich in diese Lagune hinauspaddeln. Ich schaue durch das Moskitonetz hinauf zum stummen Deckenventilator, der wie jeden Tag in der Mittagshitze wegen Stromausfall seinen Geist aufgibt. Er hängt seelenlos in der Luft. Dann starre ich auf den schwarzen Fleck mit blutrotem Sprenkel direkt über mir. Eine verdammte Mücke hat es unter mein Netz geschafft. Ich habe sie mit Schrecken gesehen und auf der Stelle eliminiert. Aber vielleicht zu spät, denn eins habe ich fast vergessen: Ich habe einen Mückenstich. Also auch Malaria? Ich kann jetzt nichts mehr tun, außer warten, die Inkubationszeit verstreichen lassen. Erst dann kommt das Ergebnis. Auch der stille Tod kann mich jederzeit überfallen, allem ein Ende machen.

Eigentlich will ich hier weg. Zurück. Zu meinen Eltern und zu meinen Freunden, nach Deutschland und nach Hause. Aber all das ist Tage weit entfernt, selbst wenn ich auf der Stelle aufbrechen würde. Mit den hoffnungslosen Gedanken an die sichere Heimat, die unerreichbar weit weg ist, falle ich in einen matten Schlaf und wache erst am frühen Abend wieder auf.

Ich sitze im Restaurant, als sich Tom und Paul, zwei Australier, zu mir an den Tisch setzen.

»You went for some big ones today, mate«, beginnt Tom die Konversation.

»The surf was unbelievable!«, fügt Paul hinzu.

»Kind of ...«, sage ich. *Fang jetzt bloß kein Gespräch über gute Wellen an!*

»Where are you from?«

»Germany.«

»Germany? Where did you surf in Germany?«

»You are committed. I couldn't believe a couple of the big ones you went for. Gnarly waves.«

»Don't mention that. I think about going home.«

»You got hammered!«, lacht er.

»I saw that freak set in the morning.«

»It is those special days. You surf full of confidence for weeks, for months and all of a sudden ...«

»Yes man!«, ruft Paul, »happened to me last year in Tasmania. A week of pure horror. It got worse and worse and to a point, where I was scared to even touch the water.«

»Sometimes it helps, not to surf for a few days. Let the big swell pass and take it easy. Try the other waves. Nangas is good, too. Powerful, not as merciless, always a foot smaller or two.«

»I don't know. I don't even have a board ...«

Am nächsten Morgen liefere ich meine letzten Boardhälften bei Ketut hab. Er schaut mich an und verschwindet in einer Holzhütte. Als er wiederkommt, stellt er mir ein altes Brett vor die Füße. Es ist schon mal gebrochen, aber er lässt es mir. Wenn es hält, bezahle ich ihm siebzig Euro, wenn es bricht, bricht es eben. Auch er heitert mich auf. Die guten Tage im Leben sind die einfachen. Die Schlechten bringen dich weiter, werden dich das Leben lehren, was dich stärker macht. Stärker? Fühlt sich gerade nicht so an.

Ich entscheide zu bleiben und surfe Nangas. Ein Pointbreak. Tolle Wellen, aber vor allem nicht ganz so zerstörerisch wie der

Peak. Und kleiner, was mir peinlich ist, aber so kann der Spaß zurückkehren. Trotzdem surfe ich auf Vorsicht bedacht und gehe jedem Risiko aus dem Weg, weil ich immer noch voller Angst bin. Das ist jetzt mein ganz persönlicher Weg. Tage, an denen ich unter meinen Möglichkeiten bleibe, weil komische Emotionen ohne Selbstbewusstsein in mir stecken. Auf einmal zittert mein ganzes Leben durch meine Adern. Unsicherheit, Einsamkeit, Schwäche, Angst. Aber ich gewöhne mich daran. Ich werde Sumbawa nicht als König der Welt hinter mir lassen, sondern als Bauerntrottel. Aber auch das gehört dazu. Gehört zu mir.

Man kann nicht immer gewinnen und es sind die Niederlagen, die uns von der Vergänglichkeit erzählen und die stärksten Momente mitbringen. Wenn der Schmerz auftaucht und alles in der Welt zusammenbricht, werden Erfahrungen wirklich wahr und man kann eine Seite kennenlernen, die tief im zarten Inneren sitzt. Dann kommt die letzte Schönheit ans Licht. Wir dürfen alles sein, stark und schwach, solange wir leben. Das ist die unendliche Freiheit, die uns in die Wiege gelegt wird.

Am letzten Tag überredet mich Tom, zum Peak rauszupaddeln, da die Wellen eine ganze Ecke kleiner geworden sind. Etwa zweieinhalb Meter entladen sich auf dem Riff. Für die Jungs, die die ganze Woche hier gesurft sind, keine große Sache mehr. Alle spaßen herum und nehmen das Ganze gar nicht ernst. Eigentlich sollte ich einer von ihnen sein, aber ich zittere. Ich platziere mich vorsichtig, um nicht von irgendeinem gemeinen Set überrascht zu werden. Dann ist es so weit. Eine Welle läuft auf mich zu. Sofort schießt ein Schreck durch meine Glieder, der mich fünf Tage zurückwirft, aber ich überwinde mich und paddele in die Wasserwand hinein. Ich versuche gar nicht erst in die Tube zu kommen, sondern surfe so schnell ich kann zur sicheren Schulter. Mir fällt ein gewaltiger Stein vom kleinen Herzen. Keine große Tat, sondern eine Durchschnittswelle, aber ich bin den Peak gesurft und kann erhobenen Hauptes nach Hause fahren. Nicht als Held, sondern als Hofnarr. Aber das macht mich heute richtig stolz. Ich muss nicht der größte Surfer aller Zeiten sein, und vielleicht werde ich ja irgendwann zurückkehren.

XXVII. Europa, 2004

Die spanischen Beamten an der Grenzstation leuchten mit ihren Taschenlampen durch den alten VW-Bus. Hinten liegen drei zusammengekauerte Personen. Der Mann in Uniform schaut mich fragend an.

»Queremos ir a Mundaka. – Wir wollen nach Mundaka.«

Er betrachtet die schlafenden Gestalten, die Kiwis Marc, Nicol und Nici, zwischen den ganzen Boards. Dann grinst er. »La Reia de Europa! – Die Königin Europas.«

Er surft also, zum Glück, und winkt uns durch.

In drei Stunden werden wir ankommen. Nach den riesigen Lakey Peak Tubes kann mich gar nichts mehr erschrecken. Gut, das stimmt nicht, aber zurück in Frankreich ist man ein Held, schon für's Überleben. Wie alles andere wird im Rückblick sogar die Niederlage zur Meisterleistung. Für mich eine krasse Erfahrung, aber mittlerweile ist das alles halb so schlimm, der tödliche Horror vergessen und das lebendige Gefühl zurück, das mich antreibt und mich jetzt mitten in der Nacht diesen Bus durch Europa kutschieren lässt. Aber ich habe heute andere Erwartungen, auch an diesen Trip. Denn alles kann passieren. Ups and Downs. Darum geht es im Leben. Alles gehört dazu, alles hat seinen Reiz.

Und auch in Europa gibt es eine ganz besondere Herausforderung. Ein weiteres Häkchen auf der Liste in meinem Kopf. Die Liste mit den besten Wellen der Welt. Orte an denen, wenn alles stimmt, wenn Gezeiten, Wind und Wellen auf bestimmte Weise zusammenspielen, Mutter Natur ein paar außergewöhnliche Wasserwände produziert. Der *Stormrider Guide* hat mal einen Vorschlag unterbreitet und die zwanzig besten linken und die zwanzig besten rechten Wellen der Welt zusammengeschrieben. Vierzig heilige Orte, die auf dem Planeten verstreut wurden, wie rubinrote Bodenschätze. Ich habe einundzwanzig gesehen, neunzehn sind noch offen. Neben den besten gibt es auch noch eine andere Liste, und zwar mit den heftigsten Wellen. Zehn an der Zahl. Zwei davon habe ich, um den Rest sollen sich andere kümmern.

Weshalb sitze ich jetzt in diesem Bus? Ein gigantischer Swell läuft auf die Küsten Frankreichs und Spaniens zu. Für mich die Gelegenheit auf einen ultimativen Traum, der mich seit über fünf Jahren kitzelt: Mundaka, die beste Welle Europas. Sie bricht nur ein paar Mal im Jahr, und ist etwa fünf Stunden vom Wavetours Camp in Frankreich entfernt. Ich habe dem Team erzählt, was die Welle für mich bedeutet, und die Jungs schmeißen den Laden heute ohne mich. Ich habe mich um ein Uhr nachts mit den Neuseeländern auf den Weg gemacht, weil sie dieses Schmuckstück am anderen Ende der Welt sehen sollen. Wir kommen rechtzeitig zum Sonnenaufgang an. Der Wasserstand ist noch viel zu hoch, die Bucht schläfrig wie ein See. Man hätte also auch vier Stunden später losfahren können, aber jetzt sind wir hier und verfolgen, was mit dem Einsetzen der Ebbe geschieht. Mit jedem Zentimeter, den die Wassermassen aus der Bucht laufen, wagen sich die Wellen hinein. Nici fasst in Worte, was wir denken: »This is going to be Smoke City.«

Gegen halb zehn sind alle Zweifel aus der Welt geschafft. Drei bis vier Meter große Barrels rollen die legendäre Sandbank an der Nordküste Spaniens entlang. Wir sind dreißig Surfer im Wasser, stürzen uns in fette Tubes, werden zermalmt und schießen mit Mach 4 die hohle Wasserwand entlang, während ein Monster von einer Welle hinter uns her ist. Ich weiß gar nicht, was mich an dieser Session am meisten fesselt, meine paar wenigen Wellen oder das, was ich alles aus nächster Nähe mit ansehen darf. Wir werden alle hart rangenommen, fliegen *over the falls*, beim Versuch in die Welle zu droppen, und ein paar Helden werden für ihren Größenwahn mit unglaublichen Ritten belohnt.

Ein Tag, den ich nie vergessen werde. Zehn Stunden Autofahrt für zwei Stunden im Wasser? Nein, zehn Stunden in der Karre für einen historischen Tag, für starke Momente, für ein Erlebnis mit Seltenheitswert und lebenslangen Bildern voller Kraft und Schönheit in meinem Kopf. Unvergesslich.

Genauso wie der Tag, der mich zwei Wochen später heimsucht.

E-Mail vom 03.08.2004

Sehr geehrter Herr Brendt,

wir freuen uns, Ihnen mitteilen zu können, dass Sie für ein Referendariat am Studienseminar Wuppertal angenommen wurden. Ihre Ausbildung zum Berufsschullehrer findet vom 1. Februar 2005 bis 1. Februar 2007 statt. Bitte finden Sie sich am Montag, den 2. Februar 2005, im Studienseminar Wuppertal zu ihrer Vereidigung ein.

Mit freundlichen Grüßen,
Weitheuser, Bezirksregierung Düsseldorf

Der Bildschirm beginnt zu flimmern. Ich schalte den Rechner aus und trete hinaus.

Das Camp ist ruhig. Aus dem Videozelt höre ich Geräusche, aber die meisten liegen schon im Bett, weil gestern Bowleabend war. Der Rest sitzt vor der Glotze. Ich schlurfe den kleinen Hügel hinauf zu meinem Wohnwagen. Chris, Kathi, Felix, Jan und Max, der Koch, sitzen davor und quatschen. Ich gehe hinein und hole mir einen Pulli. Dann setze ich mich dazu.

»Andi, was ist los?«, fragt Chris.

Ich erzähle von der E-Mail.

»Ich fasse es nicht, weißt du, was das heißt?«, stottert Felix.

»Dass der Andi auch mal auf dem Trockenen sitzt«, grinst Max.

»Na toll. Danke für die Unterstützung in dieser schweren Stunde.«

»Freu dich doch drauf. Ist mal was anderes!«, meint Chris. »Für mich war das Referendariat 'ne super Abwechslung, und surfen kannst du in den Ferien.«

»Wohnung suchen, Bad putzen ...«, flachst Felix weiter.

»Und Wäsche waschen« mischt sich Jan ein, den ich gestern ausnahmsweise gebeten habe, meine Sachen bei der Wäscherei abzugeben.

»Könnt ihr mal aufhören damit«, beschwere ich mich, woraufhin die Jungs kurz in ein mitfühlendes Schweigen fallen, um dann richtig loszulegen. Echte Freunde.

»Miete zahlen.«

»Einkaufen gehen.«

»Feste Schuhe tragen.«

»Steuern zahlen.«

»Parkplatz suchen ...«

»Wer schmeißt denn dann das Camp im nächsten Jahr?«

»Das ist das Schlimmste für mich. Hier nicht mehr zu sein, bricht mir das Herz! Alles, was wir hier in den letzten Jahren aufgebaut haben ...«

381

»Hey komm, das Referendariat packst du im Schlaf, und in den Sommerferien bist du hier«, sagt Chris.

»Als Praktikant?«, lacht Max, den ich für sein fehlendes Mitgefühl verteufele.

»In den Ferien? Zu Besuch? Oh Mann, das ist brutal.«

»Klar, was meinst du, was hier los ist, wenn du auftauchst. Der verlorene Sohn.«

»Tolle Aussichten. Lass uns morgen früh alle zusammen surfen gehen. Wer weiß, wie oft wir dazu noch Gelegenheit haben ...«, sage ich.

»Andi, keine Panik, du wirst ja nicht morgen eingezogen. Die Saison ist noch zwei Monate lang und dann bleiben dir noch mal vier Monate.«

Don't be dismayed at good byes.
Good byes from people or the ocean.
A farewell is necessary before you can meet again.
And meeting again after moments or lifetime
is certain for those who are friends.

Messiah's Handbook (*Illusions,* Richard Bach)

XXVIII. Chile, 2004

Last, but not least: Chile. War das jetzt der lustigste Trip aller Zeiten? Das Beste zum Schluss? Habe ich wirklich jeden Tag gelacht, nicht einen einzigen, kleinen Moment schlechte Laune gefühlt? Ist das überhaupt möglich, und vor allem: Soll ich *jetzt* das Handtuch werfen?

Ich glaube schon, denn vielleicht war alles so voller Leichtigkeit, weil meine Zukunft endlich nicht mehr in den Sternen steht, und ich auf dem Weg nach Hause bin. Nicht mehr verloren in der Weltgeschichte, sondern zwei überschaubare Monate, auf die ein neues Leben folgt. Also schnell zum Thema: Wellen.

Der abgelegene Point (Punta de Lobos) mit der malerischen Klippe davor war lang, leer und manchmal auch ziemlich groß und kalt. Nur die grasenden Kühe auf den Feldern waren Zeuge. Ein Traum, auch ohne Palmen.

Ein paar Kilometer die einsame Landstraße entlang zurück nach Pichilemu befand sich mein Gästezimmer. Urig, wie in den Alpen. Mit dicken Decken und einem kleinen Fernseher. Die Familie, Martha und Georgio, waren fürsorglich wie Großeltern. Sie haben mich in die Arme und in ihr Herz geschlossen. Fast dreißig

Jahre alt, war ich der neue Kleine. Besonders bei den Mahlzeiten. Gute Hausmannskost und bergeweise völlig verfettetes Essen, das ich verdrücken musste, um den Hausfrieden nicht zu gefährden. Martha hätte mir die Ohren lang gezogen, weil ich eh viel zu dünn bin.

Dann sind die Jungs aufgetaucht. Die Montanaboys Rod und Steve, Gilbert aus Paris und Eric aus Australien. Wege kreuzen sich, und manchmal kommt eine Kombination zustande, die passt. Die drei Musketiere, Bonny und Clyde oder wir fünf auf Hochtouren in Südamerika. Der unglaublichste Abend begann mit ein paar Drinks und setzte sich in der Disco fort. Bereits angeheitert, habe ich eine Runde Pisco Cola bestellt. Fünf bis zum Rand gefüllte 0,3-Liter-Gläser mit dem ortsüblichen Schnaps und einer kleinen Flasche Cola dazu. Ein Getränk für jeden von uns, macht summa summarum anderthalb Liter Vierzig-Prozentiger. Mit verzerrtem Gesicht den Alk abtrinken, um dann endlich mit Cola auffüllen zu können. Von da an hatte jeder von uns nur noch ein Ziel vor Augen: Irgendetwas Verrücktes anzustellen, um die anderen damit vom Hocker zu hauen. Unbezahlbares lag in der Luft, und ich glaube, dass der Laden einen legendären Abend gesehen hat. Aber das kann ich nur vermuten. Genaueres weiß ich nicht mehr. Die anderen auch nicht. Aber am nächsten Tag waren wir bekannt wie bunte Seehunde. Fremde kamen auf mich zu, um abzuklatschen und die Nacht zu würdigen, wobei der Grat zwischen ausgelacht werden und Bewunderung schmal ist. Auf mein Schulterzucken folgte Verständnis: »Si, si. Claro, Teli off ...«

Bei Rod ist wenigstens die Story bekannt, weil er sich auf dem Rückweg verlaufen hat und von einer kleinen Brücke in ein verschlammtes Flussbett gefallen ist. Morgens um sieben lief dann ein ziemlich übel stinkendes »Mud-Monster« die Straße entlang und musste Martha aus dem Bett klingeln, weil es seinen Schlüssel verloren hatte. Ein peinlicher Augenblick für Rod, aber ein

Riesenlacher für den Ort, in dem nichts länger als ein paar Minuten geheimbleibt.

Wie viel Spaß ich mit Eric in den perfekten Wellen hatte, geht auf keine Kuhhaut. Gegenseitiges Pushen und Performance-Surfing. Wenn Gilbert und die Montanaboys dazu kamen, war es wieder wie in den ersten Tagen. Freunde, Unbekümmertheit und die lustigsten Momente, wenn die drei Unerfahrenen ihr Glück versucht haben, um literweise Salzwasser zu schlucken.

Sind wir mit den Localsurfern im Wasser gewesen, haben wir die Wellen geteilt oder einfach durchgelassen, weil jeder der Meinung war, dass der andere die nächste haben soll. Freude ist das einzige, was mehr wird, wenn man es teilt. Gilt auch für die Wellen. Beim Sonnenuntergang habe ich mit Eric darüber philosophiert, wie viel Spaß durch den härter werdenden Wettbewerb, den Kampf um die Wellen, verlorengeht. In Chile erleben wir das Gegenteil: Miteinander surfen, statt gegeneinander.

Mir fallen so viele glanzvolle Momente ein, dass ich unmöglich nur zwei Monate in diesem Land gewesen sein kann. Ich bin mit dem Zug Richtung Feuerland gefahren, habe ein Auto gemietet und mit ein paar Mädels, die ich irgendwo aufgelesen habe, einen Vulkan bestiegen. Mit Eric einen Secretspot nach endloser Suche gefunden und den nächsten Wundertag genossen.

Dann habe ich Daniela kennengelernt. Sie wohnt in Santiago de Chile, aber kommt so oft nach Pichilemu wie sie kann. Wir teilen die Liebe zu den Wellen. Das verbindet. Nach ein paar Wochen in Pichilemu hat sie mir Chile gezeigt, mich in die Anden gefahren und wir haben uns an einem Bergsee direkt vor ein paar wilden Pferden geliebt. So viel Freiheit habe ich noch nie erlebt.

Die Gebirgslandschaft hat mich verzaubert. Ich kenne nichts Schöneres als den weiten Blick über Täler und schneebedeckte Gipfel. Dann haben wir die heißen Quellen mit dem heilsamen Schlamm gefunden, gebadet, uns eingeschlammt und sind am späten Nachmittag zurück in ihr Appartement nach Santiago de Chile gefahren.

Wie immer kam plötzlich der letzte Tag. Spontan habe ich beschlossen, mich noch mal an die Küste aufzumachen. Die letzte Gelegenheit. Fünf Stunden hin und fünf Stunden zurück, um noch einmal kurz in die Fluten zu springen. Der ganze Akt möglichst ohne das Flugzeug am Abend zu verpassen. Daniela hat gelacht, aber verstanden. Abends habe ich meine Sachen bei ihr abgeholt und mit Salzwasser in den Ohren und Sand im Haar ein Taxi zum Flughafen genommen. Sie hat mich begleitet.

Dann kam der unvermeidliche Moment. Ich mag Verabschiedungen nicht. Weil man nie weiß, ob man sich wiedersehen wird. Das ist wie Sterben irgendwie. Also stand ich blöd rum und wusste nicht, was ich sagen soll. Ungünstig für einen Menschen, der sich am laufenden Band von seinen Mitmenschen trennen muss. Reisen ist immer auch Verabschiedung. Und das hier ist eine große, aber auch eine herzliche, eine liebevolle Umarmung. Ein wunderbarer Augenblick, weil nichts voneinander erwartet wird und wir uns beiden so sehr alles Gute wünschen, dass keine Worte passen. *Farewell!* Ich drehe mich zum großen Flughafengebäude um. Erst der rechte Fuß, zögernd, dann folgt der linke, fast von selbst. Ich betrete die Halle und verlasse Lateinamerika, den Pazifik, die Anden, Daniela, Pisco, Punta Lobos, meine Gastfamilie in Pichilemu, meine Surfbretter, Seehunde, Wachs und all die Wassertropfen, die mir in den letzten zehn Jahren über den Bauch gekullert sind.

******

Am Gate muss ich warten und überlege, wie es weitergeht. Am ersten Februar werde ich um viertel vor neun im Studienseminar Wuppertal meinen Eid schwören. In neununddreißig Tagen.

In der Zwischenzeit muss ich nach Hause fliegen, übermorgen Weihnachten feiern, eine Winterjacke kaufen, Kracher für Silvester besorgen, irgendwie eine Wohnung in Köln finden, umziehen und mich für das Leben in Deutschland einrichten. Ein paar Möbel, Stifte, Collegeblock und was man sonst noch so gebrauchen kann.

Wir werden aufgerufen, weil die Maschine pünktlich abheben wird.

36.000 Fuß über dem Nordatlantik hüllt das sachte Brummen der Turbinen die engen Reihen der Economy Class in eine angenehme Ruhe. Ich sitze auf der rechten Seite neben einem Mann mit seiner Frau, wie immer am Gang. In der Mitte befinden sich fünf Plätze und auf der linken Seite liegen noch mal drei.

Mit dem hektischen Einsammeln der Plastiktabletts werden die Tische hochgeklappt und die Stewardessen ziehen sich hinter die Vorhänge zurück. In die Kabine kehrt Frieden ein. Jeder macht sich auf seine Weise fertig. Einige lesen Zeitung, um nachzuarbeiten, was sie verpasst haben, oder um sich vorzubereiten, für das, was auf sie wartet. Andere versinken vor der Glotze und manche beginnen in ihren Romanen zu lesen.

Der Mann neben mir kramt die Decke hervor und kuschelt sich hinein. Ich blättere durch das Bordmagazin, in dem wie immer nichts Interessantes zu finden ist. Das Streckennetz von Iberia ist da noch das spannendste. Die Weltkarte verrät, wo man landen kann und welchen Kurs der Flieger nimmt. Unsere Route verläuft erstaunlich weit nach Norden, bis an den unteren Rand von Grönland und wieder hinunter Richtung Zentraleuropa. Noch 7.000 Meilen bis zu meiner Rückkehr nach Deutschland. Was erwartet mich? Freunde, Familie, ein geregeltes Leben? Ich horche in mich hinein und merke: Ich freue mich.

Ich will zurück. In diesem Flugzeug sitze ich nicht wegen dem, was vor mir liegt, sondern wegen dem, was hinter mir liegt. Chile und all die anderen Orte, die mich mit Glück, Spaß, der besten Zeit, Niederlagen und Einsamkeit, so vielen Erinnerungen und was weiß ich noch alles überhäuft haben, sind der Grund, warum ich in dieser Maschine sitze. Jetzt bin ich soweit, weil ich genug von unterwegs gesehen habe. Gedankenfetzen von Sonnenuntergängen, kristallklaren, perfekten Wellen, großen Tubes und saftig grünen Palmen schwirren vor meiner Nase herum. Ich will alles noch mal vor mir sehen. Aber diesmal mit der Gewissheit, dass ich nach Hause fahre, weil ich das möchte. Wasserfälle und holprige Schotterwege, die ich auf einem klapprigen Moped entlanggeheizt bin. Das Schöne und das Lustige, das Gefährliche und das Traurige und die lieben Menschen, die mir dann geholfen haben. Das möchte ich alles zusammenpacken und in eine große Tasche stecken, aus der ich jederzeit ein Päckchen nehmen kann, wenn mir mein buntes Leben fehlen wird. Aber Erinnerungen sind wie Worte, wie schwache Bilder.

Eigentlich sehe ich gar nichts vor mir. Die aufgehende Sonne ist orange, aber eigentlich ist das ein Witz, weil sie in Wirklichkeit glüht, aus Feuer besteht und lebendig ist. Diese Momente sind genauso einzigartig wie flüchtig.

Habe ich irgendetwas gelernt auf meinen Reisen? Hat sich etwas verändert?

Vielleicht bin ich entspannter geworden, weil ich lernen musste, die Dinge so zu nehmen, wie sie sind. Als Gast in einem fremden Land regt man sich nicht auf. Immer höflich lächeln: Nicht ärgern, sondern wundern.

Die komischen Gegebenheiten, die dem Irrenhaus entlaufen sind, sowie die vielen Worte, denen keine Taten folgen, haben einen lehrreichen Effekt. Ein bisschen Gewichtsverlust für die Schwere im Leben. Weil unterwegs das Wahnsinnige witzig ist, während zu Hause derselbe Umstand unzumutbar ist. Weil man alles andere, alles Sonderbare voller Neugierde sieht. Weil man Kuriositäten sucht und sie würdigen kann. Das muss ich mir für

Deutschland beibehalten, denn auch dort warten die Gemüts-
prüfungen auf mich.

Ich drücke meinen Sitz in die Schlafposition und packe die Decke aus der Plastikhülle.

Ich habe viele Länder gesehen und die Menschen dort getroffen. Das Leben ist so unterschiedlich auf dieser Welt. Wellblech-
hütten, Hängematten, Wohnzimmercouch, Deckenventilator,
Heizungskörper, Nasi Goreng und Miracoli. Menschen, die gar
nichts haben, sind glücklich, aber wissen es nicht. Menschen,
die im Überfluss leben, müssen auf die Couch. Und die Armen
wünschen sich nichts sehnlicher, als zu tauschen, während die
Reichen nicht im Traum daran denken, ihre Wünsche wahrzumachen. Uns fehlt nur, was wir vermissen. Manche träumen
von einem gefliesten Badezimmer mit einer Warmwasserdusche.
Andere wünschen sich eine Holzhütte am Meer. Meine Kumpels
würden alles für ein paar Monate am Wasser geben, während ich
zurück zum Alltag und in die Gewöhnlichkeit fliege.

Vielleicht sollten wir die Welt auf den Kopf stellen, sodass alle
Leute durch die Gegend purzeln und in einer neuen Ecke weiter-
leben.

Ich gähne, und weil nichts auch zu nichts führt, schlafe ich ein.

There was once a man who had become unstuck in the world and he traveled around like a leaf in the wind. Until he had reached the place where he had started out. His car, his job, his phone, his shoes, everything was right where he had left it, nothing had changed. And yet he felt excited to have arrived here, as if this were the place he had been going all along.

Castles in the Sky

XXIX. Köln, 25. Januar 2005

Überall kleben Tropfen aus dickflüssiger Farbe. Ich sitze auf dem Teppich wie auf einer Insel mitten in einem Meer aus Zeitungspapier. Vor mir eine blütenweiße Wand und das Ergebnis hartnäckiger Renovierungsbemühungen. Die Wohnung ist schön, geräumig und bereits mit dem Nötigsten ausgestattet. Ein großes Wohnzimmer, mein kleines Reich mit Bett, Schrank und Schreibtisch und ein Raum für einen Mitbewohner, den es noch nicht gibt. Alleine wohnen ist in Köln einfach zu teuer geworden. Mir bleiben noch fünf Tage, bevor es los geht.

Auf der Fensterbank steht eine einzelne Topfpflanze mit saftigen Blättern und starkem Stamm. Ich war sofort verliebt. »Bananenbäume duschen gern«, hat mir die Verkäuferin mit auf den Weg gegeben und einen Zerstäuber dazu gepackt. Ein wahrer Exot, der dem Wohnzimmer Leben verleiht. Er gehört hier eigentlich nicht hin, was uns irgendwie verbindet.

Aber wo gehört man schon hin? Er schmunzelt zu mir herüber. Ganz einfach: Da wo man gerade ist! Wo man angespült wird, wo man die Augen öffnet, wo einen die Bimmelbahn des Lebens hin verschlägt.

Manche Dinge kommen ungefragt, andere passieren einfach. Alex und ich wollten nicht alles so rundum planen, denn man muss auch mal Schicksal und Abenteuermut ans Ruder lassen, sich auf den Weg machen, und plötzlich wird man mit Zufällen überhäuft, plötzlich jagt eine Geschichte die nächste, bis man auf einmal zehn Jahre später in einer großen Stadt sitzt und mit einem Bananenbaum spricht. Macht sich gut, mein kleiner grüner Freund, und ich sollte weitere Pflanzen besorgen, denn wenn wir uns ähnlich sind, dann tut auch ihm Gesellschaft gut. Und dann sollte ich die Stadt erkunden. Ich habe keine Ahnung, was mich vor der Tür erwartet, aber Köln ist Köln. Immer eine Reise wert. Neugierig auf Besucher und so herzlich, um mit weit geöffneten Armen verirrte Heimkehrer aufzunehmen. Heute muss ich nur noch den Duschvorhang aufhängen und das Geschirr in die Küchenschränke räumen. Es wird.

Ich rappele mich auf, um bei Tim und Andrea anzurufen. Gut, dass ich den Anschluss von meinem Vormieter übernehmen konnte, denn ein Telefon ist Gold wert in diesen Tagen und eigentlich könnte man heute Abend noch irgendetwas unternehmen. Geile Momente gibt es überall. Vor der Tür warten die Augenblicke, die Zufälle, die coolen Typen, die schrägen Vögel und die komischen Gesellen. Gelegenheiten gibt es in dieser Stadt wie Sand am Meer. Ach ja, Sand am Meer ... Er fehlt mir ein bisschen. Aber es fehlt immer etwas. Selbst auf meinen Reisen war ich nicht immer der Held, dem ich hinterhergelaufen bin. Manchmal war ich voller Fragen, ohne Antworten, unsicher und ohne Kraft. Aber wenn ich akzeptiere, dass alles Teil des großen Ganzen ist, kann das befreien. Es kann den Druck nehmen, toll sein zu müssen, und das Herz öffnen. Mutig ist, wer trotzdem weitergeht, das Leben machen lässt, und ich habe Bock, heute Abend noch loszuziehen.

Neben dem Telefon liegt ein Zettel mit ein paar Zeilen darauf, die ich auf irgendeiner Reise mal zusammengeschrieben habe. Passt irgendwie.

Wenn ein Surfer von einer großen Welle erwischt wird, muss er sie gewähren lassen. Und über kurz oder lang wird jeder in die Tiefe gerissen. Dann hat er seine Prüfung zu meistern, seine Lektion zu lernen. In der Welle muss er sich ausliefern, die Macht des Meeres akzeptieren. Wenn der Surfer dagegen ankämpft, zu früh an die Wasseroberfläche rudert, weil er Angst bekommt, wird er einen hohen Preis bezahlen. Sorgen und krampfhaftes Verlangen lassen seinen Sauerstoff einfach verpuffen. Denn tief unter Wasser, in den dunklen Ecken des Ozeans, herrschen Gesetze, die nicht nach Wenn und Aber fragen, sondern einfach so sind.

Nein, der Surfer muss Ruhe bewahren. Er muss die Turbulenzen akzeptieren, weil er weiß, dass ihn die Welle wieder loslassen wird. Auf den Sturm folgt Windstille, auf brüllenden Lärm verlässliche Ruhe und auf alles andere der Neuanfang. Das Wasser, das ihn in die Tiefe reißt, wird ihn emportragen. Dorthin, wo die Sonne lacht. Er muss nur loslassen, Vertrauen haben, dann taucht er wieder auf. Und alles geht seinen Weg, führt in eine neue Welt. Voller Sauerstoff. Voller Leben. Das ist sicher, denn das Meer lügt nicht.

XXX. Köln, 1. Februar 2005

Ich lege mir ein paar Klamotten zurecht und gehe ins Bett. Etwas nervös kratze ich meine Hand. Zwei kleine Male tauchen auf, und ich frage mich, was der morgige Tag bringen wird. Und: Was haben mir all die Jahre gebracht? Wozu war das Ganze gut? Ich habe Surfen gelernt, aber kann immer noch nicht Rollschuh laufen. Alles zusammen: Wellen, Glück und manchmal Einsamkeit. Zehn Jahre lang. Und es hat mir ein gewaltiges Guthaben auf dem Lebenskonto verschafft, von dem ich mir nichts kaufen kann. Weder Marihuana in Südafrika noch einen Führerschein in Indonesien. Es stimmt also: Der Weg ist das Ziel. Nicht mehr und nicht weniger. Das schmerzt. Kann aber auch befreien. Denn: Wir können alles machen, und auch noch, was wir wollen. Das weiß ich jetzt. Nichts ist für die Ewigkeit und einen tieferen Sinn als den Augenblick kann es nicht geben.

Aber um das Leben als Ganzes anzunehmen, brauche ich eine Leidenschaft. Eine Herausforderung, die mich lenkt und wie der Salsa durch mich hindurchfließt. Etwas, das gedeihen kann und wachsen. Mit allem, was dazu gehört, mit Freude und Schmerz. Ich habe mich damals für Reisen und Surfen entschieden. Aber was man tut, ist letzten Endes völlig egal. Der kleine Mario in Peru hatte nach einer Welle genug.

Man muss kein Surfer sein und mir fallen plötzlich so viele Dinge ein, die reizvoll sind:

* Durch den Wald wandern, Musik hören, spielen oder komponieren.
* Bücher lesen, Geschichten erzählen und Sätze schreiben.
* Tanzen oder Lieder singen.
* Mit Freunden Kaffee trinken, essen oder kochen.
* Und noch mehr Freunde treffen.
* Oder das heilige Nichtstun: Meditieren, Konzentrieren, um sich selbst zu finden, oder auch mal gar nichts machen.
* Auf dem Dancefloor abhotten, im Morgengrauen nach Hause wanken.
* Mit einem schönen Mädchen lachen.
* Einen Volkshochschulkurs belegen oder als Lehrer arbeiten.
* Grillen am See, Fußball spielen oder Gokart fahren.
* Konzerte hören, Filme sehen, Schauspielen gehen.
* Yoga am Morgen oder Paintball am Abend.
* Briefmarken sammeln oder Bogenschießen.

Was davon ist ganz egal, und Eckart Tolle sagt zu uns: »Die Freude kommt nicht aus den Dingen heraus, sondern *Du* lässt sie in die Dinge hineinfließen!«

Klaro, flüstern uns die Zen-Väter zu. Nicht was du tust, sondern wie du es tust, ist der Schlüssel zum Glück. Aber wir aufgedrehten Jünger rennen mit dem Kopf durch die Wand, um das ganz Besondere zu finden. Manchmal mit einem blauen Buch in der Hand. Dabei sind die Orte und Erlebnisse zweitrangig, auf dem Trimm-Dich-Pfad der Erleuchtung mit seinen Stolperfallen. Also einfach irgendetwas machen, und das am besten richtig. Der Rest kommt unterwegs.

Ich habe jemanden getroffen, der Unterwasser-Rugby spielt – seit fünfzehn Jahren, mit derselben Mannschaft! Eine tolle Truppe. Alles ist möglich. Und mit ein bisschen Hingabe kann jedes Glühwürmchen seine Erleuchtung schaffen. Wir haben heute die Qual der Wahl, und natürlich will ich am liebsten alles auf einmal und am meisten das, was ich gerade nicht habe. Aber alles geht nicht, und damit muss ich mich abfinden, genau wie jeder andere auch. Das ist der Kampf in meinem Kopf, der um mich herum schwimmt und dann abtaucht, um aus der Tiefe anzugreifen. Ich muss mich mit einem Feuerwehrauto zufriedengeben, oder zwei.

So ist das Leben! Wir müssen die Augen offenhalten für die Gelegenheiten, die so vielfältig sind wie die Sterne am Strand. Dann gilt es, eine zu ergreifen, statt hunderten hinterherzuweinen.

Always looki looki, solange wir leben, sonst stirbst du. Und wenn du stirbst, geht deine Seele kaputt, und dann dein Körper.

Do what you love, love what you do! Große Worte, gelassen ausgesprochen. Aber es ist etwas Wahres daran, wenn ich nicht zu verkrampft an die Sache gehe. Ich mag diese philosophischen Sätze, weil auf einmal alles so einfach und so klar erscheint. Bis zur nächsten Bauchlandung. Ich fliege vermutlich gerade darauf zu. Aber das gehört dazu und jetzt freue ich mich erst mal auf mein neues Leben. Startpunkt der Welle ist das Studienseminar in Wuppertal, Punkt viertel vor neun – morgen früh.

Der Wecker klingelt und ich wache auf. Nicht um einen Pointbreak zu surfen, sondern um zu einer Vereidigung zu fahren. Ich knipse die Nachttischlampe an, das Laken riecht herrlich frisch, und ich kuschele mich noch mal hinein.

Mit dem Reisen aufhören, um zu arbeiten oder mit dem Arbeiten aufhören, um zu reisen. Letzteres hört sich irgendwie besser an. Aber ich habe mich anders entschieden und freue mich auf ein neues Leben in meiner alten Heimat. Ich sehe die Gesichter der Reisenden auf Bali ganz am Anfang. Das war es, was sich hinter ihnen verborgen hat. Die Suche nach einem neuen Sinn. Denn irgendwann verliert auch das Leben aus der Tasche seinen Reiz, weil es genauso zum Alltag, zu lähmender Routine wird, wie alles andere auch.

Das, was man nicht hat, ist das, was fehlt. Immer. Also lieber gleich mit den klammernden Gedanken aufhören, den inneren Zwang zur Ruhe kommen lassen, um diesem verrückten Menschheitsexperiment mit Mut und Leichtigkeit entgegenzutreten. Egal, von wo man kommt, man muss loslassen können, auch die Leidenschaft.

Loslassen und Akzeptieren nicht als Notlösung oder unvermeidliches Übel, sondern als letzte Wahrheit, als Weg zum Glück, als heitere Variante in den Daumenschrauben unserer Zeit. Festhalten entzaubert. Die Menschen und den Moment. Wer zehn Fotos schießt, kriegt das Wunder des Sonnenuntergangs nicht mit. Wer trauert, dass es so was nicht zu Hause gibt, ist nicht bei der Sache. Wer auf sein Ego als toller Surfer pocht, kann nur enttäuscht werden und sieht nur einen kleinen Teil des abgefahrenen, menschlichen Ganzen. Die schwache Seite, die furchtbaren Niederlagen sind es, die uns zu einem zarten Kern führen. Wer das zulässt, kann sich finden. Und wie mit dem Sonnenaufgang kommt dann die ganze Schönheit unserer Existenz von ganz alleine. Im Wunder des flüchtigen Augenblicks bleibt kein Platz für nervenden Gedankendreck. Und das gilt auch in deutschen Landen. Zeit zu tanzen, Zeit zu feiern, im Park zu sitzen, Bars und Cafés zu finden, in die Welt der Metropole einzutauchen und den Puls der Zeit zu erfahren. Zeit, ein lebendiger Großstadtmönch zu werden.

Ich hüpfe aus dem weichen Bett und springe in die Dusche, die wie selbstverständlich losprudelt. Ein unschlagbares Gefühl. Keine Tonne und Kelle muss ich über mich ergießen und bekomme auch noch warmes Wasser dazu. Wenn ich zurückdenke, eine Seltenheit auf dieser Erde. Wie viele Länder mit warmen Duschen gibt es auf der Welt?

Ich schalte das Radio an und die Gruppe Katzenjammer trällert aus den Boxen:

Everything you want, everything you do
Everything and anything is up to you
Every single day starts with a riddle
You can go left or right down the middle
So take a little trip down the road and see
What you're gonna find, who you want to be
But you might have to pick between these
three Rock Paper Scissors which one is
it's your decision
And no matter what you choose you're gonna live it

Tolle Stimme, super Rhythmus. Schere, Stein, Papier – Schnick, Schnack, Schnuck. Ich habe jedes Mal verloren. Oder habe ich eigentlich jedes Mal gewonnen? Mein bester Kumpel sagt immer: »Andi, du bist ein Glückskind.« Er hat recht, aber ich Idiot vergesse das immer wieder.

Ich frühstücke ein köstliches Nutellabrötchen, ziehe meine neuen grauen Chucks an und frage mich, ob man in Deutschland wirklich ständig Schuhe trägt. Wenn der Riemen reißt, geht's auch ohne Schuhe weiter, zumindest im Südpazifik.

If you really want you can change like the weather
No matter what you do it'll keep getting better
Everything you want that is who you are
You can be the sun and the moon and the stars

In der Melodie steckt so viel Vorfreude. Solange keine schwere Hand auf meiner Schulter liegt, kann ich hingehen, wohin ich möchte. Deshalb werde ich heute etwas Neues tun, nämlich einen Amtseid schwören.

Für mich bedeutet *das* die totale Ungewissheit, reines Abenteuer. Natürlich kann ich dabei die Finger kreuzen, denn zu ernst darf es auch nicht werden. Buddha, Paul und ganz Australien will ich bei der ganzen Sache nicht vergessen: *No worries, mate!*

Von der Kommode nehme ich die Aktentasche, in der ein Schreibblock ruht, auf dem ich alles notieren kann, was wichtig ist. Genau wie in mein Tagebuch. Mir gefällt es, die Dinge auf Papier festzuhalten, Erinnerungen für die Ewigkeit zu konservieren, auch wenn der Buddhismus das Gegenteil propagiert und die Vögel darüber lachen werden. Sollen sie und ich lache mit, denn ich habe am zweiten Tag im Wasser gelernt, wie wichtig es ist, über sich selbst zu lachen.

Dann ziehe ich die Wohnungstür zu und mache mich auf zum Bahnsteig. Als ich in den Zug steige, hält sich meine Freude in Grenzen. Alles ist so ungewiss und eine neue Angst treibt mich auch. Aber das ist leben.

»... sind Diener des ganzen Volkes, nicht einer Partei oder sonstigen Gruppe. Sie haben Ihr Amt und Ihre Aufgaben unparteiisch und ohne ...«

Jeder Stuhl im Raum ist besetzt. Über hundert Referendare auf dem Sprung in den Vorbereitungsdienst. Vorne steht der Seminarleiter, daneben, in schicken Anzügen und bunten Krawatten, unsere Ausbilder. Es folgt der Teil, den wir mitplappern sollen.

»Ich schwöre, dass ich das mir übertragene Amt nach bestem Wissen und Können verwalten, Verfassung und Gesetze befolgen und verteidigen, meine Pflichten gewissenhaft erfüllen und Gerechtigkeit gegen jedermann üben werde. So wahr mir Gott helfe.«

Wie Roboter heben alle die rechte Hand. Auch ich. Ich werde in diesem Raum mit Sicherheit rein gar nichts schwören! Wenn das zu hart wird, bin ich schneller weg, als der Wind laufen kann.

Ich blicke nach rechts. Marco trägt einen dunklen Anzug, Hemd und Krawatte. Ein netter Kerl, wir mochten uns sofort. Er hat diese Aura, der ich manchmal begegnet bin und die ich so bewundere (obwohl er noch nie ein Surfbrett gesehen hat). Eine Aufmerksamkeit, die Intensität und Energie ausstrahlt. Links neben mir sitzt ein stummer Jemand mit Jeans und T-Shirt. Ich sitze dazwischen mit Jeans und schwarzem Hemd. Adrett und mittelmäßig. Ich bin einer von vielen und genau wie jeder andere hier. Oder völlig anders, so wie jeder andere auch.

Nach zwei Stunden fahre ich als Beamter im deutschen Staatsdienst mit dem Zug nach Hause und mache einen Mittagsschlaf. Komisches Leben.

Abends schlendere ich durch den Supermarkt und kann gar nicht glauben, was ich mir alles kaufen kann. An der Kasse schaue ich mir die Leute in der Schlange an.

Jeder hat eine Lebensgeschichte hinter sich. Die lässt sich nicht erraten, auch wenn ich das probiere. Je nachdem, was sie aufs Band legen, male ich mir ihre Vergangenheit aus. Was bedeuten Kartoffeln, Schinken und zwei Flaschen Sprudelwasser mit wenig Kohlensäure? Oder Actimel und Zigaretten? Ob die Leute hinter mir genauso verfahren. Wer bin ich? Im Moment: Biokäse und Zitronen!

Der Mann vor mir hat bezahlt und verlässt den Laden. Wo geht er hin? Und wo gehe ich hin?

In *Soul Kitchen* heißt es: »Der Reisende ist noch nicht am Ziel.« Und hier genauso! Eine neue Suche in einem neuen Leben. Ich weiß noch nicht wonach ich suche, aber ahne es bereits.

Ich nehme meine Sachen vom Band und sage tschüss. Hinter mir geht die Schiebetür zu. Ich trete hinaus. Ins Freie. Ein paar Schleierwolken wandern Richtung Osten. Die Luft ist frisch, und ich laufe los.

Epilog

Lieber Leser, liebe Leserin,

ich freue mich, dass Du es bis hierher geschafft hast und hoffe, es hat Spaß gemacht.

Wie Du Dir wahrscheinlich denken kannst, bin ich durch das Referendariat hindurch philosophiert. Ich habe alle Prüfungen gemeistert und die größte Liebe meines Lebens gleich mit erobert.

Das war ironisch! Es war furchtbar, denn ganz so einfach lief das Ganze nicht.

Ich habe in den folgenden sieben Jahren mehr erlebt als je zuvor! Ich habe allen Frieden, alle Weisheit verloren, und die Frau natürlich auch. Glänzende Zweisamkeit, dann Massaker im Kopf und Tod im Herzen. Nichts hat Bestand. Ich weiß heute mehr denn je, oder auch viel weniger, aber das steht in einem anderen Buch.

Und damit komme ich zum letzten Thema: Mein zweites Buch. Es ist voller Geschichten. Und auch die sind alle wahr. Bürgerkrieg in Mexiko, sprechende Pelikane im Senegal, Tsunami auf Sri

Lanka. Landkauf in Costa Rica, Vipasana in Belgien, Lachyoga in Köln, große Wellen auf Hawaii und vor allem die Liebe meines Lebens.

Zurück in Deutschland habe ich die lustigsten Dinge bei der stümperhaften Eroberung der schönsten Frau der Welt angestellt, ordentlich von Vater Staat auf die Mütze bekommen und mich wieder auf die Suche nach Abenteuern begeben. Ich habe alles gewonnen und noch mehr verloren. Manchmal war es eine traurige Flucht, und dann blitzt da wieder diese unglaubliche Lebensfreude in mir auf.

Es ist noch nicht geschrieben, aber spukt bereits in meinem Kopf. Alles, was ich brauche sind etwa 10.000 Stunden Zeit. So lange hat das erste Buch gedauert. *Paso a paso*. In diesem Augenblick stehe ich erneut am Scheideweg. Beruf oder Leidenschaft.

Aber diesmal bin ich nicht allein. Diesmal kannst Du helfen!

Wenn Dir das Buch gefallen hat, verleihe es nicht! Kaufe zwei weitere Exemplare. Eines für die nächste Geburtstagsparty und eines für einen Freund deiner Wahl, der es ohne Grund bekommt. Oder empfehle das Buch! Am besten allen, die Du magst.

Wenn Dir das Buch nicht gefallen hat, empfehle es allen, die Du nicht magst. :-)

Damit schenkst Du mir Freiheit, die ich brauche. Zum Schreiben und für den nächsten Teil.

Und Du schenkst mir die Freiheit, nach neuen Abenteuern zu suchen.

Ich danke Dir dafür!

Auf Wiedersehen!

Ein paar Hinweise am Rande

Sprache ist immer Imitation. Niemand hat seine eigene. Ich liebe sie und die mancher Autoren besonders (Hanekamp, Altmann, Timmerberg, Bach, Kinski etc.). Sollte ich Formulierungen unbemerkt übernommen haben, bitte ich tausendmal um Entschuldigung.

Um das Textbild nicht zu stören, wurden Zitate meist nicht kenntlich gemacht. Willentlich übernommen oder bemerkt habe ich die folgenden:

Australien:
* »Zen und die Kunst des Schnorchelns« erinnert an die großen Bücher *Zen und die Kunst des Bogenschießens* (Otto Wilhelm Bart Verlag) oder *Zen und die Kunst ein Motorrad zu warten* (Fischer Taschenbuch Verlag).

Südafrika:
* »Freude ist nur echt, wenn man sie teilt«. Das müsste aus dem Film/Buch *Into the Wild* sein.

Der Anfang vom Ende oder das Ende vom Anfang:
* Die Anmerkungen zu dem »Mut-Buch« entstammen: Osho: *Mut. Lebe wild und gefährlich* (Allegria Verlag). Ein tolles Buch.

Peru:
* »Meine Bewunderung für Gesundheit steigt ins Unermessliche, meine Furcht, nie wieder auf die Füße zu kommen auch.« sowie »[...] durch das Leben fließen, statt alles wie eine Zitrone auszuquetschen« stammt, abgewandelt, aus: *So was von da* von Tino Hanekamp (Verlag Kiepenheuer & Witsch). Tolles Buch!

Malediven:

* »Voll im Rhythmus, die Zeit nicht mehr zerstückelt durch Events, sondern im gleichmäßigen Fluss« gibt es ähnlich in Jo Nesbos *The Leopard* (Vintage).

Deutschland, 2003:

* »[...] Momente, verloren in der Zeit, wie Tränen im Regen« stammt aus dem Film *Blade Runner*.

Natürlich gibt es auch ein paar faktische Ungereimtheiten im Buch, die ich zur künstlerischen Freiheit zähle. ;-)

Hier einige Beispiele und was sie für mich bedeuten:

1. Es gibt keine Schildkrötenfamilien.

Natürlich nicht, denn Schildkröten sind Einzelgänger. Sie legen Eier und ihr Nachwuchs ist direkt danach auf sich allein gestellt. Ich war sogar mal dabei (in Mexiko). Nachdem die Eier verbuddelt waren, hat sich die Mutter schleunigst aus dem Staub gemacht. Wieso dann Schildkrötenfamilien in Australien? Ich befürchte, das waren keine. Aber da waren viele Schildkröten und alles so voller Harmonie und Schönheit, dass das in meinen Augen ultrasüße Schildkrötenfamilien sein mussten.

2. Schlimmer noch, wie kommen Tiger nach Ecuador?

In Ecuador sagt Dschungelguru Jimmi: „A tiger, two kilometers south". Aber in Mittelamerika gibt es keine Tiger! Vielleicht hat er auch Puma gesagt. Ich kann mich nicht erinnern. Oder er hat Tiger gesagt, weil er das englische Wort für Puma nicht kannte. Ich weiß es nicht und vielleicht war es sogar noch viel krasser und er sprach von dem Tiger Passionsfalter oder dem Tiger beetle, die beide in Ecuador vorkommen. Er hat also ein Insekt wahrgenommen – zwei Kilometer entfernt!!!

3. Zeitreisen sind laut Einstein zwar möglich, aber ...

Natürlich sind auch der Song *Rock-Paper-Scissors* von Katzenjammer und der Film *Soulkitchen* nicht in die Vergangenheit gereist oder schon 2005 von mir in weiser Voraussicht geahnt worden. Nein, sie sind erst 2011 bzw. 2009 erschienen, aber weil sie so gut zum Schluss passen und mich im Schaffensprozess berührt haben, stehen sie jetzt in diesem Buch.

Glossar

Der Vollständigkeit halber hier ein bisschen Fachchinesisch für die nächste Kneipenrunde oder den kommenden Ausflug ans Meer:

Barrel Synonym für Tube.

Beach Break Ist eine Welle, die an den Sandbänken eines Sandstrands bricht. In der Regel ungefährlich, aber auch qualitativ nicht ganz so gut, da sich die Sandbänke immer verändern.

Bodyboarder Ein kleineres Schaumstoffbrett, auf dem Leute, denen das Surfen im Stehen zu schwierig ist, im Liegen die Wellen surfen. Bodyboarder nutzen auch Flossen, um Vortrieb zu erzeugen.

Bottom Turn Ist eine Kurve. Diese wird, wenn man in die Welle gestartet ist und ganz nach unten fährt, ausgeführt, um an die Wellenwand zu kommen und die Welle entlangsurfen zu können.

Channel Eine Stelle mit tieferem Wasser. Hier brechen keine oder weniger Wellen, denn Wellen brechen ja weil die Wassertiefe abnimmt. Darüber hinaus tragen brechende Wellen Wasser an den Strand. Dieses Wasser muss irgendwo wieder ins Meer zurückfließen und sucht sich den Weg des geringsten Widerstands: die Channel. Somit liegt dort eine Strömung aufs Meer hinaus vor, welche die Surfer nutzen können, um raus und zu den Wellen zu paddeln. Ist wie ein Lift, praktisch (für Schwimmer aber sehr gefährlich).

Chickenbus Ist ein sehr günstiger, unkomfortabler Bus, in dem alles Mögliche befördert wird. Auch Tiere.

Double (Doppelt) Double overhead bedeutet zweifach kopfhoch, also eine Welle mit einer Größe von etwa 3,5 Metern.

Duckdive Eine bestimmte Technik, mit der man unter einer Welle durchtauchen kann. Meist sehr hilfreich bei dem Versuch aufs Meer hinauszupaddeln. Man drückt zunächst bzw. kurz bevor eine herannahende Welle den Surfer überrollt, die Brettspitze unter Wasser, taucht somit ab und tritt dann mit Fuß oder Knie auf den hinteren Teil des Bretts, sodass (weil vorne ja Wasser über dem Brett ist und es so nicht einfach direkt wieder aus dem Wasser kommt) das ganze Board unter Wasser kommt. So taucht der Surfer mit seinem Brett unter der Welle durch. Das funktioniert aber nur bis zu einer bestimmten Wellengröße. Bei sehr großen Wellen ist die Technik nicht mehr möglich, weil man nicht tief genug darunter wegtauchen kann.

Drop Der Start in die Wellen. Man paddelt so stark wie möglich und versucht im richtigen Moment aufzuspringen: das ist der Drop.

Face Die offene Wellenwand.

Hold Down Ist das Unter-Wasser-gedrückt und -gehalten werden. Jeder Wipe out führt zu einem Hold Down. Meistens aber sehr harmlos und nur ein paar Sekunden. Wenn's länger dauert, wird das unangenehm, und wenn man darüber sprechen möchte, erwähnt man seinen Hold Down.

Impact Zone Ist der Bereich, wo die sich zunächst steil aufbauende Welle dann einschlägt. Da sollte man möglichst wenig Zeit verbringen.

Leash Ist eine Gummileine, die an dem Surfbrett befestigt ist. Diese wird mit einem starken Klettverschluss um den Knöchel gelegt, sodass Surfer und Brett verbunden sind. Wenn die Wellen groß sind, kann so eine Leash auch zerreißen und man muss ohne Surfbrett an Land schwimmen.

Left Ist ein Welle, die nach links wegbricht. Wichtig: aus der Wasserperspektive. Wenn eine Welle auf mich zuläuft und ich sie erwische und mit einer Kurve nach links in die Wellenwand fahre, dann surfe ich eine Left. Wenn meine Kumpels mir dabei vom Strand aus zusehen, sehen sie mich nach rechts surfen, weil die Perspektive anders ist. Die Welle bleibt natürlich eine Left.

Line Up Ist der Bereich hinter den Wellen, wo die Surfer auf die Wellen warten. Das Line Up liegt weiter draußen als die Impact Zone und dort brechen keine Wellen, weil die Wassertiefe zu groß ist.

Lowtide Der durch die Gezeiten verursachte niedrigste Wasserstand (in Deutschland wird das oft mit Ebbe übersetzt, auch wenn das nicht stimmt, da die Ebbe eigentlich den gut sechsstündigen Zeitraum beschreibt, während dessen der Wasserstand abnimmt. Am Ende der Ebbe ist der Tiefstand, auf Englisch: Lowtide. Ebbe auf Englisch heißt outgoing tide.

Outrigger Ist eine Schiffsform, bei der neben dem Rumpf große Holzplanken angebraucht werden, die das Schiff im Wasser stabilisieren.

Over the falls Wenn man von ganz oben in der Welle und mit der brechenden Welle zusammen in die Tiefe stürzt und dann einschlägt. Sieht immer spektakulär aus, weil man eine Weile durch die Luft fliegt und die Welle genau über dem Surfer einschlägt.

Overhead Eine Welle, die über kopfhoch ist.

Pointbreak (Point) Ist eine Welle, die an einer Landzunge entlang bricht. So können sehr lange Wellen entstehen. Die Surfer lieben Pointbreaks, weil sie lange auf einer Welle entlang surfen können. Die längste Welle der Welt ist Chicama, manchmal kilometerlang. Das Pendant wäre ein Beachbreak, bei dem die Wellen nur an Sandbänken brechen und dann schnell nach ein paar Metern zu Ende sind.

Rippen Bedeutet gut oder intensiv zu surfen. Ein guter Surfer wird auch als Ripper bezeichnet. Er surft mit hoher Geschwindigkeit, macht scharfe Kurven, hält sich vor allem im kritischen oder steilsten Bereich der Welle auf und hat dabei alles unter ständiger Kontrolle. Aber eigentlich ist immer derjenige der beste Surfer, der am meisten Spaß hat.

Section Ist der Bereich einer Welle. Eine Section kann langsam brechen oder schnell, und dann muss man sich beeilen, um an der Section vorbeizukommen und weitersurfen zu können. Wenn eine Section zu schnell ist, kommt man nicht mehr an die offene Wellenwand. Die Welle bricht zusammen und man kann nur noch mit dem Weißwasser geradeaus surfen.

Set Ein Phänomen, das zwar jeden Tag beobachtet, aber immer noch nicht wissenschaftlich erklärt werden kann. In mehr oder weniger festen Abständen (etwa alle 5 bis 15 Minuten) tauchen plötzlich ein paar Wellen auf, die größer sind als die Wellen, die quasi kontinuierlich an den Strand laufen. Diese größeren Wellen brechen in etwas tieferem Wasser (da ihre Energie weiter unter die Wasseroberfläche reicht und dann gestaucht wird, wenn es gegen ansteigenden Meeresgrund stößt), also weiter draußen. Das müssen die Surfer kalkulieren, wenn sie sich in eine gute Position bringen möchten. Natürlich wird man immer mal wieder von einem Set überrascht und versucht dann noch schnell weiter nach draußen zu paddeln, um die Welle nicht auf den Kopf zu bekommen. Das klappt aber nicht immer und dann werden die Surfer überrollt und an den Strand gespült.

Stoked Total begeistert.

Surfed out Wenn man sehr viel surft, kann und oder will man irgendwann nicht mehr. Man ist surfed out, für einen Tag oder zwei. Man stelle sich vor man spiele sieben Tage lang jeden Tag acht Stunden Fußball …

Swell Wilde Stürme peitschen die Ozeane auf und übertragen ihre Windenergie in das Wasser. Sturmwellen entstehen. Wenn der Windeinfluss nachlässt (weil der Sturm aufhört oder die Wellen aus dem Sturmgebiet heraus schwappen), ordnen sich die chaotischen Sturmwellen zu Swell. Die Energie wandert unter die Wasseroberfläche und ordnet sich zu den sogenannten Orbitalbewegungen. In dieser für den Transport effizienten Energieform können die Wellen durch die Ozeane wandern, ohne viel von ihrer Energie zu verlieren. Flache, geordnete Hochseewellen entstehen. Die deutsche Bezeichnung für Swell lautet Dünung.

Take-Off-Punkt Die Stelle, an der man versucht in die Welle zu paddeln. Sitzt man zu weit draußen, ist die Welle noch zu flach und man erwischt sie nicht. Ist man zu weit vorne, ist die Welle zu steil und wirft den Surfer einfach über.

Tube Manche, besonders steil brechende Wellen erzeugen eine Röhre, weil die Lippe bzw. der obere Teil der Welle weit nach vorne geworfen wird. Das geschieht, wenn die Welle sehr plötzlich auf ansteigenden Untergrund (z. B. ein Riff) trifft. Der ansteigende Untergrund bremst die Welle unten ab. Das kann man sich so vorstellen, als würde jemand einem vorbeifahrenden Fahrrad einen Stock in die Speichen stecken.

Turn Ist eine Kurve. Der Surfer liebt es durch Gewichtsverlagerung das Brett durch die Welle zu steuern. Er fährt nach oben und unten und dazu muss er Kurven fahren.

Wipeout Wenn man stürzt oder von einer Welle überrascht wird und gewaschen wird, er- oder durchlebt man einen Wipeout. Meist ein wenig wie ein Waschgang in der Waschmaschine.

Ich freue mich riesig über Lob und Kommentare aller Art:

andi@boarderlines.info oder www.boarderlines.info

Danksagung

Auf ins Getümmel. Ich fange mit meinen Eltern an, die immer für mich da sind und mir alle Freiheiten gelassen haben, meinen Weg zu gehen. Jetzt zum Buch. Ich danke Bettina, einer Profischreiberin mit dem nötigen universitären Wissen, und der Fähigkeit, mir klarzumachen, welche Bedeutung, welche Folgen und vor allem welche Einschränkungen die Ich-Erzähler-Perspektive im Präsens mit sich bringt. Tinsen für die Hinweise auf Spannungsbogen und Dialoge und Lebenshilfe in allen Lagen. Markus für Interpunktion, für die ich noch mal einen Kurs belegen sollte. Natürlich Jens, meinem besten Freund, für einfach alles. Ohne Alex wäre ich vielleicht nie verreist, und ich finde es toll, dass wir durch das Buch wieder ein wenig Kontakt haben. Als Lektor war er mehr wert als Gold. Lars, der wie immer 100.000 wichtigere Dinge zu tun hatte und mich trotzdem aus Australien mit seinen Anregungen unterstützt hat. Tim, Victoria, Andreas G., Steffi, Cafu, die Buschultes, Julie, Julie, Julie und Martin. Alle standen mir mit Rat und Tat, Hilfe zur Selbsthilfe oder Stütze im Wechselbad der Gefühle des ängstlichen, unerfahrenen Schreiberlings zur Seite. Der Surfzwerg, der am liebsten alles gestrichen hätte, aber meistens recht hatte. Und Julia mit ihren Adleraugen zum Schluss. Weltklasse. Und auf alle Fälle alle lieben Leute, die ich jetzt vergessen habe. Umwerfend.

Ach ja, ein Danke geht auch an die Wavetours-Familie. Für das Vertrauen und die beste Zeit. An große Wellenreiter, weise Freiheitskämpfer, dynamisch an der Theke und flott auf dem Tanzparkett. An Roddi, Ringel, Eule, die Martins (1–6 und vor allem Martin, der marokkanische Leistungssportler), Arnie (Großmeister des Flunkeeballs), Matze, Uwe, Thorsten, Felix, Chris, Sebi, Ole, Kerschi, Jo, Basti, Luci, Gunnar, Holgi, Privot, Danni, Kathi, Ines, Marc, Hannah, Jake und Jessi, Jan, Stefan, natürlich Uli (der meinen Dickschädel trotz engagierter Versuche nicht geknackt hat) und alle anderen. Ihr seid die Besten und fehlt mir unendlich.

Eine Kündigung, 22 Länder und ein besonderer Reisebegleiter

An ihrem ersten Tag nach der Elternzeit bekommt Gabriela die Kündigung auf den Tisch. Auf einmal ist sie fast 40, Mutter, ohne Job – und sämtliche Bewerbungen laufen ins Leere. Erst als sie mit ihrem kleinen Sohn aus dem Alltag ausbricht und auf Reisen geht, spürt Gabriela wieder so etwas wie Ruhe und Leichtigkeit.

Immer wieder verschlägt es die beiden an die ungewöhnlichsten Orte, ob in Asien, Südamerika oder im Osten Europas. Unterwegs erkennt Gabriela, dass man manchmal im Leben mit beiden Händen loslassen muss, um wieder neu greifen zu können.

Gabriela Urban
Wie Buddha im Gegenwind
Eine Kündigung, 22 Länder und ein besonderer Reisebegleiter

ISBN 978-3-95889-199-9
ISBN 978-3-95889-206-4

Verlag für Reiseliteratur

Ein Fahrrad, 26 Länder und jede Menge Kaffee

Ein wahnwitziges Reiseabenteuer zwischen Aufbruchlaune, Selbstfindung und ungewöhnlichen Begegnungen auf 14.037 Radkilometern.

Eines Tages wirft der Unternehmensberater Markus Weber seine heile Welt über den Haufen und stürzt sich Hals über Kopf in ein Abenteuer.

Er setzt sich auf sein Fahrrad und fährt los – durch 26 Länder, bis nach Togo. Seine Reise führt ihn durch verlassene osteuropäische Dörfer und über zermürbende Sandpisten in Westafrika. Er fährt per Anhalter durch die Sahara, radelt durch den unerschlossenen guineischen Regenwald und schmuggelt sich in Liberia über geschlossene Grenzübergänge.

Alles, um zwei Fragen zu beantworten: Wer bin ich? Und: Gibt es eigentlich *Coffee to go* in Togo?

Markus Maria Weber
Ein Coffee to go in Togo
Ein Fahrrad, 26 Länder und jede Menge Kaffee

ISBN 978-3-95889-138-8
ISBN 978-3-95889-143-2

Wer glaubte, dass das schon alles war ...

Andreas Brendt

Boarderlines
F~~uck~~ you happiness

Noch mehr Reisen, noch mehr Abenteuer, noch mehr Liebe – zum Surfen, zu Menschen, zum Leben.

ISBN 978-3-95889-117-3
ISBN 978-3-95889-122-7

Verlag für Reiseliteratur

CON BOOK.